上 海 话 的 腔 与 调 上

畸笔叟 著

上海文化出版社

图书在版编目（CIP）数据

上海话的腔与调：全二册/畸笔叟著. —上海：
上海文化出版社，2021.8
ISBN 978-7-5535-2310-1

Ⅰ.①上… Ⅱ.①畸… Ⅲ.①吴语-方言研究-上海
Ⅳ.①H173

中国版本图书馆 CIP 数据核字（2021）第 116458 号

出 版 人：姜逸青
责任编辑：黄慧鸣
装帧设计：王　伟

书　　名：上海话的腔与调
作　　者：畸笔叟
出　　版：上海世纪出版集团　上海文化出版社
地　　址：上海市绍兴路 7 号　200020
发　　行：上海文艺出版社发行中心
　　　　　上海市绍兴路 50 号　200020　www. ewen. co
印　　刷：上海颛辉印刷厂有限公司
开　　本：889×1194　1/32
印　　张：23.75
版　　次：2021 年 8 月第一版　2021 年 8 月第一次印刷
书　　号：ISBN 978-7-5535-2310-1/H·049
定　　价：88.00 元
告 读 者：如发现本书有质量问题请与印刷厂质量科联系 T：021-56152633

自序

　　我写上海话的文字，始于十年前吧。也没有什么动因，只是觉得好玩。

　　进而想，这么好玩的东西，就这样没了，有点可惜，不如我来留她一留。就像贾宝玉之于大观园，晓得姐姐妹妹终不免四散，何如来结个诗社，常常吟咏。

　　十年写下来，竟然也有了这么多篇，十几二十万字。多半也是从博客，到公众号，再到书的读者捧场。我终于有点了解以前唱戏的人，只要还有人看，他就还站上舞台。

　　写上海话，我是一开始就抱定宗旨，不去爬所谓的学术的宝塔的。

　　当然，我也从没想过要如街头般随意：如"上海宁刚上海咸话"。

　　张爱玲就曾经批评过某人的文章，说你写得体系如此严密，不如解散了的好。

　　我听张爱玲的。于是我也把上海话的故事都来解得纷纷散。就像学生子早操结束，不再立正排齐，突然可以三三两两，勾肩搭背，一路有言笑。

写上海话及其故事，竟也是一路有言笑的好。

我当然希望别人赞我文笔好，不过，讲看了我的写上海话（听了上海话音频）笑了，我甚至是更开心的。上海话这么好，众家若不笑，消亡也就没什么可惜了。我这个人更没什么可惜了。

就目前情势看，对上海话乃至世界各地方言的未来，我一点也乐观不起来。

不过，就如一位佳人，明知终有一别，烛前对坐，也可以并无离愁。每天谈谈笑笑，昔时过年也不过如此啊。

这样一想，平平常常讲上海话的日子顿时有了新意。

都说蜡烛替人垂泪，我只看见微光跃然，那里面充满了轻浅的喜悦。

微光里，当然不觉得佳人会老，竟是自己也不会老一样。

上海话与上海人，这样相见，是欢喜的吧。

总想着要更多的人来与我一同与上海话这位佳人烛前对坐，让上海人以及喜欢上海和上海话的人一起轻浅喜悦。

于是，就有了这么一本书。

这一次，最难的竟是起个什么书名，直愁到白发三千丈。

前些年，想出什么《上海穿堂风》《上海野狐禅》《上海小日脚》《上海壁角落》《上海有声色》《上海名堂经》《上海有嚼头》已经绞尽脑汁，江郎才尽。这一次，摆不上台面的不算，敢在人前说出来的至少也有十几个，却又一说出来仍然自己心里也并不完全过关。

最后还是黄慧鸣老师救我于水火之中。她说，既然你有一篇《上海话里的腔和调》，好坏也是十万加，不如就拿来做了书名。

她还说，你在那篇文章里说，腔是风度，调是规矩。那么，一本写上海话的书，腔也可以是有风格有故事有温度的表达，调也可以是既不拘泥亦不随意的标准。

我是踏破铁鞋无觅处，得来全不费工夫。

文末附了一张检索表。这表只帮助你找到上下文，而不是解释，更不是什么标准答案，只是名副其实的仅供参考而已。颇符合我只注重运用场景，无意钻宝塔的初衷。

这方法我也是学来的。 1935 年汪仲贤先生就这样做过。

这次能有这个检索表，王华琴老师出了大力，在此感谢。

再次感谢黄慧鸣的玉成，以及这些年来在网上不断鼓励我写上海故事上海话的朋友们。

2021 年 5 月

目录

阿王炒年糕　2

"阿"字打头的叫品　3

B

白相官　10

白相与白相人　14

百年前的街头对白　19

百年前的歇后语　23

"摆"字的老上海话　30

扳会　36

"浜瓜"还是"崩瓜"？　41

贬称 99 种　46

C

钞票里的切口　56

车垃三　61

"撑家当"与"掼家生"　67

吃别人家的出汗　71

吃豆腐　73

吃素碰着月大　76

出道　78

厨房间里的动词　82

"触祭"及其他　87

"戳"字不出口　94

绰号里的上海话　99

D

"打横"小考　106

"大大弗大大"及其他　110

大舞台对过　115

"大兴轰"及其他　119

到苏州去　123

"等席子"及其他　127

电车里的老上海话　133

垫刀头　136

"吊八斤"与"五斤狠六斤"　138

"顶"与"底"　143

斗地主里的老上海话　148

"堆老"与"惬气"　156

F

"发糯米嗲"及其他　164

犯关　168

"饭塮头"及其他　174

饭吃过了否啊？　177

"饭"字的老上海话　183

甪多老娘钿　189

麴哇啦哇啦　193

弗罢　199

6

隑隑　204

杠棒隑了门背后　207

骨头轻　211

棺材　213

"鬼"字的老上海话　217

跪搓板　222

轧出老娘有饭吃　226

"喊魂"及其他　230

汏浴　235

"花"字的老上海话　238

"滑头"与"滑脚"　242

"黄伯伯"与"唐娘娘"　245

吓人　248

j

"机关枪打棉花毯"及其他　254

"脚"字的老上海话　259

借一借　265

"筋"字的老上海话　269

酒醉的老上海话 272

卷铺盖 275

k

开大新 282

开伙仓 288

"开年礼拜九"及其他 293

拷浜 298

L

"老虎窗里掼炸弹"与"六缸水浒" 306

老克勒 311

老势势 320

"老爷"与"二爷" 323

"老逸客"白相"小敨乱" 326

"老"字打头的老上海话 330

"冷"字的老上海话 332

拎弗清 338

落帽风 342

美女哪能喊法　348

面孔　354

面孔难看哪能讲　357

模子　362

阿王炒年糕

"阿王炒年糕"是个歇后语,它的上半句是"吃力不讨好"。

此语原系鄙人之家乡话——宁波话,叫做"着(音 jia)力勿讨好,阿王搡年糕"。

搡即"春"。老法做年糕,把烧好的"哒哒滚"的大米饭放在石臼里,用粗木棍把来捣烂搡韧。然后再捞起,放在案板上,冷却后切成块或条。

江南各省食稻地区都有相似的做法。

江西叫"打麻糍",做成球状,外面滚黄豆粉。是造屋上梁时必备食物。着人挑担爬上新房梁,然后往下扔。

众人抢来后,拍掉泥尘,就往口里塞。

味极香甜。我在赣地也抢过几回。

据说,福建、湖南、四川都有。

后来此话被上海人以讹传讹,变成"吃力不讨好,阿王炒年糕"了。

其实炒年糕的技术含量远不如春年糕,不易弄坏。

此语原指不要不会做事的人插手来帮忙,以免浪费了原材料。

后来也引申为嘲讽插手者,类似"山东人吃麦冬,一懂也不懂"的意思。

再后来还有了"别添乱""越帮越忙"的意思。

至今还清晰地记得，以前快过年了，我们小孩为好奇好玩，总是争着要帮大人干点活，比如借个磨、端个水什么的，却常常被母亲斥道："走开，去白相去，着（音 jia）力勿讨好，阿王搡年糕！"

"阿"字打头的叫品

我曾经写"爷叔"，我认为"爷叔"至少不是很好的"叫品"。若要叫得再文雅点，可以叫"叔叔"，还可以叫"阿叔"。

注意，阿叔的"阿"，是第一声，而且是长音。用国际音标，似应为［a：］。

所以，是"阿——叔"。

有人在"爷叔"这篇文章下留言问我：用上海话，男性长辈最高称呼是"老伯伯"。那么对女性长辈呢？尤其是大两辈的呢？

我答曰：叫"阿婆"。

这个"阿婆"，与"阿叔"一样，也是要第一声，拖长音的。

因为，在上海，"阿婆"就有两种叫法。

拖长音的叫法，当然是指奶奶或外婆一辈的。

若是短音，"阿婆"，则专指媳妇阿婆中的阿婆。

侬假使把自己的"阿婆"叫成"阿——婆"，"阿婆"就要不开心了。哪能啊，我吩老啊，侬望我死啊，阿拉屋里一套红木家什侬想拿得去啊。

侬假使在马路上碰着一个婆婆辈的老人，侬开口叫一声"阿婆"，也要闯穷祸。侬又没嫁畀伊拉儿子，吩热络啥事体。送货上门，江浙沪包邮，服务态度也忒好了。

所以，看看便当，叫起来要当心啊。

上海本来就是五方杂居，各地"叫品"也会得融会贯通。

比方讲，长音。

"阿爷""阿娘""阿叔""阿姑"，基本上是由宁波话传入的吧。

而短音中，"阿"字后面，直呼其姓的恐怕是从广东传入的。

如"阿王""阿蔡""阿邓"等等，在北四川路广东人聚集地流行过，在上海的很多工厂里也曾流行过。

我现在还有一个好朋友叫阿杜。

短音中，"阿"字后面，直呼其名的，很多来自本地话吧。

如，阿福、阿根、阿兴、阿旺、阿猫、阿狗等等。

叫自家儿子"阿猫阿狗"，是因为，以前婴儿存活率低，取个贱名么，好养活。

不过，很多"阿猫"后来都被误读为"阿毛"，并登堂入室，写进户口簿。

同样是直呼其名，如果是"阿香""阿桂"，那就肯定是丫头、车夫无疑了。为啥？只可意会，不可言传。

"阿舅"与"阿舅"也有区别。

长音叫"阿舅"，是叫长辈；短音叫"阿舅"，即小舅子，同辈。

"阿姨"好像都读长音。

母亲的妹妹甚至于姐姐，都叫"阿姨"。"大阿姨""小阿姨"嘛。"嬢嬢"与"姨妈"等，因为没有"阿"，不在本文讨论之列。

母亲的同事、邻舍也叫"阿姨"。托儿所幼儿园的老师也都叫"阿姨"。马路上、公园里，只要比你大很多，你都可以尊一声"阿姨"。

老早主人喊屋里"娘姨"也喊"阿姨"。而且喊"阿姨"的人不分老少。他家的小孩和老人都跟着他们一起喊"阿姨"。

"阿姨"不一定都结过婚，如"小阿姨"。

甚至，有的"阿姨"还可能刚刚出生。

记得小辰光，家父带我们到南市去吃亲眷的"满月酒"。

我们人小不懂事，就问，这次吃的是啥人的"满月酒"。

家父随口答道："是你们阿姨的。喏，俫姨婆又替你们生了一个小阿姨。其实她是想生个娘舅的。"

也难怪，家父辈分实在太小，阿拉姨婆只比家父大两岁，那年刚过三十岁。我倒已经五六岁了。

顶顶好白相的是，大家都知道，"满月酒"的高潮就是将小毛头抱出来，周游各桌。旁边还有专人介绍相互关系呢，有吧。

别的桌，顺理成章。介绍人说，喏，这是你娘舅。喏，这是你太公。

到了我们这一桌，弄僵了。介绍人指着家父，对小毛头讲，喏，这就是你的大表哥呀。然后指着我们讲，伊拉都是你外甥呀。

我一看，阿拉阿姨睏得蛮熟的嘛。

哼，我人品好，我路道粗。样样事体侪会被我碰着。好了吧。册那。

不过，还是有例外。"阿姨"也有读短音的，叫"阿姨妹妹"，专指小姨子。唉，"阿姨妹妹"也蛮烦的，太考验人了。姐夫，毕竟不是个个都是柳下惠啊，坐怀不乱，侬讲起来便当唻。

有些好像是不会混淆的。

如同辈的"阿哥""阿姐""阿弟""阿妹"，基本无异议。

不过，若非用于自己人，而是用于陌生人，就有另外的意思了。

"阿哥""阿姐"后头，带出许多不敬之语，其意为，别看你比我痴长几岁。

例："阿姐，弗是我讲侬噢，迭桩事体侬做得弗灵光。"

而"阿弟""阿妹"后头，也要带出一些不雅之语，则说明"侬还嫩哚"。

例："阿弟啊，侬弗晓得，迭里厢花头经透哚。"

比较稳定的是，"阿爹""阿公""阿嫂""阿太""阿囡""阿侄"等称呼。

当然，以"阿"字打头的"叫品"中，还有很多不好的言话。

什么"阿福哥""阿土根""阿乡""阿木林""阿哙哙""阿曲死""阿妈娘""阿糊兮兮"等等，这就不足挂齿了。

若要问，哪个带"阿"字的上海话"叫品"名气最响？那就是"阿拉"无疑了。用的频率也最高。

其实，"阿拉"是宁波话。而且，其意相当于我们、我的、我们的（we、my、our）。从来不单指"我"。

宁波话，我你他，分别叫"我喏""唔喏""其喏"。

这中间的流变，我一直没弄明白。几十年后，竟然成"阿拉上海人"了。

而且，在这一点上，全国人民空前大团结，你们就是"阿拉上海人"。侬想纠正也纠正不过来。

那就算了。

别跟他们争，争也争不明白。

有空，还不如来我这方小天地里听听上海旧事呢。

ß

白相官

国人都是官迷，吴越地方亦不例外。岂止现在，早已如此。而且自觉地从娃娃抓起。

男小囡一生下来，就是"小官人"。长到十八岁讨老婆，第一天就叫"新官人"或者"新郎官"。年纪再上去一点，就是"大老官"了。

阿拉宁波人老早在社会上喊一声"大哥"也不喊"阿哥"喊"阿官"的呢。也有写成"小倌人""新倌人""新郎倌""大老倌"的，遮人耳目而已，其实倌就是官，官迷就是官迷，迷官就是迷官，不必装腔作势。

老早是农耕社会。最小的官，七品芝麻官也是县官。照理再朝下就都不是官了。那怎么行。皇帝不封，大家也可以自封啊。于是就有了乡官、田官、水官、土官。现在还弄出个"大学生村官"。

种田人一向看不起种田人，啥人拔出泥腿子，到街镇上去做小生意谋生了，乡人羡慕之余，也尊称他们为官。

悬壶济世的叫医官，照方抓药的叫药官。

立柜台的叫店官，哪怕背后偷偷叫伊一声"柜台猢狲"。

跑堂的叫堂官，他也尊顾客一声客官。

唱戏的叫伶官，他也尊听客一声看官。

卖盐的（盐一向官卖）叫盐官，做个小小包工头，也叫工官。

读书人也堕落，互称学官、词官。

这还都没正式进官场呢，已经叫得闹猛得不得了。一旦金榜题名，外放为官，那还得了。对下必称本官，对上必称下官。

做不了京官，先做地方官。做不了州官（不能放火），先做县官。做不了主官，先做从官。再不济就做次官、曹官，即便是流官、散官、差官，赛过巡视员，一次性的，也譬如不如，总归也是官。

老早抽壮丁当兵打仗是苦差事。不过黄狼皮一穿，也大摇大摆起来。宁做官军，不做民团。哪怕只是小兵，别人也必须叫伊一声长官。

吹个哨子，也叫哨官，其实就是司号兵。

传个军令，也叫令官，其实就是通讯员。

管管战马，就叫马官，其实就是弼马温。

跟在身旁，就叫副官，其实就是警卫员。

野心都很大，想当司令官；本事都很小，打起仗来不敢做个先行官。

官迷们一个个一门心思削尖脑袋往上爬，巴不得可以混到皇帝身边，哪怕做个宦官（太监），天天还好看看女官（宫女），尽管有心无力，也只有看看了。这官文化博大精深，沿袭至近现代，至少还有检察官、法官、外交官、翻译官在"使用中"等等。

民间也继续乐此不疲。造个庙宇，明明供奉的是天、地、水三神，也叫三官堂。苏州河上的江苏路桥，老早就叫三官堂桥。

医院里老早都叫五官科，现在大都分眼科和耳鼻喉科了。或者耳鼻喉科干脆归了外科的也有。事实上，不必因为都是面孔上的家生，就要放在一起。上海还有五官科医院么？好像对外叫眼耳鼻喉科医院了吧。

说起来，五官也是我们老祖宗的发明，国外不这么讲吧。而且，古代称五官，指的是耳、目、鼻、口、身。中医的五官又不一样，指的是耳、目、鼻、唇、舌，因为肝主目、心主舌、脾主口、肺主鼻、肾主耳。古人觉得这五样东西重要，故称五官。五官合起来还统称天官呢。可见重要了就做官，做官了就重要。

五官的官，很可能是官字最早的诠释呢。耳、目、鼻、口、身（亦称肤），分别管听、视、嗅、味、体（体又分触、压、冷热）。各司其职，就像做官的各自分管一摊一样。《心经》里讲，眼耳鼻舌身意，色声香味触法，只多了一个意和法，那是意识的东西，抽象的东西。前五项还是与五官的解释相类。

最后终于要讲到上海人讲的"白相官"了。

现在大家都知道了,"白相官"是玩具,不是随便白相相就可以做官。那么,玩具为啥叫"白相官"呢?据说,那是因为古代玩具很多是人偶玩具,包括很多拟人的,比如孙悟空、猪八戒、牛魔王。老虎是大王,大王当然是人了。七仙女更加算人了。

从材质上分,古代人偶玩具有陶偶、泥偶、布偶等。几年前,我去余姚河姆渡博物馆,看到出土的陶器中,锅碗瓢盆之外,还有一只鹅蛋大的小猪。这让我很澎湃。可见,七千年前,我们的祖先在艰辛劳作苦苦谋生之余,就开始不但生产实用的器具,也做些看似无用的"白相官"。哪像现在的人,不管别人做什么,先问一声"这派啥用场啦",功利至此,是不是有点反人类了。

至于泥偶,江南最著名的莫过于无锡大阿福了。胖墩墩,福耷耷,特别讨人欢喜。 1980年代去惠山玩,山脚下大路上一长埭摊头,都是卖大阿福的。曾经有人问我,为啥要写成"福耷耷"?我想,人发福了嘛,眼皮也荡下来了,嘴角也荡下来了,下巴也荡下来了,胸部腹部臀部都荡下来了,荡者,耷拉也。

还有布偶。布偶最多了。老早家里女人都会做。尤其是秋后翻棉袄的时候,正好有零头布,塞点烂棉花,外头用毛笔勾几笔,就是一个传神的布偶。古代布偶做神仙做走兽的多,好像不怎么做娃娃。也许因为大家庭生活，家里有的是小囡，一到六岁都有，要抱你就抱个真人，也算参加过真人秀了。布娃娃、洋娃娃都是后来的讲法了。

大人也可以玩布偶。心里恨啥人，就把手里的布偶当作啥人，拿针戳伊呀！还要拿最大的钉被头针，戳伊个对穿，前胸进后背出，解恨啊。假使你心头最恨的人齐巧是个什么当了官变了心的渣男，乃末真的是在"白相"官了。

官迷，现在还有，如果不是更多。现在不叫官，改叫"总"了。反正现在开爿小公司，十几个人，也设三个部门总监，加上老板，已是四大皆总了。大家李总王总互相喊喊，好像蛮开心，谁也不怕会喊得舌头肿嘛。

喊的是"总"，做的还是"官"。我对做官的，一向没什么要求。父母官什么的就算了，先管好自己的性器官吧。

白相与白相人

"白相"是一句经典的上海话。外地朋友只要学三句上海话，里面恐怕就会有一句是"白相"。

"白相"啥意思？当然是玩耍的意思了。

为啥"白相"是玩耍呢？

这就要从"白相"的"相"字说起了。

"相"就是看。

如果一定要说出"相"与看的区别，那就是："相"是特特会会仔仔细细地看。

这个"相"字在宁波口语里保存得最久。如今六十岁以上的宁波人恐怕还是会把"去看看她"讲成"去相相其"，把"去看戏"讲成"相戏文"的。

而"相亲""相面"等词，恐怕所有方言里都还存在的吧。

啥叫"相亲"？去看看他或她能否成为亲人呀。

啥叫"相面"？看看侬只面相是祸是福。

而且，相亲相面相戏文，还真的都需要特特会会仔仔细细地看呢。

既然"相"就是看，那么，"白相"就是白看，白看就是不花钱。

街上看热闹，就被称作"弗出铜钿看白戏"。

相亲相面相戏文，多少总要搞落两钿的，轧朋友请客吃碗小馄饨也是钞票，所以，都不能称之为"白相"。

老底子，上海人讲得最多的"白相"就是：

"阿拉到城隍庙去白相相。"因为城隍庙不卖门票。

"阿拉到四马路去白相相。"因为只是路上荡荡，并不登堂入室。

于是，问题就来了。

"白相大世界"是怎么回事呢？

大世界一直是要门票的，再便宜也要二角五分。不过，小人或者外埠亲友"白相大世界"，总归是大人或上海亲眷陪得去的，自己并不买票，像煞揩着便宜，也许就漫一声"白相大世界"了。

无独有偶。

上海滩不但有"白相大世界"，还有"白相堂子"呢。

堂子分长三、幺二，这"幺、二、三"就是一只洋两只洋三只洋，都是实实在在的钞票啊。事实上，老早跟着朋友到堂子里打打"茶围"，吃吃"镶边"酒，原无须掏腰包。只有真的"上枪""睏湿铺"，才需会钞。

慢慢叫，这"白相"的"白"就不大严格了。

最典型的例子就是搓麻将。本来，"搓搓白相相"就是"卫生麻将"，不来钱的。后来，偶尔赌钱，或赌得不大，"小来来"，几只铜板输赢，也叫"白相"了。

上海人那句最典型的自我解嘲的话就是："难般白相相不要紧。"

这也是上海人的基本生活态度，凡事不要走得太远，哪怕是狎妓，偶尔为之皆被认为是无妨的。任何事情，难般玩玩票都不要紧，一认真就自以为是戏子了，其实你不是。

就像堤坝不能有缺口一样，否则总有溃堤的一日。

"白相"一语亦如此，既然花不花钱都叫"白相"，词义很快就走向了反面。

在外面消费没有得到善待，上海人要"翻矛枪"了，出口的第一句竟然是："阿拉是出仔铜钿来白相嗰噢。"

至此，彻底颠覆。

老底子，"白相"一语还有一种意思，那就是失业。

无事可做，只好在家里"白相"，即便出去，由于阮囊羞涩，也只是个"马浪荡"。

1990 年代，上海有一百多万下岗工人。其中有很多人要面子，瞒牢家人，早上还是夹仔只包出门，到外头一直"白相"到"夜快头"再进门，一分洋钿也不敢用，真真作孽。

而就是这种意思的"白相"，产生了另一个词语："白相人"。

很明确，所谓"白相人"是不做事不上班的。

不过，现在上海人对"白相人"的印象，绝大多数是通过滑稽戏《七十二家房客》获得的吧。那二房东就是"白相人"，他老婆就是"白相人嫂嫂"，凶神恶煞，弹眼落睛，刁钻撮揞，欺负穷人。

说起"白相人"，大家都超鄙视，就像说起"垃三"一样，反正都不是好货色。

须知《七十二家房客》一直是左派进步戏，负有反压迫反剥削的宣传使命，人物刻画便有些走样。

而老早上海人眼中的"白相人"，完全是另一种形象。

B

请看汪仲贤老先生（《上海俗语图说》作者）在 1930 年代的说法：

> "白相人"在上海，是一种特殊阶级的市民，他们起初皆以白相为专业，任侠仗义，排难解纷，为他们的专职。"出道"后的白相人，比富商巨绅更阔，重然诺，轻资财，广交游，济贫困，休说朱家郭解比不了他们，就是孟尝君比他们也有逊色，猗与欤盛哉！

看到这里，想起谁来了？冯小刚演的"老炮儿"，还有冯小刚演过的杜月笙。

汪老先生还进一步写道：

> 凡属白相人，都能深入社会，通达人情世故，那张樱桃尤其尖得厉害，资格差些的辩士，被他们两三句话，弹出黄浦滩，确是常有的事。

也就是说，"白相人"主要靠谈吐，所谓"一只樱桃（嘴巴）两面翻"。"翻樱（音昂）桃"这一切口也于 1960 年代末再度流行上海滩。

其实，到了五十年前，"白相"的意思早已不复刚烈，很柔软了。

"白相"就是玩耍，花钱也无所谓。有时候，不花钱叫

"穷白相"。

"白相弗来",是指人搭不够;"白相弗起",是指人碰不起。

"侬老好白相啊",大意是此人比较可爱,cute。

"侬老会白相啊",大意是此人比较懂经,smart。

"侬白相我啊?"轻则开玩笑,重则"放白鸽",都可以。想想以前"白相人"皆重然诺,也是无语。词义走向反面又一例。

也有人考证出,《吴江志》里有,俗谓嬉游曰孛相,亦作白相。更有人指出,苏东坡有句:"天公戏人亦薄相。"指"薄相"即"孛相",源自宋朝。

聊备一说,姑妄存之可也。

反正现在上海话中的"白相"一词也正在"娱乐至死"的大道上飞奔,哪里是起跑线早已不重要。

唯一令人可惜的倒是,"白相人"不再。

百年前的街头对白

我写过一篇关于老上海歇后语的小文,很多五六十岁的老上海人都嗟叹,连他们也感到陌生。

其实,那些歇后语还算好的,至少还有下半句。

如果真的穿越到一百年前的上海滩,恐怕连很寻常的街头对话也要听不明白了。

这两天天好，在阳台上孵孵太阳，看看老书，顶顶惬意了。

我的心想也因此而好起来，竟然会得从书上摘录下来三四段老上海街头的对话，一个字一个字输入电脑。

不为别的，就为好玩。

第一段是夫妻之间的。

可能是新婚或久别，有点情热，肉肉动。不过性信号好像不对称。

> 夫：侬这双龌里龌龊的手，勿在我头上乱摸，弗杀头。
>
> 妻：阿要热昏！我一双手敬得菩萨，上得台榻，再干净唔不。不比侬男人的手，外头到处乱摸。回来也不好好叫汏汏清爽，乃末真个弗杀头。
>
> 夫：侬要杀头，我偏要教侬弗杀头。
>
> 妻：啥人愿意弗杀头？人人要想杀头的。谢谢侬，搭我跑开点。

乃末弄僵，好事难成了。

这段对话还算好，就是那个"弗杀头"在作怪。老上海言话里，"弗杀头"等于触霉头，"杀头"反倒是不触霉头。弄不清爽这一点，听起来就像绕口令。

第二段是茶馆店里谈国是。跟我们现在在网上一样，一谈国家大事，个个眉飞色舞。请看这位：

> 戳伊拉！大老先生平常日脚黄三河阵，一眼勿动天君，东洋人支花野味，三个白兰花一来，江山失去半边。

也许是怕因谈国事而招来"条令"，所以用了那么多类似暗语的词。

可以告诉各位的是，"大老先生"指蒋中正先生。

"黄三河阵"是一种作法，意为正事不干，瞎胡闹。

"支花野味"是很放肆地享用的意思。

这"三个白兰花"我就不说了，猜猜看也很有意思哦。

第三段是关于街头瘪三赌输了借钞票的：

> 瘪三甲：昨日夜里我触足霉头，去搭杠子，鹞子断了两趟线，今朝大蓬也 pawn 了，一点生路没有。
>
> 瘪三乙：免开尊口，侬又要开条斧了。
>
> 瘪三甲：阿哥，好了，侪是自家人，我晓得侬这两天落门落槛。
>
> 瘪三乙：侬勚樱桃好来分，大家一样，我也掘血。
>
> 瘪三甲：侬就勚在自家人面前卖洋三千了，扮啥个跌相。
>
> 瘪三乙：我又不是洋盘小开，侬勚对我弹琴。
>
> 瘪三甲：自家人，着侬一只棋，交落一张黄鱼头，明朝就拿来还槽。

瘪三乙：赤佬！莫搅了，拿一副眼镜去！

犯难了吧？老叟只好来做一记瘪三的翻译了。

"杠子"是高利贷，即现在的"玩杠杆"哦；"鹞子"么，就是现金流，现在搓麻将输光现钱叫"立正"。"大蓬"就是呢大衣；"pawn"就是典当。"落门落槛"是舒齐，手头松。"搁血"，血就是钱，搁是搁浅、搁牢、周转不灵的意思。"跌相"即装穷。"弹琴"即说好话。黄鱼头是五块钱，一副眼镜两个圆，是两块零钱。

最好玩的是"着棋"，意近现在的"下一盘很大的棋"。为了借钱，总要远兜远转，费尽口舌，如同"着棋"之布局。

最后来看一段打架耍狠的话。老底子这种人叫做"吃斗模子"。

侬不是黄浦滩的铜人，拳头打不进的；我也不是九房合（音鸽）一子，死不得的。小身体是自家的，并不是问人家租来的。侬不是三头六臂，我也不是冬瓜将军，不妨搅过明白。我倒有点不领盆，小鬼跌金刚，棉纱线扳倒石牌楼，侬倒来试试看。

反倒是这段也许最容易看明白。

只需提示一点："黄浦滩上的铜人"是真有其物，那就是英国人赫德，大清皇家的海关总税务司。他的铜像于1914年在外滩矗立，1941年被日本人拆除融化。

不知道为什么，我觉得这些对话都极富画面感，很容易让我们想象当年黄浦滩上的种种情境。

这让我觉得自己赶紧要把现在上海滩的各种情境留下来，免得再过一百年，后人也将无法看懂。

百年前的歇后语

上海言话有一个特点，就是歇后语来得嗰多。

这与上海这个城市的居住特点有关。既然是五方杂居，中外融合，大家就都是"人家人"，也就是陌生人。

跟陌生人讲言话决不能像在村庄里跟乡里乡亲讲话那样"直别别"，总要留有余地。

所以，初来乍到，总觉着上海人讲言话哪能老是"半句进半句出"，不爽气。其实是不想你一记头没听懂反而误解。

举一个最新鲜的真实例子。

一位西北来的局座去郊区下基层调研，当然照例发表了"重要讲话"，然后轮到基层干部表态。表态中，上海籍的基层干部几乎都用了"领导的指示精神我们一定回去好好消化消化，再落实到实际工作中去"这样的句式。

这句式在上海人听来，太正常了。那是夸你讲话的水平高，我们不可能一下子都听懂，所以先要好好学习一番。

也许这位局座想听到的是，或他原来听惯的是，"我们坚决雷厉风行地马上贯彻落实首长指示"之类的表态吧。是啊，落实就赶快，还"消化"个啥？"消化"还不够，还"消化消化"？

因此，据说这位局座一路回来坐在车里竟是一直闷闷不乐，又不敢贸然问询。车快到城里时，终于没憋住，问随行者：

"你们上海人说的'消化消化'究竟啥意思？"

经过一番上海籍随行人员的解释，他才终于释然。

阿弥陀佛。

所以，上海有一句俗语，叫做"好言话只讲半句"，还有"好言话不讲两遍"，意思差不多。

这半句就是歇后语的前半句，后半句是要侬去猜的。猜对了，侬会得会心一笑；猜不着，也不至于马上误解或当场"翻矛枪"。

要点在于：让你猜，一点也不是什么"滑头"，而是拿你当明白人看待。没想到，现在居然流行"重要事情讲三遍"！那是拿你当"戆卵"看待啊。更没想到，70%以上的全国人民还欣欣然接受了。

好了，言归正传。

我们来说说到底有哪些老上海歇后语是过年派得上用场的呢？

比方今年时运不济，股票套牢，公司效益也不好，说不定外面欠了一点"小债头"，那你也只好老老面皮讲：

要么等大年夜出了月亮再还俺钞票，好否啊？

不想，这一年齐巧没有大年夜，有大年夜也不会出月亮。

过年么，总归要畀大人问东问西，一定要摒牢，告诉自家：

城砖甩过来，只当伊拜年帖子。

假使收到自家欢喜的礼物，千万不要到处显摆，否则别人家就要讲：

猢狲弗贩宝！

这年齐巧是猴年。

要跟着屋里人一道出门的日子，比方给长辈去拜年，那就不要睡得太晚，"赖被头洞"赖得太结棍，这叫做：

骨头里出蛆。

去拜年么，待人要诚恳。勿看到欢喜的就笑眯眯，看到不欢喜的就敷衍敷衍——

看见大佛笃笃拜，看见小佛踢一脚，不作兴嗰。

看见好吃的物事，一眼也用不着客气，尽情发挥吃货本色，这就叫做——

贪嘴不留穷性命。

饭桌上，总归有人欢喜牛皮瞎吹，要紧关头，侬也可以从旁敲敲小木鱼：

顺风船，篷也勒撑得戗足。

到了人家屋里，总归还是要当心点好。再哪能也不好——

香伙赶出和尚。

言话也勿太多，再兴奋，再 high，也要控制，千万不要——

鬼摸大蒜头。

听到外头有啥好白相的活动，莫激动，先问问清爽，弗要——

人捽不走，鬼捽溢奔。

免得——

刘备唱《哭灵牌》。

尤其是啥个通路子通得来的白相机会，千万当心，现在侪是——

熟皂隶偏打重板子。

坏忒点分，还算好。弄得不好，还可能——

看杀头，带忒耳朵。

乃末人家有得要讲了——

侬是花了瘟生钿，还做阿木林。

爷娘永远是正确的。伊拉要逼婚逼二胎，侬也没办法。实在逼急了，也只好讲一句，这事体啊，还是——

直升飞机吊蟹呢。

硬劲要侬解释，侬也可以讲，这事体啊——

另有一张弓。

伊拉真要生气，侬也只好解释两句：

唉，我手拿丫杈头，钻勒叉袋里，一直叉（错）到底，好否啊？

这就叫——

龙门要跳，狗洞要钻嘛。

过年胖三斤，倒也没啥问题。不过孬胖得太多。孬到初七上班，大家一看就要讲：

咦，辫弗是**陆稿荐里的货色**嘛。

聊供一粲。

附：本文提及的老上海歇后语大全：

要么等大年夜出了月亮再还俚钞票——休想。

城砖甩过来，只当伊拜年帖子——有肚量。

猢狲弗贩宝——稀奇弗煞，卖洋弗煞。（爱显摆）

骨头里出蛆——懒鬼。

看见大佛笃笃拜，看见小佛踢一脚——拣佛烧香。（看人落样）

贪嘴不留穷性命——有吃弗吃猪头三。

顺风船，篷也孬撑得戗足——过犹不及。

香伙赶出和尚——反客为主。

B

鬼摸大蒜头——神之巫之。（神智昏乱）

人拽不走，鬼拽滥奔——昏了头了。（晨昏颠倒）

刘备唱《哭灵牌》——白袍。（白跑一趟）

熟皂隶偏打重板子——杀熟。

看杀头带忒耳朵——自己招祸。

花了瘟生钱，还做阿木林——笨死了。

直升飞机吊蟹——悬空八只脚。（不着边）

另有一张弓——说弗出话弗像。（难以言表）

唉，我手拿丫杈头，钻勒叉袋里，一直叉到底——都
是我的错。（万方有罪，罪在朕躬）

龙门要跳，狗洞要钻——能屈能伸。

陆稿荐里的货色——猪猡。

其他的老上海歇后语还有：

肚皮里火烛小心——幸灾乐祸。

蜈蚣没打死，一扫帚豁杀十八只蟑螂——殃及池鱼。

摆勒砧墩板上斩——做咸肉。（做私娼）

讲言话先摸摸自家屁股——责人先自查。

出门碰着大出丧——大吉大利。

乌龟掼石板——硬碰硬。

侬忘记忒时辰八字了！——老不知耻。

白蜡烛拜堂——不是长久夫妻。

昆山城隍——眼不见为净。

手铳壳子——没用场。（注：手铳＝撸管，壳子＝

躯壳）

坑缸板上掷骰子——侬嫩了，阿弟。

一拳来，一脚去——来而不往非礼也。

哭鬼真鬼哭——吝啬之极。

叫花子造谣言——趁火打劫。

额角头皮蛋色——要倒霉。

割卵不出血——蚀本生意。

吊死鬼拍粉——死要面子。

当忒包脚布——走投无路。

若要享福，鼻头朝北——总算没横死客乡。

造屋请了箍桶匠——外行充专家。

宁可吃亏铜钿，不可吃亏言话——仙人碰仙人。（讲过明白）

屁股里吃人参——后补。

乡下人不识开路神——冒犯大人了。

坐黄包车去吃蛋炒饭——坐了狗车去吃屎。

（上海滩最早载人的包车是黑色的，只有巡捕房捉狗的车是黄色的，被称为黄包车。）

"摆"字的老上海话

老底子，上海人讲言话，一个"摆"字，用得交关多，也用得交关活，听的人也听得交关有味道。

比方讲，摆卖相、摆噱头、摆华容道、摆 wise、摆华尔兹、摆花露水、摆花瓣、摆面孔、摆臭面孔、摆飙劲、摆功架、面孔没地方摆、摆架子、摆松香架子、摆豆腐架子、摆摊头、摆拆字摊、摆饭、摆酒、摆台面、摆圆台面、摆门面、摆门头、摆炮、摆砖头、摆篮头、摆魁劲、摆造型、摆堆老、摆海外、摆句言话出来，等等等等。

这些带"摆"字的词语，"50后"小辰光，大部分听过讲过，有一些，到1950年代就已经销声匿迹了。

比方讲，"摆卖相"。"勿睬伊，伊只是摆摆卖相的呀"，"哦哟，侬摆啥个卖相啦"，意在并不当真，只是徒有其表而已。

究其根本，"摆卖相"一语还是出自堂子里的呢。据说有些堂子，一进门，就有一本照相簿，里面侪是照片，供客人挑选。你要"卖"，就先要把你的"相"摆出来，否则哪能卖得出去。

所以，上海言话里，"卖相"老早基本不是一个褒义词，后来，慢慢地代替"长相"了，相当于现在的"颜值"。"�小姑娘卖相倒弗错。"不过，一般讲起来，"侬卖相好唻"，怎么也不会听成赞美。就像"模子""腔调"等词，老早亦多用于贬义，现在身价上去了。

"摆卖相"的近义词，曾经有过很多。

比方讲，摆噱头、摆华容道、摆花露水、摆花瓣、摆wise、摆华尔兹，等等等等。

"摆噱头"，用不着解释。

31

　　"摆华容道"，这一句比较老。老早民间人士，大字不识几个，《三国志》的故事人人晓得。关公把守华容道，因义气放走了赤壁兵败的曹操，诸葛亮这个棋子就算是白摆了。当然，上海人讲"摆华容道"，除了上面讲到的"并不当真"的意思之外，还有"你落井下石"，畀我吃药的意思。

　　后来慢慢演变，"华容道"不摆了，改成"摆花露水""摆花瓣"了。意思差不大多。原来法租界地方的人讲得更加文气点，叫做"摆wise"，意为白相小聪明。也有人讲，不是"摆wise"，而是"摆华尔兹"。"华尔兹"么要转的呀，迷魂阵摆得你头头转，意思还是相近。

　　"摆面孔"，老早也讲得比较多。"哦哟，一眼眼事体，侬摆啥个臭面孔啦？"意为给人脸色看。不过，这句话倒转来讲，就变成另外的意思。"我只面孔没地方摆"，那就是自己或者身边人做了见不得人的事体，没脸见人了。

　　"摆架子"。它的升级版是"摆松香架子"，又叫"摆豆腐架子"。好像从苏州言话里来的。"摆豆腐架子"又叫"搭豆腐架子"。本来，"摆架子"也叫"搭架子""勒架子"。袁一灵的《金陵塔》里侪有的。

　　讲起"摆摊头"，蛮扎劲的。

　　它的原意是做小生意。路旁边摆一只小摊头，小本买卖，维持生计。后来就有了引申义。

　　上海人攀谈，欢喜走极致，创造"升级版"。为了极言其买卖之小，也分出几等几样来。最最不堪的，就是"摆葱姜摊"和"摆刮鱼鳞的摊"，一般用来自嘲居多。

"老兄听说生意做得大出来了嘛。"

"啥言话，阿拉么摆摆葱姜摊呀。"

另外，家里物事乱摆，不欢喜整理，也叫"摆摊头"。小辰光，夏天价，席子上俙是玩具，不玩了也不归拢；做做功课，台子上俙是课本作业本，铅笔盒子盖头也不盖好，屋里大人一定要骂一声："做啥？侬摆摊头啊？"后来大了，懂事体了，礼拜日自觉揩脚踏车，老虎钳、捲凿、榔头、回丝又摆了一地，屋里大人还是这句："揩揩脚踏车也像摆摊头一样。"

唉，从小到大，就是做小生意的命啦。

"摆摊头"里还有一种特殊品种，叫做"摆拆字摊"，也就是算命。老底子小菜场口口头，总归有一两只"拆字摊"。

讲起来也心酸，自古以来，"文不能拆字，武不能卖拳"。要不是生活所迫，读书人哪能好去拆字，习武人哪能好去卖拳头，这都是"恶居下流"的营生啊。

老早拆字也要挂号的，像先生看毛病一样。所谓"小事一元，号金加一，细谈终身，详批命书，起码十元"。如果算出侬大富大贵，再另外大敲竹杠，三百五百，也不稀奇。

不过，大多数拆字摊生意不灵，都会沦落到为娘姨大姐、车夫阿三，以及堂子里不识字的朋友代写书信的地步。1966年之前，这种代写书信的摊头在上海滩一直没有绝迹。

有一点我比较佩服，就是那些拆字先生精通各种亲眷的正式叫法，以便写"抬头"。不管侬是小姨子的堂房娘舅的过房儿子的丈母娘，伊照样写得出一个名堂来。

至于讲到"摆饭""摆酒""摆台面"，包括"摆几样碟子"待客，严格讲，也基本上侪是堂子里传出来的规矩，后来侪慢慢"飞入寻常百姓家"。

《沪游杂记》第二卷有云："请客叫局，全席谓之摆台面，房中半席，谓之吃'便饭'，粤妓称'消夜'。"瞧，不但摆饭摆酒摆台面摆碟子，连同"便饭""消夜"，原来侪是堂子里的规矩。好好叫人家，吃过夜饭，天黑了，就关大门了，根本不出去，吃啥个"消夜"。屋里填肚皮的，那叫"夜点心"。

另外，"消夜"，顾名思义，就是吃酒讲言话消磨辰光，共消长夜，类似英文里的"kill time"。后来哪能变成"宵夜"了？讲也讲不通。

再后来，几乎家家人家都这样讲，"哦哟，吃饭辰光也到了，侬就吃仔便饭去吧""哪能啊，今朝屋里有大人客，摆圆台面了嘛"。讲惯了，大家亦不以为非。所谓"英雄不问来路"，讲言话也一样，何须问出处。

"摆海外"与"摆门面"，前者是主动的，现在叫"显摆"；后者则是被动的，又叫"绷场面"。

而"摆门头"与"摆门面"不一样。"摆门头"是江湖上用语。侬做生意，有人欺负侬，侬就叫一帮江湖朋友来，门口一坐，帮侬压压阵。"摆炮"也是叫一帮江湖朋友来，不过它与"摆门头"不同，"摆炮"不是来压阵，而是来叫阵的。前者为了防御，后者则是要主动搞出点事体来了。

最最老的带"摆"字的上海话，恐怕是"摆堆老"。这也是江湖中语。"堆老"就是"污里头"，摆到侬门口，就是存心要触侬霉头。

还记得，阿拉小辰光，讲一个人不来讪，也叫"堆老"。有好白相的物事不借给我玩，"侬迭个人哪能吤'堆老'嗰啦"。原来是骂人"像污一样"啊？不晓得。

也有一些带"摆"字的词语，比较新， 1950 年代以后才出现。

比方讲，"摆砖头""摆篮头"。计划经济，供应匮乏，样样物事要排队买。辰光长，人排得实在吃不消，只好用砖头、篮头代眷，有的还用一截草绳呢。为此，上海人的相骂没少吵。

"摆魁劲"好像也出现得比较晚，意近"摆海外"。

"拗造型"最早也是"摆造型"。又是为了走极致，"摆"，听来听去不够"煞渴"，还要再"拗一拗"。

"摆渡船"老早也是上海的主要交通工具，一点也不输给公共汽车。后来不晓得哪能，叫"市轮渡"了，难听。

"摆渡"也有引申义。

早高峰乘电车公共汽车，挤得臭要死，根本挤不到卖票员门前，只好托人代劳。头子活络的卖票员就会喊一声："来，阿哩一位老师傅，相帮'摆摆渡'。"现在用公交卡了，高峰辰光，司机上路的，前门挤足了会让乘客从中门上车。刷卡刷不着哪能办？一大叠卡"摆渡"过来的现象还在常常发生。

只可惜，这些带"摆"字的上海话基本不大听得见了。取而代之的都是北语的"忽悠""显摆""装×"之类。

有人问，侬急否啊？也急也弗急。因为急也没用。

老底子，不会跳舞又硬劲要到舞厅里去赶时髦的人，被称为"在跳舞厅里摆'拆字摊'"，只有看的份。

现在，我就是那个在跳舞厅里摆"拆字摊"的拆字先生，就看看闹猛。不响。

扳会

"扳会"，你听说过吗？你参与过吗？ Say yes 的当然要暴露年龄。不过即便你足够老，却没在工厂里待过，一直在所谓机关学校等"上层建筑"，恐怕还是无从知晓的呢。"扳会"是劳动人民的游戏，据说民国时就有。它还有一个俗称，叫"老鼠会"。但"老鼠会"后来又有了许多别的解释，甚至与传销搭界？

我晓得"扳会"，是在 1960 年代。那时，家母在工厂里做临时工。工厂最基层的是小组，或称班组，大概十来个人。每月发工资的日子，每个人拿出两块钱（也有三块钱的），放在一起。谁家当月有啥急难的，比如家中两三个小孩同时开学交学费，又比如红白喜事、临时应酬等，都可以从中借取。下月发工资时一定扣还，若还有需要，可以续借。所谓"有借有还，再借不难"。据说，当年上海几乎所有工厂里都或多或少地存在过"扳会"。

理论上说，这肯定属于"民间非法集资"，但也肯定是各人自愿的。大家考虑到，时代已是红旗下，哪能干非法的事情呢。于是，把"扳会"这种"旧社会"的叫法拿来改一改，叫"互助储金"。之所以费那么大的劲来为"扳会"正名，实在是因为大家太需要借钱了，否则，很多人家的日子真的要过不下去。"扳会"得以存活的另一个原因是，"互助储金"存贷都是无息的，华丽丽地躲过了高悬在头顶的"达摩克里斯·剥削"之剑。

一定有人觉得眼熟。咦，这不是"众筹"嘛。我正想说呢，虽然到了所谓的互联网时代，我们哪里有过什么货真价实的"创新"？不是照搬外国人，就是抄袭老祖宗。正因为如此，才"厉害了"的吧。

1960年代的"扳会"盛行，有其特定背景。运动已经搞了不少，搞得"地主家也没什么余粮"，有铜钿人家也"急绷绷"；经济也已经完全"计划"，早先活跃于大街小巷的各种民间私人借贷，也根本无法存活。要借钱，只有打报告申请一途。而问公家借钱，一是难以批准，准了也是小钱；另一个，容易暴露个人隐私。老早的人面皮薄，宁可自己咬咬牙齿，也不想曝露家庭隐私。所谓"明人自断，愚人官断"，此之谓也。

这就要说到再早一些时候的民间借贷"印子钱"了。到我们这一代,"印子钱"就是高利贷,而且曾经是剥削阶级残害劳动人民的一把杀人不见血的刀子。其实,"印子钱"从清朝开始就有,只是民间借钱的一种方式,谁家没个三急六难。只不过当时民间公序良俗尚存,亲戚作保,加上大家都没什么文化,都是口头约定,没什么文字合同,存在很大的不确定性而已。因此,为防忘记,还一次钱盖一次印,是为"印子钱"。

"印子钱"月息两分,听起来当然不低。不过 1980 年代我在华亭路市场采访,个体户都这样说,我们这里,爷倪子借钞票,也是两分利,借得起借,借不起拉倒。后来到温州看,也是这样,两分利,非常普遍。另外,"印子钱"先扣息后放本,这也稀松平常,现在的"套路贷"不都是这样了么。

值得一提的是,在 1966 年后的那十年里,我们不断从大字报上看到,有劳动人民出来忆苦思甜,说他们家当年是怎样被"印子钱"害得卖儿卖女,家破人亡,弄到几世穷苦的。这还了得!于是,几乎所有还活着的高利贷者都被揪斗一番,严重的劳改流放,哼,也让你尝尝家破人亡的滋味。

到 1970 年代中后期,工厂里"扳会"的功能有了小小的变化。也是因为救急的需求逐渐减少,便增加了一些欢乐的成分。很常见的情形是,十二个小青工讲好,每人每月拿出 10

块钱，120块钱可以买一只全钢的上海牌手表。抽签决定先后，抽到一号的，出10块钱就可以先戴上手表"扎台型"，然后分期付款而已。正因为如此，这种"扳会"一度被玩得很欢脱。女工就凑十四个人，140元可以买一部蝴蝶牌翻板缝纫机。还有"扳会"买脚踏车的。

顺便说一句，手表、脚踏车、缝纫机当年都是凭票的。票子也是工会发下来，往往一个小组一张，也是抽签排队，先到先得。在当年，运气不重要，重要的是，你得了票子，你买得起吗？票子可都是有期限的哦。所谓的"欢乐扳会"就是在这种背景下产生的。

众所周知，1980年代起，因为转向市场体制，物价一直是有所上调的，一直调到1988年的不可收拾。好像就是从那时起，工厂里的"扳会"渐渐淡出，再也听不到了。

让我没想到的是，市场了三四十年后，很多劳动人民手里都有了或多或少的余钱，问人借钱，朝北坐的日子终于一去不复返了。相反，大家都不甘寂寞，也要来过过把钱借给别人，朝南坐的瘾了。

一开始借给银行，嫌鄙回报不够好；又借给股市，也只留下了"纸上富贵"。好在他们都十分擅长自我安慰。老是选择性地想着赢钱的刹那，还是很佩服自己的金融天才的。就像"老麻将"永远想着自己"字一色清碰大吊车杠头开花"的刹那，自觉地把无数次的"出铳"和烦恼统统抛在脑后。其实，有人讲，炒股是"赢，赢葱姜铜钿，输，输大煤蟹钞票"，还是一眼弗错的呢。

他们终于迎来了梦寐以求的理财时代。基金不煞渴，那就P2P。现如今，随便坐个小饭店吃中饭，耳边飘来的都是"金融访谈节目"。听听他们参与的那些项目，年化率都高得吓人，容易上头，赛过免费喝了二两茅台。

我一向是理财白痴。我只问一个问题：现在是你借钱给别人，而且你要的回报越高越好。先别说借不借得出去，就算借出去了，那些把你们的"资"貌似合法后来又往往非法地"集"起来的人，也要求高回报吧，那么，真正借到你的钱派用场的人岂不是也在借很高利的贷款呢？除非他是骗子，一开始就想好了不还你钱，否则他们会不会也像"旧社会"的劳动人民一样家破人亡呢？

真是上下六十年，沧海变桑田。

午夜梦回，我突然想到，当年苦苦"扳会"渡难关的，和当下积极想借钱给别人来换取很高的利的，是同一拨人吧？当年一把眼泪一把鼻涕痛诉高利贷使之家破人亡几世穷苦的，是他们的上代吧？而如今被各种"套路贷"逼得寻死觅活的，正是他们的下代吧？

那句话怎么说来的？活久见。

"浜瓜"还是"崩瓜"?

上海人老规矩，立秋当日吃最后一次西瓜，之后不再吃。如今白露也过了，再来谈西瓜，实在是有点不合时宜。就像全球气候变暖仍坚持立秋后不吃西瓜一样的不合时宜。

前两天，网上在传一个视频帖子，是我的电台同事"动感101"的朋友做的。主题就是谈谈三林"崩瓜"。我也点进去看了一眼。因为此前他们的负责人吾友丁丁在微信上特会问过我，"崩瓜"到底怎么一回事。我如实作了回答，尽我所能。不过我的意见并没有被这条视频帖子所采纳。原因我不知道也不想探究。

问题是，吾友谢公子看到了这条视频后，又来问我了：你怎么看？那我就没法置身事外了。只好来讲几句。

那条视频里，记者确实在三林采访了卖瓜人，还不止一个。店铺也确实高悬着招牌，上面明明写着"三林崩瓜"。

第一个老太一开口讲了一句实话："老早叫'浜瓜'"，但接着说，本地话，"浜""崩"同音，于是又叫"崩瓜"。到此为止，还是可以接受的。

再朝后，讲得就有点魔幻了。什么，一打雷自己会崩开。有个男子还让记者用手指划瓜皮，果然，一划就崩。至此，"崩瓜"二字，似已坐实。

怎么说呢？上海人讲法："骗骗三岁小毛头。"

首先，西瓜熟了，都会自己崩开。俗称"爆开西瓜"。老底子一入夏，上海街头就听得到瓜贩的叫卖声："快来买啊，爆开西瓜，甜是甜得来！"有的人门槛精，专门买"爆开西瓜"。一个是肯定熟了，另外一个，爆也爆开了，店家总归卖得便宜点。

1966年后，有一段辰光流行打群架，用三角铁砸人脑袋，也叫"侬想吃'爆开西瓜'是否啊？"或叫"拿伊只头'崩'忒"。

现在的城市青少年已经没法了解，几百年来，瓜农在西瓜长到差不多大的时候，夜里是不敢睡在家里的。而是要在瓜田旁搭一只棚，天天去值夜的。为啥？防止有人偷瓜啊。

当年乡下头的小孩因为好奇，也会跟着大人一道去守瓜。守过瓜的都知道，夜深人静，瓜崩之声是可以听得到的。有没有雷公帮忙，不是充要条件。主要恐怕还是，白天日头暴晒，夜里降温（落雷雨降温更多），瓜就崩了。

顺便说一句，老早大热天，不光要守瓜，养蟹的还要守蟹，因为彼时蟹已经长到三两重了（大一点的"六月黄"只有二两重）。也是防偷。所以乡下人赚点钞票真心不容易。

再来讲瓜皮薄的事。

也不知啥原因，作为蔬菜的瓜类，如冬瓜南瓜，皮都很厚。而作为水果的瓜类，尤其是老早，西瓜黄金瓜，皮都很薄。只有一种瓜，上海人叫菜瓜，皮略厚。不过菜瓜是在小菜场卖的，从来不进水果店。

皮薄好啊。大部分都可吃。英文叫 "eatable part" 比较大，合算。当然皮薄有个缺点，就是运输不便，容易碰坏。保鲜期也短，容易烂掉。记得小辰光，大人买转来黄金瓜，都是马上吃掉，基本不隔夜的。三林浜瓜也摆不起，爆开了，要么汁水流光，嚼之无味。要么酸涩馊气，难再食用。

老早还有番茄也皮薄。用手轻轻一剥，皮可以整张头剥下来。做糖番茄么都要这样剥皮的。

皮薄的缺点是，往往一卡车散装番茄从乡下运到市区菜场，一路暴晒甚至再夹着阵头雨，半卡车已经腐烂。小菜场的人捏着鼻子把不烂的挑出来，其他烂的就直接堆在地上，酸气冲鼻，苍蝇狂舞，周边人家叫苦不迭。

通过现代农业科技，使瓜果的皮增厚，以利运输与保鲜，在我们这里，那还是最近这三十几年的事。记得 1980 年代初去深圳沙头角，看到进口水果只只挺括，还很惊奇。

现在大家不晓得注意没有，番茄的皮比以前厚了些，不容易剥了，以至于口味好像也有点变。

西瓜皮也厚了。黄金瓜的皮据说弄不厚？现在好像也不种了，市面上也几乎看不到。这也不能怪乡下人，谁愿意做"天一半地一半"的蚀本生意呢。

如此看来，叫"崩瓜"很难站住脚，那么为啥要叫"浜瓜"呢？

B

一千多年来，江南水乡水网纵横，主要交通工具就是船啊。家家人家都有船，大户人家还有私人码头呢。现在公路发达，汽车寻常，大家都忘本了。

因此上，老早西瓜熟了，从瓜田摘下，船就停在瓜田附近的小河浜里。西瓜是直接装船运到镇上去卖的。到了镇上，也不卸货，因为西瓜重啊，卖不光还得搬回船上。除非有二道贩子全部收购，那他会派人来搬运。若只是零卖的话，瓜船就直接停在河浜边上卖。

河浜边上卖的西瓜，就叫"浜瓜"。一般指本地瓜。三林塘来的，就是三林"浜瓜"。

这种卖法，一直延续到 1950 乃至 1960 年代。

家父年少时曾在上海南市的水果行里做过学徒。一听到西瓜来了，立即全店出动，跑到外马路，瓜船就靠在黄浦江边。因为老城厢的河浜都已经填掉了，否则瓜船真的直接可以开进"方浜"（今方浜路）再卸瓜的。

大家一起动手搬西瓜，一只一只接力式地丢上来，然后当场称重给钱，好让瓜农早点转去。

搬西瓜是重生活，大家吃力了，老板的奖赏就是当场开几只西瓜吃。开啥个西瓜？当然是已经崩开的"爆开西瓜"，直接用手劈开，拗碎，分了吃。

这样的西瓜，当然也叫"浜瓜"了。

其实，以前不光西瓜停在河浜里的船上卖，其他物事也如此。去年我去过一次朱家角。因为前门没停车位，我们就绕到

44

后门。

朱家角后门外有一座桥。那天我就看到，桥下小河浜里，有船停泊，船民在叫卖野生河鲫鱼。每条都仅七八两，长不足一尺，应该是野生的吧。养殖的，这么小不舍得捞出来卖。从小听大人讲，"尺鱼斤鸡"，那才是美味。并非越大越好。现在样样要大，除了烤乳猪。

言归正传，"浜鱼"也算是"浜瓜"的一个旁证吧。

那么，"老浜瓜"又是怎么一回事呢？因为江南老人嫌自己年纪上去以后头发稀少难看，有剃光头的习惯。光头总是精神一些。当然也为了省铜钿，光头总归可以少剃两趟。

辛亥年（1911年）之前，是有"留发不留头，留头不留发"的满人禁令的。为此，还有过"扬州十日""嘉定三屠"的惨案。辛亥年后，无须留辫了，此风又盛行起来。

当年马路剃头摊的一个绝活，就是不但帮侬拿头发剃光，还要拿刀刮一刮，刮得煞辣斯光，精光滴滑，闪闪发亮。活脱脱像一只"浜瓜"。

也许就因为这个原因吧，上海人把老头子又叫做"老头浜""老浜"。1970年代还有人喊作"头浜"，一直喊到1980年代。记得那时我要买一件"梦的娇"T恤衫，小女说，这和"金利来"领带一样，是乡镇企业家的标配啊。这种"头浜衫"，侬千万勿买噢。

"崩"字肯定不对。"老头崩"，是头开花还是一脚去？

又有说是"帮"字。仔细想一想，读音不对的。上海习语"帮帮忙"哪能读法？

至于"老浜瓜",那就是骂人言话了。其意迹近于"不识好糯"。这么老了,还做出种种与年龄不符的举动来。但"老浜瓜"这个词齐巧从侧面证实了,老头子与浜瓜的关系。铁证如山啊。

还有童谣作证:"老头浜,修棕棚。一修修到肇嘉浜。棕棚修得硬绷绷。"手艺好啊!啥?有人讲,侬记错了,硬绷绷的不是棕棚。不是棕棚,那是啥?

贬称 99 种

有辰光獃想想,上海话里真的褒义的不多,贬义的比比皆是。多少侪有点"嘲叽叽"。就拿对人的贬称来说,随便想想,就能想出好多。

说是对人的贬称,也不都是骂人话,有的只是"嘲叽叽",有的甚至还是昵称呢。

不过,其中大多数都已经不流行了。最多也只是老年人嘴巴里讲讲。文学作品里,报章杂志上,本来没多少吴语,这样的贬称更加找不到。

所以,我只好把它们称为"濒危"。虽然,五十年前,它们都还是鲜活地存在于市民弄堂生活里的。

还有一些,我不把它们找出来,罗列在这里,很多人根本就闻所未闻。

既然是对人的贬称,那就先要把人贬得不是人、不像人、像动物、像货色、像原料还质地差,还有赤裸裸的职业鄙视等等。

反正退休工人吃饱饭没事体,我就将它们分门别类罗列出来。望而知之的一律不解释,拗里拗搞的做点注解。

贬得不是人的有:

1. 赤佬;

2. 野蛮小鬼;

3. 讨债鬼(老早弄堂里苏北人是挂在嘴边的,现在好像也听大不到);

4. 瘌病鬼(不一定只指瘌病,而是指经常病病歪歪的人,哪怕是装出来的);

5. 杀坯(指大块头,暗喻像猪,壮了就该被宰杀了);

6. 贱坯;

7. 下作坯;

8. 丫头坯(气质不够,指只配做丫头,而做不成小姐);

9. 丑八怪(不单指相貌,也指做派。过分扭扭捏捏、作死做活,都是所谓"丑八怪腔调");

10. 杂夹种(非指混血儿。老早宁波人常常骂人"婊子生",其比较级是"贼搭婊子生",最高级则是"贼搭婊子和落生",即世间最不堪的"杂夹种");

11. 雌孵雄(指不男不女的打扮及做派,现在好像叫"中性美"了?);

12. **浮尸、烂浮尸、佘江浮尸**（浮尸即死人，死人也不算人。江南水乡，河道纵横，死于水是大概率事件）。

贬得不像人的有：

13. **痴子**（后来才叫"花痴"。"花痴"还在流行中吧）；
14. **洋盘**（对外来新鲜物事不敏感以致错误频出者）；
15. **戆徒**（即戆徒、戆阢。后两者现在还经常听得到么）；

16. **寿头**（也指傻。据说有两种解释，一个是指像小孩一样啥也弄不懂，一个是指像老人那样啥也弄不懂。寿头寿头，既指寿之头，也指寿到头。管着两头呢）；
17. **瘟生**（上当白上当）；
18. **阿木林**；
19. **阿曲死**；
20. **阿土生**（以上三种都与"寿头""瘟生"差不多意思）；
21. **白相人**，女的就叫**白相人嫂嫂**；
22. **拆白党**（现在所有的传销和街头诈骗都可以说是"拆白党"的灰孙子）。

像动物的有：

23. **野鸡**；
24. **乌龟**（非但戴了绿帽子，一只头还像乌龟那样不敢伸出来。喻推扳之极）；

25. **王八蛋**；

26. **哈巴狗**；

27. **小狼狗**（依附于妓女的年轻男子）；

28. **蟹脚**（这两者都有狗腿子、小喽啰的意思）；

29. **马浪荡**（游手好闲者）；

30. **众牲、畜生**（其实，"众牲"是"猪头三"的前身。以前祭祀的供品猪头一只、鱼一条、鸡一只，统称"猪头三牲"。"猪头三"是缩脚语，故意省略第四个字。而"众牲"则是泛指）；

31. **猪猡**（更直接了）。

不是人，而是货色的有：

32. **死货色**（沪剧《阿必大》里的婆阿妈一口一个"侬只死货色"）；

33. **怵货色**；

34. **垃圾货**；

35. **蹩脚货**；

36. **烂货**；

37. **宝货**（义近现在的"妈宝"之流）；

38. **缩货**（缩即怂）；

39. **喇叭**，也称**大喇叭**（心里存不住事）；

40. **蜡烛**（不点不亮。拨一拨，动一动）；

41. **电线木头**（同前）；

42. **定头货**（冤家对头）；

43. **倒贴户头**（专门做蚀本生意，赔财还赔人）；

44. **镶边模子**（旧称"连裆模子"，连裆，穿一条裤子之谓也）；

45. **药罐头**（义近"痨病鬼"）；

46. **臭发鲜**（货色摆到臭出味道来了。多指极度不讲究个人卫生者）。

已经连货色也不是了，只是原料了，还不是好料的有：

47. **坏料**；

48. **烂料**（多指"脱底棺材"）；

49. **怵料**；

50. **寿棺材**；

51. **蠢棺材**；

52. **懒棺材**；

53. **贼骨头**；

54. **懒骨头**；

55. **贱骨头**；

56. **养生骨头**（宁波话。养生原指童养媳，总是自卑自贱。义近"丫头坯"）。

包含赤裸裸的职业鄙视的有：

57. **饭乌龟**（从单位食堂到宾馆大厨都算）；

58. 柜台猢狲（立柜台的都算）；

59. 书蠹头（书呆子）。

专指女性的有：

60. 烂荡货；

61. 老蟹；

62. 小蟹；

63. 尖先生（老早长三堂子里，女校书一律称"先生"。未开苞者称"小先生"，反之则为"大先生"。"尖先生"者，"小大先生"也，即"大先生"装"小先生"）；

64. 老菜皮（上年纪的女人）；

65. 雌老虎（喻河东狮吼）；

66. 喇叭花（喜放之谓也）。

"老"字打头的有：

67. 老门槛；

68. 老屁眼；

69. 老棺材；

70. 老不死；

71. 老甲鱼；

72. 老枪（多指烟鬼）；

73. 老货（多指年老色衰的卖春人）；

74. 老鬼三，或"老举三"（此词最多义，多到可以单独成文，所以干脆不解释）。

以尊为贬的有：

75. 空心大老倌（老早多指身体被掏空的嫖客）；

76. 零碎伯伯（实指顽皮的小孩）；

77. 黄伯伯，也叫**黄牛肩胛**（办事无担当，拖拖拉拉）；

78. 投鬼伯伯（宁波话，伯音浜。一日到夜投五投六）；

79. 老刮皮啦娘舅（不好意思，娘舅躺枪）；

80. 象牙肥皂（亦指吝啬鬼，肥皂象牙做，如何搓得出沫来）；

81. 崇明人啦阿爹，或**崇明人啦老爹**（不好意思，崇明人也躺枪。义近"瘟生"一类。货色卖不掉，叫做"卖畀崇明人啦阿爹去啊？"可叹的是，这样的"瘟生"不但死不光，而且越来越多。否则，那么多电信诈骗、街头诈骗又如何能大行其道）；

82. 郎中（赌博出老千者）；

83. 小白脸（义近当下的"小鲜肉"，吃软饭者）；

84. 唐伯虎（此下四个皆来自麻将桌。欠人钞票，宕而不付）；

85. 李老师（输起来连牢输。还有"老李老师"，老是连牢输）；

86. 老相公（不是多一张牌做"大相公"，就是少一张牌做"小相公"，老是做"相公"。据说，"相公"源于"镶公"。天冷，两手相镶，塞在棉袄袖子管里，无所事事的样子，谓之

"镶公"。打牌又不能和，只好看看，亦无所事事，是为"相公"）；

87. **隔壁张木匠**（此人没处放，只好放在这里。沪上有民谣曰，"爹不像，娘不像，相像隔壁张木匠"。今称"隔壁老王"了）。

与数字字母搭界的有：

88. **二婚头**（老早曾被严重歧视过。如："伊拉两家头侪是二婚头呀"）；

89. **三只手、扒儿手**（即"铳手"，小偷）；

90. **百搭**，也称**拉线开关**（这种开关拉一记，就是"吧嗒"一声。喻"碰头熟"，绝对贬义。现在居然拿来做艺名）；

91. **猪头三**；

92. **三脚猫**；

93. **咋巴三**，亦称**"咋巴"**（义近"喇叭"）；

94. **瘪三**，或**垃圾瘪三**；

95. **垃三**；

96. **煤饼**；

97. **邱六桥**（六桥即"落桥"，喻做事不上路。邱即"怵"。又"怵"又"落桥"，"邱六桥"也）；

98. **周策六**（"策六"即"搓落"，嚼舌头者经常人后"搓落搓落"说人坏话。"周"据说就是"邱"转过去的，即"怵"）；

99. **B拆开**（字母B拆开即数字13，意即"十三点"，只是更隐蔽。如 1990 年代国语里流行过的"傻博伊",玩的是拼音声母韵母分拆。"十三点"好像还流行着吧)。

好了,列出这么多,恐怕还是挂一漏万。却也不想再去搜肠刮肚,本来就是游戏文字,不必认真的。

C

钞票里的切口

不知怎的，至少最近这五十年来，钞票在上海话里一直有着层出不穷的"切口"。

好好的 1 分 2 分、 1 角 2 角、 1 元 2 元不叫，偏要叫出点"花头经"来，亦奇事也。

据说 1949 年前，钞票也是有"切口"的。

但 1950 年一直到 1966 年"文革"，这些"切口"与妓女和鸦片一样，似乎消失了。

而"文革"一起，这些"切口"连同其他江湖"切口"立刻在市民社会中死灰复燃。

因为我是"弄堂口隑隑"，所以比较"领市面"，较早接触到这类"切口"。

最早的 1 角叫 1 吊里或 1 毛里；

1 元则叫 1 钞里，也叫过 1 张分；

5 块头叫 1 张黄鱼头， 10 块头叫 1 根分或 1 根电线木头。

100 元叫 1 粒米， 1000 元叫 1 门听或 1 听分。

当年闲得紧，曾反复请教过弄堂里的小爷叔或老克勒，何以这样叫，也曾得到过一些似是而非的回答。

——将 1 元钱 1 角钱 1 分钱比照过去的 1 块钱 1 吊钱 1 文

钱，所以1角钱就叫1吊里了。尽管过去1块钱就是1吊钱，只不过一个是整钱一个是零钱而已。

——"黄鱼头"大致是从金条的"小黄鱼""大黄鱼"而来的。过去金条"小黄鱼"重1两、"大黄鱼"重5两，又称小条子、大条子。5根大条子就是25两金子。

——至于"电线木头"，当时上海绝大多数弄堂都是平房或二层楼，最多三层阁，都比电线木头矮。所以，电线木头是至高无上的，就像10元是当年的最大票面一样。

1角以下没有各自专门的叫法，世俗社会统称"铅角子"，上海郊区又叫"铅陀螺"。江湖"切口"里就叫垃圾分或癞头分。

后来1元以下、10元以下、100元以下侪是癞头分了。

就像后来10块头、100块头都先后叫过1张分。

何以钞票要有"切口"？

其实，1949年以来，黄赌毒这三样社会痼疾，除了妓女和鸦片确确实实一时基本消失外，赌博一直暗中存在着。

"文革"一来，众多游手好闲的青少年便顺势进入了赌博"大军"。

虽然大家都没太多的零花钱，赌博也是小来来，即便是博命的"梭哈""拦（音辣）止"也只是2角5角，但是家长、居委以及派出所管起来都很起劲。

一群小赤佬，在弄堂口隁隁时，少不了要议论昨日的赌局，商量下次的尺寸。

用"切口"论钞票，恰巧路过的家长、联防队"红袖章"、居委老阿姨以及户籍警就不容易听懂——这是"切口"最实际的功能。

因为被他们听到了，就要"刮讪"。

"刮讪"也是切口，原意为"穿帮"，后引申为"出事""倒霉"等。

所以，讲赌铜钿的事体，还是用切口为妙。

例：

"昨日侬好还是坏？"

"坏！2根快了。"

"阿二头额角头高得紧，一捉三，好了冒3根唻。"

"明朝要翻身，除非来2吊里一道。"

对当时的好人家来讲，这几乎是天书或火星文。

即便用切口，也还是要小心。

喉咙一响，就有人会关照："侪两家头讲闲话轻点，当心刮讪。"

"侬只瘪三，人倒蛮好，就是只嘴巴贱，弄弄就刮讪。"

可见，最早"刮讪"都与谈话有关。

所以后来讹传成"刮三"并没有多少道理。

上海人，聊天就叫"嘎讪无"（呈有一句没一句状），"搭讪"也与聊天有关。

C

查《说文》，讪，谤也。通俗点讲，即"不是好闲话"。

当然，本不想被人听见而被听见了，才叫"刮讪"。
存心想让别人听见的，则要用到另一个切口："放野火"。

但是，"狐狸再狡猾，也逃不过好猎手"。
区区江湖"切口"，很快被破解了。
小赌赌也弄弄就"刮讪"。

当年有人进去了，边上的会问："啥事体？叶子啊眼子？"
发扑克牌叫发"叶子"，叶子也酷似扑克牌，故涉赌叫"叶子"。
"眼子"就涉黄了。

进派出所叫"进老派"，进区分局叫"进庙"。
"关了啊里？静庙黄庙？"
若被判刑，一年叫"一格子"，三年叫"三格子"，五年叫"一哈子"。
老早量距离，多用手量。拇指到食指，叫"一虎口"，拇指到小指，则叫"一巴口"或"一哈口"。
巴是巴掌的巴。
用手量"一哈口"的辰光，五指必然伸直，故五为一哈。
这些，公安人员都懂。

江湖"切口"被破解后，江湖上的做法便是果断废止旧的，流行新的。

但新的还是会被破解。

其实，江湖"切口"也是一种文化，其传播途径与其他物事并无二致。

比如时尚，不管是牛仔裤还是爵士乐，都是从街头走来，先被世俗社会接受，再被商业包装，成为流行，然后才登堂入室，大摇大摆起来。经久不衰的还会被奉为经典。

但绝大多数时尚会生于街头、死于街头，无法流行，更无法成为经典。

江湖"切口"亦然。

而且，总有一大批草根市民觉得，连江湖"切口"也不晓得是落伍的表现，就像不晓得时尚会落伍一样。

最近十年，那么多"80后"的父母辈争看娱乐八卦、追看美食电视、常用网络新词，也出于同样的道理。

他们也许有几分恐惧，怕跟不上儿女的趟，本来交谈就不多，不懂就更无话可说了。

所以，1980年后，关于钞票的"切口"总是不到一两年，就迅速为大众所知，难成密诀了。

比如，50元叫咸菜皮，100元叫青皮，因是第四版颜色使然，保密性本就不强。

200元叫"2青"，300元叫"3青"也没用，很快被阿姨妈妈们破解。

而流传最广的 100 元的叫法还是"1 粒米"。

甚至"米"代替了"钱"。

老早有钞票叫"分挺",后来就叫"米多"。

老早手头紧叫"捻弗开",后来叫"迭两日没米"。

赢钞票叫"拾(音 xie)米",发钞票叫"发米",弄到末脚煞,弄出一个"空麻袋背米"来!

车垃三

历史有时真会开玩笑。

想我在"文革"初年,无书可读,混迹弄堂,获知"车垃三"等一批所谓流氓"切口"时,心情是何等样激动。后来年终评先进、股票涨停板、彩票中小奖都无法与之相比。

我一直以为,它们会是个长久的秘密。

可万万没想到,短短十几年后,我的邻居、我的长辈乃至我的父母都会说"扎台型""坍招势",甚至"车垃三"了,尽管他们的理解至今不算太确切。

"车垃三",本意即追女孩,或交女朋友。

我清楚地记得,"垃三"一词转为贬义,恰恰是在它被公开,并经疯传而成为巷间俚语之后。

先说"车",因为"车垃三"是个动宾词组呢。

有写作"搓"的,取揉来揉去之意,暗喻其过程之起伏。

似不确。有后来者望"文"生义之嫌。

与"模子"一词相同,"车"字也来自发达的上海制造业。

当年在工厂里做过生活的人,侪晓得金工车间,侪晓得各种车床,车钳刨铣,侪叫车床。

"车"就是对原材料进行加工,打造出事先设想好的、能满足各种需要的成品来。

窃以为,这跟追女孩,或交女朋友很相像。

现在叫"磨合","车"不就是"磨合"嘛。

做过车工的都知道,在车床上加工一样部件,翻来覆去有得弄了。

哪怕是做私生活,为自家的脚踏车后轴,车两根克罗米踏脚,没有两三天也做不好。

所以, 1970年代末,上海还流行过另外一句俗语,叫"侬车人嘛""侬车我嘛",也还是这个"车",有摆弄、戏耍之意。

好,言归正传。

说了"车"字来说"垃三"。

如前所述,一开始,"车垃三"就是追女孩,或交女朋友的意思。

然而,毕竟1960年代还很不开放。

自由恋爱还是稀罕事，绝大多数人结婚靠介绍人介绍的。

当时世俗的看法，女孩子还是应该做"盘房小姐"，大门不出，二门不迈的，尽管早就没了大门二门。

抛头露面还是不被赞许的。

所以，能够在大街上、弄堂口公开被人追的女孩，便一定不是好女孩。

误读也许就是从这里开始的。

现在，关于"垃三"一词的版本太多了。

有说与过去的"长三堂子"有关，是"长三"的变种。

有说就是"垃圾瘪三"的简称。

我儿时听到的最早的版本，来自当年沪上的资深老克勒："垃三"是洋泾浜语，即英文单词 lass 或 lassie 的音译。

没错， lass 和 lassie 的意思是少女、情侣、姑娘。

我们当时的理解只是，能大大方方出来跟我们一起说话一起玩的小姑娘，就是"垃三"；那些避我等唯恐不远，深居简出的小姑娘，显然就不在"垃三"之列了。

必须补充一句，当年能大大方方出来跟我们一起说话一起玩的小姑娘当中，很多都是好孩子。看过姜文的电影《阳光灿烂的日子》，就能明白。

"夜里没事体，到大道'车垃三'去"，曾是 1966 年上海男孩之时尚。

大道就是人民广场，又叫人民大道。

还有一条，叫"小大道"，就是陕西南路到茂名南路的那段长乐路，因为特别阔，故名。

何以"车垃三"要去大道？

当年没有夜公园，大道旁既有大片绿荫（小大道旁也有），又极少住家，很幽静。

还有一个未经考证的理由则是，人民广场穿过西藏路，就是福州路（旧称四马路），今来福士广场这一块就是原来的会乐里。全盛时期，一只弄堂里就开出过六七十家窑子。

而且据说——只能是据说了——那些昔年窑姐的后代很豪放。

车，有当场吃瘪的，当然也有马到成功的。

牵手成功后，有白相相的，也有谈得很认真的。

现在的网恋或其他什么恋亦如此，谁也不比谁高级。

无论何种态度，要交往下去，总归要荡马路"数电线木头"，要看电影，要吃夜点心小馄饨，要搂搂抱抱，要香面孔，要那个。

肯定还要事后炫耀，绘声绘色，加油添醋，招摇过市。

这就需要更多的"切口"来描述了。

这一类"切口"，很多后来也传开了，也有的没传开或传歪了。

C

有名词，也有动词。

先说名词。

比如相貌叫"翻势"，即英文单词 face 的音译。可见这一"切口"至少成形于 1949 年前。

但后来传歪了。

等到弄堂里阿姨妈妈侪会讲时，她们这样讲，"伊翻势老嗲咽"，或老灵、老漂亮。

其实最早讲小姑娘漂亮，叫"翻势足"。

不好看亦不叫"翻势不足"，而叫"榔头翻势"。

身材叫"条干"，身材好叫"条干挺"。

"条干"不好不叫"不挺"，而叫"耷铃"，指身材比例失调，上身长下身短。

衣着叫"皮子"，穿得好叫"皮子挺"。

不好看不叫"不挺"，而叫"破"（音趴）。取熟祁祁、软嗒嗒之意。

还有一"挺"，那就是"峰""挺"。

"峰"不好看亦不叫"不挺"，而叫"麻车袋"。这一"切口"成形更早，至少有一百年。

动词就更多。

轧朋友总归要动手动脚的。

C

按亲密程度分,有"小搭""大搭""抄腰花"之分。分别是拉手、搭肩、搂腰。

"小搭""大搭"源自摔跤术语,可见这一"切口"成形于 1950、 1960 年代。

拥抱好像没有"切口"。

接吻叫"打开水",英文单词 kiss 的音译,属洋泾浜。

"小搭""大搭"后来失传,只有"打开水"大行其道。

之所以对这些动词印象颇深,怪就要怪那些轧了朋友还要显摆的老兄了。

"切口"最吸引少年人的地方,就在于我们几个小赤佬有闲话可以随便瞎讲。

反正爷娘、先生、里弄干部、造反派侪听不懂,还有一点,女同学多半也听不懂。

于是,我们可以恣意臧否女孩子,尤其是平时很高冷的。

七八年后,等到我再次回到上海弄堂里,突然发现很多"切口"已是家喻户晓,妇孺皆知。

"垃三"俨然成了坏女人的代名词,含有"出去卖"之意。

那时,常常在公共汽车上听到两个女人吵相骂,吵法吵法就要相互骂"垃三"。

"侬只垃三,癞面孔!"

"我垃三啊,侬自家垃三哦!"

"侬垃三！"

"侬垃三！"

"侬垃三！"

"侬垃三！"

"我垃三侬也垃三！"

"我垃三侬也垃三！"

那些女人也真笨，吵相骂也吵不来。

一个"也"字，先毁了自己名节。

"撑家当"与"掼家生"

讲起来，上海女人是最最把家的了。

所以把家的女人又叫"家主婆"。家里做主的，雅称"当家人"。

当家人难啊。开门七件事，柴米油盐酱醋茶，样样侪要办得来。小孩还要穿得山青水绿，不被人家看轻。辛苦不去讲伊，操心啊。所以，其实老早是上海男人好做，闷头做生活，铜钿赚转来，一甩头。自家香烟老酒铜钿留好，其他一百样侪弗管。

顶顶犯难，万事开头难。

两块铺板拼拼拢，两床铺盖摆一道，只好算结婚，不好算人家。做一份人家，首先要"撑家当"。

这"家当",有硬有软。

硬的么,一套家生,旧称"三十六只脚",不是红木柳桉木倒勤紧,只数是一只也不好少。连灶披间的架橱也不好缺。

光有硬的,还不好单称"家当",只好叫一套"木器家生"。还要有软的。

软的么,男人家过年出客,派克大衣总归要有一件。牙齿缝里省下来还要为伊买转来。女人家,衣装不算,再蹩脚,线戒、"荡头"总归要有。等到这些最起码的"家当"侪"撑"齐,当家人才可以长出一口气:"总算像一家人家了。"

还有更加"软"的呢。上辈人要照顾好,同辈人不好吵相骂,小辈人要听言话要乖。这才算在弄堂里厢也"像一家人家"了。

"撑家当"如此不易,当然就会爱惜不已。

所以上海言话里,讲到"家当"时,特别认真,甚至有点夸张。

屋里厢爷老头子在作画,突然要去接一只传呼电话。出门时必然重重关照:"㑚啥人也勿碰噢,我一家一当侪勒嗨台子上了。"

男人发工钿日脚回到屋里,零头角子统统拿出来,也要重重关照老婆一句:"乃我一家一当侪交畀侬了噢。"

茅盾写的小说《子夜》里还有一句:"老赵全副家当都做了公债了。"那现在有没有人拿全副"家当"瓬到股市里去呢?

总之，"家当"只好"撑"，不好"拆"。"拆家当"就等于是"拆散人家"了呀。

认真讲起来，"家当""家生"，意思有相同的地方，有相似的地方，也有迥然不同之处。

比如，家当，一般指家庭财产，甚至指家庭全部财产。家生，则是指某一部类的器用，或者工具。

实际生活当中，有时还是分不大清爽的。

比方老早男孩子喜欢装矿石机半导体，一开始，只有旋凿、尖头钳，后来又有了电烙铁，又有了万能表，才马马虎虎算是"撑"齐了"家当"。

欢喜木匠生活的，一开始只有榔头凿子小锯子，后来，斧头角尺墨斗俱有了，凿子还分三分凿五分凿，锯子还分粗锯细锯，"家当"也是慢慢叫一样一样"撑"齐的。

欢喜电工生活的亦如此。

不过，通常叫起来，叫"我有一套木匠家生"，或者"我有一套电工家生"的啊。

做郎中的还有"郎中家生"，如药箱药刀；种田的还有"种田家生"，如锄头铁搭；磨刀的还有"磨刀家生"，如板凳磨石；剃头的还有"剃头家生"，如剪刀轧子；唱戏的还有"锣鼓家生"，连梳头娘姨还有一整套"梳头家生"呢。

以上种种"家生"，可以统称"吃饭家生"。没有"家生"，哪能"做生活"，哪能赚铜钿，又哪能去"撑家当"。

所以，"吃饭家生"是不好乱掼的，"掼家生"了，"掼吃饭家生"了，轻者不想做了，重者不想活了。吓人倒怪的呢。

所以，夫妻"吵相骂"辰光"掼家生"，一般侪是做做样子，掼掼枕头，沙发靠垫，掼不坏的。

当然也有真生气，真掼的。

真掼也看物事。比方讲，价值连城的古董花瓶可以掼，反正男人赚得动。吃饭的碗不好掼。老法头里，死人才掼碗的。过不下去可以分开过，也甮望人家死嘛。

我还亲眼看到过用菜刀劈大橱，敲碎落地镜子的呢。据说因为离婚也分不到一样家生，赨么大家侪甮想要。鱼死网破，玉石俱焚。

大人"吵相骂"还好真真假假"掼家生"，阿拉做小人的只有"吃家生"。

最早"吃家生"，就是被大人抄起"家生"打。厨房间有扫帚，房间里有鸡毛掸，马桶间有拖畚柄，大人真是左右逢源，阿拉只有无路可逃。

后来"吃家生"好像又有了难度大、成本高、费时费力的意思了。

不过这个"家生"与刚才讲到的"家生"不同。

查"家生"一词，除了指器用、工具，也指武器。《水浒传》第二回有句："史进又不肯务农，只要寻人使家生，较量枪棒。"

原来大人打阿拉辰光，手里拿的是武器啊。唉，阿拉比伊拉小，还要饶伊拉赤手空拳，太不公平了。

单件头，有时也可以叫"家生"。
比如吴语小说《海上花列传》里写到天文望远镜，也讲它是"可以看到月亮看到星星的家生"。

吃别人家的出汗

三个小老乡约好了去吃赣菜，因有人发现了一家新概念赣菜。

说是小老乡，则是因为，她俩都是当年女知青与当地人的结晶，十六岁才按政策回来；而我这个男知青，彼时早已返城十年有余了。

我点的菜：南昌小炒肉、南昌炒米粉、赣州小煎鱼、鄱阳湖鱼头豆腐；
手撕包菜虽然不能算地道的赣菜，但辣得很地道。
除了鱼头只是中规中矩，前三个都很不错。
但后来那个干锅香笋烧得不入味，嘱咐厨子加辣加酱油回锅加工也依然不行，只好重新再点一个烟笋凑。
烟笋的味道蛮正点。

那天的天气有点闷热，加上辣椒作祟，很快我跟C君的额

C

头出汗了，而且被另一位 G 君发觉了。

"咦，你们怎么都出汗了。"

她居然还要说出来！说得我们有点无地自容的意思。

"那——看来今天要你埋单了"，我是只有自我解嘲的。

"为什么呢？"

"因为上海滩有一句老话，叫做'吃别人家（的）出汗'。你不出汗，你就是在吃自己的，所以你埋单啊。"

"哈哈哈哈……"

于是我说起这个很久无人提及的海上典故来。

"吃别人家（的）出汗"，这句话，小时候经常听大人挂在嘴边。

拿来告诫我们小孩子，主要是想让我们的吃相斯文点。

尤其是外出上饭店，或到别人家做客时，不要一副猴急相。

这是本义。

到后来，这句话又有了很多引申义，尤其在成年人之间使用的时候。

比如，你明明知道你在吃请，又何必还那么猴急呢？

比如，赴婚宴或寿筵是要送红包的，那你是不是想吃回本钱来呢？

再比如，明明说好了是你自己请客并埋单，又有什么必要像吃别人家的一样来吃自己的呢?

更有甚者,在尚未确定谁来埋单时,你是不是想通过先出汗来逃单呢?

当然,这都是玩笑话,说者和被说者都并不认真的。

何况吃饭出汗其实是大概率的寻常事,很难拗牢,因此,后来这句话只是一种自嘲而已,再没有了"做规矩"的含义。

说到这里,席间有人发问:"吃别人家(的)出汗,好像只是个上句,应该还有个下句,吃自家的呢?"

老叟只好轻声应道:"吃自家的出血。"

不是牙齿出血,是心里出血。

又笑起来。

吃豆腐

豆腐好像人人欢喜,不欢喜吃的人好像不多。

豆腐的花头也透,嫩豆腐、老豆腐,还有不老不嫩的豆腐,豆腐干、豆腐花、豆腐浆,样样侪好吃。还有霉豆腐、臭豆腐味,名堂越是难听味道越是灵光。

还记得1960年代大饥荒,还吃过豆腐渣,还是配给的。讲老实言话,那年头油也紧张,真正重油去炒豆腐渣,照样香喷喷。

所以，自从有了高血酸的毛病，被关照不好吃豆腐了，是有多少伤心。

1990年代初，我做过几年跑农村条线的记者编导。当年全市10个郊县400余个乡镇，我至少去过貌300个。

去了总归要吃请，农村人特别客气，推也推不脱。

席间，主人总归要介绍一句："阿拉迭搭豆腐好，自家做出来的，侬吃吃看。"

一尝，果然香鲜，绝对比市区小菜场买来的赞。

记得第一次吃郊县豆腐是在嘉定，于是回来见人就说："嘉定的豆腐好。"

后来不对了，讲不过来了。到宝山，罗店也讲自家的豆腐好；到浦东，三林塘也讲自家的豆腐好；再后来，松（江）金（山）青（浦）、川（沙）南（汇）奉（贤），侪讲自家的豆腐好。我想崇明大概也不推扳。

出差到外地，亦然。

豆腐是好吃，不过上海言话里一句"吃豆腐"，则不是啥好言话。

其原意是"揩便宜"，好像也是出自倡门。嫖客在倡门中揩着便宜了，谓之"吃豆腐"。

倡门中的便宜，无非是花了"干铺"的钱，睡了个"湿铺"，或年节里挂账不还等等。

后来被引申为话语间撩拨女子的意思。

1960 年代，社会风气还不大开化。男人假使当面讲女人长得漂亮，女人般要回头一句：

"做啥？侬吃我豆腐啊？"

此时，还是揩便宜、揩油的意思。

揩小姑娘便宜叫做"侬吃伊嫩豆腐嘛"，揩老阿姨老菜皮便宜则叫做"吖老嗰豆腐侬也要吃嗰啊"。

以上便宜还只是口炮上的便宜。

再后来，"吃豆腐"就被引申为在公车上或其他公共场合对女子进行性骚扰的代名词。

如某人被捉到派出所去了，旁人问所犯何事。

"啥事体啊？在 20 路电车上吃人家小姑娘豆腐呀。"

那十年，使得男人更流氓，女人更豪放。到 1970 年代，大家觉着只讲"吃豆腐"不煞渴了，男男女女干脆直接豁上：

"做啥？侬车我啊？"

"做啥？侬嘲我啊？"

"做啥？侬嫖我啊？"

那个年代，女人讲"侬嫖人嘛"或者"侬勿嫖我哦"，十分稀松平常，连脸都不红。

因为其意思已经变成了"开玩笑"。

男人们甚至可以这样说：

"哦哟，侬勿一本正经来兮，我不过吃吃侬豆腐呀。"

最生动的是，万一遇到你开的玩笑，对方因智力原因根本听不懂的，上海人叫"吃死人豆腐"。

对死女人进行性骚扰，她当然没有知觉的。

反过来，施为者也何其太傻。

至于"吃豆腐羹饭"，则是另外一种"吃死人豆腐"了。

再演变下去，在漫谈中，有人要言归正传了，也会说：

"好了好了，覅再吃啥死人豆腐了，侬到底要讲啥，侬讲出来好了。"

不管哪能，豆腐还是邪气好吃的，不管嫩豆腐老豆腐。

所以，自从有了高血酸的毛病，被关照不好吃豆腐了，是有多少伤心。

吃素碰着月大

身边素食者日多。从前劝人吃素很有步骤，一般分五步。

先是每月初一（朔日）吃，全年只吃 12 天；再是每月初一（朔日）、十五（望日）吃，全年 24 天。

有人到这一步就受不了了。民间俗语有"躲得过初一，躲不过十五"，说的就是这档子事。意思就是："就算侬初一那天

C

外面有饭局吃素没吃成，十五那天你还是要吃素的呀。"民间的说法就是这样，既调皮，又泼辣，刀刀都戳向人性中的贪嗔痴。从一个侧面也反映，一个人要坚持养成或戒脱某种习惯有多难。

第三步是每月朔望两天，再加一整月（一般是二、六、九三个月中的任意一个月），全年吃 52 天。

到这一步，又会有很多人坚持不下去。民谚"吃素碰着月大"，说的就是这档子事。阴历也分大月小月，大月 30 天，小月 29 天。偏偏吃素的那个月是 30 天！你别看只是多吃一天，难过啊。

第四步则是每月朔望两天，再加二六九三个整月，全年 108 天。第五步再是吃长素，亦即全年 365 天都茹素。

或问，何以总是二六九月？因为观音大士的生日有三个，分别是二月十九、六月十九和九月十九，代表了祂的出世、得道和升天之日。因此，这样的茹素法，又叫"吃观音素"。在上海以及苏南浙北特别流行。

反正，若非全年茹长素，民间都叫做"吃花素"，意为择日而间花（夹花）着吃素，此外的日子仍茹荤。"吃花素"里，除了"观音素"，还有"三官素"、"雷素"（又称"斋素""兰斋素"）、"斗姥素"等等，不一而足。

"吃长素"里，也还有"九皇素"，即每年农历九月初一到初九，非但不茹荤，而且不沾一滴油，据说只吃盐水煤茭白和香椿咸菜拌豆腐之类。

说穿了，吃素吃得那么"花"，无非是"吃长素"太难坚持，便事先找好理由，既修了行，又可以茹荤。

听老辈人说，吃素甚至可以是一件很悲壮的事情。

某人宣布下个月要吃素了，朋友们就会在他入斋之前先请他大吃一顿，以壮行色。一俟茹素到期，再请他大吃一顿，以表慰藉。"开荤""开荤"，据说就是这么来的。

如果吃的是德国牛排，那就是"开洋荤"了。

你想想，吃一个月的素，可以弄到如此悲壮，如果这个月不巧是大月而不是小月，是 30 天而不是 29 天，岂不是要急煞人的啊！唉，吃素碰着月大。

出道

最近，由于两部网综《偶像练习生》和《创造 101》的走红，最新网络用语已经变成了"pick me""小姐姐""C 位"和"出道"等等。

那今天就先来谈谈"出道"二字。

尽管谁都知道"出道"的意思，为了落笔作文嘛，谨慎起见，我还是顺手查了一把度娘。

竟然发现"出道"一词源于法国！请看：

"'出道'是一个汉语词语，源自法语'debut'，本意为初次登场，是对于歌手专用词汇。"

后面加了一句，仍然是外国的：

"在日本音乐界，加入演艺圈只算是入行，'出道'则以正式发行 CD 为标准。"

我只好昏倒。

马上去查字典。

《新华词典》无此字条。《辞海》（1989 年版）亦无此字条。

原来"出道"一词拿不到绿卡，只好移民海外。

这几十年来，我们的汉语字典编纂一直令人费解。很多人人皆知其意，早就成了通用语和流行语的，它就是不收。守着某种不可言传的正宗。比如，十年前，我曾查找"失恋"一词，也跑了空塆。不知现在收进去了没有。

只好再回过来求诸网络。

终于发现了"出道"有"指年轻人走上社会，能独立工作和生活"的解释。不过放在词义解释的第三条。更要命的是，前面冠之以"方言"二字。好极了！却原来，"外婆"从来"不是一个人在战斗"啊。

到此，我也终于有点明白，前不久的"外婆风波"是要告诫人们：

C

"顺我者胡普，逆我者方言"啊。

其实，大家心里多少会有点感觉。无论如何，这"出道"一词，最早应该来自佛门的吧。

确实如此。不过，佛门的"出道"，即"得阿耨多罗三藐三菩提"，迹近于"涅槃"的意思。

所以又称"成道"或"得道升天"。

比如，观世音菩萨就有三个生日，分别是农历二月十九、九月十九和六月十九。第一个是祂的诞生日，第二个是祂的出家日，第三个则是祂的成道日。

而民间对"出道"的理解，多半都来自"艺徒满师"吧。

现代教育制度在中土普及之前，不光私塾、习武和唱戏如此，各行各业都是师傅带徒弟。一带一或一带几。满师之前叫修炼，满师之后叫"出道"。倒真的跟现在的偶像练习生有得一拼。

修炼就是吃苦。上海话叫"先吃三年萝卜干饭"。

没有收入，只有基本生活补贴。当年在上海做艺徒，每个月只拿 17.84 元。那不叫工钿，叫艺徒津贴。

这是在上海，大城市，算好的。在农村，师徒合约甚至有点像变相的卖身契。

我十七岁去江西，就亲眼看到过，农家孩子跟人学木匠，头三年一分不得。师傅只管一口饭，饭钱也不是师傅出的，木匠嘛，是做到哪里吃到哪里的。睡觉也是做到哪里睡到哪里。

作孽的是，三年满师以后，只要你不单飞接活（你想飞也未必飞得了），东家给你的工钱还是要拿出一部分来孝敬师傅的。

1980年代初我去温州采访，那里的师徒合约更严，满师后要交给师傅的钱更多。有同行记者问，这不是剥削吗？为何不反抗？年仅十三四岁的小徒弟这样回答："总有一天我也可以剥削我的徒弟啊。"

也正因为学徒之路太难，满师之时，哪个艺徒不是长舒一口气，终于熬出头了。上海小青工么立即可以拿36元工钿。农村孩子虽然还要受欺负，总也快了。

还有一种"出道"，就是"踏上社会"。老早上海人家小囡只要不继续读书，寻到一份工作，不管是去坐机关还是分到大饼摊，家里大人都会关照："小鬼啊，乃侬踏上社会了哦，要哪能哪能……"在传统的世俗眼光里，只有家里、学堂不算社会，走出家门和学堂门，不管你学不学徒，一律视为已经"出道"。

找不到工作呢？也算"出道"。现在讲法叫"社会人"。

事实上，踏上社会就是踏入江湖。假使你一踏入江湖就做了老大，那就是"C位出道"了。

就江湖社会而言，有"出道"就有"收道"。"收道"有"金盆洗手"的意思。

记得当年我们一帮知青回到上海后，弄堂里小辰光交的朋友又来叫侬帮忙一道去摆平啥人，或者夜里去啥地方"借"点物事转来，或者一道去"搏眼子"，我们因为已经顶替爷娘上班了，谈朋友了，甚至准备结婚了，就会回头他们："朋友，弗好意思，我老早就'收道'了。"被他们骂声"缩卵"么，也只好忍了。

只有经历过种种"出道"的人，才会明白，没出道时怨修炼太苦，出得道来，才是真正的苦海无边啊。啥辰光是个头？这就要回到最早佛门里"出道"的原意了。

厨房间里的动词

厨房间么，本来就是做生活的地方，属于动作片的范畴。

不过，相信现在有很多上海人，厨房间里的动作好做，厨房间里的动词好讲，真正要写出来，就烦难了。

比方讲，今朝要烧红烧肉，冰箱里有两三袋冻肉，用哪一袋呢？

老婆发声音了，今朝又没客人来，拿袋小的。

断命，大小差不多的啦。

老婆不开心了，侬死人啊，拿手 deng deng 分量看呀。

晓是晓得的， deng 分量就是掂分量，不过一个 deng 字写弗出，弄僵了。

有人就考证了，说此字写作"战"。

C

《广韵》《集韵》战叕，称量也。

《类篇》战探，以手称物。

现在多写作"掂分量"，准足一点讲，应该叫做"战分量"。

有了荤菜，没素菜也不来讪。

老婆又发声音了，早上超市里买了一斤刀豆，蛮嫩咽，侬相帮 die 一 die。

又弄僵，一个 die 字写不出。

于是，有人又考证了，这个字写作"扚"。

《广韵》都历切。《集韵》丁历切。

《说文》疾击也。《扬子·方言》撩取曰扚。

"扚"字在上海言话当中的意思是"一记头弄断忒"。

有荤有素，主食吃点啥呢？

葱油饼！不晓得啥人脱口而出。

灵咽灵咽！老婆欢喜咽。那么快点 nio 面粉呀，面粉要发一发的呀。

面粉屋里倒现成就有，这 nio 字就不晓得哪能写了。

有人又考证了，这个字嘛，写作"搦"。

《篇海》昵角切，音搦。手搦也。

搦面粉，北方人讲作"揉面"，上海言话叫"搦"。

上海人不但搦面粉，腌咸菜也是要一面摆盐一面搦的；汏衣裳也要水里搭搭伊啊。

搭面粉的辰光，老婆准备切肉，第一刀下去，不爽快，原来刀有点钝了，又发声音了。一根棒头拿过来，让我一把刀xia忒两记。

Xia刀磨剪刀，弄堂里听倒听见过的，写还是写不出。

于是有人又考证了，这个字写作"硪"。
《广韵》胡加切。《集韵》《韵会》《正韵》何加切，并音遐。
《说文》厉石也。即磨刀石，或在石上磨。

不过，一句"硪刀磨剪刀"，苏北口音蛮重的。
好像还有说把刀bi一bi的，bi字也写不出。

只好再请人考证。这个字写作"鐾"。
《康熙字典·戌集上·金字部》鐾。《字汇补》音避。
治刀使利也。

侬看，小菜还没开始烧，已经轧牢五记了。
烧起来还要不得了呢。

有的么，水里先要煠（za）一煠；
有的么，油里先要煏（bi）一煏；
有的么，油里先要汆（ten）一汆；

有的辰光要长一点，好好叫餜（du）一餜。

为啥是"餜"？
有人又考证了。
《集韵》徒谷切，音牍。
《玉篇》粥也。所以烧粥叫餜粥。还有餜赤豆汤， 餜蹄
髈，要么"腌餜鲜"也是这个"餜"不成？

最后烧只汤，汤烧好就好吃饭了。
烧汤也蛮烦的。
水摆得忒多了么，要到水斗里去"滗"忒一眼。
等汤滚了么，还要摆调料，上海人叫 ge 味道。
又搁牢。 ge 字写弗出。

有人又考证了，叫做"渮"。
《唐韵》古俄切。《集韵》居何切，并音歌。
《说文》多汁也。《广韵》渮溏淖也。混和調味的意思。

总算老婆表扬了：唔，今朝只汤味道渮了好嗰。
刚想得意，老婆又问了，辩么还要 za ni 否啊？
只好继续搁牢。

还是要看看别人的考证结果：
着糜。北方人叫"勾芡"，上海言话叫"着糜"。
糜，《集韵》乃计切，泥去声。糟浓者。

C

喂，红烧肉香是很香，侬也不要太馋痨，一歇歇就去撬（xiao）镬盖，一歇歇就去撬镬盖呀，味道都跑掉了。

今朝一桌小菜烧得邪气崭，馋得我舌头也 tai 出来了。

呃——

不卖关子了。

舚，《广韵》他酣切。《集韵》他甘切， 丝音酣。

《广韵》舌吐也。《集韵》䑛舚，吐舌貌。

好了，开饭。

老婆发声音了，今朝表现蛮好，还不快去开瓶酒！哰好小菜么，老酒总归要涮涮咽呀。

啥？这红酒有点浑？这有啥关系啦，先倒在醒酒壶里滗（ding）一滗。

不过，酒么还是少吃些。红酒一杯足矣。勿吃了红酒还要再开两瓶啤酒咽咽嘴巴。

勿骨头轻，千万勿只顾一家头穷吃阿二头，要会得帮老婆搛菜。

饭吃好了么，还要晓得主动汏碗。一只辣酱瓶今朝正好吃空了，别忘了放点水进去潹潹清爽。还好派其他用场。

还有咪，饭后要吃水果的，汏好碗还要帮老婆大人桱（qi）一只生梨。

桱皮不要桱得太厚，这点生活都做不好，侬有得被你老婆

"榘头皮"了。

顺便说一句，上海俗语"榘爷娘头皮"的榘也是这个榘。

总之，我倾向于相信这些看似很古老的正字。我觉得人类自钻木取火以降，在灶头上的渔樵闲话远比什么秦皇汉武、唐宗宋祖悠久得多。流传不广，一是几千年来识字不普及，二是识字的又听了孔夫子的，"君子远庖厨"，才造成了今天"识讲不识写"的局面。

"触祭"及其他

我写过一篇《小樽的雪》，就有人留言讲，想不到平常专门写俗里俗气文章的人也可以拿雪描写成这样。

我赛过是《红楼梦》里的浪荡子薛蟠，在窑子里唱和行令，突然冒出一句："女儿喜，洞房花烛朝慵起"，便得了个满堂彩。曰："何其太雅乃尔。"

其实，日常生活就是俗生活。不俗如何过日子。高境界从来不是不俗，而是俗时大俗，雅时也要雅得出来。

不过，很多生活里的雅，都是穷酸文人的牵强附会。比如茶叶"碧螺春"，最早叫"吓煞人香"。

可以想象，文人吃到如此好茶，禁不住要问一句："此何茶来，如此醇香。"茶农连忙点头，"对，这茶叶吓煞人的香。"

　　至于，后来哪能兜兜转转，改名"碧螺春"，故事太长，不说也罢。

　　正因为如此，我一直倾向于"阳春面"原来应为"阳葱面"的说法。摆摆面摊的苦恼人，哪有那么多闲心思。文人帮闲，总在其后。

　　还可以举出一个例子。嘉兴某镇有一种闻名遐迩的馄饨，叫"蟹叉三"馄饨，传了好几代。我特会去吃过，味道确实不错。也曾与店主谈及，为啥要叫"蟹叉三"。店主说，其实，祖上无甚文化，当被别人赞美时，便谦虚地回答说："'蟹叉三''蟹叉三'。"大意是，阿拉屋里自己随包包的。侬讲得好。

　　哦，原来，"蟹叉三"是"瞎扯讪"啊。

　　祖传馄饨也可以"瞎扯讪"，那我也来"瞎扯讪"一番。不过"瞎扯讪"总也应有主题，那就是与"触祭"搭界。

　　既然与"触祭"搭界，就先来讲一句有"触祭"两个字的俚语，叫**"头颈极细，独想触祭"**。

　　上海人讲，"侬饭'触祭'饱啦？"意思是"吃饱饭没事干"。其中"触祭"则是吃的贬义说法。

　　"触祭"的来由，据说与"做羹饭"有关。

　　老底子人家做人家，平常没啥吃，不过中元节、冬至、年三十"做羹饭"，小菜总归还是蛮丰盛的。

　　小孩见了嘴馋，还没到吃的辰光，总归要寻理由多走过去几趟，有时忍不住还要伸出手去摸摸，甚至拿一点来吃。据说，触碰祭品，是为"触祭"。

给大人看到了，必是当头一声喝："做啥侬？头颈极细，独想触祭。"

已经讲到"做羹饭"了，就来讲讲另一句俚语"**抢羹饭**"。

"抢羹饭"是指吃相难看急吼吼。

也难怪小孩。羹饭羹饭，先祭后用，而祭礼冗长，小孩哪里等得及。一俟一对大蜡烛烧尽，大人一声"好吃了"，马上就抢吃起来。

后来，平常家里吃饭，小孩来煞弗及就先扒饭或先拣菜时，大人也会这样骂道："哪能啊？前世里没吃过啊？急啥？'抢羹饭'啊？"

但我外婆总是在一旁笑眯眯地说："抢抢吃味道好。一个人吃饭呒趣相。"

不过，据家父讲，"抢羹饭"是真有其事的。我家祖上镇海郑家，祭祖是各房轮转的。家父六岁时曾轮到作郑氏十七房主祭，具体事务虽由叔伯婶娘们代操办，却亲眼看见过"抢羹饭"的盛况。

偌大家族在祠堂祭祖，席开数百，则公祭之物及缺席户（总有人家因种种原因没赶上或不愿来）之桌上菜均被抢得一塌糊涂。

讲到"抢羹饭"，不得不讲讲"**偷冷饭**"。

C

小时候，谁没有肚皮饿了，掀开钢**综**镳子盖头，挖两勺冷饭吃的经历。大人不在，就叫"偷冷饭"。

后来有了很多引申义。

打相打在一旁出冷拳，叫"偷冷饭"；亦作"冷饭拳"，后简作"冷拳头"。

打乒乓突然吊对手死角也算"偷冷饭"，打篮球前锋不回防等长传反击也算"偷冷饭"，踢足球偷袭也算"偷冷饭"。

据说，偷情曾经也叫"偷冷饭"。

1970年代，结婚前上床也叫"偷冷饭"。那年头闹新房，除了要新郎新娘交代恋爱史，还要回答如下问题："第一趟偷冷饭是啥辰光啥地方？偷过几趟冷饭？"

有的戆头戆脑的新人也真会如实答来，"勒伊拉屋里阁楼上，伊拉爷娘上中班"云云。

"金边碗盏象牙筷"，本来意为办事须有章法，兵对兵来将对将。也用来比喻交朋友或婚姻要门当户对。不过，凡事体要适可而止。

有道是"金边碗盏要配象牙筷"，金边碗盏配了象牙筷又不好去搛咸菜，只好再配山珍海味，开销就大出来了。

家父说起"金边碗盏象牙筷"时最噱，他说：屋里还有二两醋，要么小菜场再去买六只大闸蟹转来？拿伊蘸蘸忒。

一味强调匹配，是要配出人性命来的。

还有一句**"南北开"**，不知还有人记得否。

上海最早接触西方饮食文化，但老上海话里没有

"AA制"。

各付各账叫 Dutch pay，贬义，跟着英国人骂人家荷兰人小气。

后来接受了，就叫"南北开"，一家一半的意思。

再后来叫"劈硬柴"，已是 1970 年代中后期。

还有一句："天一半地一半"，不是"劈硬柴"之意。而是指点菜太多，吃一半扔一半。

今亦失传。

"烂熟菠萝蜜"，好像也失传了。本来是指对某件事情之来龙去脉，或对某领域内的常识滚瓜烂熟于心。

"回汤豆腐干"，是指被老板回头生意。

以前进厂做学徒，都有三个月、半年乃至一年试用期。最忌讳的就是因自己表现不好而被老板或单位辞退。就像一块没煮多久的豆腐干，捞起来不能吃，只好回汤再煮。

我们踏入工作岗位时，爷娘都要关照："好好叫做生活，亏好吃，回汤豆腐干弗好吃。"

"竹笋烤肉"，是指孩子挨打或打孩子。

老早灶披间里总归有竹爿倚在墙边，又或是挑水的小扁担，扫帚柄也多是竹子做的。孩子调皮，大人拿到什么就用什么打。边打还边问："竹笋烤肉好吃否啊？下趟还皮否啊？"

还有**"外国火腿"**。

上海人讲："当心我请侬吃火腿！"或者，"今朝倒霉，吃了伊好几只火腿。"是指被人踢。而老底子黄包车夫被外国人用脚尖踢屁股，催促拉快些，则叫"吃外国火腿"。

"侬娘大头菜"，肯定不是一种酱小菜，超市里买弗着的。它的意思是"滚"。句如："滚侬娘嗰大头菜！"

终于讲到**"污搞百叶结"**了。本来是指把事情办得一团糟。因为百叶打结，也有点技术含量的。不是随便弯一弯、穿过去就行的，搞过百叶结的朋友心里色色清。

所以"污搞百叶结"，就是看上去蛮像腔，其实不合章法，也容易煮散。

小辰光，我们好心，帮大人忙，也来搞百叶结。结果被大人一句弹回去："喂喂，侬来搞啥个百叶结啊？"

今朝我要特会来讲一讲**"鱼腥虾蟹"**。现在侪叫"海鲜"。上海人老早从来不说"海鲜"的。"海鲜"是广东言话。1980年代后才传遍全国。北方人学得特别起劲。

那时粤菜大流行，各地便都开出很多粤菜馆来。当年最红火的粤菜馆广告语就是："香港名厨主理，天天空运海鲜"。

上海人不晓得哪能，居然也接过来，"海鲜""海鲜"这么讲。我怎么觉得，讲"海鲜""海鲜"总觉得有点"卖洋弗煞"的意思，比方讲，"朋友昨日夜里请我吃海鲜哎"。

一个字：俗。

而老早上海人讲起来就很低调，叫"鱼腥虾蟹"，优点缺点并列。

小菜场里经常听得到的：

"哦哟，买点啥啦？"

"弗买啥，平常小菜。"

"小人放假了么买眼好啊畀伊吃吃，蹄髈斩一只，要么大排斩两块，派头大点。"

"红肉阿拉弗进门啊，侬晓得啊呀。"

"辩荤菜总归要啊啰。"

"喏，一眼鱼腥虾蟹呀。"

哦，还有**"烂糊三鲜汤"**。

但实际上此话只用来骂人，若用来骂女人，则另有别意。这个须专题论述，今朝先略过。

最后，讲一讲**"熏癞水"**。

昨天中午有幸与几位美食作家碰头。得见老作家孔明珠女士本尊。真是三生有幸。

吃的是富贵牛蛙。席间雯雯谈到了金山的"熏拉丝"。

其实是"熏癞水"，是上海古镇朱家角的特色食品。

"熏癞水"即熏癞蛤蟆。

癞蛤蟆之沪语标准叫法是"癞水蛤疤"（音 la si ge bo）。

癞蛤蟆背上都是"斑斑疤疤"。

所以熏过的"癞水蛤疤"应叫"熏癞水蛤疤"。太长了，简称"熏癞水"。

俗称"熏拉丝"，乃记音，不确。

以上均为一家之言。

我也是老上海人，阿拉低调来兮。看完之后，随便你问我啥，我只有一句言话："瞎扯淡""瞎扯淡"。

"戳"字不出口

昨日大清老早，照例到公园散步。

前面那个老头走得实在有点慢，想想还是超过去吧。

就在超越的一刹那，我听见他在吹口哨，一首很老的流行歌。难怪走得"笃姗姗"。

回过神来，我竟然想大笑。

因为不知为啥，我突然穿越到了半个世纪之前。对呀，那时，走路吹口哨的，都是流氓啊，至少也是不良少年。

我们小时候，一般上海人家的小孩子，是不可以学口哨的。

不过学堂里总有高年级学生在吹，弄堂里也总有大孩子在吹。好玩啊！于是，都会去学这吹。开始干涩，慢慢圆润起来，也得意起来。

学会口哨像学会踏脚踏车一样，要过瘾头的。刚学会脚踏车么，总想让我一个人到人民广场兜一圈回来。同样，刚学会口哨，特别是一只曲子还有某个地方轧牢，也是一定要见缝插针再多练几遍的。

C

不巧的是，本来你放学回家很乖，不但不吵不闹，还相帮姆妈淘米烧夜饭。一边等饭开，一边就木知木觉开始练口哨了。于是，背后立即传来一声骂：

"侬勒做啥，小鬼啊？帮小毛头把势啊？嘘嘘嘘，啥腔调！帮我关忒。"

不是关煤气灶龙头，而是关忒侬张嘴巴。

小时候想想也蛮冤的，音乐，是高雅艺术啊。虽然还不能像现在那样，马上直播，刷礼物，刷游艇。

但就是不许。因为那是流氓腔，你家坍不起那个台。

下次嘴巴痒了，也只好跑出家去，到弄堂口，到小花园里去吹。

吹口哨不许，骂"戳那"就更不许了。

我以前有专文论述过，"戳那"的全称是六字诀："我戳那娘只×"。

一般上海人家屋里，别说全称六字诀了，即便是省略形式二字诀"戳那"也不许。你再生气也不许。

有时实在憋不住，就来一个"一字诀"，而且只用一半声音，"戳"。依然不许。

我就为此吃过苦头。

有一次，不知为了何事，突然露出了"一字诀"。家里大人立即勃然大怒："小鬼，侬勒讲啥？吓龌龊的字侬也讲得出？啥地方学得来的流氓腔？侬在外头轧坏道是否啊？"

C

看这个架势，我不立刻认错的话，按现在的说法，大人就要用自己的"人肉"去"人肉"我在弄堂里学坏的轨迹了。

现在好了，我碰到过不止一个知名的电视女主持人，都是张口就来："我靠——"拖长音不算，那音量，从帝都发出，连雄安也听得到。

我当下心里就在想，这要放在半个世纪以前的上海，弄堂里的老懂经一定要接一句的："侬只女坏，侬也骂戳（靠者，戳也），侬拿啥物事戳？！"

流氓腔，还有呢。

脚不能抖。脚一抖就是流氓腔。 1990年代的电视小品，你上面只要一抖脚，下面就会笑。连赵丽蓉老师也不例外。原来广大希望被牵挂的群众是欢喜看有人在台上耍流氓的。

背不能鲎（音吼）。有道是，"十只老克勒九只虾"。背一鲎么就像虾了。怕就怕你学不会老克勒，学成了"小敨乱"，小流氓。一样做流氓么也做做大，只做小流氓，太不合算了。

我也许插队落户时学坏了。重新回上海后，只要与家父一起出去，总会被他时不时地提醒："背挺挺直。"他呵斥我不碍。就怕他求我，"哎，侬背挺挺直好否啊？"面孔也要红出来。

很多时候，两个人边走边谈，正谈得入港，他拦陌生头来那么一句。想来他是实在看不下去了。

C

走路手不要插在袋袋里。

所以上海人家天冷，大人小人出门都要戴手套。买不起了，可以织。没有绒线织用纱线织。就是不许插袋袋。

宁可允许你"镶袖笼"。顺便说一句，最早戏称别人"相公"，就是从"镶袖笼"的"镶公"那里过来的。

小孩子都有叛逆心理叛逆期。越不让我插，我就越要插。还记得当年流行军裤，两只手不但要插在军裤袋袋里，还要拼命朝外撑，撑得像个马戏团小丑才肯罢休。

以下这些也都是"流氓腔"。

讲道理归讲道理，不好动手动脚。

上海石库门弄堂里，哪怕已经不堪到大吵三六九，小吵日日有，吵起相骂来还是以讲为主。经常听得到："侬讲管讲，勿动手动脚。"那人再理亏，也还先要摊开双手辩白："我啥地方动手动脚啦？"可见，当年大家还是有共同底线可守的。

后来外头人看不惯了，到处讲："上海人吵架，半天也打不起来。"要命的是，和者众。大家都觉得应该因此而看不起上海人。

啥意思？你想说，我们全国人民都已经那么流氓了，你们怎么一点也不流氓？还是想说，这种底线，你们上海人还在守啊。

上海人还真没守住。这不，高架上也打起来了。

于是，有人也许觉得，改造上海人懦弱无用的历史使命总算完成了。也有人担心，越来越多的街头恶性案件乃至无差别

97

C

杀人正大踏步向我们走来。

不动手动脚还不够，讲话还不能"点点戳戳"，指着别人的脸部。否则也是流氓腔。

弄堂里吵相骂，经常听得到："言话尽管讲，侬手摆摆好。"这也是当年大家觉得应该守住的共同底线之一。

不晓得哪能，后来电视台有一只滑稽节目，里厢有超市咖吧的，三个男人讲起言话来，一律"点点戳戳"。那两位也就不去提它的，连姚公子也伸出节头管来。尽管他总算还有点家教，多少有点心虚，手摆在腰眼里，从下朝上点。而另外两位，巴不得点到别人的眼乌珠里去。

别跟我提什么"起角色"的需要，我只晓得你们整天对着上面吹牛皮，讲这个节目是所谓新上海人学沪语的好课堂。

罪过啊。误人子弟啊。

同样道理，夜里手电筒照人面孔，当年也算流氓腔。

现在夜里不用手电筒了，而是用远光灯了。

姑且不论，当年把以上种种都归为"流氓腔"合不合适，反正，依当年的标准，那现在我们天天看到的，基本上都是流氓和流氓腔。

无论如何，总不能将之称为社会进步吧。

绰号里的上海话

一写下题目，就自觉太大了。

那些年，我们起过的绰号，谁能穷尽？

因此，事实上，我只想写那些很大路的绰号，大路到几乎每个班级、每个弄堂都会有一个的程度。

"大块头"，每个班级至少有一个吧。

说来也辛酸，"大块头"能够成为绰号，盖因那些年家庭贫寒、缺乏营养的孩子多，想吃成"大块头"而不得。

物以稀为贵嘛，"大块头"遂堕落成了绰号。

"眯起眼"。

那些年，要么因为家长们不够开化，孩子有了近视不管不顾；要么因为配副眼镜加验光很贵，能拖则拖，能免则免，孩子只好眯起眼睛看黑板。

不管你长得多高，"眯起眼"们都会从最后一排逐渐调到第一排，再不行，讲台旁边搭"加座"。

"四眼"。

在下的绰号就是"小四眼"，因为班级里还有一个"大四眼"。

C

那些年，戴眼镜的始终是少数，所以一戴上就有绰号。

哪像现在，一到高中、大学，全班要找个不戴眼镜的反而更难。

不知道那个唯一不戴眼镜的会不会有个"两眼"的绰号呢？

"外国人"。

那些年，鼻梁高的同学都会被叫做"外国人"。

与"外国人"相关的是"**蜷毛**"，头发天然蜷起来的那种。

烫头发就是"资产阶级生活方式"了。

与"外国人"相关的还有"**洋娃娃**"。

不管男生女生，只要长得大眼睛高鼻头小圆脸，都叫"洋娃娃"，每个班级也会有一个吧。

可爱的却又不像外国人的叫"**嗲妹妹**"，也是每个班级的标配。还有专门的童谣咪：

> 嗲妹妹嗲妹妹嗲得咪，
> 嗲妹妹要吃好小菜，
> 嗲妹妹嘞姆妈烧弗来，
> 嗲妹妹只好吃泡饭。

酸溜溜的，不无妒忌。

侬比我漂亮，但侬吃不到好小菜，哼。

"烂苹果"，这是女生专利吧。

通常是很健康的女孩子，两颊红晕长期不褪。

当然，也有因冷天生"冻瘃"的缘故。

"碰哭精"，这也多半属于女生。

从小家里娇生惯养，而学校一如丛林，弱肉强食，适者生存，受不了的只有一碰就哭的份儿了。

"小六子"。

那些年不但没有计划生育，而且鼓励"光荣妈妈"。

一般的家里都有四五个孩子，六七个的略少，于是也堕落成绰号。

阿拉班里有个"大八子"，第八个是儿子，不是铜像，家里宝贝得不得了，所以改小为大。

阿拉弄堂里还有个"小九妹"，听说伊拉娘生了九个侪是姑娘，结果变神经病了。

"扁头"，也很普遍吧。

C

小辰光睏觉不当心，后脑勺睏得煞平。其实主要是缺钙。
极端平的叫"铲扁头"，侧平的叫"斜扁头"。

"芋艿头"。

头型刮啦哩噜滚圆，虽然招人喜爱，亦不免沦为绰号。
其最高级是"瘌光芋艿头"。
需要指出的是，"光榔头"似不在绰号之列。
它是男孩子的代称，例：伊拉屋里厢四个小人侪是"光榔头"。

"跷脚"。

那些年家长们医学知识欠缺，或者工作家务太繁忙，孩子发高烧往往不及时送医，引起抽搐痉挛而形成的"跷脚"很不少，不至于每个班级都有，我看每个弄堂都会有一个。
又叫**"阿跷"**，雅称**"华侨"**。

"小辫子"。

那些年，很多家庭怕男孩子不易养大，流行当他女孩子来养。
取名么叫"什么什么芳"啊，脑后替他留根小辫子啊，不一而足。
其实，往往上学时，小辫子已经剃掉，也没用，从小叫惯了，被从弄堂里带到班级里。

"汰鼻涕"。

那些年总有不怎么在乎个人卫生的小伙伴不幸中招，每个班级也都有吧。

还有"小黑皮"，恐怕也是每个班级都会有的吧。
理由不赘。

籍贯也常被拿来起绰号。
如"小苏州""小宁波""小江北"。以前上海足球队左前锋丁隆发的绰号就叫"小江北"，一直叫到三十几岁。

另外，有"大块头"就有"柴爿"；
有"长脚""长脚鹭鸶"，就有"小矮子""矮冬瓜"。

还可以有一些，不再在此例举，欢迎补充。

我并不认为那些年起绰号很邪恶，好像是校风使然，民国年代就有的吧。
我也被起绰号（如上），也给别人起绰号。因此，没少在每周六的少先队民主生活会上作自我批评。

但绰号往往如影随形，跟你半辈子，别人作再多的自我批评也无济于事。

那我只好在这里向那些年被我起过绰号的小伙伴们说一声抱歉了。

"打横"小考

"打横"只是一句江南俗语吧,因不见于《辞海》。

网络上给出的解释尚可:"围着方桌坐时,坐在末座叫打横。"

它给出的例句是《红楼梦》第六十二回《憨湘云醉眠芍药茵　呆香菱情解石榴裙》里边的:

"西边一桌,宝钗黛玉湘云迎春惜春,一面又拉了香菱玉钏儿二人打横。"

还有一种似是而非的说法,说"围着方桌入座时,坐在横边的叫打横"。

还举了两个例子,貌似很权威。

一个出自《水浒传》第二十三回:

"武大叫妇人坐了主位,武松对席,武大打横。"

另一个是《儒林外史》第四十二回:

"六老爷自己捧着酒奉大爷、二爷上坐,六老爷下陪,两个婊子打横。"

其实,只要对中国传统座次规矩稍有了解的话,就会发现,这两个例句和上面《红楼梦》的例句,其实并无冲突。

关键是对"主位"的理解。

中国人请客，主人一般不坐上座的，上座的是客人。

只有家宴，而且是在没有比男主人更大的男女长辈在场时，男主人才会坐在上座。

所谓"主位"，永远在长辈或客人的右手边第一侧位，也便于伺候或照应。

因此，《水浒传》里，潘金莲坐在武松的右侧。且这句话的主语是武大，他打横，武松对席，一个"对"字，表明武松是上座。

如果潘金莲坐了上座，武家两兄弟都在侧面陪着，那成何体统，亦不是待客之道了。

同样，《儒林外史》里，六老爷是主位，他比大老爷二老爷小，所以自称"下陪"。

吃饭可是上台面的事情，婊子能上台面"打横"就不错了，哪能像在妓院里，一个隔一个地搂搂抱抱。

我还可以再补充一个证据。

在浙东，上座又叫"上横头"，打横也叫"下横头"。

可见两边不能再叫"横边"，否则四面皆横，还成什么人家。

小时候过年，父母总让我们去劝外婆上座，外婆老是这么答道：

"晓得唻，莫吽（别叫） 唻，叫倷阿爸去坐'上横头'，我'下横头'轧轧（挤挤）好唻。"

渐渐地，就有了引申义，即"叨陪末座"。

旧时乡里串门，尤其女人，不管自己多高的辈分，主人让座，总是低调地往后躲。

能坐高凳决不坐靠椅，能做小杌子决不坐高凳，能坐在天井决不坐堂屋，能坐在门槛外决不坐到门槛里面去。

主人若再劝，就会说："莫客气，我是来'打横'的啦。"

当然，也有明明是上门想来借几个钱，不好意思明说，也会这么说：

"我么——也没啥事体，是来'打打横'的啦。"

后来，干脆串门都叫"打横"了。

再后来，稍微离开一下原来的地方，出去小溜一圈，也叫"打横"了。

比如，夏日昼长人静，小媳妇绣花绣到眼花，便对婆阿妈讲：

"姆妈，我眼睛酸煞了，我到隔壁去'打一歇横'噢！"便放下活计出门了。

再比如，午后镇上小店无甚生意，老板也会对年轻的小伙计说：

"小鬼啊，我看侬站也站得厌气煞了，去，'打打横'再来，莫走远。"

不走远，无非店左店右的人家去走走罢了，只向"横堵里"发展。

于是有了更多的引申。

小时候开饭时帮着端汤碗，大人总在后面喊：

"当心！横记横记，当心溢出来。"

女孩子碰到点小事就委屈，母亲也会说：

"喏，吋眼小事体，卵泡水（眼泪水）又勒横记横记要哭出来。"

最有趣，自从有了自鸣钟，这"横"字也来插一脚。

自鸣钟有钟摆，本来就不断地"横堵里"动，到点还会"当当"地响几声。

小时候午睡蒙眬间，听姨妈问："几点了？"

外婆会答："三点横横动。"真好玩。

问何以这样说，外婆答，这三点将敲未敲，再横几下就敲了，所以叫做"三点横横动"。

这"横"字，虽嫌直白伧俗，但"打横"也好，"横横动"也罢，这词儿听着就让人感到一种静谧，后面是一个清平世界，似无纷争。

据此，可以断言，这样的词语只能产生于太平盛世。

反观现在，最容易流行起来的俗语都是些什么呢？

连赞美也动不动就"惊呆了""逆天了""屌爆了"……
无一不充满了惊惶和乖戾。

看来，判断太平盛世要有两个标准。
一个是外在的富足和相对稳定，另一个是内心的静。
我们都还没有。

说穿了，人生在世，也不过是来"打打横"的，愿意不愿
意，都得回去。
同样来"打横"，就静静地"打"吧，何必那么惊惶。

"大大弗大大"及其他

请允许我将"大大弗大大"放在最后讲。我也是标题党。
先来讲一桩最近的事体。

前两日，吾友绝配突然问我：上海人讲，讲话之前要三思
的意思，是讲"牙齿 zuozuo 齐"的。
问这个 zuo 字是哪个字。

我的回答是，据我了解，这个 zuo 字好像是"娖"。
娖，北音读辍，吴音读捉。

娖作动词，本来就有使整齐之意。北语叫归置。

宋朝大诗人辛弃疾有一句诗，"燕兵夜娖银胡䩮"。胡䩮是装箭矢的器物，银是质地。燕地的兵夜里也要将镶银的箭袋里的箭归置整齐，有高度戒备、枕戈待旦的意思。

由打仗用的箭矢想到吃饭用的筷子。

老早屋里开饭之前，大人会得叫小囡发筷子。外婆总归会讲，勤拿来一乱头，轻轻叫摆，每双筷子侪要娖娖齐。

众所周知，老底子人家用筷子的规矩最多也最重。

如，筷子插在饭碗里，叫"当众上香"；那筷子没娖齐，叫"三长两短"，这还得了。

其实，上海人讲，讲话之前要三思的意思，还有一句五字俚语了，叫"下巴托托牢"。

"牙齿娖娖齐"与"下巴托托牢"是配套的。下巴没托牢，宕下来，上下排牙齿又哪能娖得齐。

还有一句五字俚语，也曾经很流行，叫"戆进弗戆出"。
全句更长，叫"只戆徒哪能戆进弗戆出嗰啦"。

此句出于何处，已无可稽考。
近来无事，又在翻阅清人笔记。看到有这样的记载，即苏松（苏州、松江）两府之人将迂腐的人称为"鹅头"。

死读书的人，有被称为"书蠹头"。

我想，蠹是蛀虫，"书蠹头"就是一日到夜钻在书堆里不出来了。

竟然也有被称为"书鹅"的。这"书鹅"啥意思呢？

笔记里竟也不解释，只留下了一句"鹅进弗鹅出"。莫非鹅是碰鼻头不转弯的么？

于是，我一家头开始胡思乱想。

突然想到，上海人有将鹅称为"戆戆"的，好像因为它的叫声亦为"戆戆"。要么"鹅进弗鹅出"也读作"戆进弗戆出"？

如此看来，"戆进弗戆出"的原意竟是：只知傻傻地进，不知傻傻地出。

而后来，"戆进弗戆出"的意思已经变成：看上去人蛮戆，其实只会戆进，绝不戆出了。

再来讲"合算不合算"。

不好意思，我刚刚打字的时候，输入的拼音是 hesuan，不如此不会显示。

不过，我们从小将"合"读作"隔"的。

"合"是旧时大米的计量单位。 1石（即1担） 10斗，1斗10升， 1升10合。因为1石为150斤，故1合为新秤1两半。

一个人战分量以"合"为单位，门槛自是极精的了。

样样用"合"算么，当然样样侪合算。

所以全国人民嘲笑上海人曾经有过"半两粮票"，实在是只知其一，不知其二。

而且也不为自己留好后路。眼睛一眨，已经走在了"N－1"的大路上了。半份菜也是半，也快要用"合"来算了呀。

由此联想到南京路中百公司旁边有条小路，写作"六合路"。

家父曾考我如何读，我当然读作"陆盒"。他说应读"陆隔"。

据家父讲，"六合"一词，典出孔子厄于陈蔡时，一日只食六合米（约9两），后来"一日六合食"被引申为节俭的意思。

原来想想，若一日只有六合米，多可怕。现在，我一日哪里吃得了六合米。二合足矣。

南京现在有个六合区，老早是长江边的一个县。

读起来两个字都要当心，要读"陆隔"，不能读成"溜合"。

曾经与那里的当地人探讨过，有的亦说源于"一日六合食"，也有说，"六合"指的是东南西北加天地。

再来一句，"死了笔笔直"。

这句五字上海俚语里的"死"，还不止是讲人的生命的终结。

麻将和不了了，也叫"死了笔笔直"。铜钿输光了，也叫"死了笔笔直"（又叫"立正"，立正也是笔笔直）。

事体弄僵了，等着"吃排头"，也叫"死了笔笔直"。

为啥要叫"死了笔笔直"呢？想不通。

其实，大多数人断气的辰光不是笔笔直的，是后来被人摆直的。即便是上吊，身体倒是笔笔直，头很可能垂着的啊。

却原来，像许多其他老上海话一样，传法传法就豁边了，或者一部分传不见了。

这"死了笔笔直"也是歇后语，人家是有上半句的，叫做"竹管筒里烤黄鳝——死了笔笔直"。

最后来讲讲"大大弗大大"。

两夫妻准备出门，晓得外面已经落雨了，老公随口问一声老婆："去看看，外头雨落得阿大？"

老婆开窗探头，这样回话："大大弗大大。"

这种意思真是只可意会，不可言传。

啥意思呢？就是讲，大么是有点大起来了，不过真的要讲大，也不好算太大的吧。

这样的对话，也只能发生在两夫妻侪是苏州人或者老上海人之间了，否则弄弄要弗开心嘅。

"喂，侬眼乌珠派啥用场，到底是大，还是弗大啦？"喉咙阿要碰起来。

"大大弗大大"这句五字俚语有啥出处？
我只晓得它是苏州传过来的，其他一概不知了。

追根问底，大可不必。要紧的倒是，五个字里有四个"大"，读法并不一样。
若以字注音，最为接近的是："徒肚弗汏堕"。

大舞台对过

小辰光一直听大人说这样一句老上海的歇后语，叫做"大舞台对过——天晓得"。

这后半句"天晓得"，好像不能算老上海话，南北方言里都有。
比如，香港谭咏麟和北京王菲的流行歌里都有"天晓得"这个词。

"天晓得"这个词的词义既晦涩又多义，几乎到了只可意会的境界。

细究起来，大致有这么几种意思。曰都不知道，曰不可理喻，曰难以捉摸，曰受尽委屈却无法说清。

不如来举个例子。

老早上海人家的公共灶披间里，张家姆妈的铜铫不见了。

"咦，我只铜铫呢？明明摆在炉子上炖水嗰，哪能不见了？阿叫天晓得。"

"啊？炖水炖到一半，铜铫没了？迭排事体也有，乃末真是天晓得。"

"李太太，侬刚刚在封炉子，侬阿看见？"

"啥么事啊，意思里侬怀疑我拿嗰？哦哟，天地良心，阿拉迭种人家会得拿侬物事，真是天晓得。"

"倷侪没拿过，侪没看见，辔么我只铜铫到啥地方去了啊？"

"辔啥人晓得啦，要么天晓得。"

英文有个单词 fix，也是晦涩而多义。所以英国人讲："The most unfixed thing in the world is the meaning of fix."

借来套用一下："天晓得"到底啥意思，只有天晓得。

那么，"天晓得"又是怎么跟"大舞台"搭界的呢。

老早二马路（即九江路）靠近金华路口有个戏院，坐南朝北，就叫"大舞台"。 1950年代改成"人民大舞台"。

二马路上的大舞台建成于1930年代初，它的贴对过开了两爿糖果店，据说是比邻而居。

两家人家的横匾上都题着"魁文斋"三个字，卖的也都是当年热销的粽子糖、乌龟糖（形如龟背，又叫"摩尔登糖"）、牛皮糖、芝麻糖、米花糖等。

那么到底谁家是正宗的呢？

只见两家人家门口除了店招，都另挂着一块店幡，正面都画了一只大乌龟，旁书"如有假冒者是此物"，那大乌龟底下，也都有"天晓得"三个字。

说到乌龟，有句老上海言话我们儿时都讲过："我假使骗侬嗒，就是乌龟王八蛋。"

这店幡的意思是，两家人家总归有家人家是假的，至于啥人是假冒的，也只有天晓得了。

反正我是首创老店。假的人家才是乌龟。

不过，这店幡很多年挂下来，到底啥人家才是正宗魁文斋，全上海的人还是"天晓得"。

从此以后，再有啥人被委屈冤枉，有口难辩，只好叹一声："唉，大舞台对过——天晓得啦！"

再后来，后头半句也省了，只说"大舞台对过"了。

比如："啥人老清老早拿药渣倒了弄堂口路当中啊？"

"大舞台对过——"

不知典故者听得一头雾水。

小辰光听了这个故事后，十分好奇。稍长，我便徒步一小时到实地去看。

记得那已经是"文革"前夕了。那里好像有家食品店，也有卖软糖硬糖的，记不真了。乌龟店幡自然是不见了，天晓得的字样也已无迹可寻。

不过，上海滩店招跟样学样的，又岂止魁文斋一家。

像陆稿荐、老陆稿荐、真老陆稿荐、真正老陆稿荐，以及老正兴、真老正兴、真正老正兴之类，都不是笑话或段子，而是实实在在发生过的事实。

计划经济年代，也有计划经济的烦恼，很多老字号本来不止一爿门店，1950年代重新划区以后，各为其主了。

比如"老大房""万有全""乔家栅"等。

离大舞台不远的南京路福建路口，"老大房"三个字前面是有一个加了圈的"真"字的，以示正宗。因为南京路茂名路口对面，也有一家老大房，静安寺转角也有一家老大房。

后来，不知哪一年，"真"字没了，改成"老大房"与"西区老大房"、"万有全"与"北万有全"了。

只是，魁文斋的店招之争居然产生了一句当年响遍上海滩的俗语，显得格外特别些。

不过，很快砸烂所有店招的"破四旧"狂潮就来了。无人幸免，如果只有老天爷才晓得的"天晓得"留到那时，也逃不过。

1980年代，我在电台上班，下班脚踏车路过大舞台，还不止一次看到住在附近的"老上海"站在那里，一边摇着乘风凉的蒲扇，一边指指点点地对特意寻过来的人说着这个典故呢。

直到九江路拓宽，大舞台与大舞台对过的老房子统统拆光，乃末真正天晓得了！

"大兴轰"及其他

很多上海俗语，听到了不会产生歧义，但要落笔，则何其难哉。而且，有的因为记音字而对其原意产生误解，错得野豁豁。

大兴轰

兴兴轰轰，这是张爱玲写小说时的一个惯用词语。用来形容上海人的欢喜轧闹猛、绷场面、生怕别人不晓得的做派。

乍一看很陌生，再想，读起来是"劲劲拱拱"吧。据说这叫清音浊读。待考。

也作"大兴轰"。以前弄堂里过生日，要送隔壁邻舍寿面的，若你家寿面上还加了大排明虾荷包蛋，邻舍隔壁就会讲："哦哟，倷屋里今朝'大兴轰'嘛。"

佝背还是**鲎背**

从小常被爷娘骂："背挺直，勿鲎（音吼）了嗨。"查鲎字，有一义曰，在吴语方言里比作"虹"。吴谚有"东鲎晴，西鲎雨"一说，指彩虹出现在不同方向有不同预示。

鲎，本鱼名，背作弓起状。虹以形如鲎鱼背而名之。故"鲎背"理应出于此处。

"鲎背"为啥难看，看上去有点流氓腔也。老早青红帮人士走出来侪是鲎背；现在的"打桩模子"也鲎背。我儿时听说"十只老克勒九只虾（音欢）"，觉得是一种档次，爷娘骂也要竭力效仿。虾，亦鲎背也。

塞缚

缚，音薄。意为结实、扑扑满满。后引申为身体好，能干活，意近结棍。

"塞缚"，源自包袱。

旧时男人出门，并无拉杆箱，只有一块四方包袱布。为让出门的亲人在外少受冻绥，为妻为母的临别总是将包袱塞了又塞，缚了又缚，以至十足。

后来用途泛化。

儿时常闻家母说我胃口好："伊中浪塞塞缚缚两大碗饭吃落去，迭歇又饿了。"

还有，"吃生活"也可以是"掰小鬼界我塞塞缚缚打了一顿"。

誏里誏声

"誏"，音浪。今指冷言冷语。

例："伊最欢喜誏里誏声了。随便啥事体伊侪要誏忒两声，弗誏难过咽。"

有时会与"咕"混用。其实，"咕"只是重复啰嗦，而誏则是挖空心思，旁敲侧击。

此字甚古，南朝《玉篇》："誏，闲言也。"

《玉篇》作者顾野王是苏州人，官至黄门侍郎兼太学博士。

挨

还有，上海话里的"挨"字有点好白相，讲侪会得讲，但自家也弗晓得用的是"挨"字。

而且，"挨"字在上海话里至少有三个读音，曰"阿"，曰

"外"，曰"嘎"。

先说读作"阿"的"挨"。

排队叫"挨"。"大家挨一挨二排好，弗要乱。"

但是不排队，想插队也叫"挨"。"伊弗到后头去排队，硬劲从当中挨进来。"

与排队搭界的，轮得上叫"挨得着"，轮不上叫"挨弗着"或"挨弗该"。

如："吤长嗰队伍，挨到年夜头也挨弗着我。""我前头没几个人了，我挨得着嗰。"

同样与排队沾边的，排排坐也叫"肩胛挨牢肩胛坐了一道"。

读"外"的"挨"有忍受、拖延、勉为其难、赖皮等意思。

如："只老头子身体来得个好，侬嫁畀伊，再挨十年八年伊也死弗忒。"

又："叫伊付房钿，伊弗挨到月底弗会付嗰。"

再："叫侬早点去睏么，侬总归挨法挨法。"

另："借钞票么，只有我挨仔只老面皮去借借看了。"

还有："今朝个便宜货老早卖光了，侬挨了此地啥事体啊？"

读"嘎"的"挨"也有多义。

蹭饭叫"挨"。"阿拉又没叫侬来咾，侬硬劲挨得来啥体啊。"

蹭痒也叫"挨"。"背脊骨痒煞了,爪也爪弗着,只好墙壁上挨挨伊。"

据说旧时拉琴也叫"挨琴"。所以,"嘎讪无"会不会是"挨三胡"呢?

到苏州去

上海人讲言话,有时也蛮作。想讲啥,偏偏不讲啥。

啥原因?你想啊,这大都市,五方杂居,是个"陌生人社会",言话不好随便瞎讲讲的呀。若是在老家,同村同乡,都沾亲带故,讲话"直别别",也不怕冒犯。

我们这代上海人小辰光耳熟能详的攀谈规则,就是"好言话只讲半句""好言话不讲两遍"。想不到一圈活转来,流行"重要的事体讲三遍"了。以我愚见,这不是公开当人家聋甏或者戆徒嘛。不过还好,没人生气。真是好一个和谐的盛世。

想啥偏偏不讲啥,办法就是用替代语。大家心领神会,不会讲穿。

比如上海人讲"睏觉",就是如此。

据说,老底子直接讲"睏觉"还是有点忌讳的。因为人死了就是长眠嘛。所以,最好要用别的话来代替。

比方讲,两夫妻夜里一道看电视,有人先有困意,就会得讲:"我先去'钻被头洞'了噢。"

吃过中饭有点困,也讲:"我到沙发上去眯忒一歇。"

讲到"眯"，就与眼睛搭界。不过，上海人讲到眼睛时也很当心。因为"两眼一闭""口眼不闭"等等，都不是啥好言话。

所以，讲到睏觉与眼睛之间的关系时，除了"眯式一歇"，只讲"眼皮瞌充""眼皮撑不开""上下眼皮打相打""眼皮在做窠"。哪怕讲"眼皮搭牢"，也只讲"搭"，一个"闭"字是绝对不会吐出来的。

当然，总归有些人家是"姜太公在此，百无禁忌"，不怕自家"触"自家"霉头"。石库门弄堂里常常听到老婆这样抱怨老公：

"侬看伊呀，一回来就'挺尸'，啥事体也弗帮我做。我眼睛一眨，伊就'两脚一伸'，'摆平'了。"

不过人家命硬，老了照样金婚钻石婚，你也只有眼热的份。

最最好玩的是，睏觉睏着了，上海人讲："伊已经到苏州去了。"

从小到大，这句言话不止讲了几百遍，从来也没去想，它到底是什么意思。只管跟在后面添油加醋。还没醒么，叫"苏州还没转来"。碰着枕头就睏着的么，叫"一歇歇苏州就到了"。睏得烂熟么，叫"啥个苏州，常州也到了"。还有呢，叫"到苏州买席子去了"。管它啥意思，反正不会有人听错。

真要细细考究起来，这句话还真不是上海言话。上海人是跟着别人瞎讲的。

　　一个流传最广的说法是，这句话是苏北传过来的。你若不信，可以问问周边的扬州人、泰兴（今泰州）人乃至南京人，他们都把"睏着"说成"到苏州去了"。甚至还有讲成"上虎丘了"的呢。

　　据说，元朝末年，朱元璋攻打张士诚把守的苏州费了九牛二虎之力，损失惨重，血流成河。因此，一俟城破，大明既立，洪武皇帝就将苏州阊门一带的士族大家统统赶到长江对面去，这就是史上有名的"洪武赶散"。这些人家到了苏北，家谱里都写明，"来自苏州阊门"。因思乡心切，又归根无日，所以睏着了做梦也要回到苏州去。

　　所以，你们上海人是跟着苏北人才这样讲的。

　　顺便提一下，苏州人一直很喜欢张士诚。张士诚当年治苏，亦深得人心。所以直到现在，苏州人攀谈聊天，还是叫"讲张"。此张即张士诚的张。不是"争"，也不是"账"。

　　"喏，两个人又在讲张了。"

　　杭州人好像不大同意这种传说。他们认为，"到苏州去"这句话是杭州人想出来的。以前都是水路，夜里艮山门上船，船舱就当栈房，睏一觉，天亮就到苏州了。所以睏觉就叫"到苏州去"。

　　你们上海人是跟着杭州人才这样讲的。

　　嘉兴人又不买账。说，嘉兴话里，"苏""酥"同音。睏得熟又称"睏得酥"，所以，嘉兴人睏觉，是"到酥州去了"。

据说西至衢州，睏觉也讲"到苏州去"。可见流传之广。

不过，正所谓"台风眼里没台风"，苏州人自己从来不讲"到苏州去"的。也对。苏州人每天半夜三更到苏州，原地打转，不发疯也要失眠的呀。那么，苏州人怎么讲？苏州人讲睏觉，叫"到昆山去了"。

好极了。想想上海人也真笨，为啥要跟着人家苏北人杭州人嘉兴人衢州人，每日夜里都"到苏州去"，吃力否啊？早晓得"到昆山去"也照样睏得着，近多了，车马铜钿一个月下来也要省下不少呢。过两年，地铁通了，更加便当了。

不过，苏州人讲"昆""睏"同音，与嘉兴人的"苏""酥"同音，倒是有异曲同工之妙。

那么，"到苏州去买席子"又是怎么回事呢？

因为苏州有个浒墅关，几百年来，那里编的草席闻名天下。所以，据老苏州讲，比"到昆山去"更老的讲法，是"到浒关去"，而且，老苏州讲起来，叫做"关浪去哉"。

另外，在民间，席子与睏觉，一直有着千丝万缕的关系。吴语里有"滚席爿"的说法，侗语里还有"驼席子"（即背席子）的说法呢。没席子怎么睏觉？所以，睏觉叫"到苏州去买席子"。

一定有人要问，席子是夏天用的，为啥冬天睏觉，也叫"到苏州去买席子"呢？

这个问题很有趣。想起来，我们现在真的是有点忘本了。对大多数中土家庭来讲，床上除了盖被，还要垫垫被，还是最近这一百年乃至最近几十年的事体呢。老底子人家垫垫被，很奢侈的。早年，无论冬夏，床板上永远铺着席子的哦。

所以，穷人过世，买不起棺材，一张破席一卷，就入土了。其实，这跟现在棺材里摆被头，意思差不多的。

好了。我也要搁笔休息去了。我今朝要怎么道别？

晚清文人对睏觉还有一种很雅的说法，叫做"枕头寄信来了"。

那么，各位看官，不好意思，枕头也寄信给我了。Byebye。

"等席子"及其他

几十年的职业习惯吧，身边总归带一本小簿子。看到想到什么有趣的物事，赶快记下来。好记性不如懒笔头嘛。

现在的手机自带备忘录，就更方便了。

今天就来讲讲，在我备忘录里躺了很久的几个吴语的词。

躺得久，是因为一直在期待更多的线索出现。

当然，有些会出现，有些也许永远没有了新线索。

我又不想让它们烂在肚皮里，所以，作为一种思考，也一并写出来。有兴趣的朋友可以继续期待下去。

先讲"等"席子。

上海小囡夏天价睏地板，早上起来第一桩事体，就是拿席子卷起来，然后竖起来拼命"deng"，把臭虫"deng"出来。

不过，这个"deng"字，几十年也写不出来。登？蹬？顿？好像都不确。好好叫的席子，爬上去做啥？踢伊做啥？讲不通。顿脚的顿是自主动作，非借助于他力，也嫌牵强。

最近吾友姑苏德山兄发了一篇旧文，讲了他对"等"这个字的考证。

据他考证，上古仓颉造字之时，这"等"字本没有"等待"这一层意思的，只有等同、等量、相等之意。

"等"字，下寺上竹。"寺"是"持"的初文。"等"字的本意乃是用手秉持许多竹简（写过的或未写的），竖在桌上"娖娖齐"，以利将竹简修整韦编成册，这样的动作就叫做"等"。

虽然竹简今已成出土文物，但千百年来，吴越人家吃好饭洗好碗，总归会将筷子"等"好，放在筷笼里，此乃每天功课。

而"等"席子，本来也是因为，不管你卷得多认真，还是不齐的，所以，卷好总归要竖起来"等"一"等"。至于"等"出臭虫来，已经是"等"出外快来了。

"大踏尸" 这个词，离现在有些远。

自从 1960 年代末开始把人的个子称为"模子"，"大模子"就代替了"大踏尸"。只有"大块头"是一直并存着的，"大踏尸"时代在，"大模子"时代还在。到 1980 年代，连我的父母辈也讲"模子大"而不讲"踏尸大"了。

　　而我们读小学时，大家还是讲"大踏尸"和"踏尸大"。如："哟，伊只踏尸蛮大咽嘛。"

　　彼其时也，"大踏尸"与"大块头"相比，略带贬义。

　　查"踏"字，有向前跌倒的意思。而且往往是战争时中箭以后的跌倒，所以"踏"下去就成了"尸"。

　　这个解释，很能让人联想到粤语里的"扑街"。"扑"也是向前跌倒。"扑街"也绝不只是狠狠地摔了一跤，而是"当街横死"。一如上海人讲的，"出门被车子轧死咶"。

　　广东人讲"扑街"是诅咒的意思。上海人讲"踏尸"，也有相似的意思。这就要讲到另外一个已经消亡的词，叫"杀坯"。老早上海人训一个人"身大力不亏"，叫这个人老"杀"的，像"杀坯"一样。

　　讲"杀坯"，不是讲侬是应该被杀千刀的坯子，而是骂侬"猪猡"，骂侬"go die"，猪猡养壮了么，就好开杀了呀。

　　"大踏尸"大致也有这种诅咒的意思在。

　　"姐百丽"是一句宁波方言。

　　"姐百丽"特指那种很自恋、欢喜各到各处去卖样弗煞、言话讲个不停的女子。

　　普通宁波人家做规矩，小姑娘千万不能成为"姐百丽"。女孩子家从来不以能说会道为美德。

我从小就看到，有时，我表姐稍微话多了一些，我嬷嬷就会呵斥："侬算会讲煞了，姐百丽吤嚞嚞嚞嚞讲弗光了啦。"

顺便说一下，这个"嚞"字也好玩，三言并一字，特指说话快。后来大家比喻某人说话快，讲"哒哒哒哒"像开机关枪。机关枪发明至今能有多少年？讲话快么，古已有之了呀。哪里轮得到机关枪。

事实上，"姐百丽"一词很可能已经失传，宁波人也不再讲了吧。我特意把它翻出来，是因为我觉得，现在的小姑娘都太会讲话了，而且慢条斯理的一个没有，一律"嚞嚞嚞嚞"。很难让人觉出斯文来。

另外，这个"姐百丽"的写法也太有趣了。现在人读起来，毫无违和感。"姐就是一百样都美丽，爱咋咋的！"

更有甚者，现在这个世道，自恋者巨多，十有八九。女的亦然，如果不是更甚。真所谓"冲天讲阵透春申，满城尽是姐百丽"。

最后来讲讲"几花"。

这个词，现在已经基本上被"多少"替代了。

"几花铜钿"也简化成了"几钿"。"几钿"好像还有不少人在讲。

老早，"几花"不但指铜钿，还泛指其他。

如："办这顿酒水，心血几花啊？"

"今朝要来几花人啊？"

"到乡下去，不晓得要走几花路。"

还有虚指。如："我加班加得几花吃力啊。"

前一阵子，我又细细查了《明清吴语词典》，才确认，以前店家在盘子里数铜板，是一五一十地数，提高效率嘛。而五只铜板为"一花"。

却原来，"几花铜钿"是这么来的。

前两天，吾友"牧野仙踪"留言说，他曾经在印刷厂干过。印刷工人数纸头，也是五张为"一花"。

郁闷的是，1978 年，我在里弄生产组时，也为印刷厂数过糖纸头，也是一五一十地数，却没人告诉我这个。难道生产组真的是处处都要受到歧视的么。

临到末脚煞，我还有几句话要讲。

我写这些，真的只是好玩。或者叫"吃饱饭没事体做"。

我最不愿意做的事，就是所谓的学院派的考证。

我只是写写个人的读书笔记。

另外，我并非在"捍卫"什么。我从不认为，所谓的老上海话是可以被拯救的。但上海话会一直都在吧。

语言就像河流，流到哪里，汇到哪里。所有语言都会被融汇。

同是长江水，朝天门码头的水和石洞口码头的水就相差甚远。汇过了，变过了，是很难变回来的。

不过，变了的水还是长江水，就像融汇了的上海话还是上海话。

此一时彼一时，没有什么正宗不正宗。所以，也大可不必好为人师地来纠正我。

字典也只能固化之前的字音字义，根本无法规范或指导未来。天要落雨娘要嫁，法典也管不住，字典哪里管得住。

既然如此，我为什么还要写呢。

用高晓松的说法，就是"唱挽歌"。就像姜文拍北京屋顶一样。

2013年，我应吾友小金之邀，去纪实频道做《闲话上海滩》节目时，我就是这样说的。

记得有一次开会定下来，讲开场第一篇要谈谈上海早点"四大金刚"，我当即戏言道，这是在为"四大金刚"写悼词啊。因为老虎脚爪没了。

唱挽歌也可以唱得很开心，因为上海话在百年流变中，曾经有过多少美好。我只是有点爱惜不尽。

眼前已没有多少美好，还不让我寻找心头的美好么。

唐诗宋词红楼梦，很多人也不看不读，我就不能自言自语了？

还是胡适的话有道理。"我自高歌，我自遣哀情。"

电车里的老上海话

新年伊始,新的 71 路无轨电车开出来了。

一时间,议论纷纷。说好的不多,说不好的比比皆是。

我是还没去乘过,甚至没去看过一眼。不过,我是闭着眼睛也要叫好的。

我 1984 年入行做新闻,就开始跑公交公司。现在好多"骂山门"的朋友,恐怕当年连受精卵都不是。上海公交之难弄,不是一般人能想象的。我正想写一个系列出来呢。

依我看,公交专用道,就是这么用的。尽管因为信号灯,疏密不均,但你等着,还是有希望的。绝不见得比别的交通工具更慢。至于人多了吊住车不让走,就请少开簧腔。你吊宇宙飞船,它也要脱班。

我衷心希望 71 路多汲取些经验教训,好让南北高架路及逸仙高架路下面的直通有轨电车赶快也开出来(内环线下有待论证)。非如此,无法治理当下公交线路之乱象(恕不展开)。

我看到,有人在"骂山门"时竟还呼吁: 925 路慢点取消。

那我就说一个 925 路刚开通时的笑话吧。

如果我没记错的话, 925 路开通于上世纪末。一批老静安人被迫动迁到荒郊野地靠近虹桥机场的龙柏新村,而工作单位还在市中心,天天靠坐 925 路上下班。

那时，我正好在做一个所谓的"舆论监督"的电视节目，每天都可以接到大量的观众投诉电话和信件。

一位普通市民写道："早上等在龙柏新村925路站，一等就是几十分钟。头顶上的飞机都过去了好几架，925路还没来。"

我晓得，刚开通的新71路有种种问题。但我看了那么多的"骂山门"，竟没有一条是可以与上述笑话比肩的。

上海人连"骂山门"里的幽默感也不见了，坍台啊。

说起来，上海还是电车的发祥地呢。

记得是1905年吧，英商上海电车公司成立了。最早着手铺设的电车铁轨，就是从派克弄（即今南京东路）外滩到外洋泾桥北堍（即今广东路外滩）。离新71路的起点站仅一步之遥。

之所以当年没有把铁轨铺到今天的延安东路外滩，是因为1908年3月5日，上海第一条有轨电车线路正式落成通车的时候，延安东路还是一条河。她的名字一说出来大家就很熟悉，叫"洋泾浜"。

"洋泾浜"是当年英租界和法租界的分界线，浜北有条路叫松江路，属英租界；浜南有条路，叫孔子路，属法租界。所以英国佬对上海人讲，我只好帮侬做此地了。

一直到1914年6月4日，也就是第一条电车线路开了六年以后，公共租界（即英美租界）纳税人特别会议才以380票对2票的绝对优势通过了一项决议，批准授权工部局与法租界方面协商，共同填掉洋泾浜筑成马路。

电车最早出现在上海，给上海人带来了方便。反过来，上海人也蛮对得起电车，乘法乘法，就乘出了许多"电车文化"。

比方讲，上海人做人家，不舍得乘电车，自家两只脚走回去。但是，讲法还是跟电车搭界，叫做，我"乘11路"回去的呀。

再比方讲，上海人做事体巴结，夜里主动加班，也搭电车搭界，叫做"开夜车"。

还有，上海人头子活络，会得抓机会。1990年代股市刚刚重新开张，就去排队买"认购证"。邻舍隔壁就会得讲："朋友，侬轧着头班车了嘛！"

假使有些机会该赶上而没赶上，上海人会得自嘲一句，"又脱班了"。

不过，老鬼也有失辟时，一旦乘错忒，上仔一部调头车，半当中横里又开回来，乃末好，一如歌中唱道："终点又回到起点，到现在才发觉。"

上海人"劳碌命"多，刚刚攀上五十岁，额角头上就有"电车路"了。

上海人最讨厌开会。大会听报告还可以打打瞌充，小会讨论还要发言，真真烦煞人。索性牛皮乱吹，叫做"无轨电车乱开"。

还是与电车搭界。

最最好白相，我们这代人读小学的时候，上海滩上还流传过这样一首童谣：

> 火车开过头，
>
> 电车香鼻头，
>
> 公共汽车翻跟头，
>
> 三轮车夫触霉头，
>
> 黄包车夫买包盐炒豆……

黄包车夫买盐炒豆，是因为生意不好，只好解解厌气。

新71路，相信随着逐步改进，肯定会越来越受欢迎。到时候，71路的司机卖票员想买包盐炒豆吃吃，解解厌气，就怕还没这个空呢。

垫刀头

先说说"垫"这个字。

上海人用得很多，试举几例：

——台子脚有高低，拿物事垫一垫。

——老早补衣裳，总归先在反面垫块布头。

——烫衣裳，怕"毛货料作"烫坏忒，上面也先垫块毛巾。

——鞋子大了，里厢摆只鞋垫。

——给小毛头"抄尿布"有时也叫"帮伊垫块尿布"。

还有一个比较特殊的用法：

——侬买物事钱不够，我帮侬垫一垫。

这些用法，都稀松平常，少人关注。

而"垫刀头"便是一种比较特殊的用法了。

因为"垫刀头"，既不是衬在下面，也不是铺在上面，竟是垫在当中的。

我在想，"垫刀头"这句上海话最迟也该出自清末民初。

因为只有那时候的人们才知道杀头是用铡刀的。

也只有铡刀，是锋在上，槽在下的。

如果刽子手在背后高举鬼头刀，死囚犯就不知道自己的脑袋究竟该"垫"在哪里了。

窃以为，"垫刀头"这句话也凸显了海派语言的特色：极致。

你想，我们平常用到"垫刀头"这句话时，往往很具主动色彩，比如：

"迭种事体侬覅戆来兮，自家去垫刀头。"

因为，真正用铡刀来行刑，多半会由刽子手将死囚脑袋拖入铡刀的刀锋与刀槽之间。

如果死囚要主动将自己的头颅垫到那铡刀的刀锋与刀槽之间，那是很有难度的啊。

铡刀一般放在地上，也不是完全打开，而是呈 60 度到 70

度角。

那被五花大绑的死囚岂不要先自行躺下，再匍匐前进，渐渐接近，并将脑袋慢慢抬起，斜向地伸到刀锋与刀槽之间去啊！

寻死也没有这么寻的呀！

这就是上海话的色彩，它极言一个人的"贱"，并以此来劝阻他人，即便犯贱，也不要这么犯。

"吊八斤"与"五斤狠六斤"

很有意思，"吊八斤"与"五斤狠六斤"这两句老上海话好像并没失传。三四十岁的很多会讲并且还在讲，再年轻一点的也不至于听不懂。

想来，主要是因为这两句话意思都在字面上，望文生义也能理解。

也正因为如此，人们更不去深究它们的来龙去脉了。

我也不是例外。

我的印象里，"吊八斤"主要是指裤子太短吧，"哪能穿了迭能'吊八斤'"。

老早大多数上海人家日子过得并不宽裕，又有"做人家"

的好传统，再加上多子女，做衣裳当然是要横算竖算的了。

小孩在"长法头里"蹿得很快，刚做好的新裤子没多久就短了。有句讲句，那年头的布料缩水也忒结棍。

大人总归拖拖伊，捱捱伊，最后，买不起或者不舍得买新的，就接一段裤脚管出来。没多久，接过的裤子又短了。还真有接两段的呢。

大人心里哪能想，我们不晓得。毕竟人都是要面子的，穿了"吊八斤"的裤子走出去，心里总归不开心。小姑娘就更加不开心。

必须指出，方言都是口口相传的。所以，一开始都是听音辨义的。

最早听到"吊八斤"，心里想的是，裤脚管太短，吊了半当中，尤其裤腰也短，穿起来腹股沟及臀沟都是夹紧牵牢的，所以，好像应该是"吊八筋"或者"吊百筋"吧。

我还是宁波人，宁波话还有一句"对百筋"，会不会从那里过来？

"对百筋"当然完全是另外一回事。

首先，"对"字做动词，好像是宁波话特有的？表示拉、扯、抽。浑身有一百根筋被人家不断地拉、扯、抽，极言一家人家日脚难过，外忧内患。

而且，一个人日脚难过，只好叫"孵豆芽"。两夫妻或者更多人相互对，相互拉，相互抽，还要吵相骂（互相怼），才叫"对百筋"。

无论如何，裤子短了一点，还不至于有"对百筋"那么难过。

那么会不会是"吊八筋"呢？我也一直觉得是。

最近在整理文件夹，看到一条关于"吹横箫"的注解。

有"吹横箫"当然就有"吹直箫"，反正都不是唐诗里的"玉人何处教吹箫"，那才是教人吹乐器。

"吹横箫"是指老早人吃鸦片。上海人拿一根大烟枪比作箫。

吃鸦片要横下来的，有铜钿人家还有专门的红木烟榻呢。一男一女可以同榻而卧，当中摆一盏烟灯，两家头对着烟灯吸吸停停，欲仙欲死。

马路上也有专门的大烟馆，上档子的窑堂里也有烟榻，不过这种地方只有有铜钿人家才进得去。如果穷人也染上了鸦片瘾，就只好到"燕子巢"里去了。

一百多年前，老城厢一条露香园路，被称为"三宝六台燕子窠"，除了赌，就是毒。

"燕子巢"当然是蹩脚一点的大烟馆，街面房子，排门板只卸掉当中两块，踏进去，黑洞洞，两面两埭通铺，然后睏上去过瘾头。

一样瞓着吃鸦片，富人叫"吹横箫"，穷人则叫"吊八斤"。为啥？有人真的秤过，一根标准的黄铜烟枪重八斤。

一百年前，很多有烟瘾的朋友是省下饭钱去"燕子窠"的。亲眷朋友骂一声"吊八斤"，既有怒其不争之意，也有何必如此之意。毕竟鸦片不是生活必需品。

从这个出处看，讲侬"吊八斤"是在骂侬穷且任性。

现在好了，七分裤是时髦，还有着不可替代的优越性，"吊八斤"也照样招摇过市。

再来看"五斤狠六斤"。望文生义，五斤没有六斤重，还要狠三狠四，吃相当然难看。

也有写成"五斤哼六斤""五斤吼六斤"的，意思差不多。反正侬没我重，即便不是吼，只是随便哼哼，吃香还是很难看。

不过也不经推敲。

有人要问，一样是表轻重，为啥不是"三斤狠四斤""七斤狠八斤"。

比方讲，一样上海话，"投五投六"就可以讲成"投三投四""投七投八"。

所以，有人讲，其实是"五经狠六经"。

"六经"，是指经过孔子整理而传授的六部先秦古籍。《庄子·天运》篇里就有记载："丘治《诗》《书》《礼》《乐》《易》《春秋》六经，自以为久矣。"

秦始皇焚书坑儒以后，六经散失殆尽。

关于"五经"，至少有两种说法。

一种是汉朝班固《白虎通》：五经何谓？谓《易》《尚书》《诗》《礼》《春秋》也。少了《乐经》，因为有人认为《乐》本无经。

另一种出自宋朝《道山清话》。讲黄庭坚五岁就可以背诵"五经"，有一日他问老师，不是有"六经"么，为啥只读其五？老师说，《春秋》不足读。

反正，"五经"比"六经"少一经，就像五环比六环少一环，是不可能超过或胜过"六经"的。啥人定坚讲"五经"超过"六经"，就显得不讲道理了。

又有人讲，这句话是苏州人先讲，再传到上海来的。苏州人讲话"斤""经"不分，慢慢就变成"五斤狠六斤"了。

其实无所谓啦，五斤也肯定比六斤轻一斤，硬劲讲五斤比六斤重，也会显得不讲道理。

比方讲，"大胃王"比赛，吃下去六斤的是冠军，是第一名，只吃下去五斤的只能屈居亚军，第二名。定坚讲亚军比冠军还要海外，总归有点硬腔腔。

不过，这世界上从来不缺不买账的朋友，所以"五斤"的朋友总归要歇不歇地狠狠"六斤"。

好像多狠狠"六斤"，哪怕只是多哼哼"六斤"，自家也会弯道超秤变成"七斤"的。

"顶"与"底"

"顶"和"底"这两个字，现在上海人还在经常用。尤其一票炒股的朋友，总归希望自家的股票能涨到顶部再抛，并且腾出来的钞票又能抄到底部。尽管事实上，这种想法基本上属于必须终身追求的白日梦，几乎还一次也没有照进过现实。

现在是物质社会，消费主义。所以很多人在追求"顶级品牌"。包要 GUCCI 的，西装要 ARMANI 的，香水要 CHANEL 的。不过上海人依然精明，据说，买车子不大买"顶配"的。"标配"就可以了。有需要自家再一样一样配上去，改装的过程本身也很刺激。反正现在连天窗也好挖的。

不过，有些带"顶"字的老上海话，正在失传。

比方讲，现在"古镇游"还是很流行。外地的暂且不论，就是本地的朱家角、七宝、新场、召稼楼，一到周末，也是人满为患。江南古镇都是水乡，离不开桥。不过，现在大家基本上都讲"一座桥""这座桥"，而不再讲"一顶桥"了。

顶者，最高处也。老早江南人家，出门就上船，从船上望去，桥自然是"一顶一顶"的了。

拿"顶"字做量词的，还有一句："一顶轿子"。

还有，"头顶心"讲的人少了，都只讲"头顶"。额角头还叫"顶门"呢，恐怕知道的人也不多了。"顶倒"也被"颠倒"所代替，不晓得的人还以为你咬字不准呢。

"顶"，还有抵当的意思。老早弄堂里常常可以听到："老底子伊拉屋里有铜钿，3号里整个一幢石库门是伊拉爷爷用5根大条子顶下来的。"

"顶债"的"顶"，也有抵当的意思。屋里欠了一屁股债，哪能办？只好拿一堂祖传红木家什去"顶"呀。

还有"顶缸"，失传得更早。"喂，先要讲好，出了事体啥人顶缸？"

后来，"顶缸"变成"扛木梢"了。一棵树砍下来，轻的一个人扛，重的就需要两个人抬。扛靠近根部的比较粗的那一头的，就叫"扛木梢"。其实，"扛木梢"与"顶缸"稍许有点差别。一个多用于被动，一个多用于主动。

最最可惜的一句是，"顶忒了"。

上海人讲好，一个"好"字不出口的。记得1960年代末叫"嗲""瞎嗲"；到1970年代初改叫"一级了"，再接下来就是"顶忒了"了。从这种意义上讲，"一只顶"也讲得通，未必一定要"一只鼎"。再接下去是"唔没言话了"，再接下去又变成"勁忒……"系列。

必须承认，那是上海话最具活力的年代。词语替换频率特别高。所谓"流水不腐，户枢不蠹"嘛。那辰光，一个上海人，三年不回上海，很多话突然听不懂了，想搭嘴也搭不上。

现在回头看，竟然有"回光返照"的意味。因为，此后，上海话的创造力几乎没了，除了一句"淘浆糊"，再没有什么新的流行语是可以"冲出上海，影响苏浙"的了。

带"底"字的上海话，有些也不再流传。

比方讲，石库门房子，老早都讲"一楼一底"。现在买郊外别墅，都讲二层楼，而不讲"一楼一底"了。顺便讲一句，老早上海人低调，讲房子高低，只要不是全覆盖，就叫"假三层""假四层"。哪像现在，有只阁楼、有只阳光房，恨不得也算一层。

"底楼"一词还是在讲的。这跟上海滩老早有许多英式大楼有关。英式大楼有 ground floor 的，一楼在楼上。

"老底子"讲得少了，都讲"过去"。

"底脚"，好像也失传了。老早讲，"底脚露出来了"。现在直接讲"露马脚"。

老早出门，大人要关照，皮夹子当心，钞票勿要随便"露底"。贼骨头看到了，要盯牢侬的。现在叫啥？"亮相"？

"底下人"，现在也多半讲"下头人"了。

"脱底棺材"则升级到 2.0 版了，叫"月光族"了。

打探对手情况，老早叫"摸摸伊底牌"，现在好像直接讲"摸底"。老早甚至会得直接问："哎，侬畀我一只底呀，否则我心里弗托底嗰呀。"

"底牌"一词倒还在，因为欢喜"斗地主"的人实在太多了。

还有"底子"。

"底子"至少有两种常用的意思。一个指基础，如"身体底子""财富底子"。

"伊本来底子就不好，再加上这向忽冷忽热，哪能勿生毛病啦。"

"伊拉屋里底子几花厚啦，再穷还有廿四根金条呢。"

上海人还讲，"穷做穷，屋里还有四两铜"。这是为了押韵，其实铜的颜色与金子的颜色差不多的。意思你懂的。

还有一种"底子"的意思，是指出身。现在晓得的人不多了。

比方讲，现在有些婚恋网站里有不少专业骗婚者，个中高手早已闪婚闪离多次了。老上海话讲法，这种人不能寻的，伊的"底子"不好。

最最好白相，是"打底"这个词。

老早"打底"有起码的意思。兜商店，看到一双皮鞋，两个人先要"妄东道"：

"侬讲这双鞋子几钿？我讲起码 300 块打底。"

订喜酒，"侬想要几钿嗰啦？""2000 块打底总归要嗰啰。"

还有饭局，朋友晚到了要罚酒。好心的朋友就会讲："勿急，勠急，空肚皮弗作兴，先吃两块红肠牛肉打打底。"

现在再讲"打底"，你首先想到了啥？

化妆，打底粉，对吧？还有，广场舞大妈都欢喜穿的"打底裤"，要死快了。

在查"顶""底"的时候，我还发现一个有趣现象。

就是明清时期，江南一带有"顶老"和"底老"的讲法。好白相就好白相在，"底老"是指老婆，而"顶老"则是指妓女！

不信？请看例子：

《缀白裘》一集二卷："十八年前，摆布子个苏知县，抢哩个底老居来要成亲。"

《缀白裘》十二集一卷："倒不如做个虔婆顶老，也落得些鸭汁吃饱。"

虔婆就是鸨母。多半妓女出身。

我也稍微有点没想通。顶在高头，底在下头。为啥"底老"反倒是老婆，"顶老"是妓女？

不过，很多时候，上海话里也"顶""底"不分。

比方讲，"到底"也就是"碰（音乓）顶"。

"侬麻将输到现在，袋袋里碰顶还有 100 块，到底了。"

有人卖房子搭卖旧家什。

"侬这些沙发劳什，500 块碰顶了，不讨论，我一句言话捣侬底。"

"捣侬底"是"捣底"的比较级。

还有最高级，叫"捣侬屁眼"。仅限于烂熟的亲友间使用。

"碰顶"也有比较级，叫"碰（音彭）着天花板"。

"这点活儿，我出你 500 块，'碰着侬天花板'了。"

也还有最高级，叫"打到侬南天门"。

打扑克时经常能听得到："你还有什么牌？我出一对 Ace，就'打到侬南天门'咪。"

你看，同样意思的一句老上海话，从南天门到天花板再一直到底到屁眼，真是"上穷碧落下黄泉"，奥妙无穷啊。

斗地主里的老上海话

说来也奇怪，我这么欢喜打牌，却从来没与人玩过"斗地主"。

真的一次也没有。

细究起来，还是因为我一开始就从心底里看不起它吧。嫌鄙它是一个"杂夹种"，不纯粹，竟是不屑于玩它。

不过，是人生故事都会有反转。

瞧，今天我竟又要来写写"斗地主"，而且写它的理由是，我认定，"斗地主"是的的刮刮的海派文化的产物。

话还得从上海著名小吃"城隍庙双档"开始说起。

本来肉是肉，油豆腐是油豆腐，百叶是百叶，一色是一色。

后来，上海人的家常菜有了油豆腐烧肉、百叶结烧肉，不过，在碗里，还是肉归肉，油豆腐归油豆腐，百叶结归百叶结。

再后来，上海人的家常菜又有了油豆腐塞肉和百叶包，虽已与肉混为一体，油豆腐与百叶还是分开的。

终于，一只小碗里只摆一只油豆腐塞肉和一只百叶包，三家头轧道，成就了城隍庙的名小吃：双档。

这还没完。

本来，两样物事拼档，就像唱评弹，一男一女搭档叫"双档"，清清爽爽，毫无歧义。不知从哪年起，突然把各样一只叫成"单档"，非要各样两只才叫"双档"不可。孰是孰非，至今还有争议。

这就是海派文化的奇妙。不断融合中孵化出新物事。

与"双档"一样，"斗地主"这种牌戏，形成于上海弄堂，也是海派文化的产物。

可以说，我目睹了它的形成过程。

和其他牌戏一样，"斗地主"里的大部分玩法都来自"梭哈"（或"沙蟹"）。

一想到"梭哈"，就会想到香港电影赌神赌王，想到流氓斗狠，好像很土。其实"梭哈"也是舶来品，它的洋名叫 show hand。

事实上，所有扑克牌戏都是舶来品。扑克也是洋名， Poker。

顺便提一下， show hand 怎么会读成"梭哈"（或"沙蟹"）的？要么川沙人当中帮过忙？"梭哈"正式学名叫 Five Card Stud，所以是五张头的。

这五张头里花样百出。

可以都是单张；可以有一对带三个单张；也可以有两对带一个单张；以及三张头带两个单张或一对；因为是五张头，所以四要带一；因为只用一副牌玩，所以没有"五头"；可以组顺子，可以配同花，最狠的是同花顺子。同花顺子中最狠的是 AKQJ10，倒过来就是 10 到 A，用苏北话讲出来，就变成了一种毛病。

"梭哈"之后是"罗宋"，又分"小罗宋""大罗宋"。

"小罗宋"是七张牌，分三道，分别是一张三张三张。

"大罗宋"是十三张牌，也分三道，分别是三张五张五张。所以，"大罗宋"又叫"十三百搭"，确实不止 100 种搭法。也叫"配十三道"。传播最广的说法就是"倒配俘虏十三道"。

到 1970 年代，"梭哈"与"十三百搭"的许多玩法，形成了名噪一时的"大怪路子"，六个人玩三副牌。四个人玩两副牌叫"中怪路子"。

当然，还有很多类似牌戏与"大怪路子"顽强地并存着。比方"红五星"（"红桃五"比"大怪"还要大）、拿分数的争上游，还有什么"七怪五两三"等。

那些牌戏与"大怪路子"的主要区别就在于有"姐妹对"和可长可短"顺子"。最后，那些牌戏又都融合成"关牌"，"关牌"也有"姐妹对"和"长顺子"。

"关牌"也曾风行一时。

至此，已是 1980 年代，"斗地主"呼之欲出。

"斗地主"保留了"梭哈"里的"单张"。而"旷牌"的叫法却始于"大怪路子"。

因为在"十三百搭"时代，如果第一道三张牌中没有对子，叫"掼三只"，"掼三"就是从这里来的亦未可知。如果与第二道五张一起，也烂到不但没有顺子同花，连一个对子也没有的时候，我们当年是叫"掼八只"的。

"掼"的意思就是牌烂到了可以直接"掼掼忒"的地步。

后来，不晓得哪能，不叫"掼牌"叫"旷牌"了。有人写作"荒牌"。反正与其他上海话一样，没有人知道所谓的标准写法。

对子也还保留着。

　　一副牌对子太多从来不是好事。"大怪路子"时代，我们称之为"弄堂"牌，一对无非左右两张，一逮路里排下去，确实很像长长的小弄堂。打庄家对子的空档，叫"穿弄堂"。

　　值得一提的是，在"梭哈"里，两对加一个单张，上海人叫"拖对"。

　　拖对？谁拖谁呢？仔细一查，原来英文原名叫 two pairs，洋泾浜的讲法就是"two 对"，与"拖"浑身不搭界。

　　三张头也还保留。

　　上海人又叫"三线"，"穿伊个三线"，即打庄家三张头的空档。一副牌里三张头多，又被戏称为"侬哪能侪是'三鲜汤'啦"。

　　必须指出，"梭哈""十三百搭"以及"大怪路子"里，都是四带一，没有单独的四张头。"斗地主"保留四张头，是取之于别的牌戏。这也是我最早觉得"斗地主"不够纯粹的起因。

　　不过，四张头叫"炸弹"，并非什么"土味情话"，也还是"洋泾浜"的产物。"梭哈"里就称"四带一"为 bomb。

　　现在，全国人民都说"王炸"，依然脱不开崇洋媚外的嫌疑。

　　"三带两"很讨喜，从"梭哈"到"斗地主"，几乎所有牌戏都保留这个玩法，无人拒绝。

"三带两"，上海人叫"俘虏"。道地一点的老上海人，叫"俘虏哈斯"。

相信每一个打牌的上海人都问过自己，为啥"三带两"叫"俘虏"？啥人捉牢啥人？

其实还是"梭哈"里"三带两"的英文原名在作怪。 full house，跟什么行军打仗抓"俘虏"浑身不搭界。

再问，为啥"三带两"是 full house？有弄堂里的所谓"老克勒"讲给我听，三是三面墙头，两是两侧屋顶，搭起来就是一幢完整的房子了呀。我问，好像还缺一面墙头？老克勒讲，前头么大开门呀！大家姑妄听之。

姐妹对显然最早来源于"梭哈"里的"拖对"。从任意两对，到紧靠两对，再到三姐妹五姐妹，再到三张头也有姐妹对，再到现在的"飞机大炮"，这一融合过程，像极了城隍庙的单档双档。

讲到顺子以及它的可长可短，不得不提到一件往事。

那就是在"大怪路子"通吃的年代，也分各种流派。其中最值得一提的流派就叫"黄陂路打法"。由老卢湾黄陂路一带的牌友首创，其特点就是善于配顺子。

众所周知，顺子配得不合理，会多出许多"旷张"。我们徐汇区的牌友大多很不屑于这样配顺子。碰到这一路牌友，就会毫不客气地说，朋友像煞黄陂路来的嘛。

黄陂路现在是新天地，房子一平方卖到十几万，老早嘛，肯定不好算"上只角"吧，还是带有贬意。

姐妹对和可长可短的顺子，也是我一开始不屑于"斗地主"的原因。在我最早的认知里，从"梭哈"到"十三百搭"到"大怪路子"是一脉相承的，其他都是不够纯粹。

"斗地主"还有好几个不够纯粹的地方。

一个就是一人脱手，全局结束。倒蛮潇洒的。

就像足球大赛，既然多年后大家只记得冠军，分出二三四名便毫无意义。这在牌戏里也不多见。当然，这明显脱胎于"关牌"。

还有一个是，别的四人牌戏，总归两两做对，上海话叫"俩佮俩"。她倒好，一打三，要么做孤胆英雄，要么被围追堵截。也是很特别。尽管这明显脱胎于麻将。

再一个，它保留了"打百分"与"四十分""八十分"这一路的有底牌，却又不学它们的扣还底牌，也成了自己的特色。

最后固定用两副牌，也经过了很长一段时间的融合。终于不像关牌那样用一副牌，也不像"大怪路子"那样用三副牌。

最好玩的是，"斗地主"还有一个叫牌过程。这是所有"争上游"类牌戏所不具有的。

在它之前，"打百分"有叫牌，然后传入"四十分"和

"八十分"。再往上追溯，就是桥牌了。

这才是"斗地主"最具海派特色的地方。

叫牌定约，就是讲规则呀。

上海人最讲规则。

不得不提，桥牌在 1980 年代曾经风靡海上。许多官员和企业家都乐此不疲。

每个星期天，全市都会有十几场桥牌赛。官员的参与提高了桥牌比赛的知名度，企业家的参与则解决了办赛的资金问题。

而我们记者则到处蹭赛蹭奖品。何必讳言，我打桥牌赢得的力士香皂一直用到千禧年以后还没用完呢。

平头百姓也跃跃欲试。毕竟桥牌的门槛略高，于是，不甘心的上海人把桥牌的玩法嫁接到"斗地主"上去。最早玩"斗地主"的人们一定还记得很清楚，叫牌后有"加倍"和"反加倍"的。这明显脱胎于桥牌的 double 和 redouble。

就像上海方言，集苏、甬、粤、淮之大成不算，一定还要有英文。上海方言与其他方言最大的区别在于有"洋泾浜"的成分在。

可以说，没有"洋泾浜"，不成上海话。

同理，"斗地主"与其他牌戏最大的区别也在于它敢融合貌似最高雅的桥牌玩法。

随着叫牌机制的确定，"斗地主"牌戏基本成型了。

回头看，"斗地主"这牌戏在上海弄堂内终于成型，至少花费了十年的时间。其证据就是它的名称"斗地主"这三个字，有明显的阶级斗争痕迹，应该首创于 1976 年之前吧。

虽然进入网络时代，"斗地主"的有些玩法没有被保留下来，比如"加倍"，却又凭空多出了一个"黄翻"。

哈，这就叫潇洒，这就叫任性，这就叫海派。

桥牌与麻将，我从不管它谁俗谁雅，我开心，我就实行拿来主义。上穷碧落下黄泉，取天地之长而用之，却又不是不动脑筋的照抄照搬。"杂夹种"，才是"文化融合"最另类的说法。

这也是我从不屑于玩"斗地主"转向要写写"斗地主"的拐点（turning point）。

这一切，只可能发生在上海。

虽然早已不在巅峰，但融合中有创新的生态似乎还在吧。

这样的生态出不出马云我根本不 care。

哪天她再也出不了"斗地主"了，我会急。

"堆老"与"愮气"

9 月份是开学季，不免让我想起阿拉小辰光读书的事体。

小朋友小朋友，讲起来也算朋友，其实，天天要争争吵吵的。

记得五六十年前，同学之间吵起来，阿拉男男头骂得最多的是"堆老"，伊拉小姑娘骂得最多的是"惼气"。

一句"堆老"，上海人骂了半个多世纪，很多人还是弄不清爽哪能写法，所以意思也就没法弄得很清爽。

比方讲，侬问同学借一块橡皮，伊不肯，侬就会讲："一块橡皮也不肯借，哪能吤堆老嗰啦。"

再比方讲，摘桑叶的季节，大家都爬到树上去了，唯独侬有点怕，不敢爬，也要畀大家骂："嗰人哪能吤堆老嗰啦。"

现在回想起来，"堆老"的比较准足的意思大概是"不够意思"。

当然了，这种流行词，就像后来的"淘浆糊"一样，适用广泛，可以包含很多意思，比如小气、缩货、蹩脚、推扳、不上路，等等。

实际上，"堆老"最早的意思与上述这些都浑身不搭界。

"堆老"这句话，在上海滩至少流行了一百多年，它最早是从"摆堆老"里分出来的。

那么，"摆堆老"又是啥意思呢。

它是社会上流氓地痞报复别人的手段之一。

流氓被别人家惹着了，伊拉当然要想办法报复，而报复的手段五花八门。

而且，每一种报复手段，都有一句对应的黑话。

用手枪暗杀侬，叫做"吃卫生丸"；用斧头劈死侬，叫做"送伊到开山王府"；拿侬身上绑重物沉入水底，叫做"驮石碑"；直接拿侬丢进河浜淹死，叫做"种荷花"；用绳子从背后拿侬勒死，叫做"背娘舅"；打断侬一条腿，叫做"借侬只大腿派派用场"；用硝镪水泼侬面孔，叫做"洒香水"；用生石灰撒侬面孔，叫做"拍粉"；而用荷叶包一堆"无厘头"朝侬乿过来，就叫做"摆堆老"。

这些当然都是下三滥的手段，不过也都真实发生过的。

就拿"摆堆老"来讲，一般人就不提了，1946年，越剧名家袁雪芬就被人摆过堆老；2001年，当红明星赵薇也被人摆过堆老（虽然没用荷叶）。

所以，"堆老"的"堆"，现在讲法，就是那个"坨"字。一堆即一坨。

至于"堆老"的"老"么，大致可以看成是"老举三"的意思。上海人欢喜拿说不清道不明，只想意会不想言传的人或物，都叫做"老举三"。

却原来，骂一声"堆老"，并不是骂侬蹩脚，也不是骂侬推扳，而是骂侬"一泡污"啊。

阿拉小辰光真的是不晓得的。想想也蛮吓人，小辰光一日天骂的"堆老"少讲也有几十声呢。

爷娘也不管。事实上，要论"龌龊言话"（脏话），"堆老"实实要比"册那"龌龊得多了。

也不晓得啥个原因，大概从 1960 年代中期开始，"堆老"就不大讲了。

碰着要表达类似的意思，大家讲"推扳"的多。后来"推扳"也不大讲了。

顺便训训"推扳"。此话多半来自船家。

老底子江南是水乡，开门见河，出门就上船。摇船要用橹，橹摇起来无非一推一扳，一推一扳。推扳之力，要恰到好处，船才行得快。

所以，摇橹这桩事体，不好推扳一眼眼。

从这一点引申开去，推扳就是相差，进而引申为"差劲"。

印象当中，女同学好像讲"堆老"讲得稍许少一点。

小姑娘有小姑娘的话头。小姑娘之间争争吵吵了，讲得最多的，要数"惵气"了。

不当心碰着了，也是一句"惙气"；跳橡皮筋不带我，也是一句"惙气"；回去路上不跟我搀手了，也是一句"惙气"。

简直是一句"惙气"包打天下。

现在想来，"惙气"的比较准足的意思大概是"侬让我不开心了"。

不过，因为长期以来，大家都习惯写成"戳气""错气"，所以，意思反而不容易吃准足了。

后来我在一本词典里发现"惙气"这个写法，并有注释。

据编撰者讲，这个"惙"字，汉朝就有了，常用于卜算之类。

"惙气"，即"气短貌"，也就是上气不接下气的样子。

这样想想也蛮吓人的，一点点小事体，就骂人家上气不接下气，当中横里断气，义近"侬帮我去死"。

如此看来，阿拉上海人骂人还是蛮辣手的，无论骂"堆老"还是骂"惙气"。

转而再一想，现在两个闺蜜在微信小窗口聊天，一言不合，骂一句"去死"或"狗带"（go die），好像也稀松平常。所以，似大可不必紧张。

讲到上海小姑娘以及上海女人讲骂人言话，我发现一个有趣现象。

那就是，很多骂人言话到了她们口里，都有"雅训版"。

因为大人家的女人也是人，好人家的女人也是人，侪有脾气的。光火起来，总归也摒不牢要话讬两声。

太粗鲁的讲不出口，那就改造一番。

就从"惬气"讲起。因为习惯被写成"戳气"，而"册那"也常被写成"戳那"，这样一来兴，这个"戳"字就有点讲不出口了。

那么，讲啥呢？哎，讲"惹气"。

有辰光实在火大，也有到了不骂一句"册那"不过门的辰光。

也有办法的，骂一声"册伊拉起米"，轻轻带过去。

"老朊"，后面这个字大小姐哪能可以直接讲出口。

不过相骂已经吵到尴尬头里，也只好代之以"侬魗阽老魁"。

直接骂人家"十三点"，也还是比较粗鲁的。

老早上海电话号头还是六位数，大小姐就这样骂："要么侬屋里电话号头是768594嗒。" 7+6、 8+5、 9+4侪等于13。

"十三点"还有一种骂法，叫"侬只B拆开"。

英文字母B，侬自家去拿伊拆开来。

老上海人欢喜拿一点道理也不讲的人比作"吃污朋友"。"我迭能讲侬还听不懂啊？侬阿是吃污嘅啊。"

大小姐一个"污"字也讲不出口，只好倒转来骂："侬屋里阿是吃饭嘅弗啦。"

顶顶好白相，是"滚侬娘嘅蛋"，迭个哪能转弯法呢？

前头后头加点语气助词，讲成"要么滚侬娘只五香茶叶蛋喏"。就好比打一记，撸一记，那么，骂一声，再搭一只茶叶蛋畀伊，而且还是五香的，总归也借忒一眼。

F

F

"发糯米嗲" 及其他

正如张爱玲所说，上海人确实喜欢"兴兴轰轰"。

不但做人做得来"兴兴轰轰"，讲闲话也欢喜"兴兴轰轰"。

得了一个好字眼，不但立即学着说，还要想尽一切办法来发挥，发挥到别人无法再发挥的地步。竭尽"兴兴轰轰"之能事。

比如"嗲"，比如"做"，比如"死"，等等。

嗲

老嗲、瞎嗲、嗲唻、发嗲；

嗲煞了、嗲勿煞、勠忒嗲哦；

嗲啥末事嗲、嗲弗煞忒侬、嗲了勿是一眼眼；

发啥个嗲、发啥断命嗲、发啥断命死忒嗲、吃洋籼米发啥个糯米嗲；

还有，女人吃花功，男人吃嗲功。

做

"做"字在宁波话里用得最多，也最生动。其中很多都逐渐变成了上海话。

过生日叫"做生"；

除夕祭祖叫"做年"；

F

祭奠新亡叫"做七";

吃了长肉叫"做肉";

作伴叫"做对（音兑）";

混在一起叫"做堆生";

暗地使劲叫"做劲道";

配合人做事叫"做对手";

两人一头睡叫"做头眠";

劳碌命叫"做坯";

做妾叫"做小";

望风叫"做眼";

拉皮条叫"做脚";

譬如不如试试看叫"做我弗着"。

顺便说说"做人"这个词。

老早"做人"一词并不完全指"为人如何"。

民间更多用来指房事。

结婚就俗称"做人"，不仅上海，不仅江南，苏北似亦如是说。

若某位不怎么样的男人终于结婚了，邻舍隔壁就会说："哦哟，像模像样也做人了嘛。"

有人婚前早夭，众人则叹曰："可惜，人也没做过。"指其未经人事。

古字"伟"有 erect 意。

F

想来，"尽人事听天命"一语原亦不励志，乃不包养儿子之意也。

死

"死"字要避讳的，一般不轻易说出。

平和一点的说法有：

走了、没了、去了、走忒了、坏忒了、老掉（音条）了、再会了、拜拜了、投胎去了、变成灰了、来嗰辞堺路里去了；

俚俗一点的、略带蔑视的及调侃的有：

淡老三、翘老三、翘辫子、进棺材、一脚去、两脚一伸、梆硬笔直、石骨铁硬、摆平了、笔笔直了、阴间里去了、阎罗王叫得去了、搭阎罗王报到去了、铁板新村去了、西宝兴路去了……

香

香字在北语里多半只作形容词以况味或作名词如香火之香。

在上海话里，"香"还作动词，且至少有三义。

如"香面孔"即接吻。

另，众人分享点滴好处叫"香香"。再古老点叫"香香手"。

例：袋袋里啥好吃物事啊？拿出来大家香香，勿独吞。

再有，抽水烟筒亦叫"香"，如："要么阿拉一道去香一筒哪能？"也对，香烟香烟么是香嗰呀。

懈问相

"懈问相"一词根在江南，是因为"懈"字须从吴音，方能会意。

《说文》：懈，从心，解声。解，古隘切。

例1："拿纽子解开来。"

例2："领带解下来呀。"

例3．"裤带么解忒伊唻。"

《广韵》：懈，怠也。

例："吤热天出去，我'懈嗒嗒'嗰。"

怠而不思动也。

又作"懈问相"，形容露出懈到懒得开口问起之表情也。

俗作"茄门"，其实，于茄无涉，与门何干。

又，因怠而失误为"懈忒"。

例：着腻没着好，懈忒了。

167

F

貌估估

"大概"一词，上海话叫"大约莫"，俚俗一点就叫"貌估估"。

也有作"貌貌叫"的，一般被写作"毛估估"。

因其有"看上去貌似"（look like）之意，故貌字似更近。

吴语里常有"侬帮我到外头去貌一眼，打打样"之说。

字典里，"貌"作动词仅一例句，即唐明皇在杨贵妃死后"命工貌妃于别殿"。

句中貌作画讲，但画也要看着、描着或估摸着才能画得来。

犯关

年里无事，一个人瞎想八想。

突然想到了小辰光唱过的宁波童谣，叫"犯关犯关真犯关"。

记得是听阿拉外婆唱的，内容可长可短。最常见的是四句：

犯关犯关真犯关，

宣统皇帝坐牢监。

正宫娘娘担监饭。

文武百官做行贩。

F

行贩是相对于坐贩而言的。同样是做生意，兼运输的，就叫行贩。不兼运输的就叫坐贩。总是行贩更辛苦，因此也显得档次更加低一点。而做生意的，则是一律被人看不起，所以才用来比喻文武百官倒了霉。

"犯关"，最早作"犯关排闼"。意思是冲撞大门推开小门。"犯"是冲撞，"关"是大门。算命里也有"命犯关煞"的说法。

后来在宁波话里有倒霉的意思。用得很普遍。

还有六句头的：

> 犯关犯关真犯关，
> 宣统皇帝坐牢监。
> 正宫娘娘担监饭。
> 文武百官做行贩。
> 红皮老鼠拖小猫，
> 大大黄鳝背老鸭。

加了后面两句，意思稍微有点不一样了。

似乎是讲自己倒霉透了，其概率小到皇帝坐牢监、老鼠拖猫、黄鳝背鸭的程度，居然还是躲不过。

这里面，还有一些宁波人自我炫耀自家方言的成分在。

因为猫与鸭，用其他方言讲，在这里就不押韵了。而在宁波话里，猫与鸭是多音字，就押韵了。

为此，还有专门的俚语来解释。也是从小听外婆讲过的：

鸭生鸭蛋，猫撒猫污。

当然，还有其他很多很多版本。

这一次，我居然找到了迄今为止最长的版本，题目叫《卖橄榄》。读来甚是有趣。

不敢独吞，拿出来大家分享分享。

犯关犯关话真犯也关，
族为上台呕犯关？
待听我白舌连根话一番。
自从光绪三十三，
革命出手就造反。
宣统皇帝坐牢监，
正宫娘娘担监饭，
妃宫娘娘开门槛，
六部九卿做行贩，
新科状元围贷牌，
皇子皇孙来该嫖门槛。
清朝为弄介眉眼，
里旁边走出我吭爹吭娘可怜相小老板。
我个人住身非住何方地？
浙江省宁波府正东门，

三反九致就介湾,

乌漆墙门第三间,

阿拉里个姓数本姓关,

排行名字为叫蛋,

阿伯叫鹅蛋,

阿姆叫鸭蛋,

嫂嫂凤凰蛋,

阿弟麻雀蛋,

阿妹白鸽蛋,

我个名字顶推扳,

大家呕我乌龟倷子王八蛋。

阿拉屋里厢,

出身家当有一眼,

田地万打万,

房子千把间,

凑队都是两位大老板,

娘舅曾国藩,

姑丈胡雪岩,

过房阿爹名字沈万山。

重水隔重山,

我个人春二三月小打扮,

打扮起来真真崭,

头戴碰帽珠宝嵌,

外加一对猫儿眼,

雪白头皮养着发,

F

三股辫子宫灯配，

小呢马褂黄背单，

灯笼套裤下头一品蓝，

一双鞋子九连环，

团团用到胡椒眼，

走起路一甩一甩又一甩，

个个呕我小老板。

日里会坐大茶坊，

夜里会睏大烟间，

一心白相要到上海滩，

走到宁波江北岸，

宁绍火轮勿推扳，

跳落连忙寻房间。

五点一敲就解缆，

一夜会进吴淞口，

小东门十六铺并码头，

黄包车哗喇把我一声喊，

我个人魂灵吓一眼，

么二勿走来该奔长三。

长三堂子太门槛，

有名倌人王美兰，

塑子虽好脚推扳，

每日陪我吃昼饭。

王美兰起口呕我小老板，

我对唔两家头，

F

着勿是一品香大菜间，

大菜拕来用一眼。

我说道介匹事体也有限。

两人走进一品香，

大菜间括得来坐进，

就将大菜话一番。

拍喇布丁其姆派，

咖哩鸡，蛋炒饭，

沙生柱，火腿蛋，

麦登巧浦味道斩，

"也四""哑来"吃一眼。

现在落魄来该卖橄榄。

也是年代实在太久远了，里面很多讲法已经很费解。

"门槛"的意思，通过上下文，大致是可以猜得到的吧。

"围贷牌"，是待价而沽的意思吧？

"塑子"，是卖相或身材，即人样子的意思了吧？

顶顶"犯关"的是里面的"宁波洋泾浜"。

我详了老半天，也没全部详出来。

"布丁"（pudding）和"派"（pie），应该没啥歧义。不过这"拍喇布丁"是啥布丁，就弄不明白了。"其姆"大概是cream了吧。

"沙生柱"是啥物事，不得而知。详它是"sauce and juice"好像有点穿凿了。

"巧浦"（chop）大概是排骨了？"麦登"就详不出了。

最后一句最好笑。

我敢打赌，"也四"就是 yes，"哑来"就是 alright。

唱过《卖橄榄》，我也晓得了，原来老底子人做做小生意，哪怕卖卖橄榄，也是先要讲故事来娱乐大众的。

一百年过去，现在做电视真人秀还是这个套路啊。

原来，你们的老祖宗是卖橄榄的啊。

"饭塻头" 及其他

很多关于吃的方面的惯用语，现在都不大有人讲了，所以它们的意义也将埋没。

把它们挖掘出来，其实还是蛮有意思的。

饭塻头

这句上海话恐已知者不多，用者更少。

塻，吴音读别。冷饭一块一块的，就叫"饭塻头"。

例："侬冷饭掘得侪是饭塻头，叫我哪能炒蛋炒饭啦？""侬弗好先撅撅伊啊。"

此字许慎的《说文解字》里面就有。

塻，土块也。上海人称"饭塻头"，完全取其形之酷似。

今公共食堂卖饭，卖的都是"饭塌头"啊。

干挑

"干挑"就是葱油拌面，但这个名字很形象。

锅里的面煮熟了，用筷子干干地挑起来，不要汤水。

准确地说，"干挑"是热拌面。

从前走进面店，高叫一声"二（音'尼'）两干挑"，堂倌都能听懂。

现在恐怕就不行了。尤其不要开国语。

因为很容易被误听成北方话里的"单挑"。

就怕火气人的堂倌冲出来说："谁怕谁呀，走！咱们到隔壁弃室里去比划比划！"

头汤面

这曾经是许多老上海的癖好。

清晨起来，走到街上，跟正在生火的面摊伙计打个招呼，然后散散步，溜溜鸟，再踅回来，位子上坐定。

为的就是要吃一碗面店里用清水下的第一锅面，俗称"头汤面"。

其实，清水下出来的面并不一定比浑水下出来的面更好吃，但它毕竟是一种讲究。

F

所以听说隔壁老爹好这一口，你就赞他一句："老爹老'考究'嗰嘛。"

上海话"考究"是夸人。

但"考究"过了头，就变成"死考究"了，就不是夸人了。

老早在市中心吃"头汤面"比较出名的是先施公司后面，浙江路天津路口。

现已拆除。

野火米饭

亦称野米饭。沪上旧俗，是儿童参与的一项清明节活动。《清嘉录》里有记载。

清明前一日为寒食节，家家不生火，吃寒食。

故清明燃的是新火。

燃新火于野地，据说是为追念燧人氏，故不可用引火柴，以示虔诚。

《清嘉录》里明写"敲火煮饭"。

唐李绰《辇下岁时记》亦载："吾乡野火米饭，犹循钻火遗风。"

骟鸡

老早上海人最欢喜吃骟鸡，用"浦东九斤黄" 骟最佳，因骟过的雄鸡比雌鸡还要嫩。

F

传说明太祖朱元璋首次渡江至采石某农家，见有农妇烹鸡，问此何物？答曰骟鸡。太祖默喜，盖适扣其"登基"，以为大吉。

一样去势，各畜各异：曰骟马、曰宦牛、曰阉猪、曰骟鸡、曰善狗、曰净猫。

骟，亦作詈语，如："当心我一脚头拿侬骟脱嗻！"

饭吃过了否啊？

现在大家碰头，第一句讲啥？

"侬好""侬好"。还是洋派点的"Hi"或者"Hello"。

当然还有更加"刮啦松脆"的"早"，"早"，赛过外国人的"morning"。

"刮啦松脆"，基本上就是讲过结束，并不想作为"话搭头"。

想要拿寒暄当"话搭头"，就要多讲两个字，讲得慢一点。

比如，"侬早呀""侬好呀"，乃至"哦哟，侬早呀"，甚至于"哦哟，侬今早哪能吤早啦"。

这样一来兴，就有点老早的上海言话的味道了。从前慢嘛。

其实，这样的寒暄一塌刮子只普及了三十年多一点。

F

　　阿拉这代人从小到大，一直到 1980 年代中期，市面上标配的寒暄不是"早"，也不是"好"，更不是洋派的"Hi"，而是：

　　"侬饭吃过了否啊？"

　　这里面，"侬"字有时可省略，因为当面对话，对象清楚。不过那个"过"字千万不好省，一定要是"现在完成时"，这个推扳不起的。

　　不特上海如此，各地都如此。

　　这样的寒暄明白无误地告诉大家，我们还在温饱线上下徘徊。你看，一旦离温饱线稍微远一点，这句寒暄就一记头消失得无影无踪，我不提，恐怕大家都忘了，或不愿再提起。

　　在温饱无法确定到人人自危的年代，这样的标配寒暄实际运用起来也不是唻便当的。

　　有了"报门"，总归要有"回门"的，否则不像腔。

　　"侬饭吃过了否啊？"

　　"吃过了，侬呢？"

　　侬看，很有英文里"Fine. Thank you. And you？"的味道。

　　这还只是肯定回答。

　　有肯定回答，就有否定回答。尽管从小爷娘关照好，不管啥人啥辰光问侬"吃过了否啊"，一律用肯定回答。否则侬就是作死，讨生活吃。

不过，生活总有意外，否则也就不叫生活了。

所以爷娘还要补充关照，如果换了你问别人家，人家讲"没吃过"，哪能回答法子。这个当然也有标准答案：

"没吃过啊？要么到阿拉屋里去吃一点？"做人要有态度的。

碰巧，我从小是个好学生，欢喜多思考，多提问。所以，听到此地我就要问了：

"阿拉屋里刚刚吃好，钢镩镬子里一点饭也没了。人家来了，吃啥呀？"

"小鬼笨否啊，这是客气话呀。人家还会真的来啊。"

"哦，晓得了。"

"唉，小鬼，侬这么讲，倒提醒我了。听好：万一是人家要侬到伊拉屋里去吃饭，你一定要讲'覅了''覅了'。"

我这个好学生又要提问："万一我讲'好嗰'呢？"

"关照侬，这就不是作死、讨生活吃的问题了，而是寻棺材睏了。"

从此以后，路上碰着熟人，我就反复警告自家，标配寒暄的打开方式一定要准确。每一步都按程序走，千万不可自作聪明。

写到此地，我突然想起了画连环画的贺友直贺老先生。据说他年轻时，也有一记头轧牢的辰光，两天没米下锅。只好走很多路到一个亲眷家里去吃了一顿饭。

F

如果要为这个故事写个前传，无非两种可能。

一种就是：路上瞎兜，碰着亲眷。人家一句言话问上来，干脆顺水推舟。

"侬饭吃过了否啊？"

"唔没呀。"

"辟么到阿拉屋里去吃一点？"

"好个呀。"

另外一种，踏牢"饭点"，三四点钟登门造访。到辰光，人家讲：

"阶晏了，吃仔夜饭去。"然后老老面皮坐下来。

所以，阿拉又从小被爷娘做规矩，到人家屋里去，自家人人家人不管，一定要避开"饭点"。

我丝毫没有开坏老先生的意思。人饿极了，也只能出此下策的，总比饿煞好。

讲起饿肚皮，我最不能忘记的是1962年秋天的一个中午。

那时我读小学四年级。记得我的班长是一个高高大大的男小顽，家里好像住在上方花园还是新康花园的汽车间的，屋里兄弟姐妹六七个，他是老大。人长得长一迈大一迈，坐在最后一排。

十一点半多了，上午第四节课眼看着要下课了，他突然号啕大哭起来。平时他很坚强，很义气的，总归帮人家，今朝谁欺负他了？

稍停，他大叫一声："我实在饿煞了呀。"

我们的班主任张老师潸然泪下。并立即宣布下课，让他快点回去吃饭。

后来我们才知道，那几年，他家粮食特别紧张，每天都只烧一大锅子放了很多青菜的菜粥。他是老大，总是主动将米粒挑给弟弟妹妹吃，他只吃青菜和米汤，终于扛不消了。

我又欢喜提问题。我问张老师，为啥他依然那么胖。张老师说，那不是胖，那是浮肿。

大家的日子都不好过，不过程度不同。所以，同在一个班级、一个弄堂，没遇到过的你还是不懂。

那天以后，我再碰到班长，只敢拼命点头，表示我看到他了，打过招呼了，就是不敢说那句标配寒暄，怕触到他的痛处。

实际上，生活中千变万化，一个标准答案显然是不够的。

而且，作为标配寒暄，只要是当天第一趟碰头，不管啥辰光，一定要讲的。

侬比方讲，夜快头，有种人家急吼吼四点半四点三刻就吃夜饭了，到六点钟么已经吃好了。男小顽马上溜到弄堂口，一边墙角隑隑，一边野眼望望，一边香烟呼呼，"饭后一支烟，赛过活神仙"嘛。

看到隔壁同学也在，脱口就是一句：

"侬饭吃过了否啊？"

"还没了，阿拉爷老头子加班，还没转来。"

乃末搁牢。叫伊到倷屋里去吃也不对么，不响也不对。

有得"报门"，没有"回门"，就没腔调了。

所以，弄堂里老阿哥又要发条头了："侬也是，夜饭没吃过么，到外头来瞎跑八跑跑啥物事跑。"

这还不算最尴尬的。

记得 1980 年代初，我已经混进电台了。

每天早上踏脚踏车上班，出门吃过一碗咸菜面，路上辰光又长，所以，一进门，右转弯，寻厕所解决问题。

断命的当天第一次碰头都发生在此地。

老同志潇洒，一边解裤子，一边照讲不误：

"侬饭吃过了否啊？"

侬也只好一边抖一边讲：

"吃过了，吃过了，刚刚吃好。"

还有一派尊重领导成了习惯的朋友，自家一边飙一边还东张西望，看到隔间里有领导蹲着，也马上客客气气打声招呼：

"侬饭吃过了否啊？"

领导一点办法也没有，有得"报门"，没有"回门"，不是没腔调么，只好吃吃力力回头一声："吃过了。"

断命那个家伙还来得个客气，还要加一句：

"吃过啦？没吃过侬覅客气噢，到阿拉屋里去吃。"

要死快了。

F

"饭"字的老上海话

吃饭是一桩大事体。

民以食为天。古时打仗，兵马未到，粮草先行。不吃饭，哪里来力气打仗。

现在有的人，可能一日三顿都不吃米饭，或面条，或面包及其他。减肥的还要注意少吃主食，少摄入碳水化合物。养生的还要鼓吹吃各种各样的粥。

不过大家碰头了，还是会问："早饭吃过否啊"，"中饭吃点啥"。

吃饭还是一桩正事体。

老早上海滩有一句骂人的话，叫做："侬自家看看，这是像吃饭的人讲出来的话，做出来的事体否啊。"

总之，不吃饭等于不是人。

吃饭还要适量。

因为上海话里"饭吃饱了"也是一句骂人话。相当于"吃饱饭没事体做"，管闲事。比如上面讲到过的，有的人不分场合不分对象地大谈减肥不讲养生，别人就会得认为伊真的"饭吃饱了"。

吃啥人的饭，也有讲究。

吃自家屋里的饭，也不容易。第一句："吃爷的饭，服爷的管。"如果做小辈的，饭管饭吃，矛枪管矛枪翻，这个饭早晚要吃不下去。

吃自家屋里的饭，也不好白吃。第二句："侬当屋里饭馆店啊。"啥意思？只有饭馆店么，才可以来了就吃，吃了就跑。

侬不吃也不是就没有问题了。"侬当屋里栈房啊？"啥意思？只有栈房，才可以来了就睏，醒了就跑。

苦恼的是，每个人的职业生涯里，总会有那么一段经常早出晚归的日子。屋里还真就成了栈房。

结了婚，分开住，却一直找各种理由回娘家蹭饭，这个叫吃"老饭店"。阿拉宁波人有句老话，女儿就是强盗。只有拿出去的物事，没有拿转来的物事。意思是，"老饭店"还要负责吃了打包甚至"送外卖"。

有的孩子吃了"老饭店"，还不念屋里好。上海人还有一句"吃家饭，撒野污"。有一些人，在上海读书，在上海工作，在上海安家，在上海生活，几十年后仍然讲上海的坏话，我看这也属于"吃家饭，撒野污"。

吃了饭就要出力。为自家，也为大家。

否则上海人就讲"吃饭饭榔头，做生活嫩骨头""吃饭深山挖雪，做生活老鼠咬铁"，就会被人骂"饭桶"，甚至"造粪机器"。

F

这里要说明的是，宁波人讲的"压饭榔头"与上海人讲的"饭榔头"不是一回事。"压饭榔头"原指比较咸的菜，容易下饭。后来也指家里经常烧的菜（也最容易下饭），或者好菜，如咸带鱼。义近现在讲的"硬菜"。

刚刚讲过，吃饭是正事体。所以，上海人拿"做生活"也讲成吃饭。

做好自家的生活，叫"捧牢饭碗头"；做生活的工具和技能，叫"吃饭家生"；拜师学艺，叫"吃萝卜干饭"，三年学徒，就要吃三年"萝卜干饭"；教书的、唱戏的，叫"吃开口饭"；这"饭碗头"不是靠自家努力得来的，而是靠其他花头，那就叫"吃现成饭"。

老板辞工，叫"敲忒饭碗头"；失业，就是"饭碗头没了"。也叫"讨饭"。不论在街头讨，还是在屋里讨。依不出铜钿，都是"讨饭"。

不过，也蛮奇怪。上海人讲一声"讨饭家子"，重点却在别的地方。只听讲"穿得像讨饭家子""穷得像讨饭家子"，从来没听见讲"饿得像讨饭家子"的。

有必要来讲讲"老米饭"。

最早，老米是指陈米，相对于当年轧出来的新米。所以，一句上海老话叫"老米饭捏煞不成团"。因为没有韧性。当然，它的意思是一盘散沙。

后来，不晓得哪能，"老米饭"的意思就多起来了，也杂

F

起来了。吃爷娘的，叫"吃老饭店"，也有叫"吃老米饭"的。失业了，也叫"回去吃老米饭"。一直做自己的老本行，也叫"我还是吃我的老米饭"。甚至蹲局子吃官司，也有叫"吃老米饭"的。现在学香港，叫"吃公家饭"了。

"隔夜饭"的意思也慢慢有点变了。

老早，上海人家谁家没有"隔夜饭"？现在也还有吧？当晚没吃完的冷饭，垒垒松，揿揿碎，不要留"饭塌头"（塌，土块也。上海人称"饭塌头"，完全取其象形）。然后，用"冷饭筲箕"盛起来，盖好盖头，吊在竹竿上。既通风，又卫生。

老实讲一声，蛋炒饭不用"隔夜饭"炒出来还不好吃呢。所以还有一句上海话叫"炒冷饭"。

当然，后来意思变忒了。其实也还在路上的。重新淘米烧饭，相当于创意，而"炒冷饭"便是山寨，毫无新意了。

那句"隔夜饭也呕出来了"，是指谁谁讲的话、做的事，实在恶心得太结棍，把别人胃里面隔夜吃下去的饭也反出来，属于"深度呕吐"。乃末好，吓得不明真相的群众现在不管春夏秋冬，隔夜饭都进冰箱了！

其实根本没有必要。

还有一句"饭泡粥"。

人人都晓得它的意思，就是指话多的人，现在讲法，叫"话痨"。

186

F

若问，为啥"饭泡粥"就是"话多"的意思呢？恐怕很多人要轧牢。

有人讲，用冷饭烧粥，滚起来"哒哒哒哒"，像极了话多的人说话的样子。不过，天热就只拿热水泡一泡，并不烧，也不滚，哪能办？

有时候，只要想一想，很多俚语都产生于温饱时代，就会明白。吃饭是为了当饱。而吃"饭泡粥"，量虽大了许多，其实还是不当饱，没有用，一歇歇肚皮就饿了。却原来，话只是多，还不讨惹厌，讲了等于白讲，才算"饭泡粥"。

还有"抢羹饭"，意为急吼吼。其中故事，就不展开了。

最后来讲讲"包饭作"以及与饭有关的一些名词。

"包饭作"相当于现在的盒饭摊，而且以外卖为主。上海生意人一般中午自己屋里不烧饭，就包给"包饭作"。可以在一定范围里点菜。饭菜烧好后，由小工送来。

排场大的用"藤格篮"，涂红漆的，一担挑两只，每只都有上下两格，有盖头。半径总有 70 公分，高可 20 公分。所以，哪怕一只砂锅鸡，或者一砂锅大黄鱼馄饨，都放得下。四菜一汤加上饭，笃定放得下。

排场小一点的用那种长天天的"饭格子"，钢镔的。有三格头，也有四格头，旁边用拎襻一穿，就可以拎了跑，十分方便。

再后来，有了一只一只的单只头的"饭格子"，不管长方的，还是椭圆的，叫法还是沿袭下去，都叫"饭格子"，尽管它只有一格。

包饭作里，烧饭自然要用到"饭镬"，做生活，就要戴"饭单"，烧菜就会有"饭脚水"（即泔水），做生意，就要算"饭钿菜账"。

盛饭装篮，就要用到"饭橤"。"饭橤"就是盛饭用的大勺子。上海话中，各种勺子是分大小的。从小到大，依次是：茶匙、汤匙、调羹、饭橤。各司其职，有序无乱。

盛饭时还需小心翼翼，不要让"饭米糁"落在外头。上海人都是很会"做人家"的呢。

有的人家不欢喜吃"饭滞"，那就事先拣到一边。

"饭滞"的滞字，也极形象，锅巴是滞留在锅底的嘛。阿拉宁波人称"镬焦"，亦极形象，镬子里那块焦的物事。

其实"饭滞"还是很香的。还可以入菜。用"饭滞"烧泡饭尤其灵。假使姆妈今朝烧咸酸饭，那小孩很可能为了那块咸酸饭的"饭滞"而打相打呢。

"包饭作"里的各种食材，当然是小菜场里买来的。有句上海老话叫"饭店里回葱——明吃亏"。而"包饭作"里买菜的烧饭的人，统称"饭司务"。老早还有拿烧饭的女工叫作"饭婆"的呢。

这"饭司务"三个字有意思。"司"有经营的意思，"务"

有操作的意思，已经讲得清清爽爽了。谁知，后来混叫成“师傅”了，再混叫成庙里的“师父”，弄出辈分来了。真是越弄越乱。到1970年代，工人阶级领导一切，大家统统都叫“师傅”，至今阴魂不散。

不过现在的都叫“老师”，也好不到哪里去，据说，现在“天上人间”也早就管客人叫“老师”了。

关于儿时对“饭司务”的记忆，还有一段顺口溜。好像是听说书听得来的。我来学忒两声：

“肚皮饿，叫声饭司务，饭司务畀侬吃泡污。鸡肉馄饨鸭子酥，咸泡饭里石子多。”

一笑。

甮多老娘钿

我写宁波话小文，引来不少留言。

其中有一条是这样的：“你们宁波人还有一句‘坟多老娘舅’……”

乍一看，确实比较吓人倒怪。不过，我马上知道他要说什么，应该是“甮多老娘钿”吧？

五个字，只听对了四个，而且第一个字走得蛮远的。这正应了另外一句老上海言话：“耳朵打八折”。五分之四，正好八

F

折，不多不少。

不讨论怎么听错传错的，来讲一讲"觹多老娘钿"。

这确实是一句常用宁波话，使用频率很不低，常常能听得到。

它的意思也一直很明了：那就是"别瞎耽误工夫"。

其实，还有一句宁波话，叫"觹烦唻"，也可以表达相近的意思。既然如此，为啥要讲"觹多老娘钿"？"老娘"是谁？"钿"是什么钱？

"老娘"一词，在上海话里，在吴越各地方言中，一般都指母亲。"阿拉老娘""侬老娘"，背后叫的多，当面叫的少。不过"老娘钿"是啥个钞票还是不晓得。

我也懵懂了几十年，学陶渊明，不求甚解。

直到去年，一次闲谈中，家父才把原委告诉于我。

他看了我根据外婆口述整理的一首宁波民谣，认为我有一个词记得不对。

那是一段宁波的"十二月调"，抄录如下：

> 正月过年嗑瓜子，
>
> 二月逢春放鹞子，
>
> 三月清明坐轿子，
>
> 四月种田插秧子，
>
> 五月端五吃粽子，
>
> 六月走路捏扇子，

F

七月七秋凉，

八月桂花香，

九月九重阳，

十月芋芳熬鸡釀，

十一月家家户户做衣裳，

十二月家家户户放炮仗。

家父说，错就错在十月份那句。"鸡釀"是你自己想出来的吧？其实是"鸡娘"，亦即母鸡。重庆有鸡公之说，湖南有鸡婆之说，阿拉宁波人就叫"鸡娘"。

随后，一句"阿拉宁波人把个'娘'字用得很活的呢"，把话题拉开去。

首先说到了"脚娘肚"，即小腿肚。这个"娘"是怀孕了的娘。别说，小腿肚确实很像微缩版的初孕妇的肚子，光洁紧绷。

然后，家父开始问我，侬晓得坐月子的娘叫什么娘，伺候月子的娘叫什么娘？

这个倒还难不倒我。坐月子的叫"舍姆娘"。伺候月子的叫"出窠娘"。而且，我还知道，宁波人不讲伺候，而叫"当值"。

"当值"一词也极精彩。做月嫂，是要像24小时值班一样的呢。

宁波女人做"舍姆娘"，不但要用"出窠娘"，之前还要

F

用接生婆，那这接生婆是什么娘呢？她就叫"老娘"。就是这个"觕多老娘钿"里的"老娘"。接生婆一般都是中老年居多。

终于到了大关键处。咳咳。

老早医疗水平低，民间接生的新生儿和婴儿的存活率都较低，俗称"养不大"。几个月就夭折的，不算是小概率事件。早知道孩子养不大，叫什么接生婆呀，别生下来算了，也好省下几个请"老娘"的工钱。

旧习俗重男轻女，女孩一生下来就不想养，糊涂爹娘要么送人，要么遗弃，甚至还有溺婴，俗称"驮来马桶里揿揿煞"。这样也可以"觕多老娘钿"的。

后来，"觕多老娘钿"的意思有了新的引申。孩子不听话，母亲生气至极，就会骂："唉，早晓得，觕多老娘钿啦！"意为，辛辛苦苦，还花大钱请接生婆"老娘"，把你养大了有啥用场！

这话不可谓不狠。

不过，恨之切，也许是因为爱之深吧。

好了，我也该闪人了。

再啰嗦，大家都会说，"莫讲唻，觕多老娘钿"唻。

附：宁波《十二月调》还有一个版本：

F

正月过年磕瓜子，

二月逢春放鹞子，

三月上坟坐轿子，

四月种地插秧子，

五月白糖揾粽子，

六月走路捏扇子，

七月老三驮银子，

八月月饼嵌馅子，

九月金柑夹橘子，

十月砂糖炒栗子，

十一月铁铁朴朴落雪子，

十二月冻死凉亭叫花子。

夠哇啦哇啦

大声喧哗，几成国人通病。

在国外的名胜古迹处，不用看，只要一听到高亢的乡音，便知有一群或多群同胞涌来，任人皱眉耸肩甚至将食指竖于唇前而不顾。

这最后一个手势若翻译成上海话，就是"夠哇啦哇啦"。

很早就对"夠哇啦哇啦"这句上海话印象深刻，倒不是被自家大人以此话训斥多了，我小时候好像还是蛮乖巧的。而是读小学时听留在上海的"红头阿三"说的。

上海的“红头阿三”就是英租界（后来公共租界）当局招来的印度籍巡捕，法租界则招安南（即越南籍）巡捕，等同于时下的城管或保安。安南巡捕小刁模子，面孔也与国人同，故形不成话题。而印度人又高又大，面孔红堂堂，头上还缠块白布，便有诸多槽点了。

一百年前，鲁迅先生就曾经写到过，这些“红头阿三”说得最多的一句上海话就是“覅哇啦哇啦”。可见国人“哇啦哇啦”的光荣历史源远流长。

我还亲耳听过“前红头阿三”如是说呢。

有一些“红头阿三”，可能当年做巡捕薪酬不低，吃过用过还能攒下些小钱，便在上海娶妻生子，安居下来，虽政权更迭亦不回老家。在三角花园（即淮海中路复兴中路口）一带，我们从小就经常看到他们高大的身影和那块白色的缠头布。

也是好奇心作祟，我们小孩子一旦见到，便挥着书包跟在他们身后边跑边喊：“大家来看哦，红头阿三喏，红头阿三喏！”

彼时，他们因已是“曾经的帝国主义走狗”而堕落为“弱势群体”，只有忍辱负重的份。

实在受不了了，便回头还是很轻声地对我们说：“覅哇啦哇啦。”

我至今还印象深刻，是因为他们的这句上海话说得糯到不行，是绝对“学院派”的。

F

可我们当时的反应则是："咦！红头阿三会得讲阿拉上海闲话嗰喏。"

据说，他们好像是1959年中印战争爆发后自己离开的或在"文革"期间被遣返的。

被人家"红头阿三"喊了那么多年的"勒哇啦哇啦"，很多上海人照样"哇啦哇啦"。也难怪，他们中大多数基本都没在租界里住过。

儿时曾在老城厢石库门弄堂住过蛮长辰光，孩童呼朋唤友去玩耍皆"哇啦哇啦"不算，父母打骂孩子亦"哇啦哇啦"到左邻右舍都能字字听清。"做规矩"原是要做给众人看的。

夫妻父子母女兄弟姐妹之间吵架则更是"哇啦哇啦"。

即便是心情极好，妇女们也都是满弄堂"哇啦哇啦"呼喊自家的儿女回家吃饭的，"小六子啊，吃饭喽"云云。

久而久之，大家亦皆不以此为非。

那十年无疑就是一个崇尚"哇啦哇啦"的时代，高音喇叭喊口号，越响越革命。

弄堂里的劳动大姐（即佣人）也开始反过来对着原来的东家"哇啦哇啦"，赶着他们去扫大街。

老叟也是俗人一个，哪有不受其感染的。尤其运动没几年就去了插队，农村地旷人稀，要沟通则更必须"哇啦哇啦"了。

F

一进山，便跟老表学喊山。一声呼啸，问前头可有行者？若有回应，则干脆隔岭对话，岂止"哇啦哇啦"，响遏行云亦在所不顾。

下田耘禾，又听老表对山歌。那即兴编的歌词全是"黄段子"，也照样"哇啦哇啦"地应和。

最奇妙，黄昏时分，妻子在屋前坎下自留地里施肥，丈夫在堂屋竹榻上歇息，相隔十来米，照样可以"哇啦哇啦"地聊家常私密，任凭他人从门前穿过。言者不避，听者不奇。

后来回城，我还曾将这"哇啦哇啦"带回上海。

刚回城头几天，一家人天天关在屋里听我说往事，我也会很"哇啦哇啦"，弄得家人老是提醒："侬轻点，阿拉听得见咧。"

连趤马路谈恋爱，说到 high 处，也"哇啦哇啦"起来，弄得女友连忙扯袖："覅哇啦哇啦，人家俤回头眛。"

谈恋爱不需要回头率。

幸好老叟适应能力颇强，十天半月以后，又变回了轻声轻气。

不信？那年我 6 月初回的上海，8 月底我就应聘当上了中学代课老师呢。很多插友开玩笑说，像侬这样，讲起言话来"哇哩哇啦"带"册那"，就别去学堂误人子弟了。我照样紧急刹车，一进校门，低声慢气，色色清爽，还兼有几分儒雅呢。

F

当然，我只是个例，不足为凭。总体来说，运动结束了，"哇啦哇啦"却根本没有结束。

尤其是有了一些小钱以后，一向被人看轻的人们更有需要"哇啦哇啦"地告与天下知。

马路上有过个体户一边相互比撕钞票，一边"哇啦哇啦"的闹剧。

连自由市场里的鱼贩遇到砍价不买的妇女，也"哇啦哇啦"地开骂："册那，侬吃弗起么甭来买，穷瘪三！"

"哇啦哇啦"从此愈演愈烈。

其实，听老上海说，一句"甭哇啦哇啦"并非只指"言在声高"，还包括许多别的。

比如不与人争吵，不显摆，家丑不外扬等等。

总之，可以称之为"矜持的低调"。

从这个意义上说，在做人的态度方面，如今的"哇啦哇啦"是发展得更其不堪的。

现在有些人，吃个饭而不与堂倌"哇啦哇啦"，买个东西而不与售货员"哇啦哇啦"，上个班而不与上司"哇啦哇啦"，回到家而不与另一半或自己的孩子"哇啦哇啦"，简直就无法体现自己的人生价值，比死还难过。

自从手机普及以来，"哇啦哇啦"讲电话又成新的灾难。

据老叟之调查，"哇啦哇啦"讲电话者，男女都有。

女人从三十五岁到六十五岁的居多；男人更宽泛些，从二十五岁到七十岁都有大批爱好者。

而且，窃以为，其中并非都不自知，颇有故意"哇啦哇啦"的成分。

约个牌局、谈个生意、问个讯息，有必要这么当众"哇啦哇啦"么？

无非还是想要间接地告诉周围的人，自己多么有闲、多么有钱、多么有权、多么有才。

更有甚者，鸡毛蒜皮的事情还要搬到电视上去"哇啦哇啦"，直接捧红了那么多的情感、相亲和选秀节目，救本该失业的电视人和本该关门大吉的电视于水深火热之中。

如果现在还有"红头阿三"劝大家"覅哇啦哇啦"，一定会被反驳道：

"现在什么时代了，21世纪，有爱就要喊出来，懂吗?！"

突然想起小学里看电影的境况。

那时看电影，经常会遭遇"跑片未到"的尴尬（不知今人尚能理解否，反正看到一半停了）。

大家只好干等着。

彼时，总会有人突然在黑暗里高声怪叫起"退票"或别的什么来。

回头看去，一般都是班级里学校里比较捣蛋的同学。

平时，他在众人面前秀不了成绩，秀不了纪律，秀不了才艺，甚至也秀不了体格，"哇啦哇啦"也没人理他，他太压抑了。

一有机会，他当然要"哇啦哇啦"：我喊故我在。

我们实在是太需要别人的认可了。
一个人是这样，一个民族呢？

弗罢

上海的天，一出梅，马上覅侬颜色看，高温，连续高温。

7月4号就出梅，要到8月7号再立秋，立了秋还有秋老虎，有得热了。

这两天，马路上，地铁上，办公室里，商场里，听到最最多的对话恐怕就是下面这段：

"哦哟，热煞了，汗汤汤滴，哪能吖热啦。"

"是热嗰呀，气象预报讲今朝明朝侪是 37℃。"

"啥？ 37℃？根本弗罢嗰，起码 40℃！"

喏，问题来了。讲大家侪会得讲，不过，这个罢字为啥迭能写法呢？

先要讲清爽的是，现在交关年纪轻的，已经不这样讲了。而是讲"弗止嗰"。讲"弗止嗰"还算文雅的，再粗一点，就是"七嘴八搭""瞎七搭八""瞎讲有啥讲头啦"。再粗一点，"放屁""滚蛋"之类的也要滑出来了。

那么，弗罢的罢字为啥要迭能写法呢？

F

讲穿了就不稀奇了，也邪气简单，就是"罢休"的
"罢"。

"弗止"的"止"是停，"弗罢"的"罢"也是停。"药弗
能停"也可以讲"药弗能罢"。

"弗止"的"止"有结束的意思，"弗罢"的"罢"也有
结束的意思。

热得这副腔调，只报37℃，这桩事体哪能可以停下来，哪
能可以结束，哪能可以就算了？般要争过明白。

"弗罢"用得最多的，除了气温，还有两个地方。一个是
人数，一个是价钿。

讲人数就要讲到排队。

"前头还有三四十个人。""弗罢嗰，起码五十个。"

"听说房价又要涨了，这次起码又要涨个几千块。""啥地
方罢过啦。"

老底子，这个"罢"字，在上海言话里用得还是不少的。

比方讲下面两句，我一讲出来，大家一定会觉得熟悉。一
句是，"三弗罢四弗休"；还有一句就是"说说罢了"。

弄堂里厢吵相骂，长庄可以听到："本来也就算了，喏，
侬迭能讲，我倒要'三弗罢四弗休'，搅过明白了。"

再比如："人家已经弗响了，侬还在穷讲做啥？哪能迭能
'三弗罢四弗休'嗰啦？"

F

另外一句还蛮常见。

"侬听伊嗰，伊啊，说说罢了。真嗰伊弗敢做。"相当于现在的"口炮党"。讲过算数，并无实际行动。

讲起来，这个"罢"字，好像又是从苏州言话里来的。

老早很多描写老上海青楼生活的旧小说，一大半用苏白。因为当年，苏州清倌人最上档次，所以，嬉戏其间，讲苏白也上档次。

比方讲，《最近上海秘密史》第二十五回里，就有这样一句：

"余多的钱哪里罢这点子，现楼上还多起了一万多洋钱呢。"

顺便一提，"余多"也是老苏州话，老上海话。现在侪讲"其他"了。老实讲，好听还是"余多"好听。

除了"弗罢"的"罢"，老早上海言话里的"罢"字还可以用在别的场化。

比方讲，真的是"罢休"的意思，也只讲一个"罢"字。

《海上花列传》第九回：

"俚吃仔亏转去，俚朵娘姨大姐，相帮朵陆里一个肯罢啊。"

讲"完结"的意思，则讲两个字："罢哉"。

还是《海上花列传》第六十一回：

"常恐三公子勿来嗰哉呢，乃末真真罢哉。"

F

如果要讲"不可缺少"的意思，就讲三个字，"罢弗得"。

不晓得大家还有印象没，年节里，屋里要招待客人，茶几上摆点啥呢？一家人家就会得打商量："不管哪能，瓜子总归'罢弗得'嗰。""水果也总归'罢弗得'嗰。"

这种讲法，已经交关年数不听见了。我家也不讲了。

《缀白裘》第五集第三卷有句：

"罢不得讨吓一个家主婆，浆洗浆洗衣裳，烧烧火，煮煮饭，扫扫地。"

意思是，讲来讲去，总归要……

还有啥个"罢"的用法，当然"弗罢"这些。

不过，语言（当然包括方言）像一条河流，歇歇在变。新陈代谢很正常。我在这里讲，并不是想"三弗罢四弗休"，不过"说说罢了"。

6

6

隑隑

"隑隑"啥意思？不稍作解释，恐怕"50后"也很难想得起来。

先说"隑"（音 gai）。

"隑"者，倚门倚墙倚柱而立之谓也。

当然，坐着也能"隑"，如："侬沙发浪隑忒一歇。"

从小大人做下的规矩是，坐有坐相，立有立相。

所以，不好好站，东隑西隑，必遭大人呵斥，弄不好还要吃一记"头塌"。

女孩子尤其不可隑。

时间到了1960年代的"文革"时期。

那时，上海还是老弄堂的世界，新房子很少。

但情势发生了很大的变化。

学校"停课闹革命"，真正起劲以造反为己任的毕竟不多，大多数孩子是"逍遥派"，天天东荡西荡。

另一方面，父母很多被斗被关被隔离被驱逐，没什么灾祸的也要巴结地紧跟形势，生怕落伍而倒霉，基本没有精力管孩子。

再加上上海住房普遍紧张，几乎家家不够住。原先住得宽的也被扫地出门住亭子间去了。

6

尤其到年夜岁边，支内的爷娘回来，插队的兄弟姐妹回来，老家的亲戚也来，睡觉没有不打地铺的。

哪能办？弄堂里做市面。

先是门口头做市面。

门口头拣菜、门口头汏衣裳、门口头生风炉、门口头揩脚踏车、门口头摆台子矮凳吃夜饭、门口头乘风凉、门口头讲大道，甚至门口头眠过夜。

家家门口头侪做市面，弄堂岂能不若市。

孩子自然是不愿与大人"轧淘伴"的，躲得越远越好，于是三五成群聚在弄堂口。

在弄堂口做啥？无非是吹吹牛皮，望望野眼，吃吃香烟，听小爷叔老克勒讲讲大道。

不在弄堂口去哪儿？口袋里都没有半毛钱。

弄堂口可以眼观六路，不管爷娘下班要走进来，还是外公外婆买物事要走出去，都能老远看到，及时掐灭香烟扔掉或藏起都是绰绰有余的呢。

站久了未免有点累，于是就东隑西隑，放浪形骸。

而且，自家大人看不到，隔壁邻舍总归看得到。

到夜快头，在公用厨房里，隔壁三好婆就开始告状了：

"哦哟，三姐啊，倷儿子现在勿得了哙，一日到夜弄堂口隑隑，香烟吃吃，牛皮吹吹，像啥样子哦。"

夜饭吃好，一顿生活是逃不脱的。

久而久之，"隑隑"就成了游手好闲不务正业的不良男孩子的代名词。

实话说，"50后"的男人，没做过"隑隑"的几乎是凤毛麟角。

只有家教特别严、胆子特别小、特别不关心世事的才有可能一次也不到弄堂口来"隑隑"。

像我这种插兄，不仅是"老隑"，而且是"隑"出点境界来的人呢。

男孩子被叫做"隑隑"还无妨，面皮老老也就过去了。

爷娘打也没用，打了还是要去"隑"的。不"隑"哪能办？无去处啊。

但若女孩被称作"隑隑"，那就迹近"垃三"了。

"垃三"又叫"电线木头隑隑"，阿拉"小敨乱"（敨，音透，如"被单去敨敨伊"）则叫做"弄堂口隑隑"。

还有一个特别的，叫"徐家汇隑隑"，那是神经病的代名词。

那些年，在华山路徐镇路老街口（即今东方商厦正门口一带），有个女神经病天天在那里游荡，蓬头垢面，衣衫不整，喜怒无常，东隑隑西隑隑，从不回家，几乎每次路过都能见到。因此而得名。

所以"徐家汇隑隑"是句骂人闲话。

若有女孩子披头散发，痴头怪脑，涕涕拖拖（音它），旁人就会说：

"像啥样子哦，侬是'徐家汇隑隑'啊？"

"隑隑"当年俨然成为一种独特的社会现象。

弄堂口无疑是那时青少年活动场所的不二选择，一如今天的网吧、歌厅、排档。

1981年，上海滑稽剧团就根据这一社会现象创作并演出了一部大型滑稽戏《路灯下的宝贝》，由姚慕双、周柏春领衔，曾轰动沪上。

路灯下的宝贝云云，其实就是"隑隑"。

杠棒隑了门背后

现在的网络新词真是层出不穷，比如这个"真香"。

按理说，它已经属于2018年度最佳网语，可以不必解释了。

我还是把险点吧，解释两句。

据说，"真香"二字，最早出自湖南卫视的电视节目《变形计》。

一个城里小孩刚到一个农村家庭，就先放出狠话："我就是饿死在外边，从这里跳下去，也不会吃你们一点东西。"

但饿了几个钟头后，这孩子最终还是只能在这个农村家庭里吃饭。毕竟是孩子，他居然能一边吃，一边还说了句"真香"。

因为喜感十足，后来大家就纷纷引用，来嘲讽生活中的同类现象。

这让我想起小辰光我外婆给我讲过无数遍的一个宁波民间故事，名字叫"杠棒隑了门背后"。

中国民间旧俗，小姑娘出嫁时要"哭嫁"的。

有道是，"嫁出去的女人，泼出去的水"，这样的要永远离开娘家，嫁到婆家去了，你一定要反复哭喊"我勤去呀""我勤去呀"的呀。假使你竟哭不出半面盆眼泪水来，甚或一滴眼泪也无，那简直是无情无义，不忠不孝，畜牲弗如的。

余生也早，总算看到过"哭嫁"。

那是1970年代在江西山区插队时看到的。

出嫁当天，男家接亲的轿队已到，新娘子还在闺房梳妆，堂屋里已经坐满了女人。

坐在上横头的，用不着讲，就是新娘子的奶奶、外婆和母亲了。

两边呈八字形排下去，右边的是姑姑阿姨们，左边的则是嫂嫂堂姐表妹们，坐在最下手的是村里的姐妹淘，今称闺蜜。

族中男人好像不参加"哭嫁"，没见过。

新娘子走出来，一见众亲人，便要"吼"地一声哭出来。

然后，从最下手哭起，边哭边唱，又叫"哭唱"。听上去还很有一些 RAP 的意思呢。

嘴里念念有词的，无非是事先准备好的，念念不忘别人昔日对自己的好啊，自己的不舍得啊，等等。临到末了，千万勿忘记那句"我勿去呀！"

如此先左后右，先平辈再长辈，最后哭到至亲，便是高潮了。

哭声也要大，调门也要高，所诉也要悲，用时也要长，处处彰显出规格来。宁波人顶顶讲究"上下四句"（注）。

据说，哭得最长的能哭三四个小时，至少要哭个把钟头起板吧。

能哭的女子多半平时就伶牙俐齿，是个"戏精"，将来嫁到婆家去一般也不会吃什么哑巴亏。

而哭不长的女子一般则被认为生性愚钝，前景堪虞了。

新娘子"哭嫁"的时候，男家来迎亲的人当然早就被接到下处歇息，吃点茶水瓜果零食。

这时，娘家的小孩子们还要配合做出种种"阻婚"的举动来。

在宁波，其中很重要的一项便是：将抬轿子的杠棒从轿子

6

上抽出来，囥起来。

寻不到杠棒，抬不走轿子，新娘子自然就无法离开娘家了呀。

这也是一种意思。

这种"阻婚"的影子，现在好像还有，比如不给新郎开门之类。

但据说现在新郎为此还要广撒红包，"阻婚"者有了生财之道，根本不管新娘子死活了，未免有点走样。

那边杠棒囥起来了，这边新娘也已哭好了，在众人搀扶下，泪眼婆娑，一步三回头地走向花轿。

个中堪称"戏精"的新娘子坐进轿子，还要为自己加戏呢，还要犟两犟，再哭几声"我勿去呀""我勿去呀"。

而轿子外头则是一片忙乱，轿夫们的杠棒寻不着了。

"杠棒在啥地方？杠棒在啥地方？"囥杠棒的小孩也帮着喊，众人也帮着喊。

寻来寻去寻不着，急煞人的时候，只听轿子里传来一句：

"杠棒隑了门背后啦，侬和总是'塞屙笨'啊。5555555——"

原来哭得介伤心，"我勿去呀""我勿去呀"，还是想快点去的哦。

真香。

注：据说，宁波人的"上下四句"是指《三字经》中的上四句"高曾祖、父而身、身而子、子而孙"，和下四句"自子孙、至玄孙、乃九族、人之伦"。

骨头轻

轻骨头、骨头轻、骨头轻煞嘞、骨头唔没四两重——这些都是上海滩老底子的骂人话。

而且，这样的骂人话往往不怎么用来骂别人，多半用来责备自家孩子。

还往往不怎么用来责备男孩，多半用来责备女孩。

那些婆婆妈妈就经常拿这些话来给家里的小姑娘从小做规矩。

记得小时候不懂，也问过外婆，小姑娘骨头轻点有啥不好啦，还能怎么样?

"唉，小鬼啊，"只见外婆拼命摇头，"小姑娘骨头轻点还得了啊，一碗阳春面就被人家骗走了。"

阳春面就是没有任何浇头、只撒点葱花的光面，当时的价钱是二两一碗八分钱。

所谓骗走，倒也没有被拐卖那么严重，那年头人贩子只拐卖男孩，女的不要。

小姑娘身上也没啥钱，自然也不是被骗财，只有一途，那就是被骗色了。

及至稍长，口袋里总算经常有个三毛五毛的了，也有了偶尔请人吃一碗八分钱的阳春面或小馄饨的能力。

因此，我心中暗想，谁要是吃了，多半骨头比较轻。

但是我发现，外婆有点太言过其实了。

因为吃了阳春面的小姑娘，骨头都没有因此而更轻。

别人的情况我不得而知，反正我的阳春面全部打了水漂。

要么她们在家里都齐齐被教好了。

当然，在弄堂里也经常能听到些谁谁真的被一碗阳春面骗走的传闻。

让我纳闷的是，等到再回家，那被一碗阳春面骗走的轻骨头小姑娘脸上好像一点也不懊恼，还很幸福。

但我的狐朋狗友都说，那是我没噱头。

有噱头的，漫说一碗阳春面了，人家玩儿的叫"倒贴户头"。

倒贴？顾名思义，就是她请你吃阳春面，还跟你走。

那男人啥叫噱头呢？

无非富有、英俊、强健。

而我，有的娘胎里没带出来，有的一时半会不一定看得出来。

唉，这个难度是不是有点太高了啊，我想。

都说英雄本色，而我呢，是英雄无用色之地了啊。

也许我真的没有什么噱头吧，后来工作赚钱了，也曾不止一次地请人吃过比阳春面更昂贵的什么，好像还是没有用。

无论小姑娘还是老菜皮，骨头都没有因此而更轻。

当然，社会上什么网友见面即被骗等的传闻，也还是听到过一些的。

慢慢地，我终于悟出点门道来。

人家小姑娘哪里是什么骨头轻啊！

一个个从小都拿定章程，可以被谁骗走，不可以被谁骗走。

看中了的，心动了的，自然就不在乎一碗阳春面，倒贴都得上。

至于那些看不中、不心动的，人家也礼貌周全，先吃了你的阳春面，免得你太没有面子。

轻骨头、骨头轻、骨头轻煞嘞、骨头唔没四两重——

莫非真正骨头轻的是……，呃？呸呸！

棺材

老司机真的个个是人才。

6

那天在花桥付费口，一位"差头"司机在一辆奥迪后头等了半天，实在屏不牢，就开始咕了："慢是慢得来。摸伊嗰钞票，像摸伊嗰命，迭只棺材。"

正好旁边坐了一位长期在上海工作的北方朋友，我便问，能听懂么？他说，那当然。那司机在抱怨前面那一位动作太慢了。从口袋里掏张钱出来，像掏他的命一样。

我再问，那他最后说的"迭只棺材"是啥意思。他说，这也难不到我，就是"这个家伙"的意思呀。

难是没有难倒他，不过最后两个字还是翻得不够准确。

窃以为，翻译成"这个死人"会比较妥帖些。

因为只有死人才一动不动。

也因为以前所有人死了，都只有一个去处——睏棺材，因此所有行尸走肉，到头来都不过是棺材。

想来想去，这"棺材"应该是本地话吧。

宁波、绍兴、杭州嘉兴一带的人在同样情况下，多半会说"猢狲"，如"老猢狲""小猢狲""猢狲精"。骂"猢狲"，不是说他活络，而是骂他没有进化好吧，听不懂人话，办不成人事。

而苏州人在同样情况下则多半称"货色"，如"只死货色"。

6

本地人用"死人"称呼人的，除了"棺材"，还有"浮尸"。

因为沪渎地方水网纵横，死于水的比例不低，故曰"余江浮尸"。转成口语，也是"侬只浮尸"。

其实，叫"小鬼""小鬼头""侬只鬼"也还是死人的意思。

"老鬼"则不在此例，另有他意。

也有直呼"侬只死人啊"。

拿死人来称呼活人，无非一个意思：但凡你还有一口气，也不至于有这种种不当言行。

比如，老婆让老公递一把在他手边的调羹，他竟不理，岂不形同死人。

即便退一万步，也要讲一声："只比死人多口气。"

还有一种变化呢，叫"死弗忒""侬只死弗忒嗰"。意思是"早该死了""活着也像个死人，不如死了。"

问题倒是开头那位老司机所说的上海话"棺材"已经是后来的变异用法了。

据说，最早的时候，"棺材"绝非骂人话，而是表示关系亲密，简直就是昵称。

尤其是浦东人，好像只有在夫妻之间才能运用。如：

6

"只棺材死了外头到迭歇也弗死转来。"

还有，家人亲友坐在一起乘凉聊天，谁说了一句俏皮话，大家笑了。有人就会这样来表扬："侬只棺——材。"（拖音不可省略）相当于"你好棒哦"。

至于当时热恋中的男女是否一边戳脑门子，一边说"侬只棺——材"，已无可稽考。

必须说明的是，"棺材"作为昵称，好像只能用在平辈之间。

用于表扬孩子要加一个字，"只小棺材"。如："只小棺材图画画得蛮像腔嗰。"

背后说到自家大人，有时也称"老棺材"。

当面是大不敬，自然不会。

如儿子背后这样表扬老子：

"侬覅看，只老棺材年纪一把，花来邪啦，侬看伊烟纸店去买包香烟，也皮鞋擦得锃锃亮。两只眼乌珠么对牢人家小姑娘瞄法瞄法。"

据说"棺材"从昵称变成骂人话，就是从这断命的"老棺材"开始的。

再后来，"棺材"不但都是骂人话，还衍生出不少副产品来。

曰"棺材板"。指人面无表情，犹如"死人面孔"。

曰"额角头碰着棺材板"。本来是"额头碰到天花板"，极言其运道之好。而死人运道最好的是什么呢？就是活转来呀，一坐起来么，当然碰着的就是棺材板了。一般只用于自嘲。

曰"脱底棺材"。喻人"撒烂污"，即今之"月光族"，经常入不敷出的那种人。

曰"死人看不牢棺材板"。喻人愚笨无能，看不牢物事。人在家中，东西也会丢失。"人家死人么也要看牢六块棺材板咪。"

叹只叹，如今时兴火葬，大家都没得棺材可睏，睏了也马上被烧掉，上海人真心很无奈。

总不见得这样来打情骂俏："侬只骨灰箱。"

"鬼"字的老上海话

晓得七月半是鬼节的人很多，晓得清明是鬼节的恐怕就少了。

其实，清明也是鬼节。

在汉家传统习俗里，清明、七月半和十月朝（亦即十月初一）都是鬼节。

一年有三个鬼节，就有三个人节。分别是端午、八月半和年夜（无分大小）。

6

既然清明是鬼节，那就来谈谈带"鬼"字的上海俗语。

鬼，肯定不好看。民间有"长得像鬼一样"的说法。面孔弄脏了，甚至化妆不到位，也会被讲，"涂得了像鬼一样"。民间除了讲"鬼面孔"，还有"龟头鬼脑"的讲法。

君不见，甲骨文里的那个"鬼"字，本来就是会意字。下面像个跪着的人。上面是一个方方的脑袋。

《礼记·祭义》曰："众生必死，死必归土，此之谓鬼。"《礼记·祭法》则进一步指出："庶人庶士无庙，死曰鬼。"过去大家以为，有钱有势的人死了之后才会设庙来供奉，普通老百姓死后，灵魂无所皈依，只好四处飘泊，那才是鬼。

所以，小辰光最早听到的鬼故事里的鬼，都与它的死法有关联。杀头的叫无头鬼，上吊的叫吊死鬼，投河的叫落水鬼，发现时已梆硬笔直的叫僵尸鬼。

那样的鬼故事好吓人，不过小孩都很喜欢听。因为那时还是一个有敬畏的年代，对神鬼都有敬畏。及稍长，男孩子又喜欢讲鬼故事，尤其是夏天夜里乘风凉的时候。一声"僵尸鬼来喽"，可以吓得邻座的小姑娘不由自主地往你怀里钻。心里很满足。

还有一种经常听到大人挂在嘴边的鬼，其实是诅咒吧。某些人有了不好的习惯，叫他一声鬼，其实是晓得他根本无法改正，便咒他早死的意思吧。

比方讲，酒鬼（又称醉鬼）、烟鬼、鸦片鬼（又称大烟鬼）、懒鬼、穷鬼、邋遢鬼、吝啬鬼（又称小气鬼）、浪荡鬼、势利鬼等等。

另外一层意思，指他们陋习重犯的时候，心灵无法自控，好像有鬼附身一样。这种说法，还可以只涉及极小的生活习惯，比如胆小鬼、怕死鬼、催命鬼等。连欢喜睏觉，也可以被说成是"瞌充鬼又来了"。

鬼跟鬼不一样。有些鬼是听上去很难听，却表示爱意。

比方讲，"死鬼"一词，基本上用于亲人之间，甚至有"亲爱的"乃至"honey"的意思。打是亲，骂是爱嘛。

江西的寡妇上坟哭亡夫，也是一口一个"死鬼"。

不过，"活鬼"就没有这个意思了。讲"侬只活鬼"，有吃不准某人行踪的意思，有时还有近似"活宝"的意思。

"小鬼""小鬼头"本来是对自家孩子的昵称，连"断（短）命小鬼"也还是。在弄堂里，喊别人家小人一声"小鬼"，一开始也还是有把他当成自家小孩的初心。只有当自家"小鬼"老是不肯待在家里，到外头到处跑到处皮的时候，才叫一声"野小鬼"。而"野蛮小鬼"则更甚，义近"小流氓"了。

"讨债鬼"也是一种对孩子的昵称。民间有一种很普遍的轮回讲法是，就是因为前世里你没修好，欠了别人的债，所以今世里要让侬做爷娘，让伊做子女，让侬来忒伊的债。所以，做爷娘做得冤煞了，就仰天长叹一声："我前世里欠侬的啊！"讲得一眼弗错，侬就是前世里欠伊的。

有时候，夫妻之间也有互称"讨债鬼"，差不多也是"honey"的意思。不过，今世做爷娘，是前世里没修好；今世做夫妻，则是前世里修得太好了。所谓"百年修得同船渡，千年修得共枕眠"。从这个意义上讲，一夜情，前世里也至少要修五十年吧。一道出去 date，吃顿饭看场电影，前世里也至少要修二十年吧。互相加只微信，恐怕也要修个大半年呢。做人，不容易的。

来讲讲"新鬼"与"老鬼"。

"新鬼"的意思比较固定，指刚刚亡故的人。而"老鬼"，在吴语里，就有"老吃老做"的意思。

滑稽大师姚慕双、周柏春曾经讲过一档"乘电车"。里面讲到乘电车逃票被卖票员捉牢了。姚讲"乃末下趟——老实了"，周接一句"啥个——老鬼了"。

讲到"老鬼"，就要讲到"老鬼三"。

我以为，最接近"老鬼三"真正意思的，是另外一句老上海话："老生活"。写不写成"老举三"不重要。某种事物、某个话题，就像梦魇，如影随形，掼也掼不脱，倒还真有点鬼附身的意思。

顺便讲一句，这"三"字，我总觉得它是吴语里的一个虚字，一种后缀而已。不必去考究到底要写成"山""汕"还是"三"。"刮三""掼三""老鬼三"，包括"猪头三"，好像都差不多。

"鬼"字，与动词一结合，生出的都是贬义。

最常见的，就是上海人讲"见鬼了嗟"（或"活见鬼"）、"出鬼了嗟"、"碰着鬼了嗟"。其中，"碰着鬼"的最高级是"碰着七十二个大头鬼"。

上海话里，"做鬼"的完整版是"人弗做侬做鬼啊"。意指正道不走走邪道，不大鸣大放，偏要做出不上台面的事体来。

最有名的带"鬼"字的上海俚语是"鬼摸大蒜头"。不过现在也不大讲了。

原来"鬼摸大蒜头"是啥意思？一种是指"没方向"，昏头六冲。还有一种是指做事体"拖泥带水"，不爽气。一帮人要出门去聚餐，只有一个人还在东摸西摸，涂脂抹粉，其他人就会得讲："侬看呀，伊又在'鬼摸大蒜头'了。"

值得指出的是，1960年代以来的破除迷信运动，还是颇有成效的。半个世纪过去，还相信有鬼的人越来越少，简直是凤毛麟角。

大家不但不相信鬼，也不相信神，不相信阴间阳间，更不相信前世来世。

活着就是一切。任何事情，活着不做，就没机会了。所以，就不再去管做的是人事还是鬼事，善事还是恶事。"我身后，哪怕洪水滔天。"

于是，阴间的鬼都跑到阳间来了，直弄到人不像人。

跪搓板

有种事情想想也真是好笑。

比方讲，三十年前，全国人民还都在拼命笑话阿拉上海男人怕老婆这件事。为了满足全国人民的这种需要，央视不惜拿出春节晚会的黄金时间，用小品这种最喜闻乐见的形式，年年当笑话讲，大家开心啊。

没想到央视也真健忘。

我也弄不懂了，这两年的春晚，又是哪能审片的呢？小品里的男演员的膝盖像装了弹簧一样，歇不歇朝对老婆大人跪下来，几乎每只小品都要跪，不厌其烦。

讲，"怕老婆"其实是我大天朝实现城镇化的必经之路，又怕太深奥，侬听不懂。讲侬"翻脸不认账"么，侬的辈分又太低了。就像泰森与闪闪红星潘冬子打拳脚，灰孙子级别，打不落手的呀。

不过有一句话，还是要畀了侬的。用上海话讲，叫"现世报"。

当年那些人总还活着吧？他们能亲眼看见这种反转，北方话叫"活见鬼"，上海人讲"现世报"。

讲到"怕老婆",一定会想到"跪搓板"。

现在"跪搓板"已经是全神州的风俗了。不过,我觉得,这句话最早很可能是吴语。这种所谓的风俗,恐怕也是从江南传开的吧。

我知道,江南女子有点小脾气,甚至有点小小的"撮掐"心思。比方讲,拧人、拗人是有的。不过,毕竟"一夜夫妻百日恩",叫自家官人跪汰衣裳的"搓板",一楞一楞的,想想也老痛,我觉着大多数江南女子,毕竟不是粗坯,恐怕是做大不出来的。

所以,我一直怀疑"跪搓板"的讲法之不确。

我最早看到丈夫给妻子下跪,还不是在戏剧舞台上,而是在众多的明清小说话本里。

丈夫做了不当之事,妻子再委屈,在公婆面前众人面前还是给足伊面子的。不过,依夜里也当伊"呒介事",就想爬到床上来,就没咍便当了。

老早的床是"拔步床",又叫"八步床",不但上头有顶架,四面有围栏,前面还有踏板呢。

而且,进了床帏,已是两人世界,属于私密之地了。依还有啥不好讲,还有啥讲不清爽的?

正因为"床头吵架床尾和",所以床头床尾依侪勪去,就在这踏板上讲讲清爽。毕竟不是北方的炕,一家门脱光,只有一只被头筒,迓也迓不忕。

官人假使识相，认错了，就在踏板上小小地跪一跪，消消娘子的气嘛。

如此，才能像平常一样上床敦伦。

很多明清小说里，都有这样类似的情节。

所以我怀疑，"跪搓板"恐怕是"跪踏板"的讹读。

必须讲，这是一个讲吴语读吴音才能会意的窍坎。

因为只有在吴音里，搓（ca）、踏（ta）才是同韵的，才有可能讹读。

假使是国语发音，搓，音 cuo，根本无法引起联想。

再讲另外一点怀疑。

也只有家里瞓得起"拔步床"的人家，才能比较早就有了夫妻互谅，且自行解决。板凳搁铺板的人家，也暂时先搁在一边，不讨论。

老实讲，即便到了 21 世纪，夫妻之间能做到吵相骂不过夜，依然需要双方的知书达礼。而且，这一点，依然不是大多数当下的夫妻做得到的。

否则，客厅里的沙发派啥用场？

另外，瞓得起"拔步床"的人家，应该不会小。做娘子的恐怕不会再自己亲自汏衣裳了吧。这样人家的娘子，啥地方可能很快就寻到家里的汏衣裳搓板？尤其是夫妻间突然一语不合的时候。

啥？事先囥好？囥到夜里？先不说娘子的心眼会不会那么

小，也不想想，娘姨一旦寻不到了汰衣裳搓板，岂不是穿帮了？下人不算自家人的哦，那就要家丑外扬了嘛。

刚刚讲过，本来，"跪踏板"，也只是江南女子薄惩官人之举。这样做，就是不想张扬开去，而是要在两个人之间解决问题的。

所以，到了石库门弄堂里，夫妻既然已经舍得当众高声相骂了，也就用不到什么"搓板"了，菜刀也可以举得起来。

而且，我至今无法相信，在"七十二家房客"的居住环境下，会发生小夫妻两家头吃好夜饭拿帐子门关关好，然后妻子拿出一块汰衣裳搓板，叫男人跪上去的事情。这也太滑稽了。

明早还要上班的好不好。

而大多数上海人家的夫妻，真正能够独门独户，跪个搓板隔壁邻舍不晓得，恐怕还是本世纪初的事情吧？那时候，"跪搓板"这句话，已经讲得快要不流行了。

因此，"跪搓板"，从来只是用来"吓吓野人头"的吧。

至于后来衍生出来的什么"跪键盘""跪遥控器""跪榴莲""跪仙人掌"等等，更加只是文字游戏而已。

即便如此，我还是觉得，"跪搓板"很可能是"跪踏板"的讹读。

6

轧出老娘有饭吃

天冷了。

想起我们读小学时，冷天里经常做这样一个游戏。

这游戏有一个古怪的名字，叫做"轧煞老（音捞）娘有饭吃"。

下课以后，男女同学一个个两手"镶"在袖筒里，沿着晒得到太阳的墙边站一溜。

然后两边的同学使劲往中间"轧"。一边"轧"，一边口里喊着：

"轧煞老娘有饭吃""轧煞老娘有饭吃""轧煞老娘有饭吃"……

而站在中间的同学则死命隉牢墙壁，两脚前撑，以保不被"轧"出。

但终究也坚持不住，只好被"轧"出，而"轧"出就算输了。

输了其实也没什么惩罚，只是重新再从两边"轧"起，用力再将别人"轧"出。

一边"轧"，一边口里继续喊着：

"轧煞老娘有饭吃""轧煞老娘有饭吃""轧煞老娘有饭吃"……

往往就这短短的下课十分钟，能"轧"到满头大汗呢。

而且，大家都玩得很开心。

更何况，那时学校的物质条件都很差，打篮球无疑是一种奢侈。

大多数情况下只能玩这个。

一定有人要问，这"轧煞老娘有饭吃"有啥出典没有？

出典据说还是有的。

以前人家人口多，又往往三代同堂，所以吃饭辰光，一张八仙桌往往坐不下，于是要"轧"。

上辈人马照例坐"上横头"，如爷爷奶奶，自然是当仁不让的。

爷爷奶奶的右手边坐着当家人，比如大伯以及爷叔们，也不会让。

只有左手边和下手亦即"下横头"是妇孺的座位。

那年头，家家的日子都过得俭朴，有时也有些艰难，小孩子好不容易等来饭点，岂有谦让之理。

于是，兄弟姐妹每每"轧"作一团，哪怕"轧"到一个"搭角"的位置也是好的。

如此乱战中，率先退出竞争的就是做媳妇的了，哪里有做娘的与孩子争食的道理呢。

但媳妇们也希望靠近台面，能多夹到几筷菜的啊！

所以，无奈退出的同时，她们便自嘲地说道：

"唉，倷迭帮小鬼（音巨），轧出老娘有饭吃啦！"

后来，这种母亲的自嘲被孩子们顺手接了过来，变成了自励，变成了吃饭前的必修课。

至于"轧煞老娘有饭吃"，想必是"轧出老娘有饭吃"的升级版了。

现在不是继续在流行"做人要狠一点再狠一点"么？

我看到的另一个版本叫做"轧出醪醼有饭吃"。

望文生义，好像沪上人家做老白酒，有人要把酒水轧出，拿酒糟充饥的意思。

显然有些牵强附会。

这就有点像硬把"阳葱面"说成"阳春面"，好像可以沾一点"阳春白雪"的文气一样，正是沪上臭酸文人的坏习惯。

"喊魂" 及其他

今朝来谈谈喊魂、投胎、吃香、刮皮这四个老上海话里的词语。

照规矩，写到题目里厢的"喊魂"摆在最后讲。

先来讲"投胎"。

现在好像不大讲了。老早觉得自家命不好，就会得讲"投错娘胎"了。

现在，自家的生日都是母难日，母爱伟大得一塌糊涂，啥人还敢讲"投错娘胎"呢。

老早并没有那么多顾忌。

哪怕是当年肚皮痛煞将侬养出来的亲娘，看到侬走路急吼吼，也会得讲：阽急啥体？充军杀头去啊？投胎也用弗着阽急嗰呀。

阿拉小辰光天天听这样的诅咒，老早已经不觉着了。

几十年后，反而还要来注解一番：这充军、杀头，都是为了投胎。

老一辈都是战乱中活过来的。 1940 年以来，几乎没太平过。太平天国也不太平。所以，被抓壮丁，或者穷得没饭吃，主动当兵去混口饭吃，是常态。

两者都是充军。老法头里，充军就是求速死。因为人间不值得，宁可重新投胎。

杀头一般不包括战死沙场，那个归充军管。民间讲杀头，指的是要么两肋插刀，为兄弟义气而杀人被抓；要么报仇，杀父夺妻，当然要以牙还牙，才算男人。

这样的人，往往临刑前会高喊："二十年后又是一条好汉！"正所谓早死早投胎。

于是，一种传说一直像幽灵一样在民间游荡，那就是，若嫌当下的命运不好，那就马上重新投胎。

而投胎之最捷径无疑是充军杀头，也只有充军杀头是刻不容缓的，说走就得走。

不过，自家大人为啥要用充军杀头来诅咒自家的小囡呢？

据老辈人讲，这句话实际上是骂人穷鬼。因为富人命好，从来不想重新再投胎的事。所以，阿拉屋里好吃好用，侬急点啥呢？

张爱玲也嫌鄙自家的命太不好。她曾经对好朋友炎樱说，真要投胎，干脆连投它个六七十胎，总有一胎是好命吧，然后再活下去。

这样的想象力，她不写绝世妙文，又有谁能写得出来！

再来谈谈"刮皮"。

"刮皮"也是一句老上海话了，意思是吝啬、小气。现在也听大弗到了。取而代之的居然是"抠"。

我是一点也不喜。

因为听到"抠"，就会让人想起用手指甲刮玻璃的感觉，太难过了。饭也吃不落。

因为长远不讲，其实，现在侬问我，"刮皮"到底啥意思，我也已经讲大弗清爽了。

我听到过两种版本。

一种是，有人讲，小气巴拉的人吃西瓜要吃得清清爽爽，瓢刮清爽了，还要拼命刮皮，恨不得拿皮刮穿。

大家也只好姑妄听之。反正三四十年前大家侪迭能讲。

还有一种说法，讲是源自上海开埠以后，地价飞涨，有铜钿的人就纷纷圈地、买地、囤地，并转手倒卖以求利。

出手时，因为奇货可居，拼命抬价，令买家叫苦不迭。人称"是地就要刮忒侬三层皮"，简称"刮皮"。

接下来的是"吃香"。

没想到吧？"吃香"居然也有出典。香么，就是味道好。现在还在流行"真香"呢。小朋友用得开心得不得哩啊了。

我十几岁到江西，听江西人讲"吃价"，还以为是江西话。

回到上海，我还跟弄堂里的老爷叔介绍，我学到了一句江西话，叫"吃价"。

老爷叔眼睛白白我，讲，上海人也讲吃价的，苏州人也讲吃价的呀。而且吃价的意思倒不一定就是"吃价钿"，而是受欢迎，类同"吃香"。

我问为啥？老爷叔一句话拿我弹到墙壁上："翻书去！"

书里还真的有。

却原来，"吃香"这句话一千年前就有了。据《宋朝事实类苑》记载，北宋中期以后，宫廷里的官是越来越多，编制也越来越庞大。俗话说，一只萝卜一只坑，结果是坑少萝卜多。在京城中候补待放的官员行形行市。

于是，朝廷设了一个"三班院"，专门负责安排和分配候补官员。

候补官员当然都想早日放官的，于是就以"香钱"的名义向"三班院"的官员行贿。如此一来，三班院官吏"香钱"的收入远远超过了皇帝给的年俸。

从此，"吃香"一词就被用来比喻令人羡慕的职业及受人欢迎的商品等等。

包天笑《钏影楼回忆录》里就写道："江南这些乩坛，必定有一位主坛的祖师，那时最吃香而为人崇奉的就有两位，一位是济颠僧，一位是吕洞宾。"

一千年后，啥个行当最吃香?
卖官名气难听，还是真吃香的吧。

最后来讲讲"喊魂"。

大概直到五十年前，上海乡下头还残留有"喊魂"的习俗吧。
屋里有小囡生毛病了，民间认为是"魂灵贼出"。

很多人家并不求医，而是屋里大人出门走到塘边林下，大叫生病的小囡的名字："阿毛啊，侬回来噢!"凡数十遍。
生病的小囡其实眠在床上，当然听得到了。要在床上回答："哦，我回来了!"

据说，魂灵贼出，是可以喊转来的。
喊法喊法，魂灵就贼进了。魂灵贼进，毛病就好了。

阿拉宁波人更加过分。认为，只要一个人走神了，就是魂灵贼出。
小辰光，我的表弟因为皮，功课不大好。我嬷嬷就讲："唉，魂灵没贼进呐。魂灵贼进，吓死样题目，会做不像样啊。"不过，屋里并不因此而要喊魂。

倒是阿拉小辰光跑到人家弄堂里，想叫住在楼上的同学下来白相，就不管不顾、没遮没拦地直呼同学的名字，亦凡数十遍。

客气点的人家会讲："伊下来了，俫麵哇啦哇啦呀。"

有种人家就老实不客气了，会推窗大骂："穷喊八喊喊啥物事喊，喊侬只断命死人魂灵头啊！"

原来伊拉是怕阿拉诅咒伊拉屋里的小囡生毛病啊。

㲹浴

洗澡，上海人叫"㲹浴"。

"汏浴"已经是较后来的叫法了，且两种叫品并存了好多年。"文革"后，"㲹浴"渐渐淡出，现在五十岁以下的人恐怕都不会这么说了。

我小时候还是经常可以听到的：

"哦哟，天哪能吚热啦，我去㲹忒把浴再来。"

一般认为，"㲹浴"，似乎更像是指淋浴，而不是指盆浴。

查"㲹"字，《广韵》只给出三个字："水出声。"

河北平山有个"㲹㲹水瀑布"，那"㲹㲹"恐怕就是瀑布的声音了吧。

同理，上头没有一只龙头"㲹㲹"出水，这浴又怎么

"汏"？

也有人说，人坐在脚盆里，用手把水往身上"汏"，也是"汏浴"啊。

明清小说里有"金盆里洗手银盆里过，将身汏浴换衣衫"句，那时肯定没有"莲蓬头"啊。好吧，聊备一说。

反正我的印象里，"汏浴"一词在当年没有卫浴条件的石库门弄堂以及更逊的棚户区里好像都没有怎么流传过，而在新式里弄、花园洋房较多的地段则大行其道。

其实，"汏浴"还有一层意思，知道的人就更少了。

旧时上海的妓女通过假从良，让腰缠万贯的瘟生（即今土豪）不但替她还清旧债，赎她出来，还要给她很多嫁妆，娶她回家。结婚不久，再寻出各种办法离婚，重新下海。

正所谓"无债一身轻"，逃出豪门的妓女赛过"汏仔一把浴"，浑身轻松，昪足精神再去斩下一个瘟生。反正海上有云："天下瘟生死勿光。"

一百年前，上海四马路有林陆张金四位校书被称为"四大金刚"，她们就是人气最足的林黛玉、陆兰芬、张书玉、金小宝。其中的头牌林黛玉就曾经"汏浴"过歇。

林黛玉曾经下嫁南浔富室邱老爷。

邱老爷有个同乡，在上海做船买办，据说是他说合的，个中捞了多少"横档"，已不得而知。

他在邱老爷面前说，林黛玉已厌倦风尘，一直想择人而事，且将来决无反悔。他在林黛玉面前又说，邱老爷室无次妻，婚后可宠擅专房。邱为之所惑，林为之心动，其事遂成。

等林黛玉嫁到南浔，才发现邱老爷有三房姨太太。不知是假戏真做还是真戏真做，反正林黛玉开始百般作闹，又是要剪头发，又是要吞鸦片，邱老爷不堪其扰。

这时，那个同乡又出现了，劝邱老爷不如暂令分居，邱老爷也是没办法，只好任其下堂，重返沪渎，只是不答应她重操旧业。林黛玉便暂住在安康里。没多久，还是这个同乡托人斡旋，林黛玉终于得以与邱老爷登报脱离关系，遂重行卖娼如故。

这场浴"淴"下来，林黛玉不但无债一身轻，还得了邱家不少财物。独不知那同乡人分着多少。

或问，妓女做到"四大金刚"头牌，日进斗金，何以还会一身债呢？且听当年四马路老嫖客讲话。

一是四马路房价日涨夜大；二是频添行头开销太大；三是为了绷场面，娘姨大姐下人用仔不少，也是一笔不小的吃用开销；四是鸨母规例一分也不好少，名气响了，还要加一点；五是嫖客各种宕账太多，一般都是有去无回；最后一条，客人的竹杠越来越难敲。

当年上海滩上侪有讲法的。妓女们把一敲就出或者一敲不出，再敲就出的客人称为"胡桃客人"，把一敲就坍，不堪再敲的客人称为"橘子客人"，而把不管哪能敲也敲不到的客人称为"石子客人"。

上海滩上，老屄眼多，个个侪是石子啊。

到头来妓女只好寻只瘟生"惚浴"了。

"惚浴"与"放白鸽"，看似相类，其实还是有区别的。

"放白鸽"的目的可能是钱，也可能是一个承诺，"惚浴"是直冲钱来的，而且必然是一大笔钱；

"放白鸽"的对象大多是小人物，"惚浴"的对象一定是腰缠万贯的瘟生；

"放白鸽"骗钱，几十也行，"惚浴"则动辄上万。

最要紧，数十年来，那些被斩的瘟生竟没有一个去追讨或告状的，坍不起那个台啊。

"花"字的老上海话

上海话里的"花"，最早指棉花。

上海原是棉花产地，元末明初就有黄道婆的传说，至今华泾镇还有纪念馆在呢。

花衣就是皮棉，所以南市有花衣街，因为专做棉花生意而得名。我外婆老早就住在花衣街。

花油就是棉籽油，老早食油紧张，摊头上氽油条不舍得用豆油、生油、菜油，都用棉籽油。

最早拿"花"字作量词，是用在数铜板的时候。铜板五只一数，嘴里念念有词："一五一十，十五一廿，廿五三十"，这五只铜板五文钱，就叫"一花"。数铜钿，要一花一花数。一只一只数，太慢了。

本地人有一句最明显的俗语就叫"花好稻好"，比方讲："辩媒人只嘴巴会讲来，讲得来婆家是花好稻好样样好。"指的是粮棉丰收，丰衣足食。因此这里的花一定是棉花，而不是少数花农种的花卉。

我们这一代人晓得"花好稻好样样好"这句话，多半是从沪剧《星星之火》里看来的。包工头庄老四到扬州去招像小珍子这样的童工，当然要讲得上海"花好稻好样样好"了。

顺便插一句，当年上海的女知青刚刚下到乡下头，天天夜里关在帐子里唱沪剧《星星之火》呀，两句"珍子啊""妈妈呀"，唱得眼泪水汤汤滴。

不管是包工头还是媒人，只要会得翻嘴唇皮的朋友，上海人都称之为"嘴巴老会得花啯"。于是，"花"就有了"灵光"的意思。

"灵光"么，就是好。曾几何时，上海人拿"好"不讲"好"，而讲"花"。

比方讲，"今朝侬只头发吹得老花啯嘛""今朝侬衣裳着得老花啯嘛"，甚至，"伊一手毛笔字写得瞎花""伊两脚球踢得邪气花"。

又因为，"樱桃"会得乱翻的朋友往往"扯乱话"，于是，

"花"又有了点吃大不准的意思。

比如，"辩两句闲话讲得老花嗰嘛""侬迭张牌打得蛮花嗰嘛""侬迭只球传得太花咮"。

我说过，上海人讲话，很喜欢将事情推向极致，讲究"煞渴"。

因此，为了极言其"灵光"或吃不准，上海人觉得，只讲一个"花"字不"煞渴"，于是就有了"花嘴花脸""花嘴花舌""花天花地""花里扒啦""花七花八""瞎花八花""花样经透咮""花得一天世界""花得一塌糊涂"。

这还只是从效果出发而得出的评价。假定你是好心，只是说的时候有点过头。如果你是存心的，那就要用其他带"花"的词语来形容你了。比方说，"摆花斑""掉花枪"等等。

最好白相，好言相劝也叫"花"。

比方讲："侬老婆生气啦？侬去花花伊么好咮。"

这就让我想起另外一句上海俚语，叫"女人吃花功，男人吃嗲功"。这样一来，"摆花斑""掉花枪"，甚至"花七花八""瞎花八花"又变得能够接受了。因为"吃花功"的，不光有女人，还有领导呢。于是，"花"，还有了"拍马屁"的意思。比方讲："谢谢侬帮我到领导面前花忒两句么好咮。"

其实，这些带"花"的上海俚语，真要追根寻源起来，很多还都是有所本的。

比方说，"摆花斑"原来讲"花斑斑"。

"花擦擦"原来叫"花簇簇"。还有顺口溜呢，叫："花簇簇，杭州风。一把葱，里头空。"

这一些，经过改变，留存了下来。而有些，就直接传了下来，如"花痴""花脚蚊子""花花绿绿""眼花绿花"等。更多的则是失传了。

比方讲，"花账"就是假账；"花脸"就是"野狐脸"；"花神铺"就是卖纸人纸马的店；"花娘"是妓女；"花烟间"则是不入流的妓院兼烟馆，只有贩夫走卒之流才到那里去"跳老虫"。

值得一提的是"花头"与"花头经"。

老实讲，"花"与"头"一搭档，就没啥好事体了。

你想，平常讲，"倷两家头好像有'花头'嘛"，就是指有暧昧啊。

"花头"就是"名堂"。"做花头"就是"白相名堂经"。此语出自娼门，原来是指不断想出名堂来让客人"跳分"。

四时八节你逃不掉，其中还有端五、中秋、冬至三节是要还清平时宕账的。不过，不用怕，老账一拦清，新账就开宕，不是老相好，还不与你做这个"花头"呢。

当然还有过生日，自己生日不算，还有寄娘生日呢。幸亏那时还没流行情人节、复活节、感恩节、圣诞节呢。否则"花头经还要透味"。

反正要你用忒两钿，摆花酒，摆碰和台，再不济，也要出去"兜兜风"。

一个烟花女子，每逢佳节就想"花头"，哪能不要一个个都想得"花头花脑"。

后来，这些名堂，从窑堂传到弄堂，弄得弄堂里的女子也学会了，一日到夜，也是"花头透得不得了"。

现在，"做花头"更是大行其道。

有时候，我獃想想，所有做营销策划的，不都是在"做花头"么？想方设法让客户拿出更多的钱来花掉。再想想，几乎所有商家用什么送红包、打折扣、记积分来促销，也不都是在"做花头"么？那个光棍节，其实就是一个"花头节"呀。

当然，世人向来是"笑贫不笑娼"的，所以，这一切，还将继续大行其道。

"滑头"与"滑脚"

"滑头""滑脚"，也是两句很老的老上海言话了，至少有一百年历史。

住在弄堂里，经常可以听到"小滑头""老滑头"的叫法，以及"滑头货"的说法。

不过，这"滑头"二字从何而来，考究起来倒也颇为烦难。

听来听去，至少有这样三种版本吧。

一种是，老早上海人把无业游民称作"油头光棍"，据说指的是他们饭碗没了，老婆也讨不起，但还是死要面子，天天不忘记往自家头上涂发蜡，弄得油头滑脑，一副小开的腔调。

但无业游民毕竟心虚，讲起话来底气不足，闪烁其词，不敢担肩胛，滑到东来滑到西，永远无着无落。

"油头"即"滑头"。

另一种，和尚的脑袋叫"滑头"。说《五灯会元》里有记载：五祖问侍者，那仲安禅师"是哪里僧？"侍者答曰："向在和尚会下。"五祖曰："怪得怎么滑头。"

还有一种认为，"滑头"是老式混堂里的切口之一。

据说扬州擦背师傅很早就把肥皂叫做"滑头"。混堂里的肥皂不同于平常人家屋里的肥皂，一经启用，即永无干燥之日，常年浑身打滑，捉也捉不牢。

好好叫的人为啥要"耍滑头"？还不是一旦做了不光彩的事可以不被人捉牢。

"滑头"虽然无业，总归也要吃口饭。正经生意做不成，写字间里坐不进，那就做点"滑头生意"糊糊口。上家下家搬搬砖头，讨讨债，拉拉和，多少赚两钿。

也是巧了，这些"滑头生意"基本不靠体力靠嘴巴，"一只樱（音昂）桃两面翻"，"骗煞人，不抵命"。所以，"滑头"讲出来的言话也总归有点油腔滑调。

"滑头生意"也不是那么好找的，于是"滑头"的头不但要滑，还要尖，到处钻营，要钻得进，才能赚着钞票。所以，又有人猜测，这"滑头"也许该写成"猾头"。

"滑头"也好，"猾头"也罢，都是指人，指物事就叫"滑头货"。

也有用"滑头货"指人的。在吴语里，"货色"本来就是骂人的言话。如死货色、烂货色、烂污货、蹩脚货、推扳货、缩货等。

上海人对"滑头"倒也并不怎么特别看不起。"滑头"滑得有境界，大家还要尊他一声"滑头模子"呢。

上海滩本来就是冒险家的乐园，所谓"上海遍地是黄金，就看侬会拾不会拾"。还有一句："滑头生意尽管做，只要滑得不穿帮，就是大亨。"

上海人的心里其实这样想，又有啥个生意不滑头呢？上海简直就是一个"滑头世界"。

一百年前，上海滩就有这样的传说，说顶顶有名气的上海"滑头"拢共只有"两个半"：一个是创办大世界的黄楚九，一个是卖卖砂药水的广东人，那半个则是爱看戏的瞎子吴鉴光。至于为啥是他们，早已无可稽考了。

虽说"滑头不穿帮就是大亨"，不过"滑头"总有穿帮的日脚。一穿帮，"滑头"就要"滑脚"了。

要"滑脚","滑头"先要懂得"轧苗头",与其到辰光自家露出马脚,被人捉牢整脚,还不如提前"滑脚"。

"滑脚"者,脚底抹油,溜之大吉是也。

时至今日,上海滩依然天天在上演"滑头""滑脚"的闹剧。只不过,现在"滑头"要滑到金融界里,"滑脚"也要滑到美加欧澳,再算得上"滑头模子"。

正所谓"穷则独滑其头,达则脚滑天下"。

"黄伯伯"与"唐娘娘"

由于谐音关系,各地方言中都有些忌讳的词,尤其不可拿来为小孩取名。

就拿上海言话来讲,姓严的就不要名"旺"了,姓毕的也须远离"珊"字,谭宇、马彤、夏卓佩,看看都是好名字,就是无法开口叫上一声。

同理,在上海,喊伯伯不要带着黄姓,喊娘娘不要带着唐姓。

因为"黄伯伯""唐娘娘"在上海言话里都不是什么好称谓。

上海人叫侬一声"黄伯伯",是在骂你不会办事,牛皮吹得老大,实际责任一点也不承担。

ʰ

"托人托着个黄伯伯"，此之谓也。

骂骂人倒亦罢了，可为什么偏偏是姓黄的倒霉呢？

"黄"这个字很好啊，上有头下有脚，当中还有一只大肚皮，俨然帝王之相。而且凡帝王都穿金黄色衣服，住金黄色宫殿。更何况我们本来就都是黄帝的子孙。上海人的老祖宗春申君还姓黄名歇呢。黄浦江两岸的江景房也已经卖到十几万一平方呢。

当然也有反对意见。黄连么苦煞，黄昏么将黑，黄鱼车么蹩脚，黄泉路么去不得。连麻将不和也叫"黄忒"。

那么这个"黄伯伯"的"黄"到底是从哪里钻出来的呢？

好几种版本。

有的说，这个"黄"是黄巢的"黄"。清《日下旧闻考》中有记载："今京师勾栏中诨语，谓绐人者为黄六，乃指黄巢弟兄六人，巢居第六而多诈，故目诈骗者为黄六也。"

生活中的"黄伯伯"假使收了别人的钱而没办成事，亦迹近"阿诈里"。此其一。

《新唐书》则这样记载："唐制：凡民始生为黄。四岁为小。十六为中。二十一为丁。六十为老。"古代婴幼儿存活率低，故一至三岁为"黄"，此"黄"意指脆弱，亦即靠不住，不能靠他来传宗接代。

生活中的"黄伯伯"也狠狠靠不住。此其二。

也有人说，何必如此引经据典。"黄伯伯"本是俗语一句，出处想来亦必俗之。说不定就是从"黄牛"而来，黄牛没有肩胛，做事体当然无从"担肩胛"。上海言话里"黄牛肩胛"几乎与"黄伯伯"同义，再说，黄牛的肚皮也很大。

因此，谁爱吹牛，做事又不牢靠，便尊他一声"黄牛伯伯"，简称"黄伯伯"。此其三。

好像最后一个也蛮有道理。

伯伯不好姓黄，为什么娘娘也不能姓唐呢？

现在的上海言话里，"娘娘"就是姑姑，爷老头子的姐妹，无论婚否。不过据说老底子"娘娘"专指有夫之妇。

因此，有些外来的乞丐不知就里，看到年轻女子也一边作揖一边口呼："这位娘娘行行好。"乃末闯穷祸。那女子必然怒睁俏目，大声呵斥：

"侬两只贼眼乌珠张张大，看看清爽了再叫！"

其实，眼乌珠张得再大，结婚没结婚还是看不清爽的。

看来，上海滩上，不但"唐娘娘"不好瞎叫，连叫"娘娘"也要当心。"娘娘"还要"唐"，穷祸就闯得更加结棍。

唐堂同音。

据说在北方，妇女是可以被称为"堂客"的。旧时平津戏园里，还有"堂客登楼"的牌子大鸣大放地挂着。江西人湖南人好像也称妇女为堂客，有的地方甚至称自己老婆为堂客。

而上海言话里的"堂"是堂子的"堂"，窑堂的"堂"，"堂客"与妓女无异，那就推扳不起了。旧时沪上报刊文章中写到"堂客"，连量词也变，不叫一位、一个而叫一只。如"一只堂客，骚形怪状"。

"堂"还要"娘娘"，更说明此窑姐早已不是"小先生"，而是"尖先生"，不可以漫天要价了。

吓人

最近读到金宇澄先生一篇文章，里面提到，有人说起话来，言必称"吓人"。

未知他是何方人氏。

然而掩卷回想，曾几何时，阿拉上海人好像也是言必称"吓人"的呢，至少，1980年之前，很多上海人讲起言话来老是左一个"吓人"，右一个"吓人"。

人都是健忘的。不过也不能因为现在不再"吓人"了或不大"吓人"了，就不承认阿拉曾经天天"吓人"。

试举几例。

"今朝冷得'吓人'。"

"落雷雨之前，天色老'吓人'嗰。"

"鸻腔哩随便啥小菜价钿侪贵得'吓人'。"

"今朝阿拉屋里小鬼嗰功课多得唻'吓人'。"

"南京路好去嗰啊，店里厢人多得唻'吓人'。"

"哦哟，侬覅客气了，倷两个女儿从小侪漂亮得'吓人'。"

"哎，我年纪还弗大呀，伊叫我声'阿婆'，侬讲'吓人'否啊。"

讲法讲法，就会觉着只讲"吓人"两个字还不够"吓人"，于是就开始添油加醋起来。

这也是上海人天性使然，方言发展规律使然。

首先出现的是"添字法"。"吓人"变成了"吓煞坏人。"

例："今朝伊嗰公共汽车司机拿车子开得快得唻'吓煞坏人'。"

需要解释的是，"吓煞坏人"应读作"吓/煞坏/人"，而不是"吓煞/坏人"，不吓煞好人。

"吓煞坏人"的近义词是"吓人倒怪"和"吓得煞人"，用法完全相同。

既然有了"吓得煞人"，也就有了它的否定形式"吓弗煞人。"

例："哦哟，迭眼小事体，'吓弗煞人'嗰。"

否定式又派生出反意疑问式。

"哦哟，侬吓我是否啊？"

例："昨日上班还穿得邋里邋遢，今朝休息日脚就穿得山青水绿，侬吓我是否啊？"

并且再派生出：

249

“侬覅吓人哦。”

老早上海人受不得人家一点小恩惠，哪怕帮侬垫买了一张电车票，下仔车子也要来煞弗及还畀人家。

“喏，四分洋钿还畀侬。”

“我覅，拿回去。四分洋钿呀，侬覅吓人哦。”

同时，还派生出了以退为进的“哦哟，我吓煞了”。

老早马路上吵相骂最常见的对话是：

“关照侬，嘴巴里覅弗清弗爽，当心我请侬吃生活。”

“哦哟，我吓煞了，哦哟，我吓煞了，侬倒来来看喏，来呀！来呀！”

“我吓侬啊”，也是吵相骂的常用语，出现频率极高。

例：“侬想做啥？”

“侬想做啥？”

“我吓侬啊？！”

“我吓侬啊？！”

上海人的言必称“吓人”，其实一眼也不“吓人”。

尤其是原先意义上的“吓人”，充其量等于英文里的“very much”。

上海毕竟是个五方杂居的移民城市，因此，上海话在融合过程中就不可避免地出现这样的现象，即扬弃来自各地的各式各样的同义表述，化繁就简，慢慢产生出一个类似“吓人”的时髦词来。

这样的时髦词往往通俗易懂，容易上口。侬从十六铺上来只有三日天也能懂也能讲，伊在上海住仔三十年也能懂也能讲。于是像病毒般地流传开来。

宁可在一段时间里把一个类似"吓人"一样的时髦词用滥后再换一个，也决不会让"一山容二虎"，这也算是方言发展中的一种规律吧。

其实，时髦词的换手率越高，说明这门方言的活力越足，创造力越甚，融合力越强。

君不见，一个"吓人"倒下了，千万个"吓人"站起来。

反倒是现在，上海话很久没有出现，甚至可能不再出现这种红极一时的时髦词了，倒是很令人担心的。

更可悲的是，事实上，"吓人"一词曾经来归，只不过是以国语"吓死宝宝了"那样的怪味道回归的。

侬现在还"吓人"否啊？

从某种意义上说，上海人讲言话侪不再"吓人"了，倒是邪气"吓人"的事体呢。

$\int$

"机关枪打棉花毯"及其他

上海话里的歇后语，向来层出不穷，这也是方言的生命活力所在。

即便在 1960 年代和 1970 年代，过日脚与讲言话侪要邪气小心的年代，上海方言的歇后语依然时不时地冒出来。

这里收集的是一些恐怕已经被人们遗忘了的歇后语。

机关枪打棉花毯

此句 1970 年代曾在沪上疯传过，今几不闻。

其下半句为"挺讲不动气"。

仅见于日常生活中，特别是夫妻之间。

例："侬夫妻哪能吤？""阿拉啊，伊讲伊嗰，我做我嗰，赛过'机关枪打棉花毯'，弗起作用。"

又："今朝是侬闯祸在先，等歇态度好点。""放心，'机关枪打棉花毯'。"

一说机关枪影射女人说话快密。

捻得开与捻弗开

上海话拿手头紧叫"捻弗开"，反之，有铜钿叫"捻得开"。

其实这也可以算是歇后语，"捻弗开"的下半句是"没几张钞票"。

十元也好，百元也罢，总要十张或更多，捻开来才能像一个扇面。至少要五张，一只手还马马虎虎。

两三张就不行，实在捻弗开，捻开来也弗像闲话。

老早工钿一律 36 元，加上零头钞票还是捻弗大开，作孽啊。

1949 年前，金圆券狂贬值，领工资拿麻袋装，很难产生"捻弗开"这样的俚语吧。

猪头三

从小听大人讲，"好闲话只讲半句"，故上海话多歇后语。

"缩脚韵"亦是歇后语的一种。

如："么二三"即骂人四（屎）；"甲乙丙"即骂人丁（盯梢）；

不愿好好地叫别人爷娘，就叫张家"城隍老"（爷）、李家"坑三姑"（娘）。

最有名的缩脚韵，就是"猪头三"，全句是"猪头三牲"。

猪头三牲是供神祭品，即猪头、雄鸡、青鱼三样。

故骂人家"猪头三"不是骂人为猪，而是骂人家各种畜牲，即"众牲"。

用得着火车头，用弗着一脚头

1990 年代，沪上百万产业工人下岗时，此语再度流行。

偶翻本人当年采访笔记，又见这句，心仍有戚戚焉。

1949年以来，工人阶级被捧为领导阶级，被喻为领跑者，火车头；到头来依然被弃。

此语全文为：

用得着么当阿拉火车头，廿四个钟头开；

用弗着么拿阿拉一脚头，一百样侪弗管。

十三点

骂人十三点，叫"伊拉屋里电话号头是947685"。

而 9+4、 7+6、 8+5 之和都是 13。

这句基本出现在 1960 年代。

因为上海 1957 年前电话号码还只有 5 位数。后因不敷使用，逐步升位，据说直到 1966 年才全部升完。

当时骂人十三点，还有一句，叫"B拆开"。英文字母 B，拆开来看，即 13。

拉线开关

我问我"80后"的女儿，见过"拉线开关"么？

幸好她还能回忆出小学的厕所以及医院的厕所里有"拉线开关"。

"拉线开关"是一种将电线接头装在高处，用长线在底下扯动的开关。

当年，也就是 1960 年代，这还要算是"技术革新"的成果呢。当年它的最大优点恐怕是安全吧。

年轻人恐怕不知道了。

上海人过去自杀最通俗的二途，是跳黄浦和摸电门。

以前"扑落"（plug）都装在地脚板线上。要自杀，卸下"扑落"盖，伸手便是。

有了"拉线开关"，装在高处，摸电门的难度就高了许多。

"拉线开关"扯动时有声音，声脆，音似"吧嗒"。

"吧嗒"音谐"百搭"，而被称为"百搭"的人又叫"自来熟""碰头熟"，乐于亦善于跟人打交道，今称"公关高手"。

但过去是讲究"交浅不言深"的时代。

"七搭八搭"就已经是贬义词了，"百搭"，那还得了！

当年单位里外出办事的男人居多，所以"百搭"是数落男人的。

如要数落女的太"自来熟"，还得加一个字："女百搭"。

"女百搭"基本就是十三点了。

而如今，满大街的"女百搭"啊！恐怖么？

五六七保密厂

保密厂是计划经济年代的特有产物。

五六七，即阿拉伯数字567，即音阶索拉西，音谐扫垃圾。

意即在环卫所工作。而在环卫所工作者嫌自己丢人，羞于自我介绍，故曰保密单位。

以前在保密单位工作，有军队背景，是很吃香的。

到西宝兴路报道、铁板新村去、乘 89 路到底

这三句都是去死吧。

西宝兴路和漕溪北路上都有火葬场。

漕溪北路上的龙华火葬场当年乘坐 89 路可到。

当年火葬还是要推广的新风尚，大多数人没见过，坊间传说火葬将死人放在铁板上烧，故戏称为"铁板新村"。

这三句话的用法也有一定讲究，视语气不同可分出三种意思来。

第一种用于自嘲。句如："早晚点总归要到西宝兴路去的。"

另一种类似训诫。大人看小孩做危险游戏，便说："侬想到铁板新村去啊？"与沪语"侬寻死啊"同。

这末一种的意思，类似"滚，去死吧"。

但上海人说起来不动声色。

比方讲，三四个小姑娘在一起聊天，甲对乙说：

"那个老头子很有钱的，你嫁给他算了，我来帮你做介绍

人。"大家笑起来。

乙就会慢条斯理地说："侬现在出门，穿马路，对过就是
15路站头，4分洋钿乘到徐家汇，然后调89路，一直
到底！"

"脚"字的老上海话

仔细想想，上海言话里带"脚"的习语也不少。

比方讲，脚趾头，上海人叫"脚节头"。膝盖，上海人叫
"脚馒头"。自行车，上海人叫"脚踏车"。

再比方讲，现在讲，"侬老潇洒嗰嘛"，这都是被叶倩文的
那首《潇洒走一回》带过去的。老早叫"侬日脚老好过嗰
嘛"。

话说回来，这"日脚"是有出处的。《吴下方言考》里
讲，老底子，傍夜快，太阳照出来的长长的影子就叫"日
脚"。日脚日脚，就是日头的脚。看到日脚，一日就过了。

有"日脚好过"，就有"日脚难过"。啥辰光"日脚难
过"？月底呀，下个号头工钿还没发，手头紧啊。吃香烟朋友
都晓得：月初"大前门"，月底"门前大"。"大"，宁波话音
"驼"，就是"捡拾"的意思。穷到拾香烟屁股吃了，日脚难
过否啊。弯腰拾，还怕难看，竹竿上绑一根大头针，去戳。这
种做派又叫做"捉赚绩"。

259

与头相比，脚总归在下面。档次提不高。所以上海人讲"嚯嚯了头上，蹩蹩在脚上"。出门头势要清爽，脚下头说不定穿拖鞋。

受此连累，什么整脚货落脚货下脚货垫脚货，都不是好物事。1960年代，三年"自然"灾害辰光，交关人家下半日四五点钟等小菜场收摊，去买落脚货下脚货，甚至去拾菜帮子、黄叶菜，回来拣拣弄弄，也可以烧出一大碗。

由此延伸，上海人讲人作孽，叫"拾菜皮"朋友、"刮鱼鳞"朋友。

上海人讲究头势清爽，也讲究"手脚清爽"。人家物事不好碰，公家物事不好拿，否则就是"手脚弗清爽"。物事被别人动过了，也叫"做过手脚了"。当然，设圈套也叫"做手脚"。而画蛇添足，则叫做"多手脚"。上海老师傅做生活，顶顶不欢喜旁人"多手脚"，而是欢喜自家一个人"一手一脚落"。侬在旁边硬劲要"轧一脚"，老师傅就会讲，"侬搅啥脚筋啦"。1970年代还曾衍化成"侬搅啥鸡脚啦"。至于为啥是鸡脚而不是鸭脚，已无可稽考。

"轧一脚"还有一种意思，迹近现在的"劈腿"。也对，两腿不劈开，一只脚也轧不到别处去。这又让我想起另外一句"脚踏两头船"。同理，两腿不劈开，也踏不成两只船。

到了"刮三"辰光，也只好"脚踏西瓜皮，滑倒阿哩是阿哩"了。

刚刚讲到"脚筋"。讲人"脚筋好"，既指脚力好，也喻

"吃饱饭没事做"。脚力好又叫"脚头硬""硬脚头",特指足球运动员。不过还是比喻"吃饱饭没事做"的多。经常可以听到:"侬脚筋哪能吖好啯啦,跑到吖远去买物事。"真正讲一个人脚力不好了,倒不讲"脚筋",而讲"脚花"。如:"侬看伊天天堂子里进出,身体侪淘空了,廿几岁的人,走路脚花也乱了。"当然,"脚花乱"还指临事慌张,压不住阵脚。

上海人欢喜吃大煠蟹,于是也欢喜拿蟹脚来打比方。"蟹脚"可以指狗腿子,帮闲。所以在江湖上,"先扳忒伊啯蟹脚",有"清君侧"的意思。胆子小,叫"软脚蟹"。如:"还没跶进门,蟹脚先软了。"老早还有一种讲法,叫"脚写字",差不多的意思。脚写字,蟹脚软怎么办?只有提前"滑脚"。

至于"直升飞机吊蟹,悬空八只脚",这句话,好像民国就有,到现在,还是"八"字还没有一撇的意思。

只有"独脚蟹"与真的蟹脚无关,是发(沪音粉)芽豆摆在盐水里煠一煠,或者炒咸菜。这是上海人过老酒的好小菜。

带"脚"的习语,大多数意思都不大好。

讲一个人自由散漫,叫"脚头散"。我老早坐过机关写字间。年终考评,业务水平样样好,唯一缺点,就是"脚头散",寻不着人。这种现象也叫"脚痒",还有"猢狲屁股"。反正就是坐不牢,到处跑。幸亏我后来混入了媒界,做记者,"猢狲屁股""脚头散",反而变成优点了。

"脚头散"的反义词是"脚头紧"。老早在江湖上,若犯了一点事，巡捕房在到处找。老大就会关照："这两天脚头紧一眼，迓迓好。"

最到位的是"前后脚"。老板出去你出去，老板回来你刚刚回来。"前后脚"，不"刮三"。

"脚头紧"现在不大讲了，听不到了。

还有很多带"脚"的习语也听大不到了。比方讲，买鞋子问尺寸，现在问，侬几码啊？老早叫"脚寸"，脚的尺寸。现在寻人寻地方，都问地址。"喂，留只地址下来。"老早叫"地脚名"。现在叫外卖叫快递，产生的费用就叫外卖费快递费，不用什么叫"江浙沪包邮"。老早叫"脚钿"。现在家里旧沙发叫人拖出去，总归还是要搅落两个"脚钿"的嘛。

还有，"脚脚进"啥意思？不晓得了吧。是得寸进尺的意思。汰脚水老早还叫"脚汤水"呢，没听过吧。

回到带"脚"习语的贬义上来。

"听壁脚"，很不上品。没想到，现在的小品和电视剧，没有"听壁脚"，竟然统统编不下去了。悲夫。"戳壁脚"更加不灵光。"拆墙脚"也是很不上路的事体。

眍相不好叫"趴手趴脚"；自我膨胀叫"头重脚轻"；胡乱搭配叫"爹头娘脚"；走路不稳叫"脚高脚低"；事体穿帮叫"露马脚"；生气光火叫"双脚跳"；大大咧咧叫"大脚风"；雕虫小技叫"三脚猫"，也叫"猪头肉三不精"；慌忙应对叫"临时抱佛脚"；自寻烦恼叫"自搬石头自压脚"。

飞扬跋扈叫"脚跷黄天霸"。老实讲，脚跷得高，跷到台子上，适意是适意的。不过不好被大人看到。看到般要被骂的。"侬脚跷黄天霸做啥。"这句话的读音一直有争议。大多数人最后一个字读"bao"音。关于此事，我年轻时问过弄堂里的老爷叔的。有一位是这样回答我的：黄天霸的父亲黄三太，江湖号称"南霸天"。与贺兆雄、武万年、濮大勇合称"四霸天"。是结拜兄弟。而他们四家头的儿子黄天霸、贺天保、武天虬、濮天雕也是结拜兄弟，人称"小四霸天"。要么后手来，黄天霸、贺天保读浑了？

还有"大脚娘姨"，那是说娘姨的生活粗糙。其实很多娘姨，因为家境，从小都没有裹小脚。不过，裹小脚的太太总是认为你生活粗糙是因为你从小没裹脚。

有几句带"脚"习语很有意思，要单独拎出来。

打相打叫"动手动脚"。弄堂里经常听得到："喂，朋友，有言话好讲，覅动手动脚。"公共汽车上"动手动脚"，就是性骚扰了。

现在流行"装"，老早上海人叫"大脚装小脚"。有酒量不喝，有钞票装穷，懂装不懂假谦虚，都叫"大脚装小脚"。

1970年代最流行"脚碰脚"。"阿拉大家脚碰脚呀"，这句话为调和当年社会矛盾起了大作用。那时阶级斗争为纲啊，知识分子、有铜钿人家要与工农兵相结合，就讲"阿拉大家脚碰脚呀"，这是为安全。基层群众读书少，见识不广，也讲"阿拉大家脚碰脚呀"，这是为藏拙。

"毛脚女婿"一词，听说是上海人的发明创造。为啥准女婿叫"毛脚"？流传最广的版本是，毛头小伙子做事体毛手毛脚，第一次上门容易闯祸，闯了祸岂不是要吃"弹皮弓"？所以做丈人阿爸的，要大度，要宽容。丈母娘是贱骨头，反正只要是个男的，总归越看越欢喜。

人死了，叫"一脚去"。人生出来，如果不是头先出来，而是脚先出来，也有讲法，叫做"脚踏莲花生"。

"末脚煞"也很好玩。赛过"三连音"，因为"末"就是"脚"就是"煞"。同义重复，语气很强。如："弄到末脚煞又不灵光了。"

"赖脚皮"也有意思。脚皮贴牢地皮，死活不肯走，此之谓"赖"，赛过现在的"钉子户"。

忙煞了，叫"脚也要掮起来了"。现在统统改讲北方话，"脚打后脑勺"云云。

还有，老早好人家走出来的人，从来不赤脚的。偶尔被看到没穿袜子，便尊他一声"赤脚大仙"。

我最欢喜上海人用"脚色"来形容人品与本事。现在讲法，就是情商及动手能力。弄堂里经常可以听到："迭嘚小姑娘脚色真好，大起来把家嘚。"教育自家小人："哎，侬有眼脚色好否啊。"宁波人讲"吭脚色"，就是没出息的意思了。

我最不欢喜的一句带"脚"习语是"脚脚头"。现在叫"杯中酒"，大家最后一口喝忒。老早是迭能讲的："来，大家侪只剩眼脚脚头了，吃吃忒拉倒。"脚脚头，哪能吃得落手。

还是"碗脚头"可以接受。自家的"碗脚头"总归自家吃清爽。

借一借

上海话的"借一借"也很好玩，全国人民都讲"打方向盘"，只有上海人讲"借"。

除了最普通的"朝左面借""朝右面借"以外，还有"稍许借一眼眼"或"再借过去点"呢，凸显上海人的精到与细腻。

从"借方向"又延伸到"借地方"：
比如会车的时候，可以"上街沿（人行道）借一借"；
又比如掉头的时候，可以"厂门口借一借"。
当然，也免不了有"侬借错地方哩"的尴尬时刻。

查"借"字，第一义便是：暂时使用别人的财或物。
地盘，当然也可以视为财物的一种。
因此上海人的这个"借一借"是很有内涵的。

首先是有"公共意识"，我的车压着的每一寸土地都不是我们自己的。
无论"朝左面借"还是"朝右面借"，都是借的别人的地，于是就有了敬畏，甚至会诚惶诚恐。
与此形成对照的是，有些车子和行人经常罔顾其他车子和行人，大模大样，慢慢吞吞，手机打打，野眼望望，就完全不是在"借"的地盘上行走的意思，好像马路就是他们家的打谷场一样。

其次，既然是"借一借"，那就要按时还，这叫"契约意识"。

所以很多差头司机，尽管为了生意会乱停车，但也总还是关照乘客快一点，因为那地盘毕竟是借来的。

事实上很多车主的素质比差头司机差了不止一个头。

我就经常看见有些穿着入时的女车主将自己的豪华车胡乱地停在马路边，斜斜的，既不完全靠边，车尾又占着机动车道，任凭后来者怎么摁喇叭，就是油盐不进。

那架势，那眼神，也根本没有"借"别人地盘的意思。

上海人对"不是你家你又不挪窝"的人有个贴切的说法，就叫做"赖脚皮"。

再次，既然是"借一借"，便是有求于人，总要和颜悦色些，不好"狠三狠四"，吃相难看来兮。

于是就会主动礼让，至少也要做到招呼在先，这便是"文明意识"。

不知道从哪一年哪一天起，人们开始先讲"道理"了，讲"行车优先权"了，只要占着一点道理的边，就不再"借"，而是"抢"了。

必须指出，"借一借"丝毫也不是不遵守交通规则，而是一种"得理也饶人"的境界。

更重要的是，"借一借"还是一种自我保护，因为是"借"，之前总要先格格山水，看看人家脸色。

这里，我要借用一下土方车的例子。

前些年，上海的土方车小转弯压死人的惨案一度屡见报端。

当然，我不得不先谴责一下开土方车的肇事司机们，并对无辜被夺去的生命（很多是孩子）表示遗憾。

而我想说的是，我注意到，绝大多数受害者是外来务工者。当然，肇事司机也几乎清一色的都是外来务工者。

他们有一个共同点，就是对城市文明还不太熟悉。

开土方车的司机会认为，我小转弯是天经地义，不需要看信号灯之红绿。

骑自行车或开助动车的人也会认为，我绿灯直行是天经地义，其他车和人都该让我。

结果呢，天经地义加上天经地义等于天崩地陷，死的死，关的关。

如果大家头脑里都有一个"借一借"呢？

我小转弯是借，我绿灯直行也还是借，借别人之前，都先看一看别人的脸色如何？

这一看，就已经逃出生天。

"借"字在这里，直是千金难买！

不要不服气，大城市的人就是会少犯这种算不上高级的错误。

并非他们智商更高，而是更早听说各种状况，更多类似的直接或间接的生活经验，更早懂得"借一借"的好处。

素质就是习惯，文明也是一种习惯，而习惯的养成需要时日，会有代价。

所以，城市文明建设毕竟不等同于城市硬件建设，大马路摩天楼你可以后来居上超越之，但城市文明的积淀就好比树的年轮，后来者很难追上的，羡慕死了嫉妒死了恨死了也没用。

可惜的是，现在，上海的"借一借"文明也已经堕落到只停留在口头上了。

即便新的交通规则规定，机动车在斑马线前要让行人，但我们更加常见的，还是"抢一抢""逼一逼""冲一冲""歪一歪"。

诚然，城市文明的发展也不是永远直线上升的。

就像沪股指数，我们曾经到达过 6000 多点的高度，现在不照样在 3000 点上下徘徊么？！

"筋"字的老上海话

不晓得哪里一根筋搭牢，想要来谈谈上海言话里的"筋"。

粗粗一想，就觉着上海言话里带"筋"的俚语有不少，比方讲"弗晓得阿哩一根筋搭牢"，就是其中一句。意为莫名其妙，突发奇想。

这个"搭"，与"搭界"的"搭"相同，也是"黏"的意思。不过有一点我一直不大明白，那就是：这"筋"本来应该是"搭牢"的呢还是"不搭牢"的呢？

照"弗晓得阿哩一根筋搭牢"的字面解，似乎本来是不搭牢的，一旦搭牢，就会做奇出古怪的事体。但是有的上海人欢喜讲"弗晓得阿哩一根筋搭错忒"，那就说明，本来是搭牢的，搭在一根对的筋上面，后来居然搭到一根错的筋上面去了，才会去做奇出古怪的事体。

这句话还有"升级版"。后来不晓得哪能升级到脑子里去了，变成"脑子里弗晓得阿哩一根筋搭牢"。再后来，干脆升级成"脑子抽筋"，好像光搭牢还不煞渴，偏要抽了筋才行。

比如打扑克"拖拉机"，对手打 A，猪队友居然主动加 10 分。

"喂！侬脑子抽筋啦？"立马一句言话乱过去。

上海人说别人"筋搭牢"，并非都是贬义，也可用于褒

269

义，又作"有筋"。如："伊做起生活来有筋嗰。"

不是"有劲"是"有筋"。这"筋"是用来吊"神势"（即精气神）的吧。

再比如，带小孩去做人客，大人常常会这样说："叫伊喊人，牵丝攀藤，电视里一放动画片，筋就搭牢了。"专心致志之谓也。

这也是"筋搭牢"与"筋搭错""抽筋"的区别，不可不知。

上海人过日子，一向以精致著称全国。若问，精致到了什么程度？答曰：精致到"筋"。

剥只橘子，也要拿筋拉忒；扚扚刀豆长豇豆，也要拿筋扯掉；最夸张，剥剥虾仁，也要拿虾背上的那根筋抽去。那些美食家以及大厨们都会神秘兮兮地告诉你："抽不抽筋，味道大推大扳咪！"

抽或拉，宁波人讲"对"（不知正字为何），"拉住他"叫"对牢其"，还要用力气，"刺刺介"对。

所以，宁波的一句"对百筋"就这样被上海人所接纳，变成了上海言话。盖因其特别生动。

"对百筋"主要有两层意思。

第一层是浑身不适意。你想，全身一百条筋都像被抽紧了似的，是有多少难过。

第二层意思则是日子难过，各种矛盾交错，无解，"日脚过得对百筋"。

本来，"夹忙头里膀牵筋"已经十分难堪，怎禁得一家人家天天"对百筋"！

需要指出的是，一家人家只有一个人，他日子难过，只好叫"孵豆芽"；一家人家有两个人或更多，大家一道日子难过才叫"对百筋"。你扯我，我拉他，互相"对"来"对"去，谁也不太平。

筋这东西，有的可以拉可以抽可以扯可以"对"，有的则不然。比如，还有一句上海常用俚语："屁爪筋"。

查字典，"爪"作动词意为"抓"，音灶。

不过"屁爪筋"的"爪"，好像还不是"抓"，而是"挠"。上海言话里，挠痒叫"爪痒"。

"屁爪筋"也是一句歇后语，下半句是"一样呒啥啥"，什么也没有。想出这句言话的人也真头子活络，对呀，屁股上侪是肉，啥地方有筋呢？一根筋也没有。只听说额角头上爆青筋，没听说屁股上也会爆青筋的。

真要爪筋，绝对不应该到屁股上去爪，而应该到前面去爪。不幸的是，那里虽然确实有筋，但在上海言话里，还是没有的意思。

还有一句，"蛙割卵子筋"或"歪割卵子筋"，其意为胡扯蛋。胡扯蛋能扯出啥来？还是没啥啥。

呜呼。

271

酒醉的老上海话

年夜卅边，又要讲老底子了。

至少在阿拉宁波乡下，从廿三祭灶起，就已经天天开始忙过年，也像过年了。

不过，老早还是男尊女卑，所以屋里也是忙闲不均。女人在灶披间里忙，男人在八仙桌边忙，开始天天酒水糊涂，讲讲大道，搓搓麻将。

天天老酒，过点啥小菜？

侬甮急，样样物事俦要试吃的呀。

新做的酱油肉的味道灵否啊？送来的鳗鲞哪能？年里俦要装盘请客的呀。哪能好不先试吃一番？

不过，试吃的都是边角料。熏鱼么吃尾巴，还有鸡头鸭脚，主要是嗒嗒味道正不正，另外，也正好过老酒。

而且，边角料俦吃清爽，真的请客的辰光，切出来的冷盆俦是"跌角四方"，正当正式，完全符合孔老夫子两千年前所讲的："割不正不食。"

更因为，一年到头，这两天总算心顶宽了。

只要外面没债头，牢监里没不肖子孙，一百样事体俦可以开了年再讲。

心一宽，人就容易吃醉。

辫么怎样才算吃醉忒？

这吃醉的标准也要算是"天字第一号"难题了。

因为吃酒朋友侪有两面性，头皮撬的辰光随便哪能也不肯自家承认吃醉，不想吃或者放软档的辰光又可以装吃醉。

本着不冤枉一个好人，又不放过一个坏人的宗旨，实在是很有必要来讨论讨论这吃醉忒的标准呢。

其实，传统的约定俗成还是有的。

在上海滩，无非三条：曰"开架橱门"；曰"钻台底下"；曰"扛头扛脚扛出去"（扛念作盎）。

啥叫啥"架橱"？江浙一带把厨房里放碗筷和菜肴的橱柜叫做"架橱"。

很小就晓得"开架橱门"是吐了，因为大人们会指着那些老酒吃多了正在吐的亲戚朋友讲："喏，开架橱门了，开架橱门了。"

但是，为啥吐了，叫"开架橱门"呢？一直不很懂。

直到二十岁头上，实在屏不牢了，就请教了一位酒鬼老爷叔。

"啊？迭嗰侬也弗晓得嗰啊？"他一脸惊诧，"架橱里摆啥么事嗰啦，小菜呀，红颜绿色好看来兮。辫么，架橱门一开么，侬侪看到了呀。"

原来如此，蛮形象的。

辣么现在要叫"开冰箱门"了。

哎，又不对，那"老举三"还是热气腾腾的呢。

辣就只好叫"开坏忒了嗰冰箱门"了。

至于"钻台底下"，倒不一定非要掼倒了地板上不可。

凡是终于屏不牢，扑倒在桌上、朋友肩胛上、卫生间面盆上，甚至坐在马桶上起不来，侪算"钻台底下"。

因为"钻台底下"可以同时伴有"开架橱门"，所以是醉得更加结棍的一种。

当然，吃醉的最高境界是不省人事，真真正正的是"烂泥一滩"。扶也扶不起来，只好扛（音盎）了。

还记得，我廿几岁还在厂里的辰光，上海人吃老酒是一定要斗的。一桌往往要分两帮。两帮人要斗酒，事先会得各自暗地里动员。大家侪会迭能讲：

"先扛（音盎）伊拉几个出去再说！"

哈哈，又何必为"尊"者讳，以我对杯中物之大爱，这三种境界，我老早侪分别到过歇嗰。

不过，吃醉忒的标准也会"与时俱进"。

进入 21 世纪，我吃醉的标准完全变了，变得邪气洋派，邪气国际化，虽然依然可以分为三重境界。

只要我讲话开始"锸"英文单词了，这就说明我吃老酒开始吃出境界来了。

等到我讲话开始自觉地"中英文对照"，也就是讲一句英文，自家马上再翻成中文，说明我吃老酒又上了一重境界。

再等到我讲话全部开英文了，像原版片了，好准备拿我"扛头扛脚扛出去"快了。

一笑。

卷 铺 盖

每年，元旦过了，春节未到，是饭局最多的辰光。

而且请吃的人会比一年当中其他辰光更加客气。平常请吃，大大小小总归有事相托。现在这个辰光请吃，就只是吃。

哪怕是自己公司的老板请员工吃饭，也不会趁机再布置什么任务。更不敢训人，而是把一年内所有的笑脸都堆出来。

"谢谢大家一年来的相帮。"就是此类饭局的主旨。

其实，和自己一起工作了一年，或者合作了一年的人一起吃顿年饭，是我们的老规矩了。

古已有之。

很小的时候，就听家父不止一遍地讲过年饭的故事，尤其是那个"卷铺盖"的桥段。

说的是，从前在店铺里学生意的学徒，每年回乡过年前，要吃一顿老板请客的年饭，这顿饭往往吃得心惊肉跳。

老早店铺年饭的菜，一般就是一只暖锅，天冷了嘛。下面是细粉、黄芽菜等，上面一圈，有鸡块鸭块、白切肉酱牛肉，还有蛋饺、百叶包。考究点，还有熏鱼明虾、肚片猪肝等。

酒过三巡后，老板就要开始给学徒们布菜了。

如果夹个蛋饺给你，那就表示你今年干得还不错，吃过这顿饭，好好回家过年，开了年可以再回来，继续做下去。

如果夹个百叶包给你，那就大高而不妙了。

因为蛋饺的形状像金元宝，而百叶包的形状则酷似卷起来的被头铺盖，老板的意思是，吃过这顿饭，卷起铺盖回乡下吧，明年不用出来了。

据说，少有年轻的学徒在吃这个百叶包时不泪流满面的。

家父自己就是十四岁只身到上海来做学徒的。

他趁机教导我们以后做事要认真，千万不能吃到老板的百叶包。

现在的年轻人，恐怕连为什么百叶包像铺盖卷，铺盖卷又是啥物事也弄不明白了。

从前的人出远门，顶顶要紧就是先带好自己的被头铺盖。日里卷起来，夜里摊开来。

铺盖铺盖，下有铺上有盖，即有垫被盖被，外面还有席子，能带这样的铺盖出门，家境就要算很不错了。

从来没想过住栈房，住宾馆？更加是"棉花店死老板，谈（弹）也甭谈"。

直到 1990 年代中，你若路过新客站广场，到处还都是席地而坐的人，每人身边都有一只铺盖卷。蛇皮袋，已经是"铺盖 2.0 版"，千万别小瞧。档次再上去，才是人造革旅行袋。至于拉杆箱，那算奢侈品。

2008 年我回江西。坐长途汽车进山，一部面包车二十来个人，只有我用拉杆箱。吓得我一路紧紧抓住拉杆不敢放手，因为所有人的眼光都时不时地投过来。

被羡慕是令人不安的。

有道是，三十年河东，三十年河西，风水真的是轮流转的呢。

没想到跨世纪的那些年，单位开年会"恶搞"老板，居然成为潮流了。始作俑者，还是央视呢。哼，苍天饶过谁！做老板的，终于也有这一天，吃年饭吃得心惊肉跳。

拿老板开玩笑，也许本来是有度的。但是在酒精和娱乐气场的作用下，豁边也是寻常事。

这不禁让我想起孔夫子的那句名言："近之者不逊，远之者怨。"

做老板的也许会宽宏大量地想，在漫长的一年里与大家总是"远"的多，积存点"怨"也是事实，那就"近"一回吧。

好了，"不逊"随之而来。很多时候，场面极其不堪。

也如情人，你百依百顺，她必然更作，一直作到牢监里去。

我是向来看不得这样的不堪的。所以，那些年，单位的年饭能不去就不去。现在也依然不去。

实在推辞不了，那就独自枯坐一边，基本不看舞台。

有人见我在众人笑翻天的当口也能一个人低头认真用餐，便推我的臂膀问：

"你怎么这么严肃呢。"

那一刻，我想到的是，意大利导演贝托鲁奇用来形容中国人独有的脸部表情的那个词组：

"高贵的消极"。

自从有了"八项规定"，这样的狂欢和闹猛突然就消失得无影无踪了。只有私营企业还在继续，却再也起不了浪花了。

年饭不吃了，铺盖该卷的还得卷。

刚刚踏进 2019 年，耳边听到许多关店搬厂裁员辞工的消息，真假莫辨。

经济下行我们是看不到的，消费降级却实实在在地在眼前。

更有甚者，据说现在互联网企业裁人，效率高到无法想象。

早上九点打卡进大楼，就被叫进写字间，据说有时连话也不谈，就是给你一纸文书。

回到自己的格子间，电脑邮箱都已打不开，一只纸板箱装着私人物品，捧着下楼吧。

十一点钟必须离开大楼云云。手脚慢了，还会惊动保安大叔。

连哭的空都没有。

收入说没就没了，唯一的希望是拿着大到 1000 多万号的号码，排队等共享单车拖欠的押金。

回过头来想，当年老板亲手搋过来的那只百叶包，还是蛮有人情味的呢。好歹里面还是肉饼子呢。

辞工也如做爱，直奔主题太乏味。总还是有点前戏的好。

k

开大新

我有时想想要笑出来，区区一句上海俚语"开大兴"（先从众说），都没弄清状况，突然就有了那么多考证文章，众说纷纭，很多名家也不惜来蹚浑水。

最冤枉的是南市大兴街，众口铄金，生生被钉在了"伪劣商品一条街"的耻辱柱上，永世不得翻身。

城门之火，殃及池鱼。北四川路上老早还有一家"大兴纽扣商店"咪，1980年代被迫出钱拉横幅做广告："大兴商店不大兴"，作孽啊。

那我就来做一做这个翻案文章。

首先厘清两点。

其一，这句俚语在1949年新政后蛰伏多年，于"文革"中沉渣泛起，其传播是经历了"开大兴——大兴——大兴货"的过程，而不是其他。

关键是，最早以"开大兴"形式传播时是处于半地下状态，即在人们认为的所谓阿飞小流氓间传播，或叫江湖传播，好好先生们无从闻听。就像"车垃三"等其他所谓流氓切口一样。

等到1970年代末传向世俗社会时，就像SARS病毒从果子狸进入人体后一样，几乎立刻发生病株变异，人们迅速把"大兴"从"开大兴"中剥离出来，单独指称假冒伪劣。

事实上，作为切口，此前我从未听到过把"开"和"大兴"分开来用的例子。

于是，江湖上立即做出反应。既然"开大兴"已被俗化，不再具有切口应有的私密性，马上改说"开大咖"，这个"大咖"其实就是现在说的"cast"。但世俗社会的人们并不知道自己早已落伍，还在那里以知晓并传讲"开大兴"为时髦。

至于有关"开大兴"的种种考证文章，则出笼得更晚，大概是 1990 年以后吧。而那些考证者，几乎没有一个人在"文革"初期混迹于江湖即阿飞小流氓之间，都是从小好好读书不轧坏道的好好先生吧？所以，他们谁也无法说清楚这条传播轨迹。

需要补充的是，"开大兴""大兴"以及"大咖"都没有在江湖上存活多久。 1980 年代，上海话的活力依然充沛，新词争相涌现，替换率很高，两三年不在上海的江湖上行走，就会变"阿木林"。

简言之，很快就有新的切口来取代"开大兴"和"大咖"，它们依次是"掼浪头""弄弄大""豁胖"等词。

只有穷酸书生，丝毫没有察觉这种江湖上的变化，学到一句"开大兴"，便如获至宝，自以为得了真传，在那里像煞有介事地考证起来，演绎出种种荒唐。

其二，很多考证者都说从老城厢到南车站开了一条大兴街，由于车站附近商铺摊贩容易售卖假货，所以大兴街成了"大兴假"，然后"大兴"直接等于"假"了。

这种说法至少有两点是很难站住脚的。

我想，那些在 1949 年以前坐过火车的人们还有大把大把是健在的吧。

火车站附近是卖什么的？有西装吗？有像样一点的日用品吗？好像没有哎。上海北火车站么，也要出站穿过天目路或宝山路才买得到香烟自来火肥皂草纸毛巾牙刷牙膏好不好。

怎么在老辈人的印象里，那些年，一般的火车站前广场上卖的是几分钱的洗脸水，附带借用一下漱口杯，一毛多钱的稀饭酱菜淡馒头，连肉馒头都是奢侈品，遑论大饼油条豆浆了！

算命看相卖笑的倒是一直有。

另外，何必讳言，假冒伪劣商品从未离开过我们国人半步，民国时期也不例外。但老辈人都知道，那时候上海话里有专门指称蹩脚货的词语，那就是"东洋货"。几十年一以贯之。弄堂里的亭子间嫂嫂、前客堂爷叔、西厢房老爹、灶披间阿婆都知道的呀。

早年东邻经济刚刚起步时，"东洋货"的又多又滥也曾闻名世界，与今天的"Made In China"绝对有得一拼。

所以，老上海人从来不用"大兴货"来说商品的质次。

没有沉渣，如何泛起？

再补充一点。

那时候坐火车的人有在火车站附近购物回家的习惯么？好像也没有哎。

一般乘客，大多巴不得买最便宜的棚车票、站票，也要把钱带回去买米。到火车站确实往往到得比较早，赶紧找个地方打只瞌充吧。真有余钱，顶多买包五香豆了。大兴街在哪里？恐怕十有八九是不知道的吧。这三十年来的民工好像还是这样。

至于有钱的乘客，他们的派克大衣要到伦敦去买料作的，要请奉帮裁缝的，至少也要到大马路去买的。一般不在火车站附近稍作停留。

什么？住在火车站附近的本地人？现在有谁去新客站附近淘便宜货？本地人都知道，火车站附近一定不是本地最好的淘便宜货的地方。

在众多穿凿附会、合理想象的有关"开大兴"的考证文字里，只有一条史实值得引起注意。

那就是从小西门到南车站的路筑通以后，本来想取名"大新街"，不料被东面的大新街（今湖北路）捷足先登，只好屈就"大兴街"。

这条史实，我是从"看懂上海"的微信公众号里看来的，我不妨再引它一引：

"当年上海城市发展，新筑的马路和旧城道路相比较，大且新，所以'新街''大新街'，就成了常用的路名。"

我查不到这句话的出处，但它至少说对了一大半。可惜的是，此文笔锋一转，就奋不顾身地又跃入了"大兴即假货"的泥淖。

说它说对了一大半，是因为当时的上海确实如后来的 1990

285

年代一样，一年一个样，三年大变样。

一时间修了多少新路，造了多少新楼。就在那条大新街附近，很快又有东新街、西新街，还有东新桥、西新桥，北面有新闸路，城东有新码头街。此风一直沿袭至今，如新天地、瑞虹新城、新江湾城等等，俯拾皆是，不一而足。

张爱玲说对了，上海小市民顶喜欢"兴兴轰轰"（音 jin jin gong gong）过日脚，喜欢赶时髦，样样要趁早。

这么说也许大家更容易明白，正当下有个俗词叫"高大上"，概括一切新事物新现象新观念；一百年前叫"大新"，同样概括一切新事物新现象新观念。

只是三个字和两个字的区别，这是由组词的流行趋势决定的，那些年，就是流行两个字的亦未可知。

总之，当年的"开大新"就相当于眼下的"玩儿高大上"。

现在要来说说"开"字的含义了。

"开"在上海话里，就是"开簧腔"，就是"唱山歌"，就是"吹牛皮"。

上海小市民一向欢喜吹牛皮，牛皮越大越风凉。

因此"开大新"的实际含义是名不副实。是金玉其外，败絮其中。

但在最早的时候，它只是赶时髦的意思。

我确实亲耳听到过一些上海老克勒这么说过。

k

比如 1950 年代，礼拜天家里开西餐请客，上法棍罗宋汤鸡丝焗面。客人就会说："哦哟，今朝×先生'开大新'了嘛！"

今天，我们也会很自然地说："今天你玩儿高大上了嘛。"

我还听到过自谦的用法。

若客人说："不好意思，今朝让×先生大大破费了。"

主人则应之以："其实没啥物事吃，我么开开大新呀。"

即只博一个名头的意思。

大多数上海小市民是心有余而力不足的。渐渐地，"开大新"开得越来越徒有其表，其实难副了，不像腔了。

不像腔了的"开大新"也遭物议。比如，听说谁谁家要嫁女了。大家知道他家已渐没落， OFFICE 里就会议论：

"要送几钿啊？听说排场老大嗰，国际饭店十八楼哎。"

"侬听伊嗰，伊屋里厢老早搭弗够了，多数开开大新而已。"

随着上海滩大户人家的步步衰落，后来我听到最多的"开大新"，前面都有一个固定的前缀："听伊瞎讲。"

这多半是在说小户人家的画虎不成。

以此类推，就很顺理成章了。

不管是 1980 年代最早取代"开大新"的"大咖"，还是后来的"掼浪头""弄弄大""豁胖"等，都是一脉相承的。

"大咖"的意思就是演员阵容强大，电影拍得不怎么样。

"掼浪头"本来就是浓缩版，其展开版为："浪头蛮大，

287

K

浪花没啣。"

至于"弄"与"豁"二字，则极为传神地拓展了"开"字的内涵。本不大偏要弄大，本不胖偏要豁胖，写尽上海小市民心态。

最后，我颇相信民国出版的《青帮纪要》里就有"开大新"。

江湖中人是更要面子的一群。也许只是因为文化低，全靠口口相传，后来的记录者只好记音，以至于谬种流传。

没想到吧，一个"开大兴"，弄到末脚煞，自己成了自己所说的"大兴货"。

开伙仓

"开伙仓"这句话，现在不大有人再讲了。

老早一直讲。尤其是单位里碰着新结婚户头，旁边人总归要有问无问问一声："哪能啦，侬自家'开伙仓'否啦？"

这个意思大致是小夫妻俩另起炉灶。

当年，确实也有这样的风俗：刚刚结婚，大多数小夫妻总归两头跑跑，吃双方爷娘的"老饭店"。识相点的么，交点饭钱，十元廿元的。门槛精的么，不响，或者"蜡烛不点不亮"，装"野狐禅"。

一个重要的原因，当年自家"开伙仓"，一个是烦，大多数人天天要自家生煤炉。另外一个，花费也不少。锅碗瓢盆，样样侪要用钞票。因此，好拖就拖。实在没办法了，小孩也有了，总归还是要自家"开伙仓"的。

"开伙仓"，讲大家侪会讲。那么，到底是写成"开火仓""开伙仓""开火舱"还是"开伙舱"？

首先，这肯定是一句吴语。

无论是"火仓"还是"火舱"，最早都是出自明朝人冯梦龙的"三言两拍"。冯梦龙是苏州人。前者出自《警世通言》中著名的《唐解元一笑姻缘》，也就是后来的《三笑》《唐伯虎点秋香》的故事。后者则出自他的《喻世明言》，最早叫《古今小说》的集子。

因为江南水网纵横，船是主要交通工具。几乎家家人家出门就上船，大户人家还有自己的码头呢。

上海现在保留下来的最大的私人码头，在浦东高桥镇，现在还看得到。看到那个码头么，你也许再也不想夸赞自家的车库了呢。

所有市面侪做在船上。就像后来石库门弄堂居民的所有市面侪做在弄堂里，街面房子居民的市面侪做在门口头一样。烧饭是最大的市面。因此，生火烧饭的那一节船舱，就叫做"火舱"。

一开始，"火舱"好像是为船家自己"开"的，赛过岸上人家的灶头间。到辰光要烧饭了，船老大就吩咐自家老婆或女儿去"开火舱"。

后来，很多江南人家的船成了"夜半钟声"里到的"客船"了。虽然客人出外跑码头，一般都会备好干粮，比如馒头糕点。不过，总不如热菜热饭热汤热水好，所以，船家就会为客人"开火舱"，这恐怕就是最早的"船菜"了。

尽管如此，《三笑》故事里，写的仍然是"开火仓"。啥道理，我不晓得。其实，把"仓"理解成一个空间，也解释得过去。当然，船舱与粮仓相比，容量永远不在一个数量级上。

"舱"字与"仓"字解决了，"火"字与"伙"字哪能办？

其实，"火"字最早有一层意思是，古代军队里，十人为一火，是一个量词。为啥十人为一火，一圈兜下来，还是与吃饭有关。在同一堆火同一只锅子里吃饭的十个人为一火。

再看"伙"字，本来就是多个人在一起的意思。伙伴、同伙，都要大于一的吧。

所以，不管在船上还是地上，相识的与不相识的人要在一起生火烧饭用餐了，都要"开伙舱"（"开火仓"）。

首先，必须"确认过眼神"，就算是"起伙"了。也叫"结伙"或者"合伙"。后面加进来的，叫"入伙""搭伙"或者"插伙"。

老早进工厂进单位了，中饭不再像做学生仔时那样在家里吃了，就要到单位里去"搭伙"。有的"搭伙"是要收"搭伙费"的，尤其是外单位临时来的。一元两元也是钱。买饭菜票的粮票钞票还要再照付的哦。家里请泥水木匠、请裁缝来做生活，不收他饭钱的，叫"包伙"。包他的伙食费的意思。

半当中不想"搭伙"了，叫"退伙"。只有这个"伙舱"开不下去了或没必要开下去了，大家俦另谋出路，才叫"散伙"。

"散伙"还要吃顿"散伙饭"。因为老早"开伙舱"乃至办食堂，是不盈利的。平时又算不到那么准足，所以年终岁末或者散伙之时，总有点结余，北方人叫"伙食尾子"。那就大家一道吃吃试。

久而久之，在"火舱"吃到的饭菜，就叫"伙食"。为众人办"伙食"的，就叫"伙头军"。叫"火头军"也可以，厂里烧锅炉的也叫"火头军"。

还有一个词，叫"佮伙"。也许最早也是从这里派生出来的，后来，意思有点抽离了。

我是小辰光学打扑克牌时接触到的。

比方讲"打百分"，后来演变成"打四十分""打八十分"，发牌之前，先要决定，啥人佮啥人，两佮两嘛。最后，佮到一道的，就是"阿拉两家头佮伙"，或者"打佮伙"。

送分送到冤家手里去了，同伴就要讲了："哎，侬到底搭啥人打佮伙啊？"

讲了"半半六十日"，回到题目。

肯定有人还是要问，到底是开火仓、开伙仓、开火舱还是开伙舱呢?

我学英文时,我的老师经常讲这样一句话:"Both will do."(都可以。)

我非常欢喜这句话。

任何语言中,并存是很常见的现象。

比方讲,前两天台风落雨,有的地方还看得到闪电。

闪电,在吴语里就有多种写法:"霍显""霍闪""霍献""曤睒"甚至"爀显"。从出现的频率来讲,"霍显"和"曤睒"多一些。不过,我以为,别的也不是不能用,更不能武断地说错。方言很多就是记音的,上海话里最有特色的"洋泾浜"词语更加都是记音的。音记对了,又不影响理解,何错之有呢。

现在大家保护上海话的自觉性与积极性都很高。几乎每出一词,就有人问,到底哪能写法才算准足。

有的没什么争议或争议少,统一一种写法亦无不可。有些争议大的,我觉得暂时完全可以并存,没必要硬劲弄出一个所谓的"唯一标准答案"来,以示高明。古人云,文无第一(武无第二)嘛。

这么说吧,要想拯救、保护乃至推广方言,标准写法并没有想象中的那么重要。

要紧的是,大家侪来讲啊。大人要讲,小人更加要讲;社会上要讲,学堂里更加要讲;报纸广播电视里也要讲。不但要讲，还要讲得多，要成为常态。现在这么一点鸡零狗碎远远不够。

讲得多了，交流得多了，大家自然会有统一写法的迫切需求。到时再做完全来得及。水到渠成嘛。

这就叫做，"讲"字当头，标准就在其中了。

"开年礼拜九" 及其他

昨日闲来无事，写了一幅上海俚语小品。一共八个字："要么开年礼拜九喏。"

贴在朋友圈不久，就有人留言来问，"开年礼拜九"啥意思？

我不免有几分吃惊。因为问的人也是"50 后"，居然不晓得，可见上海老俚语确实在迅速流失。

我只好解释，"开年礼拜九"是遥遥无期的意思。其实，这也要算是一句歇后语了，它的下半句就是"谈也勿谈"，或"想也勿想"。来看例句：

"只家伙借了我钞票到现在也没还。"
"侬等伊还钞票啊？要么开年礼拜九喏。"

"小姑娘，啥辰光畀阿拉吃喜糖啦？"
"我啊？早来，开年礼拜九。"

k

　　我想，"开年礼拜九"一定是滴滴刮刮的上海话了。因为西风东渐后，教会文化率先大规模传到上海。租界里甚至郊区，许多华人都是信教做礼拜的。

　　普遍实行公历亦是民初之事。上海租界里实行得更早，上海人一开始就将"星期"叫做"礼拜"。

　　"开年"指来年。以前上海人只说"旧年"和"开年"，从不说"去年"和"明年"，后者被视为太正式的书面语。

　　我的印象中，大家都只说"去年"和"明年"，好像还只是近三十年的事情。

　　"50后""60后"至今还是夹杂着用，只有四十五岁以下的上海人才只用"去年"和"明年"。

　　一个礼拜只有七日，礼拜六后是礼拜日，讲礼拜七已是笑话，何况礼拜九呢。所以，礼拜九是指永远也盼不来的日子，形同 2 月 30 日，指绝无此日。而礼拜九还要等到"开年"，就更没有希望了。

　　于是，那位提问的朋友又来一句："为啥不叫礼拜八呢？"

　　这个问题提得好！不瞒各位，我小辰光，还真听弄堂里的老爷叔讲过，

　　最早还真是"开年礼拜八"呢。不过，上海人犹恐不煞渴，不够戏剧性，于是变成了"开年礼拜九"。

　　追求夸张，追求极致，是上海俚语的一大特点。

例子可以说是比比皆是。

比如，一只面孔老是一本正经，人家已经吃不消，上海人讲起来，叫"一本三正经"。

讲人做事不稳当，本来叫"投三投四"，慢慢就变成"投五投六"甚至"投七投八"。要晓得"投"是投胎的"投"，连着投七八趟胎，吃力否啊。

同理，"搞五搞六"也变成"搞七搞八"。八还不够大，就"搞七廿三"，比"不管三七二十一"还要大二，心里也开心的。

讲人面孔长得难看，叫"难看得十八个画师也画不像"。吓得众人头侪别转去。

自己本事比别人大，叫"掼侬三条横马路"。三条横马路蛮远了，地铁一站路呢，三元起板。有人还嫌不煞渴，叫"掼侬十几条横马路"，一记头拿侬踢到城乡接合部。

等人等得急煞快，心是蛮烦的。所以一见面就是："侬在做啥？我等仔侬半日天了。"其实也就是一刻钟。夸张成半日也就算了，后来弄弄跑出来一句"我等仔侬半半六十日了！"要死快了，岂止电影已经开场了，电影节也老早结束，要过八月半了。侬月饼带来了否啊？

k

还有一句早已消失的上海老话，也辣手，叫做"急煞九更天"。五更就鸡叫了呀，九更么，好吃"brunch"了。要么阿拉约在半岛？横竖横大开销了。

讲人门槛精，先叫做"迭个人算盘精"。因为老早算账要用算盘。用过算盘的人都晓得，一般算盘只有十三档。后来也是觉得不煞渴，就讲"迭个人精得来算盘有得廿六档"，已经翻了一倍。等到我养出来，已经是"迭个人精得来算盘有得九十六档"。算盘博物馆里确实有很长的算盘，但恐怕也没有九十六档。到最后，这句上海俚语被精简成"门槛精到九十六"。进一家人家的门，要过九十六道门槛？侬当我刘翔啊。

弄堂里总归有几个爷叔口才特别好，特别会讲故事讲戏话。介绍起来是这样的："随便啥故事，到了伊嘴巴里，侪分七十二档，而且档档有高潮。"后来我晓得，这句话原是听书的朋友赞美"唐三国"唐耿良先生的。

今朝运道不好，上海话叫"碰着赤佬""碰着鬼"。最后也发展到"今朝不谈了，碰着七十二只大头鬼"。

上海人也有欢喜拍胸脯的朋友，这倒并非北京人的专利。为了显示自家路道粗，上头有人，常常讲："侬放心好唻，没问题。"后来也发展成"侬放一百个心""侬放一百二十个心"，我居然还看到过"侬放一百廿四个心"，啥伊多四颗星也好嗰。

K

本来是"乱讲一泡""乱讲八讲","一"哪能来讪,"八"也太少了,于是叫"乱话三千"。

有人神抖抖,上海人骂一声"老卵"。有人装斯文,骂不出口,女士也想骂骂不出口,就改骂"老骱"。骂法骂法,也嫌不煞渴,于是升级为"老卵三千"和"老骱三千"。这种物事也三千,酒池肉林啊,听上去依吓否啊?

百、千、万,就因此而频频出现在上海俚语里。

侬到处七搭八搭,认得人多。上海人嫌鄙七、八不够多,直接叫侬"百搭"。由此还引申出一个"拉线开关"。因为拉线开关拉一记,就是一声"吧嗒"。这本来是坐死的贬义词,现在竟然也有人顶着"百搭"的名头走江湖。

样样会一点,样样都不精,上海人讲"猪头肉三不精"。后来也变"万金油"了。"万金油"还有一层其他的意思,就是到处侪有伊。上海人又叫"百有份"或"一百样侪搭界",其反面就是"一百样侪不管"。

千字打头的,有"千年难般"。这已经是最高级。它的比较级是"难难般般"。本身就是"难般"二字。千字打头的还有"千做万做,蚀本生意不做""千错万错,马屁不错"以及"千穿帮万穿帮,马屁不穿帮"。其实,一个人穷其一生,也未必做得成一千笔生意,或者也没必要做成一千笔生意。就像马屁也总有穿帮时,叫"马屁拍在马脚上"。

k

一个人学问好，上海人称"万宝全书"。侬也总要谦虚一番吧，于是回头一句"万宝全书缺只角"。随便啥不晓得的，都在这只角里。到头来，这只角比这部全书还要大。

必须指出，上海人追求夸张、追求极致，并非总是极言其多，也有极言其少的。

比如，上海人讲："阿拉穷呀，皮鞋从来只有101双。"不知就里的，心想，上海人辣手的，赅101双皮鞋还算穷光蛋，于是马上卷铺盖，逃离北上广。其实，伊真的一塌刮子只有一双皮鞋。

上海俚语可以通过夸大数字来追求极致，也可以用"一"来追求极致，以一当万。

比方讲，"谢谢侬一家门"。

拷浜

这一日一夜的雨落得结棍。

一阵接着一阵，每一阵都不小，也不短。

老天爷好像在打咏春拳，一声不吭，只是一拳接着一拳，密集出击，讨饶也没用。

也不能吭，因为今日小暑，有道是"小暑一声雷，倒转做黄梅"，那就更倒霉了。

k

其实，今朝打不打雷已经不重要。古人讲"小暑一声雷"，意思也是落大雷雨而已。

查长期天气预报，落雨至少要落到 19 号。倒黄梅一般也只倒两个礼拜，南瓜已经生在甏里了。

正所谓，人无远虑，必有近忧。

雨这样地落，让人既有远虑，又有近忧呢。

远虑是，前一阵的遍及二十六省的洪水还没消停，再落两个礼拜，会不会出大事体？

近忧则是，外面不少马路积水了吧？

讲起来，总算这三四十年上海还是做了一点事体的。这样的落法，放在三四十年前，居民家里进水至少是一万户。

大家哪里还有啥个心思看乘风破浪的姐姐，拷浜也来不及了。

讲到拷浜，恐怕很多人已经要听不懂了吧。

屋里水漫金山了，用木板、砖头先在房门口筑一道坝，然后用面盆舀水往外面泼。

拷浜往往是持久战，雨一边落的辰光，就要开始拷；雨停了还要拷。

手酸了就调人，像打篮球一样。否则，屋里家什的脚都要被泡烂。

k

三十年前，上海棚户区还很多。棚户区里，连水泥砖墙的平房都很少见，大多是板壁加油毛毡的简屋。

家家人家都是老拷浜了，都拷出经验来了。

雨还没落大，面盆脚盆铅桶老早准备好，分别摆在床上、箱子上、地上的特定部位，屋顶哪几处会漏，啥地方先漏，啥地方后漏，啥地方大漏用大家什，啥地方小漏用小家什，早已烂熟于胸，比四书五经还背得熟。

还学得几手未雨绸缪之计，床脚、五斗橱脚乃至夜壶箱脚都事先垫好了甀砖。垫一块还是两块，根据历年涨水的大数据而定。

尤其是刚刚买来的双门电冰箱，巴不得垫三四层甀砖，像宝贝一样供着。毕竟，隔壁人家还是单门的呢。

拷浜这桩事体，大人愁煞，年年拷浜，啥辰光是个头。小人则开心煞，又好玩水了。一边拷，一边还有仰天长啸：

"让暴风雨来得更猛烈些吧！"

其实，原来拷浜有它原来的意思。

印象中，这是一句本地话，又叫拷浜头、拷浜斗。

拷浜，是在小河浜里，用砖石烂泥在一头或两头做临时的土坝，然后迅速舀光当中的河水，河底的鱼就可被统统活捉。

捉好鱼，照例要将临时坝推到，恢复河流。

k

我小辰光也玩过的。

那时候的乡下还真不远。我们住在西区的，一般朝西走，过了徐家汇的四等站（大致在现在的宜家方位），用不着跑到小闸镇，就有很多大小河浜了。

拷浜哪里就拷得着什么大鱼，无非十几条窜条鱼而已，要么泥鳅。

回来汏好弄好，根本不敢放在锅子里烧，怕被大人骂。而是在弄堂里，三块砖头一拦，随便拾一点木爿爿、枯树叶，生一堆火。

然后用自己削就的竹签将鱼串起，拷着吃。

又没盐，又有很重的泥腥气，实在一点也不好吃。觉得开心，完全是虚无缥缈的成就感在作怪。

无论如何，拷浜捉鱼是开心的，拷浜排积水，则无论如何也不是啥好事体。

前不久，我去五里桥的汝南街吃了一顿饭，结识了一些新朋友。

那天也下了些雨。路上我就在跟王大小姐说，五里桥完全变了。1984年我来时，这里都是棚户区，都是拷浜人家啊。

那年夏天，我被派到当时卢湾区的五里桥街道去踏看报道基层防汛的准备工作。

K

定点在那里，完全是因为当年的五里桥是上海最著名的几个棚户区之一。

我是在电台食堂吃了早夜饭，踏脚踏车过去的，六点不到，我已到岗。那时，雨还不算大。

还记得接待我的街道负责人也姓郑，是本家，于是就更快热络起来。

他要我去会议室听他口头介绍，我讲还是边看边谈吧。于是我们就钻进了棚户区。刚进去，雨就大起来了。

只见几乎家家人家房门大开，很多人家已经事先在门口筑好了小堤坝，有砖石的，有木板的，还有沙袋的。

探头进去，地上也已经摆了不少面盆铅桶。有的床上被头上还盖着塑料布。严阵以待啊。

不过，大家神情自若，一副"老子见得多了"的腔调。该吃夜饭的吃夜饭，该看电视的看电视。小老酒涸涸，摇头风扇吹吹。

那房子也大多是板壁房子。只有先富起来的个体户，才有钱率先改成砖房，并加盖阁楼。

房梁椽子也都是木头的，上面铺一层油毛毡，再铺瓦爿。最要命的是，进户的电线，就在屋檐下的木条上装瓷葫芦，老式电线离板壁椽子都不到一尺！

k

说话间，雨已经很大，屋檐漏水处极多，因为在户外，大家也不管。

雨点溅到老式花线上，开始劈劈啪啪地冒蓝色火星，这火星离板壁椽子也不到一尺。

郑主任极其淡定地说，如果我在会议室讲给你听，你一定不相信。现在你眼见为实了。

我问，上面不晓得的么？

他说，晓得了又哪能？无法解决啊。棚户区那么逼仄，电线走哪里都不安全。只有等着拆迁了。

那何时才能拆迁呢？

他说，讲是讲仔长远了，就是只听楼梯响，不见人下楼。

他告诉我，大家早已等得怨煞了。

这里几乎每家人家都事先准备了一个不大的包，平时就把家里不多的金银细软、存折现金以及重要票证放在里面。万一出啥事体，夹起来就可以跑路。言外之意，房子以及里面的家什都不值得留恋，也不值几钿。

据说有一次，哪家人家失火了，邻舍隔壁不救，主人自己也不救。大家拿着那个重要的包，站在空地上，绝望地大喊：

"勿打119，勿打119，让伊烧大点，让伊烧大点，统统烧光拉倒！"

k

老百姓淳朴地认为，只有烧光了，没地方住了，上头才会出面为他们解决住房破旧且紧张的问题。

听到此地，我想哭都哭不出来。

这一些，憋在我肚皮里也好几十年了。

唉，记者的脑子有时就是垃圾桶。听到那么多，看到那么多，无处讲啊。当年不能播，现在也还不能播吧。

没想到被一场小暑的豪雨给勾引了出来，聊备一说吧。

打住。

L

"老虎窗里掼炸弹"与"六缸水浑"

前两天，有读者在我这个公众号的后台留言。

他说，他正在网上看电视剧《孽债》的沪语版。看到里面扮演卢老伯的李家耀先生讲了一句话，伊搁牢了。

他还特地给了我一个长长的链接。

我看也不看，直接问，是不是"老虎窗里掼炸弹"与"六缸水浑"？

他说，就是这句。

我想也是。上海人看上海话的《孽债》，能够搁牢的，恐怕也就是这两句话了。

顺便点个赞。

当年这部电视剧的沪语版做得真用心。基本跳脱普通话，从沪语思维出发，讲出来的上海话。而不是像现在，往往先有一个只能用国语读出的词，然后真的是要"翻译"成上海话。

网上多有这样的所谓"沪语测试"，许多人拿其中一些这样的题来问我。我一律回答：阿拉上海人从来不迭能讲言话的。

讲句难听点的，一切不以沪语思维出发的所谓沪语推广，都是耍流氓。

L

正因为电视剧《孽债》沪语版的用心，才保留了这句地地道道的上海话："这帮小囡到上海，赛过朝这些人家的'老虎窗里掼炸弹'，哪能勿弄到'六缸水浑'！"

看过这部电视剧的人们都晓得，"这帮小囡"是指五个云南知青的子女要到上海来寻他们的爷娘了！

上海人讲法，乃末这桩事体弄大了。

认真讲，"老虎窗里掼炸弹"算是一句歇后语吧，因为它有下半句，叫"甂甂乱"。

甂是甂砖的甂。上海人老早不叫"砖头"，而叫"甂砖"的。

房子还没造好或拆房子的现场，满地是甂砖，场面就会显得很乱。

换言之，也就是"一天世界"或者"一塌糊涂"的意思。

上海人能将开在屋顶上的窗（roof window）叫做"老虎窗"，我也真是佩服得五体投地。

屋顶，英文明明叫"roof"，现在大家都讲，它音近沪语"老虎"！要死快了，你凭良心讲，"roof"和"老虎"，读音真的很近吗？

那"golf"（高尔夫）好叫"烤麸"了，"half"（一半）好叫"蟹糊"了，"wolf"（狼）好叫"华夫"（饼干）了。

不过，老虎窗也曾承载过多少上海人的欢乐。

看烟火在此地，乘风凉也在此地。尤其是家里大人一般不大爬到阁楼上来，老虎窗就成了孩子们的欢乐天地。第一次吃香烟，第一次交换明星照片年历卡，第一次幽会，第一次"抄腰花"，第一次打 kiss，恐怕也都在此地吧。

又何必讳言，电影《马路天使》里周璇唱《四季歌》就是在老虎窗里唱的呀。唱点啥？相思呀。

如此美好的老虎窗，一旦被掼进来一颗炸弹，这家人家除了被炸得"甏甏乱"，还会是什么样子呢。

同理，一个来路不明的小孩的突然出现，这家人家也绝对够乱的了。

上海人过日脚，一向是求太平的。多一事不如少一事。偶尔夫妻吵相骂了，多读点书的一方总归会得先不响。吵邻吵舍啥体啦。

吵相骂还算是小事，上海人求太平还有更加要紧的口诀呢。

林语堂先生就曾经写过上海人的这种口诀：

要想一日不太平，请客；
要想一月不太平，买房（笔者注：装修亦然）；
要想一世不太平，讨小。

而电视剧《孽债》里的问题还不止是"讨小"（那些小孩的父母都结过两次婚哦），小赤佬也呛大了，还要寻上门来。

乃末赛过"老虎窗里掼原子弹"了。

順便解釋一下，"六缸水渾"，又是啥意思呢?

其实，"六缸水渾"和"老虎窗里掼炸弹"是同义歇后语，下半句也是"一天世界""一塌糊涂"。连在一起讲么，无非是要加重语气。

从前，江南人家过日脚，除了吃井水，还有一个习惯，将齐腰高的大水缸放在屋檐下，接"天落水"，即雨水，做家用。

有的人家在缸里摆点明矾，过了一日一夜，这"天落水"就用来烧水、淘米烧饭的。考究点么，要吃下肚去的用井水，其他都用"天落水"。

我第一次看到这种屋檐下的大水缸，是我七岁时，跟父母回宁波老家的时候。阿娘的家，还没进门，劈头就是一排大水缸，有五六只。再看隔壁人家，家家人家至少两三只。

村里还会有一些公用的大水缸，七八只，乃至十廿只。万一"走水"（即着火），可以灭火用。比到河浜里去担水不知要近了多少。

十九年前，我曾去过浙江绍兴诸暨的"千柱屋"，和宁波镇海"十七房"等江南老宅，里面总有一个天井，摆满了大水缸，真的有十廿只。现在开发旅游，又有了现代化的消防设备，这些水缸不知会不会被搬走。

所以，如果一家人家"六缸水渾"，必出大事。要么宗族械斗，打相打出人性命了。要么着火了。

小辰光练毛笔字，曾经戆嗨嗨地问过外公："哪能再算练出来了。"

外公指着天井里的水缸说，侬拿这样的六缸水全部磨墨，写光，侬嗰字就练出来了。

阿瘔瘔，写字也要写到"六缸水浑"啊？

现在回想起来，当年，电视剧《孽债》也曾有过极大反响。其影响远远超出文化范畴，而是属于社会范畴的。电视剧《孽债》播出期间，上海几乎家家人家都上演了一出《盘夫索夫》的戏。

尤其是年轻时插队落户、去过农村或外地的丈夫，一定会被自家老婆盘问：

"侬有否啊？有过几个啊？"

"小人几花大了？到上海来过否啊？"

"侬去看过否啊？寄过铜钿否啊？"

"侬勡心虚，我量侬也唔没。再借一只胆界侬，侬也弗敢。"

有的老婆还要充"大好佬"呢。

"领转来界我看看呀。辩有啥啦。勡吓呀。"

"阿拉气量大来兮，用不着我肚皮痛，用不着我把水把污，小囡就阶大了，倒也蛮好。蛮省力嗰喏。"

男人也只好苦笑笑。

另外，现在想来， 1995 年电视剧《孽债》的播出，也算是一个拐点。上海话从此越来越不景气。

此前，有电影《股疯》（1994 年），有电视剧《上海一家人》（1992 年），本地题材还是很闹猛的。各种地方戏曲曲艺市场也还算闹猛的，有沪语说唱《做人难》（1994 年）。

此后，似乎再也没有这么好的势头，也再也没有过可以让人记住的沪语作品了。

按"百度百科"的原话："由于××介入，（电视剧《孽债》）沪语版播放被停止，而改用普通话版。"

无论如何，当年我们都在，现在也还在。当然，有些话现在还不能讲。我依然坚信， The truth 只会迟到，不会缺席。

老克勒

一直有人给我留言，要我谈谈"老克勒"。

而我一直没写的原因，说出来也很简单，那就是怕扫了众家的兴。

"老克勒"这个词，很早就有过的吧。 1940 年代末，"城头变幻大王旗"以后，销声匿迹了十几年。到 1960 年代末，又冒了出来。在江湖里先暗暗流传了八九年，才浮出水面，为一般市民所熟知。

不过，1992年后，大家都一门心思去赚钞票了，没人有空去理睬它。直到新世纪初，一股怀旧风刮了起来，"老克勒"才突然红了起来。

先是指着那些社会经验丰富、深藏不露的人猛叫"老克勒"，再是指着那些"会白相"、吃喝玩乐有一套的人猛叫"老克勒"，再后来，不少人干脆大模大样地自称起"老克勒"来。直弄得"老克勒"像"昔日王谢堂前燕"一般，真的已经"飞入寻常百姓家"了。而且好像感觉上连棋牌室里都会有一个两个。

饭店也有叫"老克勒"的，沙龙也有叫"老克勒"的，连踢踢足球，也有叫"老克勒"队的。

我从小欢喜足球，也很尊敬沪上一代又一代的足球名宿，范志毅我也一直是欢喜的。不过，随便哪能讲，踢踢足球的人，至少我是不敢称之为"老克勒"的。

2014年冬，宝庆路3号最后的住客徐元章先生作古。我曾经在《上海文学》上写过一点纪念的文字。最后一段如下：

> 现在大家都说徐元章是上海滩上的"老克勒"。我想，徐元章内心深处恐怕是不会认同的，我也觉得他还不能算是。

L

　　他们这一代，目睹了上海滩大户人家被逐步地赶尽灭绝，上流社会的垮塌，贵族气息的消亡，徐元章心里是很清楚的，早在他认识我之前，上海的"老克勒"已经日薄西山，复兴无日了。

　　这段话完全可以拿来解释，我何以一直不回应读者们要我写"老克勒"的缘由。

　　那么，在我的眼里，或者，更进一步说，在一班比我更年长些的真正老上海人的眼里，怎样的人才算得上"老克勒"呢。

　　首先，1960年代末，一批老上海的所谓"切口"沉渣泛起的时候，"克勒"与"老"还没有被捆绑得如此严丝合缝。我可以负责任地讲，是先有"克勒"，再有"老克勒"的。
　　而"克勒"，就是英文"class"的译音，当年翻译为"阶级"或"阶层"（当然不会是"班级"）。现在的讲法，就是"档次"。"档次"这个词成为流行语，已经是1990年代了。当年并无"档次"一说。

　　当年的人这样讲话：
　　"哦哟，侬今朝迭双皮鞋蛮'克勒'嗰嘛。"
　　还有"昨日一只电影老'克勒'嗰"的讲法呢。
　　当然也有夸赞某人很"克勒"的讲法。
　　有些人欢喜拿尾音也一道拖出来，讲成"克拉斯"。这就

L

是后来会衍生出"混格（克）拉斯"这种讲法的缘故。不过，当年讲得更多的，还是"克勒"。

如果一样物事实在太高级，只讲"克勒"两字不足以表达对它的赞美，哪能办？

我是曾经不止一次地亲耳听到过"上克拉斯"的讲法。洋派点的，则直接用英文讲"high class"。

因此，网上现有种版本讲，"克勒"是英文"color"的音译，这就很费解了。那"上克拉斯"哪能办？"上颜色"？侬当伊装修队啊。

另外，"克拉斯"之不存，"混格拉斯"又将焉附。

总而言之，先有形容词"克勒"，慢慢才有名词"老克勒"。

其实，早在1960年代末1970年代初，上海人就已经在寻找"老克勒"了。

那场翻天覆地的运动，第一次把所谓上流社会的人们统统从庭院深深处赶到了芸芸众生前，因为每个人都要参加日常劳动，惩罚的或谋生的。那些人，至少当时已有四十岁吧。

人们终于得见民国世界的清嘉人物，男的温文儒雅，女的临水照花。有的甚至还是晚清的。

虽然他们大多被迫在屈辱的泥淖里沉浮，他们的言行举止和生活方式还是引起了大家的关注。

有的人，每天被打得浑身血迹斑斑回来，依然坚持洗澡洗衣裳刮胡子，第二天换一套清爽衣裳再去面对批斗。

L

有的人，喘息之余，依然不忘先洗净茶具，再冲一杯茶。然后翻几页书，写几行字。金丝边眼镜被摔断了脚，橡皮膏粘粘，镜片照样擦了又擦。

一旦舆论氛围略略宽松，爱美之心又会复活。从领口、从发际、从脚面散发出优雅来。就像青藏高原六月的格桑花，一样的春色无边。

于是人们开始议论：他们中的谁谁更具备传说中的绅士风度。

在这样的议论中，身边不乏高人指点。他们当然也是具有绅士风度的。他们会说，其实，光这样还不算，还应该决不那样。比如不该有算计心和低级趣味。

议论来，议论去，慢慢地，所谓"老克勒"的标准就清晰了起来，也集中了起来。

现在回想起来，当年所谓"老克勒"的标准大致可以归纳成这么几条。

首先，他们是"沪二代"或"沪三代"。

祖上早早就闯荡上海滩，挣出一份可观的家业，确保儿孙们衣食无忧。因此他们得以悠哉游哉，只做自己欢喜的事情，而不必"为稻粱谋"。

创业的第一代，虽然见过大世面，经过大场面，总归还不够潇洒。

他们一般都淡泊名利，深居简出，风云看尽，笑而不语。

不屑于八面玲珑，也无须两肋插刀。即便偶尔下海，也会及早抽身。绝不可能大红大紫，招摇过市。反倒常常有点郁郁不得志的样子。

我年轻时曾经不止一次地请教一些老阿哥，让他们用一句话描述"老克勒"，他们几乎不约而同地告诉我这样一句江湖上的老话：

"出道是我早，运道是侬好。"

个中意味，大家自己去咀嚼可也。

他们与世无争，独善其身，自得其乐。再逼仄的空间也放得下自己的那一份优雅。他们饮尽孤独，回眸还是笑颜。

常人眼中不可逾越的艰难、困惑和恐惧，他们永远只有四个字："辔有啥啦。"

他们几乎是百无一用的。即便读了很多书，还是无用。所谓"读书为明理耳，岂为功名贫贱乎"。琴棋书画，只为艺术而艺术，连说陶冶情操也嫌做作；游泳奔跑，只为运动而运动，连说强身健体也嫌功利；交友游玩，只为社交而社交，连说广结人脉也嫌小气。

看上去，似乎有他不多，没他不少。

不过，岁月静了才是好。桃花不语方为美。

美，都没有什么用。

一定有人要问，如此高的标杆，那上海滩上还有谁曾经是个"老克勒"呢。

L

　　我确实想了很久。终于想出了一个，那就是邵洵美。

　　如果可以跳脱上海滩而观之，我觉得张伯驹、袁克定都极像。

　　货真价实的"老克勒"确实不世出，不多见。

　　那么那些为数不少的虽不完美却颇有气质的 gentlemen 哪能办呢?

　　当年上海滩专门有一种对于他们的叫法，叫"老逸客"。也有叫"老叶客""老侠客"的，还有叫"老的客"的呢。

　　当年我都听到过。

　　也难怪。切口就是黑话，只能口头传播，报纸又不会登。口口相传，当然容易以讹传讹。

　　电视里的"copy 不走样"，只传四五人次，就走样走得野野豁豁。

　　部队里也有一个类似的笑话。山路上夜行军时，连长传口令："不准打手电。"于是一个一个传下去。天亮后连长问最后一名战士，听到什么口令。对曰："不准大小便。"

　　叫法虽迥异，其实大家心里指向的是同一种人。

　　由于现实所迫，没有人可以不为五斗米而折腰了。所以，与"老克勒"最大的不同是，"老逸客"们一定是劳动者，行动派。只是章程依然在心中，有所为而有所不为，在滚滚红尘里竭力保持心如止水。

　　如果连"老逸客"也做不下去了，那就只好再退而求其次，做"老懂经"。"老懂经"何许人也？就是指，道理么都懂，不过，自己做是随便哪能也没办法全做到了。

不过，明理的总比不明理的好，"懂经"也总归比"不懂经"要好。哪怕他只是穿着得体、头势清爽，讲话头头是道。

这样的"老懂经"，上海滩上倒确实不少，偶尔出入棋牌室，也不稀奇。

需要指出的是，"老克勒"以及"老逸客""老懂经"这种叫口，一定没有自称的。而且，上海滩上的称呼，绝大多数没有完全褒义的，几乎都有点嘲叽叽。

那年头，尊人一声"老克勒""老逸客"或"老懂经"，也多少有点"像煞有介事"的意思在。

即便是"老娘舅""老爷叔""老板""老板娘"，也多少有点"算侬狠"或"算侬吃价"的意思在。

以此类推，"腔调""模子"都绝非完全褒义。

哪怕一句"侬老来讪嗰嘛"，意思也蛮"嘲叽叽"的。

这一点，对外头人以及年纪轻一点的，恐怕解释也解释不清爽。

顺便说一句，这"老逸客"是我自己杜撰出来的。我曾经写过一篇《"老逸客"白相"小敨乱"》。

别的写法我不取。

那是因为，"叶"（或叶子）当年在切口里有特定意思，指扑克牌。牌打得好，也称"老叶客"。

至于"侠客"，我不觉得是海派江湖的特色。海派江湖里，最重要的是要"摆平"事体，注重结果。摆平了就是侠客；摆不平，再侠气冲天也没人看得起。

那个"的"字，多半是传歪了的结果吧。

无论如何，"老逸客"的"逸"，我觉得还是潇洒的。

安逸的灵魂，也依然可以很美。

美，还是没什么用。

做"老克勒"，做"老逸客"，似乎也还是没什么意思。

但这在当年却是有吸引力的。惹得很多人心向往之。寻找、关注和议论，不就是为了效仿嘛。

因此，直到1970年代末，上海人最看不起的，还是"小市民"，是样样讲实惠的恶俗。

我们曾天真地以为，"小市民"风气长不了。

谁承想，这竟是主流，竟是洪水，而且"实惠论"很快就升级成了"有捞弗捞猪头三"。

四十年过去，已经影响到第三代人了，更是翻转无望了。

为了铜钿，可以卖忒良心的时代，又怎么出得来"老克勒"呢。

事实上，早在五十年前，"老克勒"就已经只是一个美丽的传说了。

老势势

今朝的话头要从曾经热播的网络综艺节目《乐队的夏天》说起。

有一期，大家欢喜的广东乐队"五条人"经过 PK 复活了，进入了 20 强。

这个"五条人"乐队甫一亮相，就引人注目。

他们在弹前奏时，故意调头一转，临时换歌，结果现场的灯光师、摄影师全部懵忒，只好让他们在昏暗的照明下唱完了一首歌，简直就是大型翻车现场。

另外，准备好的歌词字幕也作废，根本不敢打出来。跟组导演气得言话也讲不清爽，他们反过来劝他："你会找到更好的工作的。"

主持人手卡上准备好的提问也全部作废。即兴问答，又不是他们的对手。主持人要讨论歌曲，他们回答：你可以打电话给我。

话说他们临时换上的是一首粤语歌曲，叫《道山靓仔》。

第一段歌词如下：

道山靓仔咿哟

你为什么穿着你那破拖鞋

L

> 道山靓仔咿哟
>
> 你为什么不去剪头发
>
> 道山靓仔咿哟
>
> 你还是骑着那辆破单车

老势势你老势势你老势势你老势势……

后来补上的字幕里，在"老势势"后面打了个括弧，注明：你很拽的意思。

在很多其他文章里，还可以看到一句广东方言"老水"，也是很拽的意思。大概是同一个词，不同的记音吧。

从这个广东话的"老势势"，让我想起了一句老上海话，"吃把势饭"。

"把势"一词在民间，就是把尿呀。小小人不会撒水，要大人把了才撒。而那老鸨，不过把的都是成年男人而已。

《韵会》里讲，外肾为势。《晋书·刑法志》讲："淫者割其势。"又，宫刑，即男子割势，文雅一点，称"去势"。拿雄性家禽家畜骟忒，也叫"去势"。

所以，"五条人"唱的"老势势你老势势你老势势你老势势"，调成上海话，就是"侬老朊"。

拖仔拖鞋皮，留仔长头发，踏仔老坦克，样子确实蛮老朊

321

的呢。

张爱玲老早讲过，是女人都想做点"不对"的事体。

相亲太对，所以不相，结婚太对，所以不结。

本来活生生的生活，一有导演，哪怕导演是亲生爷娘，就不再是生活，而是做生活了。

"五条人"就是因为样样"不对"，才得到大家欢喜。若问，啥叫啥摇滚精神，这就是呀。

顺便说一句，"势（勢）"字的左上是个"坴"（音六），即大土块。《广韵》里讲，"高垲为坴"，又指比较高的山坡。右上是个"丸"，丸就是圆球。下面是个"力"。意思大概是，一个圆球从高坡上滚下来，它有一种力量惯性趋向。

所以有"势不可挡""势如破竹"，要"势均"才能"力敌"。

有辰光獃想想，雄性动物为了本种族不被"团灭"，努力传种接代的本能也是一种力量惯性趋向啊。因此，也常常"来势汹汹""仗势欺人"，甚至"势在必行""势在必得"。相比之下，"老势势"（即老朊）只是"虚张声势"而已，并无实际作为。

不过，虚张声势也就可以了。

否则的话，别人就要"吓势势""冷势势"了。

"老爷"和"二爷"

若问，你第一次是从哪里看到或听到"老爷"这个词的？恐怕是古装电视剧吧。

再问，你第一印象中"老爷"是啥意思？主子吧。与老爷对称的是"小的"嘛，"小的"即奴才。

而现在五六十岁的上海人，第一次看到或听到"老爷"这个词，就直接来自日常生活中。第一印象中它的意思也绝非"主子"，而是"不灵光"。

老爷无线电老爷照相机老爷司必灵老爷热水瓶。

连小学堂里也经常有这样的对话：

"侬借界我嗰钢笔哪能吤老爷嗰啦，写也写弗出。"

"蛮好唻，我自家用嗰一支还要老爷唻，头子也豁开来了。"

这个意思的"老爷"现在还在用的要算是"老爷车"了。世界各国每年都会有"老爷车"大巡游。不过，"老爷车"现在的意思似乎是很老的车子，而在过去，"老爷车"是指老得开不动了的车子。

那么，这两个"老爷"有什么关系？当然大有关系。

L

有人考证过，宋朝南渡之前，文字记载中还没出现"老爷"一词，到元朝，就有了一些，不多。可见这多半是一个来自塞外的名词。到明朝，"老爷"还不能滥用，官至九卿或外任司道以上，方能称"老爷"，其他只称"爷"。清朝就开始随便起来，什么人都称"老爷"了。

印象中的官老爷，总是十分威严，坐在那里一动不动，上海言话就叫"老爷式气"。用来喻物，就是不活络，不灵光；而来比人，就是"獃噔噔木嗒嗒"。后来，变成"死弗死活弗活"的意思，再后来，"比死人多口气"，到最后，干脆等于"死人"。

说来也巧，上海言话中的几位老爷，多数是死人。

老底子上海人称城隍庙里的城隍老爷为"大老爷"，他当然是个泥塑木雕之物。

老早的江南瓦房顶上，泥瓦匠也会塑上几尊小神像，据说是防止偷瓦贼的，名叫"瓦老爷"。

还有吾友周力老师写过的南市洋行街撤水弄口的"撤水老爷"。那可是当年上海四马路野鸡心目中的男神啊。

只有"倒老爷"是活人。谁是"倒老爷"？喏，就是天天老清老早推着塌车走街串巷，高声叫唤"拎出来哦——"的人。

上海言话中还有一个"老爷"特别值得提一提，那就是"徐大老爷"。

"徐大老爷"的意思，就是死人一个，一个死人。

前文提到过，伯伯勿姓黄，娘娘勿姓唐，为啥大老爷也勿姓徐呢？

这要从上海言话哪能来讲"死"说起。

大家都知道的有"翘辫子""抬老三""一脚去"等，很少有人知道，一个"齐"字，也是"死"的意思，而且还是横死。

什么叫"齐"？头与肩胛平了，成了"一字平肩王"，也就是被砍了脑袋了，那还不死翘翘？！

这样被砍头而死的人，据说老早军营里和监狱里就叫"齐大"。其实，"齐大"很可能是"齐徒"之误，就像"戆大"很可能是"戆徒"一样。徒者，人也。

上海言话里，齐徐同音。莫非这"徐大老爷"本是"齐大老爷"？

顺便说一下，被砍头，上海言话还可以叫"杀坯"，即"该杀的坯子"。人胖，也叫"杀坯"，那是骂人以"猪"，太胖了，就该杀了。

总之，在上海言话里，"老爷"不是一个什么好词，更别说"徐大老爷"了。

那"二爷"呢？也不行。

要么全称"二老爷""二少爷"，当中一个字千万不能省！

上海言话里，"二爷"是佣人。山中无老虎，猴子称大王。老爷不在家，二爷顶狠了。

再狠也是奴才。

"老逸客"白相"小敁乱"

讲到老上海的西菜馆，总归绕不开红房子。

红房子原来在陕西南路长乐路口（亚尔培路蒲石路口）。

陕西南路到茂名南路的那段长乐路特别阔，俗称"小大道"。

横贯人民广场的人民大道，俗称"大大道"，长乐路只好屈尊居后。

红房子西菜馆在"小大道"北面的那片绿地西侧，门面也朝西，做西菜的，侪是西么好唻。

当年不过是一座五开间的瓦房，不高，楼上好像还是二层阁。门开在当中，并非转角。

外墙长年涂着紫酱红色，故名之。

里面也还宽敞，据说，请客吃大菜，到红房子来才算正宗。

据说那里的师傅手艺也好，味道邪气洋派，国外去过的也吃不出区别来。其实早已海派，区别不小。

L

上海开埠后，外国人多，上海人又作兴洋派，西菜生意一直不错的。

直到 1950 年代末，政治风声一阵紧似一阵，舞厅也逐渐关门落闩了，电台里靡靡之音也放得越来越少了，西菜馆生意也越来越淡。

到"文革"，这些"资产阶级生活方式"终于"角落山姆"（all sum）统统关门大吉。

一关就是六年。

转机出现在 1972 年。

中美关系解冻，美国赤佬要来上海了。

据说为尼克松打前站的 FBI 们都不但是"中国通"，而且是"上海通"，上海话也听得懂的！

传说是周恩来怕上海当年"破四旧"破得太彻底，吩咐要适当恢复一些老上海的风貌，做样子给美国赤佬看，尤其是尼克松一行要经过的地区。

尼克松一行机降虹桥，进入市区走新华路、淮海西路、淮海中路到茂名南路大转弯，下榻锦江饭店北楼。

陕西路茂名路仅一路之隔，正好属于适当恢复的范围，红房子西菜馆应运而重新开张。

同时恢复的淮海路一带的西菜馆还有好几家，如东湖路口的做意大利菜的"天鹅阁"，靠近茂名路的"宝大"，靠近瑞金路的"复兴"和南昌路口的"蕾茜"。

此前，"天鹅阁"还在卖阳春面小馄饨，"复兴"还在卖洋山芋咸菜汤呢。

其实，尼克松在上海一共只待了不到 24 小时吧。

来的那天（2 月 21 日）是经停加油，然后就飞北京了。再就是 2 月 27 日上午从杭州来， 2 月 28 日发表了著名的《上海公报》后，上午十点就返美了。

得实惠的是上海人，恢复的老风貌不见得马上又砸烂吧。

一时间，上海滩刮起两阵风。

一是学英语热，书店里什么英语教材都一卖而光；

一是到淮海路去吃西餐，很多人生下来还没见过刀叉长啥模样呢。

我就是那个时候学的西餐礼俗（table manner）。

有幸的是，当时我正跟着一帮"老克勒"混呢，学摄影、学桥牌、学泡妞，净是些小资玩意儿。

因此上，我算还好，没出过什么洋相。

也有那些没人教的"小敨乱"，也去赶时髦，就闹笑话了。

这里要解释的是，"敨"，音"透"。比如："被单去敨敨伊。"

至于叫侬"身上掸掸伊敨敨清爽"，绝不是要侬也像"小敨乱"那样敨法敨法，而是敨落外衣上的灰尘，别带进房内的意思。

由于我们去红房子去得多了，里面的服务员都挺相熟的。

那些服务员大多1930年代生人，清一色男的，到得那时也才四十刚出头。

但毕竟是见过些洋市面的，所以虽然文化程度不高，也还斯文，不算"老克勒"么，也要算是"老逸客"了。

而这帮"老逸客"最看不惯的，正是那帮不懂西餐规矩瞎胡搞的"小散乱"。

因为相熟，我们去用餐时，他们得便，就坐在我们桌边，告诉过我们一些他们自己如何整蛊"小散乱"的段子。

那时的西菜生意也不很好，晚上就一桌两桌而已。

"比方讲，西餐桌浪厢，刀跟叉弗好随随便便就交叉摆勒食盘上，侬摆了就表示侬迭盘菜吃好了，氽了。伊帮'小散乱'，乱又弗懂一只，点了一客炸猪排，刚刚咬了一口，就拿刀叉'十字搅'摆勒食盘上，阿拉上去就一把收式伊哦，伊急了，就叫，阿拉再拿规矩讲畀伊听，伊没办法，只好再摸袋袋再点一客。"

"哈哈哈哈——"我们只有笑。

"还有咪，迭嗰康纳利鸡上来嗰辰光，背脊浪是要插把刀嗰，迭是公刀，畀侬大家分食用嗰。但侬用过了就要平摆，氽再插上去，再插上去就表示，说明味道好，侬欢喜，要再来一客。伊帮'小散乱'，乱又弗懂一只，切过一刀，又插上去了，插得开心唻，阿拉隔手再端一客康纳利鸡上去，叫伊会钞哦。"

"哈哈哈哈——"我们只有笑。

"阿拉别个办法唔没嘛，坏侬分，叫侬肉痛总可以嗰啰，啥人叫侬掼浪头啊，懂么弗懂。"

他们说的那些，恐怕都是上个世纪和再上个世纪欧洲的一些流行做法，美国人就不大作兴。

到得如今，好像全世界都不作兴了。

在中国，西菜馆也可以提供筷子，免去很多洋相。

但太没规矩好像也不好。

你不觉得现在哪儿哪儿的西菜馆都像极了中国的老式茶馆么？

统统喉咙拔起之，手么豁法豁法，幅度还来得嗰大唻。

"老"字打头的老上海话

这一次，是把 36 个有"老"字的老上海话放在一起。

隔壁阿王老滑头，
当面讲好背后臭。
当面叫侬老克勒，
背后叫侬老木刻。

人前叫侬老法师，

人后叫侬老浮尸。

尊侬一声老懂经，

其实喊侬老甲鱼。

称倷夫妻老来少搭仔老来俏，

暗地里是老乌龟搭仔老菜皮。

看看像个老十三，

实际是个老屁眼。

老屁眼，老门槛，

就是迭只老鬼三。

踏仔一部老坦克，

还讲要吃老价钿，

老爷车能值几钿，

穷吹牛皮老面皮。

讲讲麻将老搭子，

弄弄副副老相公。

讲讲是个老酒鬼，

醉后要敲老家什。

大家讲好老辰光，

只有伊做老弹簧。

看看像个老实头，

其实是个老姘头，

老吃老做老户头，

当场气煞老娘舅。

侬要问伊还钞票，

伊就是根老油条。

侬要叫伊辩是非，

伊就是只老浆糊。

侬要叫伊担肩胛，

伊就是只老黄牛。

晓得伊只老棺材，

就是迭眼老套头。

伊要继续老茄茄，

我送伊回老娘家。

"冷"字的老上海话

这两天，天真的冷了。

现在冷天价，大家碰着了，如何寒暄？

"冻成狗"？

"冻"是阿拉宁波人讲的："今朝冻煞了。"上海人讲"冷煞了"。

而且，吴语里，包括上海话里，讲冷，有各种各样的讲法：

冷势势、冷丝丝、冷洒洒、冷秋秋、冷森森、冷疏疏、冷刮刮、冷切切。

唯独没有"冷飕飕"。也许"冷飕飕"是北语吧。

就拿前面提到过的"冷天价"，上海人也有讲"冷天势""冷天式"，还有讲"冷天工"的呢。

L

我觉得很好。百花齐放嘛。本来，老古话讲，文无第一。

这几十年，流行"标准答案"教育，不但小孩子被洗脑，大人也受影响。一讲起方言的字音字形，也最好每个字都是标准答案。

其实，有的可以正本清源，有的不妨暂时兼容并蓄。哪怕记音，也比不记的好。

因为现在的首要问题，是讲的人太少。讲得或写得标不标准，实在还提不上议事日程。

就像下面一句俗语，长久以来也有两种讲法。大家拼命争，争正宗，争成为"标准答案"。几十年一回头，还是并存的局面。

这句话叫"冷勒风里，穷勒债里"。在《明清吴语词典》里可以看到。

不过《沪谚》里记载的是，"冷冷勒风里，穷穷勒铜里"。铜钿么，就是钞票。不是"洞洞眼"的"洞"。

我们小时候就有争论。当年我是毫无疑问的"铜派"，而非"债派"。因为宁波的谚语，即《越谚》里记载的是："冷冷风，穷穷铜。"

开始也是不买账，争到面红耳赤，各不相让。转眼五十年过去，还是老样子。

唯一的变化，就是讲这句话的人少了许多。

还有许多带"冷"字的上海俚语，岂止濒危，恐怕已经可以看成消逝了。

比如，"冷天冷气"。

还有"冷气冰生"。五十年前，出身不好的人家，结婚也不敢闹猛，怕给别人家讲。屋里老人总归有点不开心，暗地里也要"咕"一声："冷气冰生，红纸头也不贴，啥地方像做亲的人家。"

"冷热货"，也就是时而畅销时而滞销的货色，现在知道的人也不多了。

至于"冷水盘门"，更加冷僻。它是指老早的苏州六城门中，唯独盘门住家最少，亦无甚市面。所以叹一声"冷水盘门"。

还有"冷灰爆出热栗"，亦即"冷镬子里热栗子"，来指意外。现在一律叫"冷门"拉倒。

"冷账冷债"也不讲了。现在流行专业术语，什么"坏账"。其实就是"宕账""烂账"。

天一下子冷下来，现在都晓得讲，"北方冷空气南下"，科学得不得了。老早叫"寒潮"。上海人叫"冷信"。"寒潮"来了，叫"发冷信了"。

一个"信"字，颇有古风。

信者，规律也。北方冷空气有信，每年此时要来。黄浦江上的潮汐也有信，每月初三、十八都要来。

唐诗有云："早知潮有信，嫁与弄潮儿。"

它的上半首是："嫁得瞿塘贾，朝朝误妾期。"现在倒好，

L

明明商人"朝朝误妾期"，小姑娘还是义无反顾嫁给大老板。

几乎只剩一个词，还在原汁原味地用，那就是饭店里的"冷盆"。

老底子有得热汤热饭吃就好，小菜随便，只要能够下饭，分什么冷盆热炒。现在好了，下岗工人、城管保安，也要隔三差五坐坐小馆子，弄个几冷几热，涢涢小老酒。实在不行，买两只熟菜也算冷盆。正所谓，熟菜天天要排队，原来冷盆是热门。

还有几句，我们小时候用得很多，不过现在也不大用了。

比方讲："冷粥冷饭好吃，冷言冷语难听。"有吧。

还有一句："热面孔敷冷屁股。"老早人脾气犟，不大肯轻易对人川口的。工厂里经常可以听到："我是不高兴。噢，为仔加半级工资，我拿热面孔去敷伊冷屁股啊？谈也甮谈。"

"泼冷水"，我们以前也经常讲。

"弗是我泼侬冷水噢，想想清爽，这桩事体侬弄弗成功嗰。"

不知怎的，那个运动一来，"泼冷水"成了一种罪名。被解释为打击革命群众积极性。弄弄被呵斥，不许向××××泼冷水！

结果，大家都不大敢讲了。"泼冷水"一词也就彻底冷忒。

有一个词要来特别讲一讲，那就是"冷饭"。

首先，吴语里，包括上海话里，"冷饭"的本义，很多人并不明白。不是冷了的饭叫冷饭，也不是残羹冷饭叫冷饭，而是剩饭即冷饭。

哪怕是大热天，一家人中饭吃好，锅里的饭还很热，也叫冷饭。

若问，夜里吃点啥？要么冷饭开水泡泡伊，要么拿点冷饭炒蛋炒饭。

所以宁波人有个老段子，叫："有一个大大的小顽，坐一把高高的矮凳，手里拿把厚厚的薄刀，要去偷火热热的冷饭。"

薄刀，实为"濮刀"。上海人讲法，老早浦东濮姓人家菜刀做得最好。刀背上刻有"濮"字以表信誉。我们浙江人讲法，嘉兴濮院人原来以做菜刀出名，故杭嘉湖宁绍各地，菜刀皆称"濮刀"。

这也是没有标准答案的事。

有了冷饭，就有"冷饭筲箕"。竹篾编成的，家家人家都有。吃剩的冷饭，马上盛进"冷饭筲箕"，盖好，挂在晾衣裳竹竿上。为啥？我外婆的讲法，一是防狗防猫防老鼠偷吃，二是防自家小孩偷吃，三是防家里下人偷吃。这最后一条，到得五十年前，也是一条罪状。分明看不起阿拉劳动人民。

有了偷吃，就有了"偷冷饭"这句俚语。

小辰光，都偷过冷饭吧。下午到跳水池去游泳，回来肚皮饿得要死。饼干吃光了,零食没有了,只好掀开钢锑镴子盖头(那时我家已不用"冷饭筲箕"),先扒忒两口。

其实,这样的"偷冷饭"倒还无所谓。问题是,"偷冷饭"一词有了引申义,而且无远弗届。

别人在打相打,你旁边出"冷拳头",胜之不武,叫"偷冷饭"。

别人在吵相骂,你旁边阴不阴阳不阳插两句,这也叫"偷冷饭"。又叫"戳冷枪""打冷枪""戳枪头""放冷箭"。

现在叫"补刀"。

还有一种"偷冷饭",特指男女婚前性生活。有吧。

老早工厂里经常可以听到:"侬春节要结婚啦?老实讲,冷饭偷过否啊,偷过几趟?"

回答是:"阿拉这种人嘛,总归先拉现钞,后开支票的呀。"

支票在此专指"结婚证书"。

对也对,古人云:"饮食男女,人之大欲存焉。"

还有一句,我也蛮欢喜,叫"烧冷灶"。

冷灶者,潜力股也。

做人不要太势利。一日到夜围着眼前红人转。只烧热灶,难免"大热倒灶"。如"小目标"先生。

也要学会"烧冷灶"。尤其阿拉老同志,要学会诚诚心心地给年轻人机会,帮他们的忙。将来,也许你有求人家的辰光。职场险恶，多个朋友多条路。

讲到此地，我想起我在哪本旧小说里看到过这样一句话。有一个上海"老江湖"被问到，何以你如此兜得转，要山有山，要水有水。他说了八个字：

"热灶一把，冷灶一把。"这才叫真真的辣手。老屁眼。

还有啥漏掉的？

哦，还有一句："冷水汏朓……"下半句自己接去。

拎弗清

"拎弗清"这句海上流行语，好像是在 1970 年代中期流布开来的。我记得以前不这样讲，而是讲"缠弗清""缠绕弗清""缠弗明白"。比如："吤小一眼事体侬哪能到现在也缠弗明白嗰啦。"

方言流行语这东西，来去如风，极难考证。不过，像这一句"拎弗清"，你出生时它还没有，你还在，它没了。假使它的来龙去脉，你都"拎弗清"，又怎么指望后人能"拎得清"。

网上说，这是一句宁波上海话，我齐巧是宁波上海人。别的证据我没有，但我可以负责任地说，我外婆是一个邪气欢喜讲言话的人，也欢喜学习新言话，我却从来没听见外婆讲过这句话。她是 1970 年代过世的。

L

也许那时候,"拎弗清"这句话已经开始流传,但绝没有到后来那种家喻户晓的地步。

"拎弗清"一语出现之前,这个"拎"字,倒是上海人经常用到的。

有过上海弄堂生活的侪晓得,去买小菜,般要拎一只杭州篮;去买米买面粉,不是二三十斤,只有五斤十斤,也就一只手拎转来;公用灶披间里,炉子上水开了,铜吊还要拎到楼上去冲热水瓶,因为吃茶在房间里;冬天介汰浴,热水还要用热水瓶或者铅桶到老虎灶去拎转来;假使是公用龙头,犄末连冷水也要一桶一桶拎转来。

顶顶要紧,每日老清老早,睏梦头里,弄堂里一声高喊:"拎出来吔!"家家人家侪要照办的。

不过,这个"拎"字,在上海言话里,至少有两种意思。

第一种是用手提物,刚刚讲的那些,大都是这个意思。

而"拎弗清"里的那个"拎",则不是提,而是掂。

比如:"只包老重嘚,侬拎拎看嗒。"

掂,上海人不讲掂,而讲"戥"(音顿)。有人考证过,讲这个字《广韵》《集韵》里就有:"戥敠,称量也。"《类篇》里也有:"戥揲,以手称物。"

弄堂里经常听得到:"侬跟我搭脉啊?也弗戥戥侬自家的分量。"

"戥分量"的讲法,据说最早出自行贩之间。比喻熟人之

L

间，货物无需过秤，一掂即知轻重。

后引申为识时务，懂规则，适应快等义。这也是后来"拎得清"的主要语义。

进而，"拎"又引申为提点、启发。

所以，讲一个人"拎弗清"，是"拎"过侬了，指点过侬了，侬还是懵懵懂懂。豁"赤膊翎子"侬也接不牢。所以，"拎弗清"这句话很重的。

而且，讲的辰光要重音在前，强调讲言话的人已经仁至义尽，有恨铁不成钢的味道。

如："辩朋友啊，实在是太'拎弗清'了。"

在上海这个地方过日子，格山水、识时务、懂规则、适应快是邪气重要的。"拎弗清"的朋友有得苦头吃了。

言话讲转来，要做到大事小情样样侪"拎得清"，倒也蛮难的。

举几个例子。

地铁上有一对退休女教师在聊天。

教师甲："哦哟，年纪真的大了，耳朵不灵，刚刚伊拉在教室里讲点啥，我一句也没听清爽。"

教师乙："侬哪里一只耳朵不灵啦？侬拿一只听得见的耳朵朝牢伊拉就好了呀。"

教师甲："嗨，我哪里晓得要用哪里一只耳朵朝牢伊拉，真是的。"

教师乙："侬也真是，年纪大嘛，一般全是右聋，侬是右面听勿见哦啦？"

教师甲："这面？这面？啥人弄得清爽。"

教师乙："侬下趟用左耳朵朝牢人家，晓得了哦？"

教师甲："有用么？有辰光好像全听大勿见……"

唉，其实一个人肯定是讨厌开会，而另外一个人还在拼命解释，哪能再听得明白开会的内容。

一个风趣，一个顶真；一个已自我解嘲，一个还穷追猛打；

好不尴尬。

同事之间有"拎弗清"的朋友。夫妻之间也有"拎弗清"的朋友。

妻："哟，侬回来得蛮早嗰嘛，今朝夜里没活动了吧？"

夫："没了，叫我也不去，吃也吃力煞了。"

妻："辐末侬沙发上去睏歇一歇，养养精神。我去烧饭。外套畀我。"

夫："侬今朝啥路道啊，态度瞎好嘛。"

妻："哦哟，侬身上味道重来，等歇睏醒了去汏只浴，顺大便胡子刮一刮，戳人否啊。"

夫："汏浴啊？我昨日刚刚汏过呀，又弗龌龊嗰啰。胡子刮伊啥体啦，夜里又弗出去搭人家香面孔。"

妻："侬言话多唻，叫侬刮么侬就刮。"

夫："我弗高兴。"

妻:"哼!……"

不出意外的话,等一歇在饭桌上,男人假使不当心拿汤汤水水洒在台子上,必然畀老婆骂,然后开始吵相骂。夜里睏沙发的可能性极大。

据说,这叫做"性信号不对称"。

这两个例子,基本上俦是好心也办不成好事体,可见,要样样"拎得清"也蛮难的。

现在不大讲"拎弗清"了。代替伊的是啥?

脑子坏忒了,脑子畀枪打过,脑子畀拉登的飞机撞过?

还有啥?老年痴呆,早老痴,中年痴呆?

现在的言话,粗是真粗。"拎弗清"已经算得粗了,相比之下,好像还有点味道。

唉,语言也在"屌丝化"的大道上奋勇前进啊。

落帽风

一位老友叫我写写"绿帽风"。

说实话,从小到大,我一直被"绿帽风"这三个字困扰。

记得小辰光,听大人说,某人特别忙,很难找到。好容易找到他,就会对他说,哦哟,侬哪能像"绿帽风"一样,呒难捉嗰啦。

不过,在宁波人绍兴人的家里,如果小孩子在各个房间里不断窜进窜出，一歇歇从大人肋胳胼下头钻过来，一歇歇又撞上了大人的腰，等一歇歇大人要去拿什么，小孩子又齐巧挡在他面前。大人就会呵斥道："做啥啦，像抲绿帽风吖？"

宁绍方言里的这个"抲"字，音 kuo，邪气生动。捉鱼叫"抲"鱼；游戏"官兵捉强盗"叫官兵"抲"强盗；弄堂里活捉了贼骨头，就"抲其到派出所去"。

以上两种情景里，"绿帽风"的意思差别不小。仔细想想，在"像一阵风""捉摸不定"这两点上，倒还是一致的。

不过，"捉摸不定"与"绿帽"之间又有什么关联呢？

想来想去想不通。

有人讲，偷人妻者，鬼鬼祟祟，自然让人捉摸不定。问题是，"抲绿帽风"者，到底是被戴绿帽子者还是偷人妻者呢？戴了绿帽抲绿帽，好像说不通；反过来，偷人妻者，躲还躲不及呢，更不会去抲因他而戴了绿帽的倒霉鬼，好像也说不通。

后来，看到一些关于包公戏的介绍了。那里面有关于"落帽风"的情节。想到宁绍方言中，"落""绿"同音，也许是这么过来的吧。

先说"落帽"。

"落帽"是有出典的。《晋书·孟嘉传》中记载：某年重阳，征西大将军桓温设宴龙山招待参军孟嘉及一班幕僚。席间，忽然刮来一阵怪风，将孟嘉的帽子吹落，但孟嘉当时并不觉得。恒温见状，不让别人告之，还命另一幕僚孙盛写文章嘲讽孟嘉。孟嘉看了文章后，当场答道："其文甚美。"于是，四坐嗟叹。

所以，后人说"龙山落帽"，是形容人气度恢宏，临乱不惊。

更有甚者，"落帽"还成了重九登高的典故。

唐诗里有"授衣之月，落帽之辰"（韩鄂）；还有"今朝落帽客，几处管弦留"（钱起）。

大诗人李白也写过一绝《九日龙山饮》："九日龙山饮，黄花笑逐臣。醉看风落帽，舞爱月留人。"

不过，到李白那里，还只是"风落帽"；而到了明末清初，著名戏曲家李渔在写他的《怜香伴》的时候，就变成了"落帽风"了。

《怜香伴》里有这么一句台词：

"【旦惊介】呀，你衣巾那里去了？怪来踪，为甚的科头来坐长松下，莫不是道遇龙山落帽风？"

而"珂落帽风"的说法，最早还是出现在包公戏里。

包公戏《狸猫换太子》很有名。不但京剧里有，苏州评话里有，越剧里也有，绍剧里也有。

绍剧里有这么一个情节：包大人"陈州粜粮"回京，路过陈桥镇，帽子忽然被一阵怪风吹落。包大人便问："什么风这么放肆？"

他的随从可能觉得包大人问得太好笑，便随口答了一句：

"落帽风呀。"哪晓得包大人气不过,立即就命张龙、赵虎:"搭去柯落帽风!"一定要将这股"落帽风"捉拿归案。

好玩就好玩在,是风吹落了帽子,要去抓的应该是帽子呀,怎么要去抓吹落帽子的风呢? 这种蛮不讲理的情节,也只有包公戏里才会有。

不过,这两名著名的捕快也不敢抗命,只好像没头苍蝇一样到处乱钻,结果把个"讨饭家子"范仲华捉来抵账。

包大人还真的升堂亲自审问。

审问中得知范仲华是陈州城里有名的孝子。十八年前,范仲华用 200 个铜钱在街上买来一个瞎眼老太婆,认作母亲收养。包公听了,便偿银赐归。

范仲华回家后将事情经过告诉了瞎眼老太婆。谁晓得,这瞎眼老太婆正是当今皇上的娘亲,因受奸人诬陷而流落民间。当瞎眼老太婆得知包公来到陈州,惊喜万分,马上叫范仲华设法将包公请到寒窑为自己申冤。

包拯得知真情后,与她假认作母子,将她带回开封。并设计让她与自己的亲生儿子宋仁宗见面,道出真相。当年诬陷她的刘氏虽然已贵为太后,晓得阴谋败露,只好自我了断。

这就是《狸猫换太子》的故事。

包大人本事真大,"柯落帽风"柯出了当朝皇帝的老娘,自家也因此做了宰相。

故事编到这种程度,真是"像风一样""捉摸不定"。

不过,问题好像还是没有解决。因为包大人"柯"的落帽风和我们平常说的"抲落帽风",意思好像还是有点出入,而且出入还不小。

看来,要想弄清爽"抲落帽风"的意思,比"抲落帽风"还要难啊。

美女哪能喊法

不晓得从哪一天起，最讲含蓄的我中土大地各到各处都满大街地追着各色女人叫美女，无论其环肥燕瘦、鸡皮鹤发，从霸道总裁到卖花老娘，简直到了一种无差别的境界。尤其近来流行垃圾分类，于是，见到女志愿者、女清扫员，你也要如此打招呼："美女，这是啥垃圾啊？"

也许是受到此类刺激，据说前日，某群突然抽风，莫名其妙地讨论起上海话怎么形容小姑娘长得好看来。于是就有人截屏过来，来问我了。

老革命也碰着了新问题。

前不久，我刚刚写过 44 种面孔难看和 99 种对人的贬称，并哀叹：上海话里，真是好话不多，坏话不少，而且大多数都嘲叽叽。正正当当表扬人家一句的，总是凤毛麟角，要像觅宝一样去觅得来。

就拿讲小姑娘好看来说，你第一个跳出来的单词是啥？能连续快速地跳出三五个来么？

好看，好看是题面，不算。

漂亮、卖相好（挺括）、敦样、雪白粉嫩、像剥壳鸡蛋、面孔嫩得揩得出水；加上形容小姑娘身材好的，条干挺、峰挺、前凸后翘、大的地方大小的地方小……

再写下去，又有人要讲我在开车了。

老实讲，除了那些貌似开车的，余下来那几个也不咋的。不信？我一个一个来分析。

敦样，讲的是长得端正。比如，讲一个小姑娘"长得敦敦样样"，你听了是什么感受？好像有中规中矩的味道吧。

卖相，这个就有点危险。以当下的语境，相是颜值，卖是变现。那么，讲你"卖相好"，就是在说，你的颜值可以变现哦。怎么变现？天知地知，你知我知。

据民间传说，"卖相"一词有两个出处。

一说是宁波话。宁波人最会做生意，样样当伊货色，样样论价钱。联想到对人的贬称里，就有一大堆是与货色有关的。死货色、烂货色、怵货色、老货色、邋遢货、烂肮货、垃圾货、蹩脚货、落脚货、大新货、大路货；还有宝货、缩货。都卖不出啥好价钿。

事实上，现在你去买小菜，行贩依然这样介绍："侬看呀，我两只番茄卖相勿忒好哦。"

另外一种传说是，一百年前，在苏州、上海的一些长三堂子里，一进门，在玄关处，就摆着一本照相簿，里面当然都是女校书的照片，随你挑拣，以相貌论卖价。

我这么一说以后，再有人称赞你"卖相好"，你会不会心头一凛呢。

好像只留下一个"漂亮"了。

这倒让我想起老早姚慕双周柏春讲过的一段独脚戏,是讲各地方言的。巧了,讲的就是各地方言怎么形容小姑娘长得好。

两位老先生学了五种方言。苏州人叫"标致",宁波人叫"挂书",上海人叫"漂亮",苏北人叫"好看",山东人叫"俊俏"。我想姚周两位老先生,事先一定是做足功课的。

标致的致,与敦样(亦源自苏州话)的敦一样,都是到达或达到的意思。用英文讲,就是 to the point。标和样都是 point,而致和敦,就是那个 to。可见,在苏州人眼中,美女是有一定标准的。到了,就是。没到,谈也覅谈。

宁波人的"挂书",现在似乎已经绝迹,非"濒危"两字可以描摹。但我们小辰光在弄堂里还是可以经常听到的。现在很多老宁波也讲,这种说法听到过,哪能写,还真是查不到。

那我只有瞎猜了。我把它写成"挂书",是在想有没有可能,宁波人眼中的美女,要像挂在墙上的画中人一般?

还有人问,"山青水绿"算不算?至少在我的印象里,上海人好像只讲"着(穿)得山青水绿",不讲"长得山青水绿"的。青绿二色,一与皮肤搭界,总归有点吓势势的。还有人写成"三青四绿",我也是佩服之至的。

有位老苏州提醒我,苏州人还有称赞小姑娘长得"细气"

的，这让我想起我们宁波人也常常称赞小姑娘长得"细巧"。

必须指出，这个"细"字，是的的刮刮的东方审美，而且是近四百年来的江南审美。一个"细"字，要拦出多少牛眼女汉子。因为这个"细"，不但是眼睛鼻子嘴唇线条细、腰身细、十指细、手相细、骨相细，还要讲话细声细气。

讲个小故事。

五十多年前的一个夏天，我陪外婆乘凉。闲来无事，外婆指着到隔壁人家女儿家来玩，并一道乘风凉的两个女同学问我，侬看啥人更好看。

我毫不犹豫地指向同学甲，因为眼睛大。外婆轻轻叹道："唉，小鬼啊，弄错了，还有一个（同学乙）细巧啦。"

多少年后，我才悟出，"细巧"里面，已经包含了小姑娘的气质了。

唉，讲起气质美女，在我们的日常生活中已经很难很难见到了。

那就顺便聊聊，怎样才算得上美女气质呢？

我以为大致有这么三条。

第一条便是目光迷离。

人生本来就是一种"不确定的真实"，只活一次，赛过没活过。因此，只有迷离才与之相映照。

然而，在有些国家，励志泛滥，竞争充斥，女人（男人亦如此）的人生目标在"起跑线"上就坚定无比，非"钱"勿扰，非"成功"勿扰——于是，眼神就再也无法迷离了。

第二条是"不知道要怎样才好"。

这一条可以算是"目光迷离"的出发点和归宿吧。

因为"不知道要怎样才好"，所以"目光迷离"；也正因为"目光迷离"，心里必然"不知道要怎样才好"。

而且，正因为不知道上天为什么要把美丽赋予自己，所以也就不知道要怎样将自己的美丽来回馈天地。

美女到这个世界上来，就是像观音大士一样，是来度人的。没有慈悲，就没有温度，只剩下地狱般的冷艳了。

如果很早就太知道自己要怎样才好，事无巨细，一律色色清，比如哭也只到宝马车里去哭，那就必然一脸僵硬，毫无气质可言了。

第三条叫做"不设防"，英语里有个词，叫"vulnerable"，大致就是这个意思了。

这一条与第二条也有些关系。因为"不知道要怎样才好"，所以也就不知道该不该设防，如何设防；因为总想着度人，要将美丽回馈天地，所以也就不可能设防。

不设防，其实就是大气。如若顾影自怜，爱惜羽毛，一举手一投足便是一副"油漆未干，请勿触碰"的小家败气的样子，那还何美之有，更遑论气质了。

讲到"vulnerable"，干脆讲讲英文里形容小姑娘漂亮的词语吧。我的老师曾经在黑板上写下过一串单词，据他说还是递进的呢：

Pleasant-good looking-pretty-beautiful-beauty。

我很喜欢 pleasant 这个说法，因为绝大多数女子确实只是长得令人愉悦，现在叫"讨喜"。另外，到了 good looking 这一级，也还无涉气质。

至于 beauty，用名词来形容，从来就是最高级的。它就是那个标，那个样。现在叫"本尊"或"美丽本美"。

可以举个旁例：

She is qualified.（她很有素质。）

She is of qualification.（她就是素质本"质"。）

说到底，美，就是回归自然，拒绝造作。

天生丽质，那丽质就该是像天生出来的那样。那才是要致的标，要敦的样。偏要逆天而行，人为地去表现出好看来，貌似自重，实为自毁。

美女与美女气质也如清流，环境被污染了，水土便无法保持，清流就变成滚滚浊流了。而要让浊流返清，谈何容易。

更何况，现在还有了化妆、整容、 P 图、滤镜，让"人造丽质"变得如此廉价，夫复何言。

二十年后上海人怎么称赞小姑娘长得好看？

"侬老会得弄嗰嘛！"

面孔

有一句经典的上海骂人言话，叫做："夝侬只面孔！"

夝面孔固然不好，要面孔也要看哪能要法。比如，也是一句骂人言话："吊煞鬼拍粉——死要面孔"，那还是算了。

一骂骂了上百年，也没有人去忖一忖，为啥全国各地都说"不要脸"，唯独上海要讲"夝面孔"。

记得我读小学时，一下课就在弄堂里狂奔，嘴里唱着各种流行的童谣，其中有一个就是：

> 红面孔关公，
>
> 黑面孔包公。
>
> 猢狲面孔孙悟空。

好像还有几句别的，实在记不起来了。

有些"面孔"慢慢地被北语同化，变成了"面子"。

比如，老早上海人托人办事叫做"卖面孔"。办成了事体想谢谢人家，人家就会讲："谢啥啦，俵娘舅只面孔几花大啦。"

现在听不到了，现在上海人也改讲"卖面子""面子大"了。

有些还是改不了。

比如"板面孔"，就是"拉下脸"来的意思，还是叫做"板面孔"。

甚至于从"板面孔"衍生出"一只面孔板板六十四"来。其实"板板六十四"是指一成不变，跟翻脸没关系。

还有做"红面孔"、做"白面孔"。劝人的常用手段。

被劝者一旦识破，也可能"板面孔"："倷一个红面孔，一个白面孔，一搭一档唱双簧是否啊？我才不上当呢。"

除了上面提及的"猢狲面孔"，上海言话里还有几副不大好看的面孔。

曰"讨债面孔"。另外一句上海言话就叫"欠伊多还伊少"。天天拉长着脸，看谁也不喜。

小孩子缠着大人，要抱要买玩具要坐电马要吃糖炒栗子，也常常会被大人骂："好好叫讲，一天到夜一只讨债面孔啥体啦。"小孩又叫"小讨债""讨债鬼"。

曰"撒污面孔"。这只面孔用途很广泛。

一脸紧张，不知所措，是一种"撒污面孔"；一脸死腔，面无表情，也是一种；谁也不睬，唯我独尊，又是一种。反正"撒污面孔"是全世界最难看的面孔。

曰"朝南面孔"。也就是衙门面孔，爱理不理。

八十年前，有人列出一张表来，历数各种"朝南面孔"，不妨一看：

> 典当朝奉对穷人；
>
> 巡捕对黄包车夫；
>
> 邮政局员对寄信人；
>
> 大班对苦力；
>
> 火车站卖票人对三四等乘客；
>
> 报馆会计员对领稿费人；
>
> 老鸨对野鸡；
>
> 银行职员对零星储户；
>
> 小人得志的一刹那。

八十年过去，有了改变么？

我特别喜欢这一条："报馆会计员对领稿费人"。爬格子的人心里最明白了。

这面孔那面孔，九九归一，还是绕不开一开始就提出的那个问题，那就是，上海人为啥用"面孔"来称呼"脸"？

有人说，面上侪是孔啊！眼孔鼻孔耳孔，无孔不成脸嘛。

更有人经过仔细考证，说，把从来不通的肚脐眼和时通时不通的乳眼都算上，每个人身上总共只有十二个孔眼，其中一半以上，七个孔眼都在脸上，不叫"面孔"叫什么？

还真驳不倒。

面孔难看哪能讲

没啥别的意思，只是觉得，很多活泼生动的老上海话，现在几乎没人讲了，有点可惜。

形容面孔难看，只是一个"荫头"。我暂时借来派派用场而已。

真要认真讲起来，一个人，面孔要长得好看，岂止百里挑一，不是千里挑一嘛，也起码是五百里挑一。

所以，面孔不好看是常态，大可坦然处之，而不必心有戚戚焉。

这里面，也要分。形容词么，也分前缀后缀。

有一些是可以直接与面孔对接的。

比方讲，**讨债面孔、隔夜面孔、吊煞鬼面孔、糊狲面孔、撒污面孔、蛮娘面孔、死人面孔、杂夹种面孔、刮讪面孔、慧瓩面孔**。

"讨债面孔"，一般是指，看随便啥人也不入眼的面孔。上海话里专门有一句来解析讨债面孔，叫，一只面孔，看上去就是"**欠伊多还伊少**"。

这正是上海话的精彩。讨债面孔还要分层次：欠而不还的，伊畀侬看只讨债面孔；积极还款，但一时能力搭不够，还有积欠的，伊也畀侬看只讨债面孔。这也太不厚道了吧。

"隔夜面孔"，望文生义么，就是睡眼惺忪，牙齿没刷面没揩。引申为疲惫、无精打采。

上海人讲早上不揩面的小囡叫**"猫面"**。我从小被家母骂："嗰小顽咋啦，猫面就走出去啦。"小囡侪有点"赖揩面"的。

与隔夜面孔相近的，还有"一只面孔**睏不醒**"。不过，讲面孔"睏不醒"，还有别的意思。眯起眼，张不开，也叫"睏不醒"。更加撮揢的讲法是**"天不亮"**。这也是上海话的特点，七绕八弯，结果在别的地方等着你。

"吊煞鬼面孔"，有不把你吓死决不罢休的意思哦。讲穿了，就是不像人面孔。

在上海话里，不像人面孔的讲法，还有不少。

比方讲，"一只面孔**像赤佬**"。民间理解，"佬"也是鬼，赤是红色，蛮像"吊煞鬼"拖出来的一根舌头。

上海人还常常这样讲人："哦哟，一只面孔吓'**神抖抖**'啥体啦。"或者："咦，哪能一只面孔'**鬼祟祟**'啦？"神与鬼，也都不是人。

小囡白相得太开心了，面孔弄得龌龊扒拉。家长就讲，还不回来汏面，一只面孔像"**野狐脸**"。狐狸当然不是人，野的更加不是。

小姑娘化妆过分了，叫"一只面孔**妖形怪状**"。妖怪当然不是人。

讲"一只面孔**像猪头三**",其实是指人的贱。猪也不是人。

而讲"一只面孔**肉膈气**",也肯定不是讲人肉,多半是猪肉。这里"肉膈气"的意思,几十年来,我一直也无法对北方朋友解释清爽。现在好了,它指的正是"中年油腻"。

还有"猢狲面孔"。猢狲还没变人就不是人。据说最早是指拱嘴,也指表情多到停不下来的朋友。顺便说一句,老早上海家长骂小囡"猢狲精",真的有"还没进化好""不像人样子"的意思。

人就要有人样子。虽然是人,却没有人样子,也会被视为不是人。

因此,讲"一只面孔**恶形恶状**""一只面孔**贼头狗脑**""一只面孔**贼忒兮兮**",都没把这种人当人看。

讲"一只面孔长得**歪皮洞宫**",也是讲,本来是人,结果长得不像人了。

"撒污面孔""蛮娘面孔",都有不给人家好面孔看的意思,程度不同而已。

有道是,"面孔一板,黄先生出来",其意自解。至于"蛮娘面孔"么,当然还有"蛮爷面孔",要看指的是男是女,所以只算一个。其意皆为,侬又不是亲生的,待侬咻好啥体啊。

与此相类的,恐怕还可以举出一些来。

比较著名的是"一只面孔**像刮过浆糊一样，板起之**"。要晓得，老早裁缝做衣裳，侪要先上浆的。一上浆，就板牢了。一只面孔就此"**板板六十四**"。

比"刮浆糊"更甚的，是"面孔**铁板式**"。而比"一只面孔板起之"更甚的，则是"一只面孔**噇起之**"。

写到此地，我很想到庙里去烧香，参念各位到窗口单位办事体，顶好不要碰着这种面孔。

"死人面孔"其实也有上面讲到的那种意思。

不过它还有一解，就是因为生毛病而面色难看。比方讲上吐下泻，比方讲胃出血，等等，一只面孔"**葛潦丝白**"，侪可能被看作"死人面孔"。

"杂夹种面孔"，是指转基因没转好的面孔，赛过基因编辑脱靶。否则，上海人就不讲"杂夹种面孔"了，而是讲"外国人面孔"，那才是褒义。

"刮讪面孔"，指有种人肚皮里存不牢事体，一吓就会讲出来。现在讲法就是"怂"。

"戆朊面孔"就用不着解释了。

有些讲面孔难看的，虽有贬义，总还是依据了基本事实的。

比方讲，老酒吃得醉醺醺，才会讲侬"一只面孔**像关**

公"；皮肤颜色太深，才会讲侬"一只面孔像黑炭"。长得"凹面冲额骨"的，才会叫"一只面孔像撒屁豆"，也就是赵本山讲的"猪腰子脸"。

用数字形容面孔难看的也不少。

比方讲，"一只面孔长得幺二赋角""一只面孔长得不三不四""一只面孔长得五颜六肿"、"一只面孔长得七撬八撬（裂）"；也有讲"一只面孔长得不二不三""一只面孔长得猪五杂六""一只面孔长得七歪八畸"。

也有自嘲的讲法，现在叫"自黑"。

我在石库门弄堂里，听到过不止一个人这样自嘲寻不着女朋友的："哦哟，有啥讲头啦，侪怪爷娘生活没做清爽呀。"也有叫"生活粗糙"或者"生活弗灵光"的。

我在花园洋房沙龙里，也听到过有名人这样自嘲："上帝在造我的辰光，打了一只瞌充。"

最辣手的讲法，我以为是这两种。

一种叫，"一只面孔长得隔夜饭也呕得出"。各位自己去想象。

还有一种叫，"一只面孔长得像只踏瘪忒咽夜壶（痰盂罐）"。其实，上海人讲"搨扁夜壶"就是这个意思，讲得快一点而已。

需要说明的是，有三种是我故意不收进来的。

有人讲，"面孔皮蛋色"。其实是"额角头皮蛋色"，指印堂发黑，有霉扫星下凡。

还有人讲，"面孔地牌式"。其实是，"眼睛地牌式"。扔色子，两个六点为天牌，两个一点为地牌。"眼睛地牌式"，大致是"眼乌珠定漾漾"的意思。比方讲："哼，小鬼，勥看侬现在狠三狠四，倷爷转来侬就'眼睛地牌式'了。"

还有人讲，"聪明面孔笨肚肠"为啥不算？因为它与面孔好看难看无关。你想呀，就算伊一副笨肚肠，戆得臭要死，一只聪明面孔还是可以看看的呀。

说不定还是一条锦鲤呢。我就集集追看。

模子

"模子"，沪上切口。密传于"文革"初年，至1970年代中，已成巷间俚语。

据坊间所谓"老克勒"讲，1949年前已有此语，传于帮会成员之间。

因帮会普通人员皆底层劳工，1950年代普遍有翻身感，故自觉弃用旧语，喜用新的革命语言，故一度不传。至"文革"，属沉渣泛起。

查"模子"一语，最早作"码子"。

其衍变之来源大致有三。

一曰"筹码"之"码"（沪语音磨）。

昔日黄浦滩，码头工人装卸货物上下船，须走又长又窄之跳板，肩扛手扶，口含竹筹（亦称"竹签"），以为凭证。到时计货物数，算工作量，皆凭此筹。

竹制筹码一度应用甚广。

面摊上吃面有之，老虎灶泡开水有之，老式弄堂公用水龙头有之。

一只洋铁罐头吊在龙头下，须先将竹筹扔进，且要扔得响，"哐啷喤"一记，以示确实扔过了，不是"揩油"，再开龙头放一铅桶水拎转去。

直至1980年代初，始渐绝迹。

一曰"砝码"之"码"。

沪上很早就有化工业之实验室，还有大大小小的金铺无数，对砝码之运用与认识，亦逾百年。

"砝码"可称任何东西，于是任何东西皆可称为"码子"。

如戏单上的一出戏，亦称"戏码"。"今朝夜里有啥嗰戏码？"

谈生意开价钱，亦谓："侬准备定啥嗰码子？"

还有一句，"一码归一码"，意为事体先要分分清爽，再一桩一桩地谈。

至于"码子"如何从指称任何事，衍变为指称任何人，就要说到它的第三个来源，"号码"之"码"。

老上海，在外国人公司（即今外资企业）里做过生活的人都知道，职工之间互相不喊姓名，而喊工号，即"号码"的。

直至1980年代中期，上海的公共汽车和电车上的司机与卖票员依然以工号相称，盖因上海的公交公司前身是英商电车公司。

在终点站上车后，等车子开时，常常可看到如此情景：

男司机女卖票员说说笑笑走出调度室，男司机绕道外档，女卖票员则跳上车门。第一只动作就是拿出两块铅皮牌子插在卖票员位置的上方，一块是司机的，一块是自己的，上刻四位阿拉伯数字。

"5736号，"女卖票员问，"侬明朝做啥咽车牌（即班头）？"

"我么老花头，两头班，早夜高峰侪轧进，触霉头哦啦。"

我入行媒体第一年，就有幸负责报道公交条线，据我观察，男女司售谈恋爱了，依然以工号相称！

公交喊号头在明里，很多厂里其实也有只喊号头不喊名字的传统。

所以，号码就是人。换言之，"码子"就是"人"，啥咽"码子"就是啥咽人。

"码子"一旦用来称呼人，立马就五花八门样样有了。

如寿头码子，瘟三码子，小刁码子。

还有三光码子（脱底棺材，类似现在"月光族"）；

吃精码子（吃肉专拣精肉吃，喻只拣便宜不肯吃亏之流）；

吃斗码子（即以自残斗狠出道，身上刀疤无数之痞子）；

朝阳码子（店家老板或账房先生，因旧时店铺内只有一只位置是朝南，晒得着太阳的）；

连档码子（合伙骗人的，即今"绲边"者）；

格党码子（即"这个人"或"这样的人"）。

当下上海人称赞人有种，会讲"伊真是只模子"。

虹口体育场就经常会响起"根宝，模子！"的喊声（徐根宝是沪上著名足球教头）。

巧了，一百年前，"格党码子"其实也是这个意思。

有句著名的洋泾浜就叫做"格党码子拿摩温"！

翻成英文即：This man is Number One.

再翻成上海俗语便是：迭个家伙是头挑哩咽货色。

需要补充的是，1980年代以后，上海人将"黄牛"称为"打桩码子"。

从早到晚，站着那里不动，酷似木桩一根，故名之。

然而，"文革"中"打相打"叫"配模子"的"模子"，与上述将任何人都称为"码子"的"码子"之间，还有一个衍变过程。

“配模子”的“模子”最早是指身坯。身高马大叫“大模子”，瘦骨伶仃叫“小模子”。

“配模子”的原意，就是拿身坯来比大小。很多时候，身坯小的不买账，所以加比摔跤。

说到坯子、模子，毫无疑问，来自制造业的术语。

一百多年来，上海制造业曾经是海内最发达的。

不管做什么产品，都要先翻砂开坯铸模子，模子好则产品好。

模子往往是上下两块，又称“哈夫（half）模”。两块合拢才是一副模子。

在工业实践中，配模子就是将开好的两爿模子合一下，看配得上配不上。配得上的才算“模子”。

学生意的小年轻终于能独立开出模具了，老师傅就会很克制地赞扬道：

“喏，倷大家来看，迭种模子么还好算只模子。”

厂里产品出质量问题了，老师傅又会说：“搿哪能弄得好啦，模子本身就已经开歪忒了。”

工业与手工业的不同处，就在于工业是讲批量的。模子合格，一大批产品都合格。俗话说，侪是“一只模子里刻出来的”。

后来，爷伲子、娘囡唔、兄弟淘里、姊妹淘里面孔长得像，也叫"一只模子里刻出来的"。

从"码子"到"模子"，其流变虽颇难捉摸，还是有迹可寻的。

筹码也好，砝码也好，号码也好，跟"模子"一样，都是一种标准。

标准就是规范，就是规则。上海就是一个最讲规则的地方。

现在流行一种说法，叫做"三流企业做产品，二流企业做品牌，一流企业做标准"。

做标准的人家就是在定行规，当然是遥遥领先的。

上海人老早就晓得这个道理了。

身为厂里的老师傅，会做产品不稀奇，会做模子才稀奇。

模子就是标杆啊。

所以，做人要做"模子"，要是"模子"。

上海话的腔与调 下

畸笔叟 著

上海文化出版社

目录

N

"捻弗开"与"拿不出手" 370

廿三祭灶，倭豆咬咬 375

"娘冬菜"和"娘希匹" 380

娘舅 384

侬讲得好 388

"弄"字的老上海话 392

P

派斯米 398

盘迓猫猫 403

"跑"字的老上海话 406

"配模子"和"拉场子" 413

"皮"字的老上海话　420

Q

棋牌里的老上海话　428

"前世"与"投胎"　429

枪篱笆　434

"腔"与"调"　439

敲定　443

缲边模子　448

翘辫子　454

穷人先出世　458

球戏里的老上海话　461

R

"饶"字的老上海话　466

"日脚"及其他　469

"肉"字的老上海话　476

S

三字经式的老上海话　482

三字经式讲毛病　489

三字经式讲人体　494

三字经式宁波话及其他　496

"商量北寺塔"及其他　502

上只角　504

神抖抖　511

"势"字的老上海话　517

收骨头　522

"四时八节"及其他　528

"塑料铅桶"及其他　533

算盘里的老上海话　536

T

台面　542

淘浆糊　549

提手旁的老上海话动词　555

童谣　559

"头"字的老上海话　567

投五投六　570

"推扳"及其他　574

"暾"与"氽" 579

拖、多、破、磨、露 580

脱忒链条啯猢狲 583

W

无事不登三宝地 590

X

鲜格格 596

"香蕉苹果马铃铛"及其他 599

小辰光的老上海话 601

"蟹"字的老上海话 604

"寻"字的老上海话 609

眼睛地牌式 614

眼眼调 619

洋泾浜 621

洋泾浜的宁波小调 624

洋盘 629

"洋"字的老上海话　632

要死快了　638

爷叔　641

野鸡　646

一簪不簪，先浸笋干　649

有数　653

远开八只脚　657

张家姆妈叫一声　664

"赵"与"嘲"　670

"猪五杂六"及其他　672

逐落羹　674

转弯分大小　677

做人十大窍坎　681

"做生活"与"吃生活"　685

上海话惯用语检索表　689

"捻弗开"与"拿不出手"

话要从前两天的一次聚会开始讲起。

大家都是为电台电视台服务过的新老同事。

现在聚会,有两桩事体总归是逃不开的。一个是拍菜晒朋友圈,另一个就是合影。

合影往往也会合出一点花头来。

这次就是。

第一张明明大家都笑得很开心,完全可以 pass 了。偏偏有一个人比了心,因此就有人提议讲,大家都来比心,再拍一张。

一时间,大家并未觉得有何不妥。

等到照片发到朋友圈,电台的小林看到了,便留言道:

"三个男人手势全错了。"

再一看,我们哪里是在比心,分明在数钞票。

于是大家互相留言,欢笑了小半天。

我是笑不出来。不光因为我是他们的嘲笑对象,而且,这个手势让我想起了五六十年前一度很流行的一句上海话,叫"捻弗开"。

这个手势与比心的共同点在于,手指间是相互接触的,所以称之为"捻弗开"似乎更为贴切。

相对而言,"数钞票"就有点"无实物表演"的意思了。

　　"捻弗开"啥意思？大致是手头拮据，略觉窘迫的意思吧。

　　那为啥手头拮据要叫"捻弗开"呢。

　　因为老早钞票的票面也小，10元为王。弄弄就老厚一叠，其实钱数并不大。

　　若有人问，你这一叠是多少铜钿啊？厚的时候当然理直气壮，捻成一个扇面来卖样弗煞；薄的时候就缩手缩脚了，因为没啥捻头，一塌刮子没几张。

　　当年流行"36元万岁"。三张10块头，一张5元头，一张1块头，再加毛票，一共也没几张，实在是不好意思捻开来界大家看的。

　　所以碰着有人问侬借钞票，侬只好讲："朋友，弗好意思，我自己近枪把也捻大弗开。"

　　有人讲，"这两日，'开瑞'里一件派克大衣只卖一百零几元，全毛轧毕丁的，合算得不得了，快去买呀。"侬也只好笑笑，因为袋袋里实在捻弗开。

　　久而久之，"捻弗开"就成了拮据、窘迫的代名词。

　　谁也没想到，三十年风水轮流转。

　　当年"捻弗开"的朋友突然做起个体户来，日进斗金。不光到随便哪里都没有"捻弗开"的窘迫，连两个个体户吵吵相骂，也开始比赛撕10块头，啥人先手软，啥人算输忒。

　　新的流行语是："啥？侬迭眼也好算钞票唖啊？阿拉可以

拿'10块头'敲昏侬只骷榔头!"

狠得一天世界。

又过了三十年,出门不带钞票了。

习惯动作还是改不掉。依看,拍拍照,比比心,我们这些曾经"捻弗开"的"老前辈"就露出马脚来了。

顺便再来讲讲"拿弗出手"是怎么一回事。

讲起过年走人家,总归要送礼送红包,这也算是老规矩了吧。

这礼这红包,拿是啥人侪想拿的,不过总归也要客气两句。

"哦哟,侬哜客气啊,用弗着嗰用弗着嗰。"

"哎呀,一眼眼,小意思,拿弗出手嗰。"

这个"拿弗出手",关乎数量。

到人家屋里吃饭,总归也要客气两句:

"哦哟,阿嫂真来讪,两只热炒味道一级了,没言话了。"

"侬讲得好,我是瞎烧烧嗰,家常菜,拿弗出手嗰。"

这个"拿弗出手",关乎质量。

现在很多聚会流行互赠礼物。第一只开开来就是香奈儿香水,其他人只好讲:

"喏，侬迭能一来兴，阿拉侪拿弗出手唻！"

这个"拿弗出手"，关乎档次。

还有关乎礼节的。

前几年的一个年初四，与岳父一家一起吃年饭，多年不见的姻表兄姻表嫂也来了，大家自是格外高兴。

以前内子与他家之间走动很勤，后来大家忙，一晃就是多年未见。因此姻表嫂没见过我们的小外孙女。

姻表嫂是老法头人，第一次见到隔代的小辈，第一反应就是把自己的手伸进袋袋里，摸摸索索拿出钞票来，嘴巴里还要解释：

"哦哟，弗好意思，我事先一眼也弗晓得，乃末弄僵，红包（指红纸头包装）唔没，辬哪能拿得出手啦。"

赤裸裸的钞票总归好像还是有点礼节上不够道地。

说到这个细节，很多人都想得起来，老底子是有这个"见面礼"的规矩的。

老辈人第一趟看到小辈人，尤其过年期间，而且隔一辈，是无论如何也弗好空手的，随便哪能也要畀两钿，多少是能力，有无是道理。

后来不断简化，加上 1960 年代以来的移风易俗，钞票不畀了，也要抓几粒糖、一把瓜子花生、一样水果来代替。

年纪再上去点的上海人也许还会记得：这几乎像一只规定动作，一碰着第一次见面的小辈，右手马上伸进自家袋袋里去摸钞票。

哪怕忘记带钞票，这个样子也会习惯性地做一做。

家父告诉我说，真正的"拿弗出手"，关乎的是有无。应该"拿得出手"的辰光，实在"拿弗出手"，才是真尴尬。

而且，这也是"拿弗出手"这句话的最早的原意。其他关乎数量、质量、档次或礼节的，都是后来的引申义。也变成一种客套了。

家父说，有些年月，或战争，或运动，大家的日子都不好过。不过随便哪能，规矩弗忘记，面子也总归还是要的。

尽管晓得自家穷了，阮囊羞涩，平时走路都绕道，过年辰光更怕碰着熟人，也总归有避也避不开的尴尬。

动作已经有惯性了，一碰着初次见面的小辈，手还是马上伸到袋袋里去，无奈袋袋里既没钞票也没吃食，只好苦笑笑，对小人讲：

"哦哟，囡囡听乖，今朝迭个外公做得来有点难为情唻，乃末真正叫做拿弗出手了。"

规矩是不能空手，所以他的那只空手只好一直插在袋袋里，随便哪能也拿弗出来了。

这十几年，大家手头都比较松，出手也特别大。不要讲一点点压岁钿了，六七万一平方的房子也随买买，美国日本当娘家一样经常跑，回来电饭煲马桶圈从吃的到拉的一条龙样样不缺。

不过，拿得出手的现在，袋袋里却不带钞票了。万一碰着小辈哪能办？

只好讲："囡囡啊，侬嗰两维码挂在啥地方啊？外公来扫侬。"

廿三祭灶，倭豆咬咬

眼睛一眨，今朝已经是腊月廿三了。

宁波人讲法，"廿三祭灶，倭豆咬咬"，意思是，今朝送走灶王爷以后，就是过年的气氛了。大家喝喝茶，聊聊天，咬咬倭豆，多少悠闲。

"倭豆"，就是蚕豆。廿三祭灶咬的倭豆，当然已经是晒干后炒过了的，并非新鲜蚕豆。

据说，当年因为海上倭寇总归在蚕豆上市时节来骚扰沿海，宁波一带乡民击退倭寇以后，竟然无以为庆，那就炒一碗倭豆吃吃吧。很有点"壮志饥餐胡虏肉，笑谈渴饮匈奴血"的意思吧。

干蚕豆，上海人叫"撒屁豆"。此物确实利于排气。所以，我小辰光以为，倭豆的倭，大概就是"无厘头"的意思呢。

余生也晚，基本没有看全过这项据说从周朝就延续下来的祭事，多是儿时从外婆口中听得来的。

　　也是条件有限。

　　老早乡下头，一家人家一只大灶头，还有地方挖一只龛，或搁一块板，摆一尊灶王爷。再穷再懒，至少也有地方，宽宽舒舒贴一张灶王爷的肖像。

　　后来大家都进城了，而且多是七十二家房客，公用灶披间。七八家人家，煤球炉子上方都摆灶王爷，成何体统。天天烟熏火燎，邻舍与邻舍还没吵相骂，灶王爷与灶王爷也要打起来快了。

　　后来，大家搬进新工房了，甚至公寓了，豪宅了，灶披间是独用了，灶王爷还是没地方摆。

　　总不见得贴在脱排油烟机上。

　　一样贴么，也不贴这个糟老头，现在要贴，也要贴肖战、王一博。

　　再不济，贴一贴杨超越这条锦鲤，碰碰运道也好，管伊男的女的。

　　喜欢这些偶像的粉丝们也不必生气。

　　至少一千多年来，老百姓对灶王爷其实也不是那么毕恭毕敬的。

　　有皇帝的地方，老百姓对骂不得的人，一律予以戏弄。

　　老早叫胡调，现在叫解构。招牌一换记，立刻高大上。

外婆告诉我，老百姓心目中的灶王爷不是什么好东西，天天盯牢我们的灶头，样样侪被他看得去了。

到了今朝，他要回去向玉皇大帝汇报工作了，因为他是玉皇大帝派来的"九天东厨司命灶王府君"，这头衔，只比孔老夫子短了一眼眼。

什么汇报，就是去打我们的小报告啊。却原来，灶王爷一年到头都在"潜伏"啊。什么"人间监察神"，我看要么"灶间余则成"。

幸好民间有的是智慧。因此，几乎所有祭灶节的礼仪和手段，都是"危机公关"。比现在的很多官家商贾做得好多了。

比如，先给你立法。

写副对联贴在左右两旁，曰"上天言好事，下界保平安"。

哼，让你也像我们的官办媒体一样，只能报喜，不许报忧，只可正面报道，不许舆论监督。

当然，好处总还是要给你一点的。

你临走，豁赤膊翎子要我们送送你，本来就是明当明地吃拿卡要，跟社会上的"七所八所"毫无区别。

我等久经考验，岂能看不懂。

不过，你回天上去，车马费是没有的，现在大家现金流紧张，我的小黄车押金到现在还没讨转来呢。

放心，我们会提供交通工具。反正你也长得小样，那就杀一只鸡吧，权当是你赶路的马。料想这鸡也跑不快，最好你还没回到天上，玉皇大帝的御前会议已经开好了。

供品里有酒，你也不要想多了，那是要灌醉你，让你神智不清。

供品里还有糖，你也不要想多了，那是要粘住你的牙，让你到时候无法开口。

至于"猪头烂熟双鱼鲜，豆沙甘松米饵圆"，那也只是摆摆样子，等你一走，悉归我等自家享用。

据说宋朝以降，灶王爷就开始这样在民间沦为了被戏弄的对象，再也一本正经不起来了。

原来，所谓官场娱乐化所来有自，源远流长啊。

需要强调的是，民间祭灶，家里的女人只是忙着准备。

等到万事俱备了，外婆就会把我们男小顽叫过来："来呐，给灶王爷磕头。"

我们当然不肯轻易就范，总归要问一个为啥。

外婆就讲，你平常间吃饭没落忒过饭米糁么？灶王爷肯定看见了，所以要去求他不要告诉玉皇大帝。

我们又问，外婆你吃饭也落忒过饭米糁的呀，你自己为啥不先磕头呢？

外婆讲，女人从来不祭灶的。为啥女人不祭灶呢？外婆不响。

只好问弄堂里爷叔。爷叔讲，小鬼啊，你这也不懂啊。

祭灶王爷，只可物贿，不可色诱。

有道是，十个贪官九个色，灶王爷岂能例外。

侬看，这灶王爷一只面孔长得像个小白脸，万一他起了"吃豆腐"的心哪能办。

却原来，现在的直男日日担心快递小哥、外卖小哥、健身教练以及各种修理工会起"吃豆腐"的心，老早的男人除了担心庙里和尚、算命先生、江湖郎中、裁缝师傅，还要担心灶王爷起坏心啊。真是太"南"了。

祭灶前后可有三日，俗称"官三、民四、家五"，即官府祭廿三，百姓祭廿四，水上人家祭廿五。

我只记得，祭完灶王爷，家里男人便开始天天吃酒打牌豁拳，直到年三十夜。

一般从上午的十点敲过就坐下来，先搓四圈麻将。冷菜上来了，就开始吃酒豁拳，可以一直吃到连着晚饭。

一点家务也不用做，想想真幸福。

下酒的菜有点啥呢？一般都是一些边角料。酱肉腌好了，看看今年腌得哪能，切两片下来咯咯味道。乡下亲眷送来的鳗鲞，边上扯点下来试吃一番。带鱼的尾，海蜇的头，断的蟹脚，小只泥螺，俫是好货。

老早人家既讲究又做人家。年夜饭以及年里请客，用的冷盆侪是正当正舒，切得四四方方。孔夫子曰："割不正不食。"七歪八畸的部位，正好先切下来，应付年前。自家人吃，就不讲究了。

我们小囡也开心，嘴巴馋了，便时不时地凑到桌边去，做父亲的不肯给，爷叔娘舅总归好讲言话，弄两块鸡鸭鱼肉嗒嗒。

不管啥人麻将和了"拦止"，马上问伊讨个三分五分，奔到弄堂口去买小炮仗劳什。

侬看，灶间里，女人们在忙活在谈笑；客堂间，男人们在劝酒在豁拳；天井里，孩子们在奔跑在嬉闹，俨然已是过年气氛。

所以祭灶节又称"小年"。

记牢重点：这一切，侪只发生在灶王爷，也就是那位"灶间余则成"去开御前会议之后。

这就叫"谢谢侬，拜拜侬，开年卖忒侬"。

民间狡黠，莫此为甚。

"娘冬菜"和"娘希匹"

"娘冬菜"和"娘希匹"是两句上海弄堂里的粗口，正因为它们是粗口中口味较淡的那种，因此流传得更广。男的可以讲，女的好像也可以讲。小户人家可以讲，读书人难般讲讲，好像也不怎么太有伤大雅。

于是，就这样稀里糊涂讲了一百多年。

真要认真问起来，这两句话啥意思，恐怕没多少人可以讲得清爽。

究其原因，还是传播的问题。大多数吴语都是记音，后来的人则努力地从当初的字面上去详它的"初心"，当然"一场呒结果"。

仔细想来，这"娘冬菜"似乎更像是"娘咚唪"。后面两个字似是拟音字，大致像是敲锣鼓家什的声音。咚是铜鼓声，唪是小锣音。老底子人家啥辰光敲锣鼓家什？无非红白喜事。

当然不会是红喜事。否则，"娘冬菜"变成"㑚娘又要结婚了"。咒伊重婚？讲不通。胃口好一点的、很要的、做娘当中的战斗机说不定还开心煞了呢。

只能是白喜事了。因此，"娘冬菜"才用来咒人家的母亲要死了。

其实，在用锣鼓家什的拟音字组成的吴越俗语里，"娘冬菜"的名气不算大。比它更响的是那句"乖乖弄滴咚"。咚还是铜鼓，滴是喇叭。人家还吹歪喇叭呢。

不过声势再壮大，意思还是一样的。还是白喜事。还是咒人家的母亲要死了。"乖乖"相当于"哎哟"或"哎呦喂"，是虚字，实在内容都在锣鼓家什上面。所以，"乖乖弄滴咚"又叫"乖乖没得命"。

你看，第一次记录，字没写对，也蛮害人的。我想起另外一句上海弄堂粗口，叫"傸娘大头菜"。我估计很可能就是被"娘冬菜"里的"冬菜"两个字带过去的。心想，"冬菜"是啥个菜，不是卷心菜，不是黄芽菜，要么"傸娘大头菜"。巧也真巧，大头菜长得又难看，味道也不灵光，骂一声就更加解恨，更加"煞渴"了。

"娘希匹"就走得更远。

因为据说它是蒋介石的口头禅，那还得了。其实很多宁波人都有这种口头禅。并不只是蒋介石一个人这样讲。然后，有一个人写了一套四本《金陵春梦》，书里的蒋介石一口一个"娘希匹"，弄得大江南北人人皆知。

到底啥意思？从字面上详，是无论如何也详不出来的。

如果写成"娘死辟"，意思马上就出来了。"辟"是杀头，古时所谓犯下了大辟之罪，就是死刑。因此，"死辟"就有了"你总有一天会被杀头"的意思。和"娘冬菜"有异曲同工之妙，都是咒人早死。

因为"娘希匹"是宁波话，于是，我这个老宁波似乎就多了一分"文化自信"。我证明，老早宁波人"充军""杀头"是挂在嘴边的。阿拉男孩子调皮，常常在弄堂里莫名狂奔。宁波阿姨后门口伸出头来就是一句："傸做啥？充军去啊？杀头去啊？"若比起"充军""杀头"来，"死辟"两个字真是"何其太雅乃尔"。

有人讲，"大辟"也是很古老的讲法吧，怎么能传到今朝。其实宁波话里这种古字多得很。仅举一例。再上一代的老宁波，在讲"是的"时，是讲"然也"的。阿拉外婆一字不识，人家问伊："侬吤早夜饭吃好啦？"伊也讲："然也。""然也"，你会不会一下子穿越到三国时代？"然也"，何其太雅，现在中文系教授也不讲。

无论如何，"娘冬菜"和"娘希匹"，多少还有点转弯抹角。我们在弄堂里可以听到更加直别别的："侬要死啊""侬寻死啊"。

不过，上海人向来有自嘲精神，这也是现代城市文明的必备素质。比如，包括我在内，好多老上海在当年的浦东乡下头、现在的浦东新区寻不着路，从来不怨别人，而是自己骂自己一声"乡下人"，路也寻不着。由此可见，"乡下人"这个词从来不是上海以外的人专用的。现在有那么多人在网络上争啊，吵啊，一定要咬住这样一句话，叫"上海以外都是乡下人"。啥意思，你是不是想认定，只有你们才配得上"乡下人"这个专用名词，而我们上海人永远不配？这真是盛世才有的奇观。

同样道理，一句"要死"，后来也很快变成了自嘲。

如："哦哟，红烧肉里酱油摆忒多了，要死快了。"

"乃末要死，我手机又不见忒了。"

"要死，辰光吤快啊，一歇歇夜里十点多了嗻。"

顶顶要命，"侬要死啊""侬寻死啊"，还变成了男女之间的打情骂俏。

也是像这样的热天，老底子没空调也没电风扇，大家都坐在后弄堂弹硌路上乘风凉。突然之间，三层楼亭子间一个刚刚结婚的新娘子的声音飘下来：

"侬要死啊，碰着人家难过弗啦。"

其实并没啥，就是翻只身不当心碰着了，汗嗤嗤哩啯。

不过，本来大家就热得心烦吼噪，你让单身男女如何入睡！

娘舅

啥叫啥娘舅？这还用讲，娘的兄弟呀，属于很近很近的近亲。

老早，娘舅来家吃饭，是大事体，要大兴轰，因为从小就晓得，娘舅是大客人。家家人家的大人都这样讲。

不过，今朝的题目是：娘舅，在上海言话里有几个意思。

先从电视台的一档节目讲起。大家晓得，有一档节目名叫《老娘舅》，活活捧红了一个李九松。

为啥叫伊老娘舅？还不是因为伊是一个为别人排忧解难的角色。这个节目本身，我在这里就不评价了。无论如何，题目还算是起得不错。因为有生活基础。

老早上海几乎条条弄堂里侪有一个或几个这样的"老娘舅"，专门帮别人家评道理的（排忧解难是很后来的很书面的讲法）。

邻舍隔壁不开心了，争又争不清爽，不管自家人还是人家人，都会得讲："侬弗相信喏，阿拉叫前弄堂的老娘舅来评评道理看。"

这个其实就是简易形式的"吃讲茶"。家长里短的，就不去茶馆店了，自家屋里客堂间解决算了。

来的当然不一定是真娘舅、亲娘舅，却一定是分文不取的和事佬，自带干粮的热心人。只要伊帮人家评道理，伊不是娘舅也是娘舅。假使伊老是这样做，那就是老娘舅。

灵也是灵。一般情况下，娘舅一到，万事全消。所以，宁波人有一句言话叫，"娘舅大石头，言话独句头"。啥叫"独句头"？就是"言话一句，一句言话"。这"一句言话"本是上海滩上杜月笙的专利，杜先生一句言话摆平上海滩，是"上海滩上第一老娘舅"。一般的老娘舅一句言话摆平全弄堂。孰是孰非，争执双方都会说："老娘舅，侬倒摆一句言话出来喏。"于是，老娘舅咳嗽两声，就会一五一十细细道来。

若还有人不买账，人群中立即会有人立出来讲："老娘舅言话侬也不听，侬还想听啥人言话啊？"那只有到派出所里去了。

不知有没有人想过，这上海人家的是是非非，为啥要叫娘舅来摆平，而不是爷叔，也不是老爹，更不是大哥呢？

据说是这样。老早是夫权社会嘛，且又是"嫁出去的女儿泼出去的水"，爷娘不便或不再管，所以，女人若在婆家受了欺负也没处说。事体小么就忍忍算了；实在事体大，比如分家析产，只好娘家兄弟来帮忙出头了。所谓"打仗亲兄弟"嘛。碰着娘家兄弟头子活络，事体就容易摆平了。

久而久之，娘舅名声天下扬。因为"言话独句头"，所以娘舅成了"大石头"。平常没事体，来吃顿饭，也要当伊大客人，要大兴轰，一些儿也怠慢不得。

受西方影响，上海也是接受男女平权思想最早的地方。很多做丈夫的上海男人主动注意修好郎舅关系，到辰光要紧要慢就派得有用场了。社会上郎舅关系密切的例子不胜枚举，连电视小品也总拿小舅子开玩笑，如朱时茂与陈佩斯所演。

恰如，做妻子的也要主动修好姑嫂关系一样。唐诗有云："三日入厨下，洗手作羹汤。未谙姑食性，先遣小姑尝。"

由此，又引申出另外一句老上海话："当伊娘舅屋里跑。"

一开始，"当伊娘舅屋里跑"的意思是，一些弱者，有诉不尽的苦，于是没事就往娘舅屋里跑，不断去叫冤，希望娘舅帮伊出头。

后来，"当伊娘舅屋里跑"的意思就变了，变成经常"跑当铺"了。

有些人家，日脚过得急绷绷，一时头上手里"捻弗开"，只好把屋里还值两个铜钿的物事拿到当铺里去，先要紧周转一下，下趟有仔铜钿再好赎回来。如果不巧，在路上被邻舍熟人碰着了，倒有几分尴尬。天还没冷，为啥皮袍子拿在手上？只好借口讲："我到娘舅屋里去呀。"

懂经的朋友当面弗拆穿。过后会得讲："唉，孵朋友，当铺来勒'当伊娘舅屋里跑'啦。"

其实，这句话是从"当伊娘家跑"衍生出来的。

上海人讲别人经常去什么地方，就会讲："侬哪能又去了啦，侬当伊娘家跑啊。"

可惜，当铺里没有娘，侪是男人，于是就变成"当伊娘舅屋里跑"了。

到1980年代，这句话又生演变，变成"当伊丈母娘屋里跑"。那年头，男人为了拿老婆骗到手，只好三日两头跑到丈母娘屋里去送礼，去讲好言话，去做长工。

其实，倒也没错。将来有了小孩，丈母娘屋里的小舅子大舅子就都变成了娘舅了。

讲起1980年代，"娘舅"在上海言话里又多了一层意思。一些差头司机拿交通警叫做"娘舅"。初听倒也不无道理，交通纠纷是要寻警察来解决的呀。差头司机说，不是这个意思，娘舅娘舅，是因为阿拉常常要"让"伊，要"求"伊。言话太多伊要不开心，铜钿么也最好伊少罚一点。原来是这个"让"这个"求"啊。

后来没这么叫下去，不知何故。

最最好玩，上海人拿自家的"脚馒头"也叫做"娘舅"。

阿拉小辰光，大多数人家吃饭还是八仙桌、长板凳呢。立起来盛饭要打招呼的，"侬坐好噢！"否则长板凳要翘起来，人要跌跤的。

在小酒店里，在弄堂里，尤其热天价，常常可以看到有人坐长板凳时，一只脚踩在板凳上，再用手去抱住那只脚的"脚馒头"，然后单手吃饭或喝酒。这个姿势，上海人就叫伊"抱娘舅"。

我们小孩子好奇，看了就学。不过，大人们认为，这个姿势很是瘪三腔，吊儿郎当，看了邪气戳火。只要看到我们的脚踩上来，立即会呵斥：

"脚摆摆好，不许'抱娘舅'！"

"吃饭辰光左手捧好饭碗头，荡了嗨也弗来讪，夣讲去'抱娘舅'了。"

啥叫啥娘舅？这还用讲，娘的兄弟呀，属于很近很近的近亲。

所以，现在的小姑娘再开放，也只会主动去扑倒大叔，不会去扑倒娘舅。因为近亲结婚要养戆徒的。

侬讲得好

其实，我也快要把这句老上海话忘记了。

今天记起来，是因为吾友周力先生（就是那个天天东想西想到处望野眼的老周）在《新民晚报》上写了一篇关于我去年两册拙著的书评，我当然要回应的。但是回应什么呢？

是啊，面对别人的溢美之词，该如何回应？哎，对了，老上海人是怎么回应的。

于是乎，想到了这句老上海话："侬讲得好。"

其实，这句上海话，讲老也不算老。我们这一代人三十岁之前还经常讲，也经常听到。

"哦哟，侬老来讪嗰嘛。"

"侬讲得好，侬讲得好。"

"哦哟，侬还会得自家做沙发啊！两只手真是 jia 得来。"

"侬讲得好，侬讲得好。"

在这样的场合，最早上海人不讲"谢谢"的。讲"谢谢"是洋派，后来从外国传进来的。随便听着啥，先讲一声"Thank you"总归不错。

而且，外国言话直别别，不打弯的。老上海话多半都是歇后语，讲一半，留一半。

比方这句"侬讲得好"，下半句就是"我其实没做得吤好"。如果还要深挖下去，那就还有一层意思："侬讲得吤好啥事体啦。"万一你是"钝"我呢，我也好以守为攻，又不失风雅。

我最近一次在电视上看到上海人讲"侬讲得好"，也已经是好几年前的事了。

那一年，音乐家周小燕先生还在世。她接受电视台的采访。那采访者有一个习惯，问问题问得老长，前头一大段对周小燕的赞美。周小燕听了，只好在回答问题之前先讲一声：

"侬讲得好。"

不料这访问者并不刹车，接下来噼里啪啦又是一大段赞美。周小燕还是不动声色，回答道：

"侬讲得好。我也看到报纸上写我的文章了。我也要向报纸上的周小燕学习。"

我想，这个后期编导一定不懂老上海话的奥妙所在。换了我，这段这么嘲叽叽的话恐怕一定会被剪掉，不可能播出的。

我不知道周小燕先生在电视上看到了，又会作何感想。

面对人家的赞美，讲一声"侬讲得好"，在上海人当中，本来也非多数，因为那毕竟属于比较雅的。

多数人的回答还是比较通俗的，不过通俗也不通俗到只有一个"Thank you"。上海人自有自己的表达方法。

一般是这样：

"哦哟，侬甏讲咪，难为情煞嗰。"

"哦哟，侬迭能咁讲我老难为情嗰喏。"

这还是相互之间不太熟。

如果是熟人好友，则会再多加一些色彩。

"哦哟，侬迭能讲，我要激动煞嗰呀。"

"哦哟，侬迭能讲，我夜里要睏弗着个呀。"

当然，上海人永远不会忘记以守为攻。所以还有一句：

"哦哟，侬迭能讲，我弗管嗰噢，我当补药吃嗰噢。"

当"补药"，肯定本身不是"补药"。不是"补药"是啥个药？只好让讲的人自家去想了。词不达意也好，虚与逢迎也好，言外有声也好，我照单全收了。

啥叫啥"滴水不漏"？此之谓也。既不得罪人，又不失风雅，还以守为攻，还要哪能。

如此想来，这"谢谢"，其实也只流传了四五十年。而且，对那种脱口而出，不过脑子，随便应付的"谢谢"，上海人向来不大买账。

这么想就容易明白，上海人对"谢谢"的回答，好像都不怎么客气。

对"谢谢"的标配回答就是那三个字："不客气。"

它的高配版，大概只能从旧式公馆太太那里听到的："哦哟，侬太客气了。""哦哟，用弗着阶客气嗰。"

味道是不是也有点怪？

而它的低配版，我们到处可以听到的则是："谢点啥啦"；"覅谢，谢啥物事谢"；"好唻，多谢有啥谢头啦"。

还有一句，老早也蛮流行的："覅谢我，要谢，谢菩萨去。"

是不是总归觉得有点粗拉拉。

谁曾料想，这还算是好的。

到了1966年以后，我们更多能听到的对"谢谢"的回答变成了：

"谢啥物事谢，侬迭个人怪弗啦。"

"谢啥物事谢，侬迭个人戆弗啦。"

"谢啥物事谢，侬迭个人有毛病啊。神经病啊。"

"谢啥物事谢，死开，死了远。"

假使前半句没听到，还以为在寻相骂呢。

五十年下来，我们终于学会了用伤害来表达爱。爱得越深，下手越重。离风雅终于越来越远了。

"弄"字的老上海话

讲起上海言话里的"弄"字，真是有点"弄僵"。为啥？因为依弄仔半半六十日，还是弄伊弗清爽。

单讲读音，就有三种。

long（上声）、 nong（上声）、 nong（去声）。

除了里弄、弄堂，作名词解时，读 long（上声），大家不大会弄错，一旦作动词，就麻烦了。

简单举两个例子。

弄僵，要读 nong（上声）；弄怂，就要读 nong（去声）了。

不过有人讲， nong（去声）僵， nong（上声）怂，也没啥不可以。

那就更加弄不清爽了。要看上下文再定了。

还有弄白相，弄坏忒。反过来好像也还可以。依弄得清爽否啊？

本来，汉字博大精深。一个"弄"字，是会意字。上头一半其实是"玉"字，下头一半，读 gong，像两只手。所以，弄的本义就是把玩玉器。

所以，弄弗过伊，就是白相弗过伊。

弄弗落，就是白相弗来。

弄空头，弄虚头，就是白相空屁。

弄弄就刮三，或者弄弄就喇叭腔，就是"玩不转"。

弄弄大，就是"玩大了"。

从这个意义上讲，"弄白相"好像有点叠床架屋。其实不然。"弄白相"的意思不是真的白相，而是弄弄白相相。要死，越加弄弗清爽了。

后来，慢慢地，"弄"又有了"做生活"的意思。

现在还有人这样讲，伊弄仔好几年股票了。十年前头伊就弄房地产了。

而在老底子，"弄缸甏"就是白相杂技，顶缸嘛。"弄猢狲"，就是白相"猢狲出把戏"。"弄嘴头"，就是吃开口饭，唱戏啊，教书啊，侪是"弄嘴头"。而"弄笔头"则是写文章，写状纸，不是记者，就是律师了。

黑社会也叫"弄"。比如"弄手脚""弄头颈"，侪是刁难的意思。而"弄乖"则是耍小聪明、耍花招的意思。

再后来，"弄"又有了"搅"的意思。

比方讲，"侬弄弄清爽噢!"一定不是叫侬把玩起清爽，也不是叫侬做清爽的生活，而是叫侬"搅搅清爽"。

还有一句，"弄得我没方向"，也是"搅得我没方向"的意思。

最后来讲一段我自家的亲身经历，来说明上海言话里"弄"字的博大精深。

十六年前，我在一次例行体检中被查出高血压。领导很重视，叫我到华山医院做了各种检查。最后，请 D 院长与我面谈。

D 院长是的的刮刮上海人。一个"弄"字，用得出神入化。

下面一段对话，不是上海人还真难听懂。

"辫么，侬两样家什侪弄嗰啰。"

"弄嗰弄嗰。"

"弄得还蛮结棍嗰啰。"

"结棍嗰结棍嗰。"

"乃末好弄忒咪。"

"弄忒伊，弄忒伊。"

"两样侪弄忒啊？"

"侪弄忒，侪弄忒。"

"一记头侪弄忒，侬吃得消否啊？"

"吃得消，吃得消。"

"也覅忒吃力。我看先弄忒一样吧。"

"好，弄忒一样，弄忒一样。"

"侬准备先弄忒啥？"

"随便，随便。"

"一样要弄试一样么，我劝侬先弄试香烟。"

"好，弄试香烟，弄试香烟。"

"老酒么，我看侬一时头上白的也弗敢吃。"

"对，弗敢吃，弗敢吃。"

"稍许弄眼红喵。不过也甮多弄。"

"晓得了，晓得了。谢谢 D 院长。"

唉， D 院长，我总归一生一世也弄弗过侬。

p

派斯米

"派斯米"是上海洋泾浜。其实就是英文"pass me",传球的意思。

上海"老球皮"应该都晓得的吧。

哪里听来的?人民广场啊。

现在小青年"在人民广场吃炸鸡",我们年轻时,在人民广场踢足球。

而且,去人民广场踢足球,是一件有档次的事体。因此,如我等之辈"臭脚头",其实只是去人民广场看别人踢球。

那里的"老球皮"太多了。球踢得很花。

尤其是靠近西藏路、在大道南侧的那一块地,经常来踢球的人,现在说起来,都是上海足球名宿。他们互相叫绰号,什么"小麻皮""小钢门",后来再晓得,那是徐同华、徐福生啊。还有什么南市"小老虫""小黑皮"等等。

现在想来,1970年代末,他们不过四十浪荡,比现在的范志毅还要年轻呢。

也有人组队向他们邀战,甚至混合组队。人够就踢十一个人的,人不够就踢七个人的。

碰着新搭子,他们都会先问一声:"侬踢啥个啦?"

人家当然会谦虚一下:"阿拉么瞎踢踢。"然后轻轻反问一句,"辣末侬踢啥个啦?"

这帮"老球皮"就会不无自豪地说:"阿拉欢喜打'派

斯'（pass）个呀。"

言下之意，长传冲吊就少来。踢球嘛，寻个开心，何必这样急吼吼。

事实上，当年在人民广场"开高球"的朋友真的不多，而且多半要被骂，基本上都是地面球。

好看啊。赏心悦目。

我是不懂足球赛不看输赢的伪球迷。

我个人以为，玩"派斯米"就是足球的初心。

足球还在街头、沙滩的时候，玩的就是不断"派斯"，不断过人，并享受那种赵子龙杀出长坂坡的快感。

我一直觉得，足球就是一种猫捉老鼠的游戏。啥意思？抓住你，先玩你一阵，高兴了再吃掉你。

否则，足球训练一上来为什么要"抢圈"？"抢圈"像极了猫捉老鼠啊。

现在恐怕绝大多数人都会认为，"抢圈"是为了提高护球和断球的能力。讲到此地，我又忍不住了，要问：这跟看球为了看输赢，做爱为了能怀孕又有什么区别呢！

我怎么觉得，"抢圈"明明就是在提醒你，莫忘足球游戏的初心啊。

所以，我们那时觉得，踢球的最高境界就是通过不断"派斯"，连过对方十一人，把球踢进空门。

p

在人民广场，我们见过最极端的例子是，把"搞尔（goal）门"晃倒在地后，将球推至门线停住，然后转身，笃悠悠看着倒地的"搞尔（goal）门"，用脚后跟将球磕进门里。老卵啊。

据说在南美，还有更极端的例子。将球推至门线停住后，人趴下，做俯卧撑状，头攻进门。

一句话，"派斯米"就是要"派"到侬死忒。

据说，现在如果谁在正式比赛中还这么玩，是要吃黄牌的。被认为与向人竖中指、脱上衣一样不礼貌。

另一方面，现在的足球速度快了那么多，人的胜负心又那么重，真想玩也玩不起来了。

上海"老球皮"欢喜玩"派斯米"，因此他们也特别恨"独吞"。"独吞"就是不"派斯"了嘛。不"派斯"还玩个什么劲。

现在欢喜讲"无私传球"。其实，"派斯米"与道德无关，就是先要好玩。

上海人沉迷不悟地玩"派斯米"，几十年如一日，是因为上海足球一直领先全国。到1960年代，国家队里还有将近一半主力是上海人。

还记得，那时，我曾经在复兴路东华球场（今交响乐团）看过一场内部比赛。国家队出国比赛前找上海队练兵。练兵当然就是要寻进球的感觉了。两个教练事先商量后决定，上半场认真踢，大家主力对主力；下半场放松，国家队上海籍主力回到母队。结果，上半场当然一边倒，下半场也是一边倒。

进球多啊，当然看得老扎劲的。

后来，上海队的"派斯米"赢不着球了。1983 年，王后军带队拿了个五运会冠军，窃以为不能算是上海足球"派斯米"最后的狂欢。

王后军以前也是打"派斯米"的，但他当教练，也被迫走形，布置后场往柳海光头上喂球，要赢球啊，没办法。

所以，在这样几十年积淀下来的"派斯米"的海派足球氛围里，现在想想，徐根宝当年要喊出一声"抢逼围"，在圈内有多大的压力。难怪不少"老球皮"都选择直接退出申花队。太粗糙了。

后来，他去崇明修炼，补出一句"接传转"，也算是打了个圆场吧。

我一直以为，"派斯米"不赢球了，不是"派斯米"本身出了问题。事实上，你丢掉初心，找大个子、练折返跑、练叉腰肌，不还是没赢球嘛。

而且连越南缅甸也难赢了。我看人家越南缅甸倒还有那么一点"派斯米"的味道。

这个问题，上海足球如此，中国足球如此，世界足球也如此。

P

想当年，阿根廷、巴西的"桑巴"足球，以及后来的西班牙足球如日中天时，又有谁不是玩"派斯米"玩得最好的。

"派斯米"玩得好，不但在中场。

后场，哪怕自家禁区，断下对方的球，第一脚就是"派斯"，不到万不得已，绝不轻易"大脚解围"。

法国队就是这样。某场球里，法国队有过三次大脚解围，都发生在最后 15 分钟。谁让伊忘掉初心拖时间呢。

前场，哪怕对方禁区，只要有机会，下一脚还是"派斯"。就是要有"派斯"到只对空门的想法。法国队也做到了。他们还在人家禁区玩脚后跟。最后时刻，虽然以守为主，还是至少"派斯"出了两次只对空门的机会。

没打进是另外一个问题。

"派斯米"要玩得好，要有一群人，年纪仿佛，而且都还跑得动。全盛时期的西班牙就是如此，荷兰也曾经拥有过"三剑客"。二十年前的法国队亦如此。

现在的足球，只靠一个孤胆英雄，是走不到最后的。

"派斯米"赢了，我觉得就是足球赢了，足球初心重放光彩。与足球赛无关。

盘迓猫猫

一直被人问，捉迷藏、躲迷藏或者躲猫猫，上海言话那四个字怎么个写法。

写不出来呀。

这也没办法。夫子曰：不知为不知。

写不出来就是写不出来，打死你我也还是写不出来。

也看到过很多版本。大家都在找，这是好事。

有人翻遍了《广韵》《玉篇》等古书，找出来一些古字。努力足够了，但感觉牵强的还是感觉牵强。

总觉得，这么通俗的一个民间游戏，全世界的孩子都玩，应该不会是一个很拗搞的古字。

今天早上起来，一根神经搭牢，突然想到，会不会远在天边，近在眼前呢？比如，眼前的这个"盘"字。

字典里，明明写着，这"盘"字在方言里，有"摆弄""玩"的意思。它还举了三个例子。第一个是"别把椅子盘坏了"。其他两个是盘水和盘火。意思就是玩水和玩火。

躲猫猫也是玩啊。而且，我找的就是方言。

"盘"，还有"环绕"的意思。比如"盘山公路"。

而躲猫猫，并不一定都躲得远远的，有时只是简单地躲到

p

他身后。上海言话叫做，"我盘勒伊背后头伊也寻弗着。"

"盘"，还有"辗转"的意思。屋里厢一些千年不用万年不掼的物事，很多家庭主妇欢喜"盘到东盘到西"，"厨房间盘到马桶间，马桶间盘到客堂间"。还有些精明的主妇，拿婆家盘得来的物事，再盘到娘家去。

躲猫猫亦如是。经常是，躲在一个地方，觉得不安全，又换一个地方。东盘西盘。

劲道来了。继续查。

再查下去就更有意思了。

《明清吴语词典》里，"盘"，还有"潜水"的意思。潜水，那就是"盘"到水里面去啊。

有出处。《何典》第三回："艄公再盘入水中，将船拖到岸边。"

附上说明。《何典》是一部用吴方言写的借鬼说事的清代讽刺小说。成于清嘉庆年间，1926年6月，刘半农将此书标点重印，鲁迅作序。

特别要讲的是，《何典》的编著者署名"过路人"，真名张南庄。是阿拉上海人。

还有更精彩的。

还是《明清吴语词典》里，"盘"还可以解释为"蹑手蹑脚地走"。

躲猫猫，正是"蹑手蹑脚地走"的呀。

同样有出处。《古今小说》第三十六卷："吃我盘到你房门前，揭起学书纸，把小锯儿锯将两条窗栅下来，我便挨身而入，到你床边，偷了包儿，再盘出窗外去，把窗栅再接住，把小钉儿钉着，再把学书纸糊了，恁地便没踪迹。"

同样附上说明。《古今小说》是明代冯梦龙纂辑的，全称《全像古今小说》。共四十卷，每卷一篇。被誉为中国古典短篇小说的宝库。

舍"盘"其谁!

再来说说"迓"字。

"迓"字好像有点共识。因为还有一句上海言话叫做"迓迓叫"，已经有不少人就是这么写的。

但是，大多数词典里，包括古代词典，一般只记录它的主要意思，那就是"迎接"。"迎迓"或"迓迎"，现在都可以。

殊不知，它作动词时，还有一层意思："溜走"。英语就是"slip away"。

也有妥妥的出处。那就是金人董解元编的《西厢记诸宫调》。里面有句："曾敢与他和尚争锋，望着直南下便迓。"

搁现在，就是"惹不起还躲不起么"，"迓"就是"躲"。行文至此，我以为，我可以把"盘迓猫猫"四个字一记头写出来了。至于何以是"猫猫"，无须赘言了吧。养过猫的"喵星人"都知道。

P

可以说，我和"盘迓猫猫"这四个字，已经"盘"了五十多年的"猫猫"，一直不晓得伊"迓"在哪里。今朝总算畀我捉牢了，哼！

"跑"字的老上海话

一个"跑"字，在上海话里派了大用场。

不过，上海话讲"跑"，其实意思不是跑，而是走。真正要跑，讲"奔"。

有句上海话叫"慢慢叫跑好了，奔伊做啥啦"。

能够熟练运用这句话的，上海话可以考过十级了。

生活当中，经常可以碰着这样的场景：

几个人笃悠悠在吃咖啡，一个人立起来讲："哦哟，我还有点事体，要么我先跑了哦。"

然后，笃悠悠走出去，并不学刘翔。

过一歇，又来一位朋友，会问："咦，某人哪能不见？"

还坐着的朋友就会讲："哦，伊老早跑了（跑忒了、跑路了）。"

出动、出发，也叫"跑路"。

一家门出去到外头馆子店里去吃饭，也这样说："辰光差

406

不多了，好跑路了！"

断命一只女人煞死在化妆，别人等得急煞，伊只好讲："侬先跑，侬先跑，先去点菜，我等歇一家头会得跑得来的。"

事实上，脱班辰光再长，伊也不会真的跑一步，还不是笃法笃法笃过来。

有种场合要识相。

上海人就讲："我一轧，苗头不对，快点（或豪稍）跑路。"

反过来是"不跑"。

老早石库门弄堂里吵相骂，有人无心恋战："侬个人不讲道理，我懒得搭侬讲了。"就会被人拦住，甚至拉住："有种覅跑。"

我有两位插兄朋友，人称秀飞秀弟，年轻时在徐家汇一带名气很响。我听说，他们的名气响就响在打好相打从来不跑，美其名曰"等警察"，狠否啊。

我曾经问过秀弟，啥体不跑？伊讲："我又没错咯，伊拉先动手的。"

上楼拿一把扇子，也叫"跑上去"；下楼出门去接一只公用电话，也叫"跑下去"。

跑上跑下，忙是蛮忙，急是一点也不急。

P

问亲眷朋友借钞票，立在门外不敢进，旁边人也这样劝："有啥啦，跑进去呀。"

借钞票当然不可能冲进去的，冲进去是抢钞票。

大人在做事体，小人围着看，大人烦了，也讲"跑开点"。

老早还有童谣呢，"小弟弟小妹妹跑开点，敲碎玻璃么老价钿"。

如果大人实在生气了，才说"死开点"，也有讲"死了跑"。

这真是死了都要跑，不淋漓尽致不痛快。

事实上，上海人样样侪讲跑。

跑到屋里、跑到学堂里、跑到厂里、跑到单位里。顶狠的叫做："有种阿拉一道跑到派出所喏，侬敢否啊。"

现在我肯定不敢。

不相信俫啥人试试看，勿讲百米冲刺进老派，小跑步也不来讪，一只面孔绝对要被门口保安按在地上摩擦。

实在"跑不脱"，上海人也不好好叫讲，而是讲"侬跑到阴间里去啊"。

打打牌，斗斗地主，顶容易争起来："侬还有一张旷牌3㖏，跑到啥地方去啊？跑到阴间里去啊？"再粗一点，就讲：

p

"跑到卵里去啊。"

走门串户，叫跑东家跑西家。

有些人家太要好，去得太经常，自家都会自嘲：我当伊"跑娘家"。

为了动迁假离婚，办各种手续，一只一只窗口有得跑了。

真是跑娘家也没跑得肯勤。

经常"跑娘家"，不管是真的自家娘家，还是其他人家，侪没关系。不过，假使经常跑"娘舅屋里"就有点不正常了。

因为上海话里，"娘舅屋里"是指旧货店，指当铺，是讲侬日脚难过，牛牵马绷，只好经常去卖物事当物事。

在其他地方，上海人的一个"跑"字也用得特里特出。

自来水表不叫"走字"叫"跑表"。"阿拉屋里一只自来水表哪能跑得肯快啦。"

煤气管漏气老早也不叫漏气，叫"跑气"。

吃啤酒吃汽水也讲，快点吃呀，汽侪跑忒了。

在店家里做伙计，叫"跑堂"；吃了饭想赖账，不叫"逃单"叫"跑单"。

做小生意叫"跑单帮"，做小角色叫"跑龙套"或"跑腿"。做记者，也没啥了不起，叫"跑新闻"。

P

出差叫"跑一逮"，侬帮我到苏州去跑一逮。

也叫"跑码头"。宁波人讲，"跑过三江六码头，吃过奉化芋艿头"。

"跑码头"，也有经风雨见世面的意思，又叫"跑江湖"。

一百年前还有一种行当，叫"跑旱青"呢。其实就是做贼骨头，专门趁大清老早，人家出门练身体或买菜烧饭，贼进去偷物事。

上海滩老早有跑狗场（文化广场），还有跑马厅（人民广场）。

"跑头马"这句话，绝对是的的刮刮上海话，不是苏州话，也不是宁波话，因为只有上海有得看跑马（香港忒远了）。

"跑头马"就是"争第一"。小辰光读书，爷娘关照要好好叫读，要门门功课"跑头马"。

后来打牌争上游，打大怪路子，也叫"跑头马""跑二马""跑三马"，还有"跑末马"呢。

有写成"跑头码"的，那是不晓得这个出处。

"跑火车"不是上海话。上海人要形容"满嘴跑火车"，是讲"无轨电车不晓得开到啥地方去了"。

火车容易看得到，田里山里都可看到。无轨电车才稀奇呀。

老早上海的弄堂饭店、包饭作，都有一只菜叫"跑蛋"。

跑蛋与炒蛋的区别在于，配菜是不是事先打在蛋里。

据说"跑蛋"也分帮派。虾仁跑蛋是苏州菜，肉丝跑蛋是杭州菜，蛎黄跑蛋是宁波菜，海参跑蛋是四川菜，苦瓜跑蛋是江西菜，假使跑蛋里摆咸蛋黄、雪里蕻和胡萝卜，那就是著名的苏北跑蛋。

还有一句带"跑"字的上海话，赫赫有名，叫"跑街先生"。

一般认为，跑街先生就是买办。其实据说，最早是银行及大货号的收账员。当然，收账之余，顺带便打听打听行情，送送单子。

再后来，跑街先生泛化为一切销售人员（salesman）了。

不过，百年上海滩，跑街先生里是出过不少大人物的。

随便举几个名字就如雷贯耳。比如阿德哥虞洽卿，比如叶澄衷、陈光甫、刘鸿生，最早都当过跑街先生。

有跑街的，就有跑弄堂的。

老上海还真有"跑弄堂"这个行当这一讲法呢。

小商小贩，相帮盘房小姐半夜里拿小馄饨摆在篮子里吊到三层阁的，是"跑弄堂"的；钉碗箍桶修棕绷修阳伞碏刀磨剪刀卖晾衣裳竹竿的，都是"跑弄堂"的。

相比之下，一样讨生活，跑街先生总归要比跑弄堂朋友海外点。

再哪能，黄梅天连夜烫干的独件头长衫也是长衫，再洋装瘪三么也是西装领带尖头皮鞋，开出口来也侪是"古德猫宁密斯忒王夹里"。

这种跑街和跑弄堂的区别，现在还有。

近两年有星火燎原之势。小商小贩是不许进小区了，菜农也进不来，但外卖与快递长驱直入，一部电动车开得风驰电掣像哈雷。

最最看不懂，连卖房子的，动辄几百万上千万，也跑街跑弄堂，像发小传单一样谦卑。

甚至有点像站街女，贴皮贴得来得紧。

我又要讲老话了，老早做生意，是分坐商与行商的。

跑街先生虽然比跑弄堂的海外点，毕竟是行商，还是被人看不起的。

聪明人做忒两年，侪要进写字间的呀。

啥叫坐商？我要么物事行俏，要么本事行俏，我才能坐在写字间里，等倷来求我。

几百万上千万的房子也要拽上去，也太没腔调了。

当然了，反正马上可以到处摆摊头了，还有啥腔调可言。

P

昔日狼三狼四的城管们万万没想到，2020年居然是他们的"冷静期"。

"配模子"和"拉场子"

上次说到过，弄堂里"打相打"，发展到"打群架"，是那场运动开始后才有的。

我记得，也不是一开始就"打群架"了，比"打群架"更早的"打相打"是"配模子"与"拉场子"。

话还得从每个弄堂都有"一只鼎"开始说起。

其实，"一只鼎"老早叫"拜大王"，早两年就有了。

到1966年夏天，中小学都"停课闹革命"了，大家闲得慌，打架的机会骤然增多，争夺"一只鼎"宝座似乎也突然迫在眉睫起来。

"一只鼎"一般都是打出来的，而且都有值得传诵的成名之作，就像老上海的各种"霸头"。

比如钱家塘"小霸王"的成名之作听说是这样的。

据说有一天，他知道了钱家塘里的谁谁竟然挨了别的弄堂谁谁的打，他立马带了几个兄弟过去，手舞菜刀，一阵恐吓，兵不血刃，便告大胜而归。

从此，他就坐定了钱家塘"一只鼎"的宝座，直到他被钱家塘里的别人以同样的方式拉下马。

"小霸王"的下场当然是吃官司。

是"一只鼎"绝大多数都进过"老派"进过"庙"。

"老派"指派出所,"庙"则指区一级的"分局"。如黄浦分局叫"黄庙",卢湾分局叫"卢庙"。

老是进出"老派"进出"庙",就变成"老吃老做"了。俗称"两进官"朋友、"三进官"朋友等。在江湖上,却是一种资本。

乌鲁木齐中路上有个很大的石库门弄堂,叫"麦琪里",我就出生在那里,前些年被夷为平地。

当年据说"麦琪里"的"一只鼎"叫秦来(记音),瘦高个子,好像身上也没有什么栗子肉,却也是一匹勇夫。

他的成名之作,与钱家塘"小霸王"又不同。

他是白天先带了几个人,去扁了别的弄堂的谁谁,当天晚上,被三五个彪形大汉堵在了自家的后门口。

据说他毫无惧色,转身回进去,拿出一只啤酒瓶来,当着人家的面,往自己脑袋上就是一下,然后,血流满面地问别人:

"你们今天准备怎么个打法?尽管放马过来。"

那伙人见他有英雄豪气,居然当场作罢,马上拿出香烟来,散一圈,迅速化敌为友云云。

而在一边看热闹的"麦琪里"众人则深深折服。

P

秦来只读到小学六年级就运动了，所以我一直纳闷，老早江湖里的"自残保身"把戏，他是从哪里学来的。

看来一定有收了山、混在民间的所谓"老江湖"在暗地里口传心授。

有道是，君子之泽，五世而绝。这"小人"之泽，竟是历三五世而不绝啊。

据说那秦来伤人无数，树敌太多，屡遭追杀，在上海滩待不住了，只身逃到江西去避险。

他的藏身处，正是我插队的那个县。

我有个朋友曾去见过他，回来告诉我说，浑身有伤，脸色苍白，天天躺着抽烟，水米也不大进。

即便如此，据说，不到半年，还是被人从上海追杀而来，身中十七刀而亡，时年二十五岁。

当地公检法一看，坏人打坏人，根本不查。

最好玩的是我们弄堂的"一只鼎"。

我们弄堂叫"上方花园"，里面有 70 幢三层楼的花园洋房，其中 44 幢是一家一幢的大户人家。

那些人家的男孩子大多文弱，知书达礼的，根本不参加打架这类粗鄙的游戏。

他们玩的是"搏克星"（boxing）、垒球、汽枪、旱冰等更小众的玩意，且需要很多钱先添置设备。

因此，我们弄堂的"一只鼎"很长时间内是虚位以待。

据说这种群龙无首的局面，很让别的弄堂看不起，他们甚至懒得跟你来打架，直将你视为无物。

好几年后，我插队回家探亲时才听说，上方花园当年其实也有过"一只鼎"的，就是某著名电影演员的儿子！

此人的二弟是我小学同班同学，他家三兄弟打架如何，我太清楚了。

好，闲话少说，言归正传。

"小霸王"和秦来的扬名立万，只能算是"野路子"。

说起来现在的人们要不相信，当年男孩子还有扬名立万的"正路子"呢，那就是"配模子"。

其过程实在是儒雅之极。若非亲见，不敢置信。

我曾经有幸参加过一两次这样的"配模子"活动。

那简直是"三国"的当代版。

有一次，广元路的男孩子和虹桥路的男孩子有点相互不买账。隔了一条华山路，气场完全不一样。

已产生了好几次摩擦。怎么办？有种就来"配模子"！

赢的一方的老大就不但是自己弄堂的"一只鼎"了，还兼任输的一方所在弄堂的"一只鼎"。事关兴亡啊。

双方都有十来个人，除了那个要比拼的主角"大模子"以外，其他都是他的朋友或小喽啰。

我算是广元路一方的喽啰。

有的背着装满"凉白开"的军用水壶，专管饮料供应；

也有的拿毛巾、折扇，专管擦汗驱热的；

还有专门帮助按摩肌肉的；

当然还有类似军师或教练的角色，可以将对方破绽看在眼里，于场间告诉自己人。

三十年后，有了拳击电视转播，我才明白，这一套，都是从老上海的拳击赛里学来的。

"配模子"是谢绝闲人观摩的。

因此，场地要求很高，一般是全封闭式的。弄堂里、公园里都不行。

我还记得，我第一次观摩，是在淮海路上的高教局里。

这房子原来是盛宣怀的，1949 年后归高教局用。

运动一来，高教局被整体赶走了，工人造反司令部尚未进驻，空关着呢。

我们双方二十几个男孩是一齐从上海新邨翻墙进去的，嚯，好大一个花园。

到了约好的时辰，双方面对面一字站开，像极了"三国"里的两军对阵，就差叫一声"来将报名，本帅不斩无名之鬼"了！

真真是，"不是英雄，不看三国"了。

有时候还有"垫赛"，先让两个二流角色比划几个回合。

更多的时候是主角立马登场，"大模子"跟"大模子"直

ρ

接"配"起来。

双方走到场地中间，四手相握，先要低声问候，问候
语是：

"向侬学习。"

不管广元路出来的，还是虹桥路出来的，说话都是诚恳而
文静，谁不懂规矩，说话哇啦哇啦，谁从此就会获得一个绰
号，叫"草狗一只"。

有时候还要打听一下师承，因为同在徐汇区里，两人很可
能就是区少体校的同门师兄弟。

摔跤运动在 1960 年代曾经风靡沪上，一点也不会摆弄的男
孩几乎没有。

否则的话，是要被看不起的，连女朋友也交不上的。

我的中学"一塌刮子"只有五六个体育教员，其中就有两
个是有等级的摔跤教练，好比现在的跆拳道的什么带一样。

他俩最受男同学的爱戴，也最受女同学或女同事的追捧。
在运动中被批斗时，他俩当年都有令人艳羡的绯闻被揭了出
来，而且不止一桩。

所以，虽然"模子"就是指的身坯，但"配模子"绝不是
只比谁个儿大，而是要看谁的摔跤技术高超。

摔跤正式开始，也无中人，也无裁判，一切只凭良心。

P

一般是三战两胜。

局与局之间，大家各为其主，帮助放松肌肉的抓紧按摩，擦汗的擦汗，喂水的喂水，打扇的打扇，跟现在电视转播的拳击争霸赛没什么两样。

全场一直鸦雀无声。

直到决出胜负的那一刻，人群中才会响起一阵很短的显然被自我压制过的低低的欢呼或叹息声，从来没有狂呼乱叫。

气度大的对手还会相互交流几句，指出得失所在，一如围棋象棋的复盘。

临了，还要再一次四手相握，轻轻道一声：

"向你学习。"

但是，好景总是不长。

还没转过年来，这"配模子"就大大地走样变味了。

先是有人出阴招，做犯规的动作啦，踩脚面啦，拉衣服啦，以及摔倒时故意以己之臀压人之腹啦，等等。

于是，引来不满，引来争辩，引来出手相帮，最后很快演变成"全武行"。

这样一来，"配模子"演变成了"拉场子"。

场地也不再讲究，只是大家叫一帮人，找个地方了断恩怨。

虽然彼时，双方主角也摔跤，但已是象征性的了。

往往不及一半，双方就都借故对方使阴招，一哄而上，大打起群架来。

更多的是"摔杯为号"，比的竟然是谁先摔杯了。

悲夫！儒雅终于化作野蛮。

我居然也去参加过一两次"拉场子"。原因其实也简单。你不去助威，今后老大就不带你玩了。

我们徐汇区的学生仔"拉场子"，起码要过零陵路，有时到去龙华的路上。

至今我还记得一个细节：两个人一部脚踏车过去，摆脚踏车是要平摆在地上的，不好竖着并排摆的。

因为万一输了溃逃，人家只要赶上一脚头，你们的脚踏车之间就会缠作一团，一时无法分开。被人家抓住继续痛打。

分开平摆，只要一拎头，各拎个的，连踢撑脚架都不用，就可以上车"滑脚"了。

说回到"配模子"。虽然就是打相打，但我至今还是很怀念那句"向侬学习"。

"皮"字的老上海话

皮，也就是调皮，好像各地都有这样的说法。

这两年，小编最欢喜用的一句就是：皮一记，很开心。

P

上海当然也不例外。

上海人讲一个小孩皮，有讲伊穷皮八皮、瞎皮，还有闷皮，皮得拆天拆地。

除了调皮，上海话里带"皮"字的俚语还有不少。

先来讲讲"皮蛋"。"皮蛋"一词的流行也是在 1960 年代中后期。此前，上海弄堂里讲"请侬吃拳头"的。后来就变成"捣侬皮蛋"，还有"捣侬两只青皮蛋"。

当"捣皮蛋"的说法从江湖切口变为弄堂俗语时，几乎所有人都认为，"捣皮蛋"就是"吃拳头"。其实不然。

真正打过相打的朋友都晓得，捏紧拳头打那么三四拳在别人身上，大概率不会出很大的乌青块。

所以，其实"捣皮蛋"一开始只是"以拳击眼"的意思。只有击中眼睛，才会让眼睛及周边变得像皮蛋状。这也是为啥讲"捣侬两只青皮蛋"，而不是三只。因为人不是三只眼杨戬。

我一直怀疑，此语源自旧时上海滩的拳脚（击）比赛。因为拳击中，有专门打对手眼眶的战术。

我小辰光也算混过两天江湖的，听老阿哥讲，因为大家都是学生仔，明朝要到学堂里去的，所以，教训人一般是打人不打脸，而是打肚皮，痛么痛的，痕迹没有，很难被追求责任。

从这种意义上讲，"捣皮蛋"就是故意留下痕迹，带有狠

P

狠教训你一记，让侬记记牢的意味了。

这也再次证明，"捣皮蛋"并不简单地等于吃拳头。

其实，吃拳头还不是上海滩上最老的讲法，一百年前，上海滩有"皮榔头"的讲法。

这种敲背的"皮榔头"又叫"代婢"。因为不用"皮榔头"敲背，就要叫屋里婢女敲背了。

婢女敲背是用拳头敲的，所以"皮榔头"慢慢有了吃拳头的意思。

吃拳头也分吃啥人的拳头。吃自家爷老头子的拳头，叫"吃生活"，被外头流氓打了，才叫"吃皮榔头"。

高晓声是常州人，他在《陈家村趣事》里就写过："老子今朝若不看你老子面上，老子早就给皮榔头你吃了。"写得很调皮，生动地区分了两者之间的关系。

皮，毕竟是长在人身上的。

所以很多带"皮"的上海俚语也都出自身上。

我们从头上讲起。头上有头皮。一句"桨爷娘头皮"，老早上海人经常讲。小孩再胡天野地，爷娘头皮不好桨。

只是这个桨字，很多人写不来。后来也慢慢叫不讲了。

桨苹果叫削苹果了。大概到 1970 年代末，到人家屋里去做人客。主人倒好茶，问的是，阿要削只苹果畀侬吃吃。已经不是棶了。大家巧妙地绕过了写不出的尴尬。

冷僻字难以流行，可见一斑。

与棶字一样很早就不再流行的还有"皮松骨痒""皮风瘙痒骨头轻"这些老上海的讲法。

如："侬只小鬼，皮松骨痒，讨打是否啊！"

头皮下面是面皮。上海人有"面皮老老，肚皮饱饱"的讲法。还有"冬瓜皮，西瓜皮，小姑娘赤膊老面皮"的童谣。

老面皮还可以用来刮。刮老面皮，其实相当于现在的"打脸"。

一样"打脸"，恶思到了就可以。

所以上海人刮老面皮只用一只手指，而不是一只巴掌统统揎上去，文明多了。

也有人是不怕被刮老面皮的，因为他经常"嬉皮塌脸"。有的则是因为皮厚，刮了也不痛。记得我 1970 年代末在工厂里做生活时，大家欢喜拿皮厚之人叫做"零号砂皮"。

讲到刮老面皮，让人想起"刮皮"这个词。

刮皮最早是小气的意思，后来引申为贪心。贪心不足吃白粥。

p

有人讲，吃西瓜拿红的瓤刮清爽了不算，还要刮白的皮，这种人就叫刮皮。

又有人讲，一百多年前上海滩上圈地时，低价收进的地皮就叫刮地皮。

低价进，高价出。侬想问伊买，伊肯定要刮忒侬三层皮。

我比较想不通的是，刮皮作为一个形容词，它的比较级是老刮皮我可以理解，为啥它的最高级是"老刮皮勒娘舅"呢？为啥不是伊拉爷？

弄堂里的老阿哥讲了，三代不出舅家门嘛。长相属于遗传因子，小气、贪心也属于遗传因子呀。侬哪能好意思只要面子，不要夹里呢。也有道理的。

人的面孔上还有一张嘴巴。老早上海人形容一个人口若悬河，老会讲的，叫"翻嘴唇皮"。所谓"嘴巴两张皮，翻到阿里是阿里"。

嘴巴又叫樱桃，所以"翻嘴唇皮"又叫"翻樱桃"。"伊只樱桃老会翻嗰喏"。

顺便提一句，上海话"樱桃"还有一层意思，义近"天意"。如："谈得成功么谈，谈不成功么樱桃。"

其中是不是有"不幸而被言中"的意思呢？天意么，也可以是不幸而被老天言中的呀。

人的当中是肚皮。不过，老早上海人讲"大肚皮"专指孕妇。

使人怀孕叫拿肚皮弄大，又叫"吹洋泡泡"。所以，从小就要晓得"前三后四"。

不好好叫穿鞋子，上海人叫"拖鞋皮"。白相游戏时要赖，上海人叫"赖脚皮"。还有一句"三十六点烂麻皮"，上句是啥，已经不记得了。

做事体不爽气，上海人叫"牛皮糖"。欢喜黏人，上海人讲："哪能像张狗皮膏药，贴在我身上嗰啦。"做人滴水不漏，上海人叫"皮筲箕"。

还有一句很老的，不知各位听过没有，叫"呀呀呜，皮老虎，小东门，十六铺"。"呀呀呜"大致是不认真的意思吧。

不过，皮老虎是真有其物，老早在铁匠铺里可以看到。形状像两只扑克牌里的黑桃，木头做的，中间用皮革封起来，黑桃下面有柄，两只手柄可开可合，前面黑桃的尖顶处就出气，用来代替扇子扇火，力道比扇子大多了。不过皮老虎开合时，并没有"呀呜呀呜"之声。

比较晚才出现的带"皮"字的上海俚语，我至少还记得两句。

一句叫"拾皮夹子"，大致是"扯外快"的意思，也有顺手牵羊的意思。如："伊专门跟在后头拾皮夹子。"

必须指出，发明这句俚语的，恐怕也只有上海人了。上海开埠以后，是各种机会最多的地方，这也是那么多人要来上海的原因。

有句老话叫"上海遍地是黄金，就看侬会拾不会拾"。拾黄金，拾皮夹子，都是拾。

还有一句就是"人民币不是橘子皮"。好像源自独脚戏。

至于"拉皮条""吹牛皮"以及"狗皮倒灶"等，其实跟"皮"没啥关系，而是有的字不方便，故意写成并读成"皮"的。

皮一记，很开心。

讲讲带"皮"字的上海俚语，居然也蛮开心。善哉善哉。

棋牌里的老上海话

"拦止"还是"辣子"

江南一带称麻将满贯为"辣子",总疑是别字。

正字似应为"拦止"。

拦,音辣。上海话"拦牢伊""阳台拦只角出来""拿笃底走廊拦煞忒做壁橱""拦差头",都读辣。

因为江南各地麻将都有各种翻番, 10元起和的麻将也能和出千元级的牌来,所以要拦牢伊,要止牢伊,大家商定一个封顶数,免得野豁豁,是为"拦止"。

"上手""隔手"

这都是麻将牌戏的切口。如"上手三对风向,隔手碰出两对"。

隔手,一圈牌每人只抓一张,当中隔了三只手,遂简称"隔手",极言其快也。

后有引申义。如"开始怎样,后来又怎样",叫"隔手就哪能"。

其实,老法讲起来是"头起头哪能,后手来哪能"。"后手"不知怎的,讹变成"隔手"了。

现在听大弗见了。

"长庄"

形容词，表经常。

例：伊么长庄到阿拉屋里来嗰呀。

被收入《明清吴语词典》，例句选自《九尾狐》第四十八回："而且新近伍大人放了藩司外任，区大人亦往浙江候补去了。既缺了两个长庄主顾，又少了一班阔佬往来。"

俗间有写作"常庄"的，疑不确。

盖因此词极可能来自麻将赌戏，接连做庄者，赌家呼之为"长庄"。

"前世" 与 "投胎"

现在的人大概都已经被改造成彻底的唯物主义者了。所谓"佛系"，恐怕也只是貌似平和而已。所谓"佛系"之人，大概也不再会相信前世今世来世的所谓"三世诸佛"了。

而老底子上海人讲话，一直有很多带"前世"的词组和短句。

在邻舍隔壁玩，人家要吃夜饭了，一定要马上退出来。否则自家大人会讲："侬前世里没吃过啊。"

人家小朋友买了新的铅笔盒子，看一眼就是，不要拿到自己手里把玩不已。否则自家大人又会讲："侬前世里没看见过啊。"

这些还都算好的。

马路上的小菜场鱼摊头，钞票找进找出的，千万别去轧闹猛，更不可站得太近。否则又是一句："侬前世里没看见过钞票啊。"甚至"侬前世里没摸过钞票啊"。

没事体，在弄堂口隑隑，香烟呼呼，不来讲侬也就算了。侬还要拼命朝好看的小姑娘穷看八看，当然要被老爷叔骂："侬前世里没看见过女人啊！吖急吼啦吼。"

传统观念里，钞票和女人，是最会坏事体的。

还有呢。

夫妻常常吵相骂，邻舍隔壁来劝，自己只好长叹一声："唉，碰着前世里的冤家啦。"

小孩子缠着要这要那，缠得烦煞了，做娘的只好讲："我前世里欠侬嗰啊。"

别说，这两种说法，都所来有自。

前一种叫，"不是冤家不碰头"，民间传说里，正因为前世里是冤家，所以今世里要做夫妻。

而且，我觉得，夫妻不但前世里是冤家，今世里还是。

哪怕已经白头到老，老头老太两个人住在一起，还是一日到夜要做冤家。

争两句吧，没意思，也没用。

老古话讲得好："打死的猫，不离灶。"掼也掼不忒。

也好，今世里还是冤家么，来世再做夫妻呀。

后一种也有广泛传播的民间传说做支撑。据说，做爷娘的就是因为前世里欠了做子女的债，只好今世来做爷娘还前世里的债。

另一种说法，今世结夫妻也与前世里的债有关系。元朝董解元写的《西厢记诸宫调》卷六中就有这么一句唱词：

"是前世里债，宿世的冤，被你担阁了也张解元。"

要死快了，前世里的账已经算不大清爽了，还有"宿世"？怪不得张生与崔莺莺两家头的缠头势结棍啊，缠出了千古佳话。

综上所述，好像带"前世"的俚语，大多是调侃自己，表示无奈的。

用得最为广泛的要算是"前世作孽"了，意为今世或者当下要吃苦了，也还是无奈的。认命的。

但也有做否定的，抗争的。

我至少可以举出两个例子来。

一个是前面提到过的，"我前世里欠侬啊啊？"也可以表示我并不欠你什么，我坚决不从。

还有一个常用的是，"我前世里认得过侬啦"。表示我根本不认得侬，或者毫无交情。

正因为前世会牵连到今世，所以，如何投胎就成了学问。

抱怨自家命运不好的，就讲，"我投错娘胎了"。哪怕只是暂时地进错了门，找错了人，也还是说，"我投错娘胎了"。

眼热隔壁人家小孩命好的，就会被别人讲："辫侬哪能不早点投胎到隔壁人家去啦。"

虽然，当年最大的共识是认命，不主张抗争的，但还是出现了很多自知今世霉运无法翻转而自暴自弃的人。这样的人容易闯穷祸。

现在想来，当年弄堂里大人的一种骂法很有意思。

说好的"从前慢"嘛，假使侬走路跌跌冲冲，办事慌慌张张，大人就会骂："侬咭急做啥？充军去啊？杀头去啊？"

甚至有直接说出来的："咭早就去，做啥啊？投胎也用不到咭早的呀。"

也许，上海人将慌慌张张之态讲成"投三投四投五投六投七投八"，这个投，也是"投胎"的"投"呢。

其实，当年人小，只晓得这些都不是什么好话。到底是什么意思，也没空去想。

直到后来我看了关于张爱玲的文章，才算有所了解。

却原来，骂侬充军也好，骂侬杀头也罢，并不是讲，走急了会有危险，甚至杀身之祸。而是怕你自暴自弃，自己去寻死。

因为"早死早投胎"。反正，二十年后又是一条好汉嘛。

中学时代，张爱玲就跟她同学有过这样的讨论。

同学问，万一重新投胎，命又不好哪能办。言下之意，还是认命吧。

张爱玲是何等样人！她的回答居然是：那就一记头先投伊

嗰七八十胎，哪一胎真的好了，再活下去。

哪能畀伊想得出！当是买彩票了。

有那么多上海俚语跟"前世"与"投胎"有关，盖因以前的老百姓还是有很多的唯心主义者。他们相信有三世诸佛，相信人真的是在六道四生中轮回。相信"前世修来今世缘"，所谓"前世不修今世苦，今世不修来世苦"。

其实，有点说不清道不明的信仰，哪怕只是对神鬼有点敬畏，是不无好处的，至少不敢明目张胆地做坏事。

哪像现在，反正是没法重新投胎的，干脆"好话说尽，坏事做绝"。"我身后，哪怕洪水滔天。"因此，说话也更不必再带出什么"前世"了。

反正没有前世来生的，干脆一门心思来养生，随便什么都敢补，随便什么都愿戒。心情好了跳跳舞，心情不好骂骂人。多活一天算一天。

而且，谁敢挡着我这么想这么做，就要你好看。直至发生像重庆公交车坠河这样的怪事。

有高人说，这两个人叫"共业"。

本来已经是前世作孽，业障深重，理应"消业"。偏偏你也不消，我也不消，还碰到一起，也只有"共业"了。

阿弥陀佛。

枪篱笆

至少有十年了吧，我写文章用词的时候，欢喜用一些方言和口语。比如，墙篱笆。

我当然也是看来的，来源无非是民国报刊。

虽然第一时间就读着有点怪，心里还是想，方言的读音会异化也说不定。何况它的意思似乎很贴切，篱笆就是拿来派墙的用场的。

细究起来，这可以称之为望义生文。很多人有这种思维定势。

比如"海外"这个词，很多民国文人都这么写，原意大致是"算侬出过国留过洋稀奇弗煞卖洋弗煞了（因此是卖洋而不是卖样）"，偏偏有很多人跑过来纠正我，说，应该是"海威"吧。

就这样，我用墙篱笆用了六七年之久。当然，一边用，一边还在留心。

我终于看到"枪篱笆"这三个字，一看到，当然觉着它的读音是邪气贴切的，不过它是记音还是音义兼有呢？

后来想想，我大天朝古代的枪，去掉须须头，就是这么细细长长的呀。

不过，一百年前，上海本地人的院子一般好像是没有围岈高的"枪篱笆"的习惯的。

我的岳丈当年在肇嘉浜以南置产，是排屋，邻舍隔壁只是用些竹爿隔开，高不过二尺，稀稀松松。直到 1980 年代初才砌起砖墙来。

后来，又看到了英文"rifle fence"。翻成中文，不就是"枪篱笆"么。"rifle"么，音译即"来复"（或"来福"），意为枪的膛线。最早的线膛枪就叫"来复枪"（或"来福枪"）。

再一想，上海的又高又密的"枪篱笆"也只是这最近一百多年来才有的吧，且多见于租界。

我从网上寻到了一些较早的来福枪的照片，细细长长的，形状还是蛮相似的。

为了这个断命的"枪篱笆"，吾友李波先生为我找来很多国外研究"rifle fence"的文章。看了半天，外国人只是在争论，究竟是谁，第一个在家里装了"rifle fence"，并宣称它为"rifle fence"而已。依然无法证明外国的"rifle fence"就是上海的"枪篱笆"。

于是，我也追究不下去了。

只能说，到那时为止，我更倾向于"枪篱笆"，不管这枪是国粹还是来路货。

就这样，稀里糊涂又过了两三年。

说来也巧，去年瘟病期间，大家迲在屋里。一日，吾友Sarah 突然问我， qiang 篱笆到底哪能写法。

我因为无聊，也正在翻找新材料，便答应她很快会写出来。此言一出，又已三月，荼蘼花也开了吧。

没想到，兜兜转转，会寻到宁波话里来。

在寻宁波山歌时，我无意中寻出这样一句宁波老话来，叫"墙门对墙门，厂笆对厂笆"。再查，不但宁波有此讲法，舟山人、定海人也如是说。

记忆中，好像小辰光外婆也讲过，只是派不着用场，有点淡忘了。

先来看看"墙门"为何物。

老早人家都是有院子有墙门的。远的不说，明清乃至民国年间，官府和大户人家的墙门一般有"八字墙门""歪摆墙门"（就是为了风水存心折一个角度，不正对大路）。

一般民居大门就简单得多了，大多是普通的"竹丝墙门"和"拼板墙门"。

当然，有院子有墙门的民居还算是殷实人家吧。

再推扳点人家，就只围厂笆和腰门了。

"墙门对墙门，厂笆对厂笆"这句老话，原意是讲儿女婚嫁要讲究门当户对。

一份人家，墙门大，墙门好，就有气势。反之，只有厂笆，就不大灵光了。如果还是厂笆上糊烂泥的泥墙草顶屋，又称"厂笆墙"，就更推扳了。

那么为啥宁波人只讲"厂笆"两个字而不是"厂篱笆"三个字呢？

这就牵涉到宁波人讲话的避讳。篱，音离，就是要拆散人家的意思，哪能好讲出来。现在听说去医院看望病人，送水果也不好送生梨的呢。

我小辰光，吃饭不当心，咬到了自家的舌头，便大叫哦哟哇。

外婆问，哪能啦？我就讲，咬着舌头了呀。外婆听了，不但不来安慰我，还请我吃一记头塌。

"小鬼，要死快的咪！这也好讲出来啊。这要讴'赚头'嗰啦。"

舌，宁波人读习；做生意蚀本的蚀，也读习。宁波人做生意的多，那不是触自家霉头嘛。所以舌头要读作"赚头"。

最后来讲讲这个厂字。

查厂字，本来就指空旷地方。唐朝诗人韩偓有一首《南安寓止》，第二句就是"枳篱茅厂共桑麻"。

《齐民要术》里也有"架北墙为厂"。

437

到近代，制造业兴起，人们要寻地方开工场间乃至开厂，也都是找些空旷之地，搭点工棚。

再后来，可能为了安全，拿物事围一围，就是厂篱笆了。

后来，厂篱笆亦用于都市豪宅，豪宅也总是地方大的呀。

房子小叫鸽子笼，连搭厂篱笆的地方也没有呢。

小辰光，厂篱笆给我的印象就是神秘。

因为它简直密不透风，里面的好风光是一些儿也看不见，真是急煞人。

所以，"厂篱笆"一词也就有了引申义。

老早买物事，样样要排队。队伍排得太紧，穿不过去，就讲："排得像厂篱笆一样，人家哪能走路啦。"

还有，老早上海人踢球，碰着罚任意球，也要搭人墙。

不过老早上海话里没有"任意球"。禁区里，点球叫"12码"，弧顶叫"24码"。直接任意球叫"一脚球"，间接任意球叫"两脚球"。

而搭人墙也不叫搭人墙，而叫"搭厂篱笆"。

到辰光， Goal 会得穷叫的呀，来，快点快点，厂篱笆搭起来！

"腔" 与 "调"

上海言话讲法，做人上品，叫做"有腔调"；做人不上品，叫做"像啥腔调"。

不过，腔调腔调，腔归腔，调归调。腔是风度，调是规矩。

现在全国人民终于体会到了，上海滩是最讲现代社会文明规矩的地方，其实，一百年来，阿拉老早习惯了。

光有规矩还不来讪，还要有风度。只有规矩，没有风度，板板六十四，老是一只死人面孔，再痴心的女人还看侬不上眼，再欢喜侬的亲生子女也会敬而远之。

也是巧了。

昨日夜里齐巧瞑弗着，捂在被头筒里想心思。一样瞑弗着，干脆想想看，上海言话里，到底有多少腔多少调。

有道是"九腔十八调"，本该腔少调多的，没想到，上海言话里，有很多带"腔"的俚语，却没有几个带"调"的。

也许上海人觉着，规矩就是规矩，懂了就好，多说何益；而风度方面，则是要时时"校路子"的，亦未可知。

不去管伊，先罗列出来看看。

贼头狗脑，不光明正大的叫"**贼腔**"；
搭足架子，不理不睬的叫"**死腔**"；
没有正形，挤眉弄眼的叫"**怪腔**"；
蒙头转向，一百样侪弗晓得的叫"**戆腔**"。

需要说明的是，这四种最常用的"腔"既是骂人言话，也是亲人密友间的昵称。

尤其是"侬只死腔"，就好像上海本地言话里的"侬只棺材"一样，绝对是"我的甜心（my honey）"之同义词，粗则粗矣，心里厢还是吃煞侬爱煞侬的。

娘娘腔，似乎不需要注释。

其实全国人民还是有所不知的。

老早在上海街头江湖里，问侬一桩侬肯定晓得的事体，问侬讨一样侬肯定有的物事，只要侬有半点迟疑，立刻会飞来一句：

"哪能吆娘娘腔嗰啦！"

坐在店里吃副大饼油条也要手拍台面，拿台子缝道里的芝麻拍出来舔掉的，叫做"**瘪三腔**"；

一日到夜一只面孔苦嗒嗒，逢人诉苦不断，像祥林嫂的叫做"**寡妇腔**"；

不看场合，故意发嗲卖萌的叫"**小小人腔**"；

走路鲨背，左摇右晃，开出口来，每句言话俦带着爷娘的，叫做"**流氓腔**"。比"流氓腔"程度略轻的是油腔滑调的"**油腔**"。

还有一种"腔"，似乎也不得不提。撇开褒贬，无论如何它确实流行过，那就是"**苏北腔**"，或者叫"**江北腔**"。它几乎泛指一切不恰当的举止。

大家熟悉的我这里就不赘述了。讲两个我儿时印象极其深刻的关于吃相的例子。

一是绝对不能蹲着吃东西！人家还以为你进出口贸易一条龙呢。后来，走过一些地方，发现不光苏北人，多数省份民众都染有此习。

另一个是，千万不能把淡馒头或大饼掰碎了蘸汤吃或泡汤吃，若被大人看见了，绝对要被骂一声"苏北腔"的。很多苏北家长也这样骂。后来才知道，羊肉泡馍还是一道西北名点呢。

其实，在上海言话里，"兮兮"也是一种尚未成形的"腔"。而"腔"则是一种尚未成形的身份。

说你"流氓腔"，是警示你，再这样下去就会变成如假包换的真流氓。"死腔"也相当于"侬想寻死啊"。

同理，"十三点兮兮""神经病兮兮"，说的是，你再这样下去，就是"**十三点腔**""**神经病腔**"了。

说了那么多的"腔"，再来说"调"。

昨日夜里我真的穷想八想，能称作上海俚语的，竟然只想出了两个：一个是"**弗入调**"，一个是"**胡调**"。

入调不入调，恐怕最早是来自音乐的吧。

通俗地讲，唱歌跑调，就是"弗入调"。如此说来，当下的 KTV 里，天天都有很多人是"弗入调"的。

我看到过一份资料，上面说，人类中本来就有 40% 是天生跑调者；还说，跑调者是因为自己的听觉出了问题，他根本没听出自己跑调，他才敢无畏地放任自己："奔跑吧，兄弟！"

在平常生活中，不讲规矩就是"弗入调"。

随地大小便，地铁上吃物事，肯定属于"弗入调"。

朋友聚会，请吃饭、请喝酒、请抽烟皆无妨，请"溜冰"就有点"弗入调"了。

现在男男女女侪蛮豪放，搭搭摸摸、搂搂抱抱、啃啃咬咬皆不在话下，不过于大庭广众忒恶形恶状，看上去还是有点"弗入调"。

受人之托，忠人之事。满口好好好，最后一场无结果，更是"弗入调"。

"胡调"的"胡"，怕是老早对塞外异族的概称吧？若如此，那"胡调"就等于不是我们的调调。到什么山，唱什么歌，入什么乡，随什么俗。俗，就是风气，就是规矩，就是调调。

有些人，身居异乡一二十年，心里依然不服当地那个调调，弄弄不入调，弄弄要胡调，别说旁人看不过去，自己心里也肯定不舒坦。

好好叫的日脚过得像天天在白区"潜伏"且"解放"无日，不疯也傻。

不知各位看出来了没有，上海俚语中的"腔"与"调"几乎都是贬义词。

这当然不是巧合。这与上海人的思维方式有关。

上海有句老话，叫做"规矩是做出来的"。做规矩，就是要告诉侬啥咽不好做。不做不对咽，做人就对了。

现在突然网上铺天盖地的都是教你怎么做人的"心灵鸡汤"。我是不屑的。

有谁要把鸡汤当真，我一定会告诉伊："侬阿有眼十三点兮兮。"

敲定

讲起来，上海俗语"敲定"这个词的寿命真不长。

反正我 1969 年上山下乡时还没有，而大概到 1980 年代中期，它就销声匿迹了。

短归短，流行的时候照样"乒乓响"，人人讲。

老早一直叫"轧朋友"，后来叫"谈恋爱"，到了 1970 年代，居然叫"谈敲定"。

当然，朋友与"敲定"还是有区别。

To be exact，"敲定"大致是未婚妻或未婚夫，至少也是固定的恋爱对象。

彼其时也，朋友聚会，你带一个女生，就会有人问，这是侬的"敲定"啊？因为不是"敲定"，带不出来的呀。

晓得你在谈恋爱，好心好奇的人也都会问一句，哟，谈了长远了嘛，"敲定"了否啦？好"敲敲定"咪，当心飞忒。

沪语的流行词多像英文，几乎都是既可以是名词，又可以是动词。

用起来活络得不得了。

这也跟当年的风俗有关。

五十年前，社会还在流行恋爱以结婚为目的。

一个"敲定"，传是传得很闹猛，却从来没人问过，这"敲定"的"敲"从何而来，为啥是"敲"而不是其他字呢。

闲来无事，那我就来做做这种不起眼的文章吧。

我想来想去，查来查去，觉得这个"敲"字多半来自"敲图章"吧。

当年到外埠出差，尤其是关乎人的内查外调，一定要有单位介绍信，敲好图章。空白的也要事先敲好图章。否则，人家不接待不算，连栈房也住不到。

我1982年第一次坐飞机去北京，还需要介绍信呢，而且必须是局级介绍信，当然也要敲图章。

还有一桩性命交关的事体，每个月领工资，也要敲图章，签字不行。

　　一张32开的纸头上，分两列，前头是姓名金额，后面就是盖章处，单号在前，双号在后，不能敲错地方。

　　实在刻不起图章的，或一时忘记带来的，揿手印。一般不许。

　　弄堂里一日到夜有邮递员的哇啦哇啦：6号里敲图章！然后头探出窗外，问是啥物事。要么汇款，要么包裹单，挂号信也要敲，电报好像也要敲的。

　　图章如此重要，所以我们好像读书以后，大人就给我们刻图章。

　　记得那时很多小孩都会自己刻图章，我大哥就会，也曾帮我刻过一方，可惜找不到了。

　　运动来了，造反夺权，也是冲进机要办公室，先拿一大把公章抢到手。

　　反正凡百事情，一旦敲了图章，就算定下来了。飞机坐定了，工资捏定了，汇款拿定了，大权也握定了。没有图章，都不能算定局。

　　所谓敲定，不敲不定，一敲就定。莫非就是从这路里过来的？

结婚证上当然也要敲图章，不过民间的"敲定"还不是指的结婚。

民间"敲定"似有二途，一明一暗，讲起来很有趣。

明路当然是见爷娘。在上海，主要是指见女方爷娘，也就是毛脚女婿上门。可见上海男人的地位老早就一落千丈了。

半个世纪以后，全国人民总算也懂得了，这是城市文明的标志。

拿好集束手榴弹（酒瓶形状），带好机关枪子弹（整条头香烟），再夹只炸药包（奶油蛋糕），冲啊！

未来丈人丈母虽然不会敲图章，也没处敲，只要圆台面拉开来，红肠方腿摆上来，老酒倒起来，筷子拿起来，一声"弟弟，侬吃呀"，就算基本敲定了。

还有暗路。那就是，好了这么久，总归要"咪哩嘛啦"的喽。

"咪哩嘛啦"也叫"敲图章"。

还记得当年闹新房，叫新人谈恋爱经过，有一个问题必问："倷两家头，阿是先拉现钞，后开支票的？图章敲过否啊？"

支票么就是结婚证了。

事实上，"敲定"之日，就是开战之时。

关系不明确，大家客客气气。既然"敲定"了，那你的就是我的，我的还是我的。

谈婚论嫁，就是"讲斤头"。从房子的地段，到抽水马桶的牌子，都要争过明白。

现在依然如此。看啥人上班面孔铁板，家里肯定在装修。

所以，我一直觉得"敲定"里的"敲"字，太粗拉拉，一点也不温柔。原来，一旦敲定，就开始了对敲终生啊。

这次瘟病隔离太长，长远不敲的也都重新敲起来了吧？有的敲散了，有的则可能又敲出感情来了吧。

不过，"敲"字再粗拉拉，我还是宁可讲"敲定"，不愿意讲北方人的"搞对象"。

一个"搞"字也真搞，搞革命、搞生产、搞腐化，侪是伊。

啥？上海人也讲"搞"？

我怎么觉得，上海人讲的多半是"搅"呢？搅七廿三、搅花福禄，缠绕不清的意思。

"搅"是将简单事情复杂化，近乎"作"。而"搞"则似乎是无中生有，是硬上。

哦哟，扯远了，打住。

缲边模子

讲起"缲边模子"这个词，上海人熟悉得不得了。

若要认真讲起来，它是1970年代末才开始流传起来的呢。老早叫"连裆模子"的。

而且它流传的书面方式几乎一直是"撬边模子"，对吧。

因此，大家刚刚第一眼看到我写"缲边模子"，恐怕还有点面熟陌生呢。

其实，"缲边"这个词很古老，至少有几百年了。"缲边模子"是从"缲边"发展而来的。

查《新华字典》，"缲"，音 qiao。意思是，做衣服边或带子时，藏着针脚的一种缝纫方法。

我小辰光就晓得"缲边"，是因为老早屋里年年要请裁缝做衣裳。

是衣裳侪要"缲边"。有了缝纫机，为了让针脚不明显，还是需要手工缲边，赛过现在有了鸡心符号，还要"手动点赞"一样。

有时候，"缲边"也不是都把针脚藏起来。

比如中装做盘纽，有些针脚还要故意露出来呢。民间的叫法是"缲粒头"。

老早女人比针线生活，"缲粒头"最见真功夫了。

阿拉屋里，我外婆顶狠了，邻居无不称赞。到家母一辈，已自愧弗如。再下去，缲还是缲的，响是再也不敢响出来了。

余生也晚，我看到的上海人家屋里请裁缝，已经是穷途末路，只请裁缝师傅一倌子了，他只好亲自缲边。

偶尔见过带了徒弟一道来的，也是个十来岁的男小顽，夜里好睏在脚横头，天天只做生风炉、搁烙铁、调浆糊等下手生活。

顺便讲一句，很多人认为俗语"淘浆糊"就是从这里来的。

其实不是，另有出处，我有专文介绍，在此不展开了。

据找外婆讲，老底子大户人家请裁缝，是要带一个女人头来，专门做缲边生活的。

因为缲边生活太费辰光。阶好的裁缝师傅请转来，出仔工钿，就要让伊多裁一点，多缝一点。叫伊缲边就不合算了呀。

有些走门串户的女人头手是真巧，生活挺括。主人家也好，邻舍隔壁也好，大家就会纷纷称赞，甚至瞎捧伊，侬好独立门户，自家做裁缝了。

这时候，她就会得讲：我不是裁缝师傅，我只会得缲缲边。

注意，"缲边"的引申义大致就是从这里开始的。

因此，不管"缲边"乃至后来的"缲边模子"的意思哪能泛化，有两条是不变的。

一条就是"藏针脚"，一条则是"附和"，永远是配角，而非主角。

前面提到过，老上海将这种人叫做"连裆模子"的。

裆是裤裆的裆，意为他们两个人是穿一条裤子的。

因为"连裆模子"算是切口，一般好人家出身，尤其是女士不屑于这么讲的。

所以，碰到这类事情，只好哗哩吧啦讲一整句：哦哟，侬两家头是穿一条裤子嗰嘛。

必须指出，"连裆模子"也好，"侬两家头是穿一条裤子"也好，都是骂人的，而且除了表面意思，至少还有两层其他意思。

连裆，两家头只穿得起一条裤子，就是骂侬穷鬼，骂侬瘪三；再有，两家头穿一条裤子，到辰光肯定跑不快，必然穿绷。

这就是上海方言乃至吴语的一大特点，讲话没有余味，不夹枪带棒，不开心的呀。

所以，我一直讲，上海话里，真的没有一句是完全的褒义，都有点嘲叽叽。

现在，一提到上海话里的"腔调""模子"，像煞一身正气，我听了，也只好到庙里帮伊拉去烧根香拜一拜。

1950 年代起，"连裆模子"以及其他切口统统销声匿迹，大家都不敢讲了，直到 1966 年，才又沉渣泛起。

沉渣泛起之中，居然也既有继承，又有创新。 1970 年代末出现的"缲边模子"就是一例。

老早徐家汇林荫道里经常有人摆象棋摊，就是步步杀的那种。因为我从小欢喜着象棋的，所以我会留意。

后来我才晓得，摆象棋摊一定有人"缲边"。因为你靠近的时候，都有人在与摊主对杀，或赢或输。你来了，就挑侬上山。

此后的街头骗术，乩皮夹子也好，寻人也好，其实都与摆象棋摊大同小异。区别在于，后来"缲边"的人越来越多，而且有明确的角色分工，甚至还有剧本台词。

骗术毕竟不是生意经。不过很快，正经生意也有了"缲边模子"的影子。

我印象当中，最早出现于做水果的。一部黄鱼车，停在转弯角子，只要不是一个人在叫卖，旁边有人缲边，里厢就有花头。花头最透的，一个是卖西瓜，一个是卖甘蔗。

最大的区别是，从前，是没人堂而皇之去做"连裆模子"的，现在，"缲边模子"不但可以大鸣大放地做，还要算"上路"，属于

"一个篱笆三只桩，一个好汉三个帮"呢。

好像藏藏针脚（短处），做做配角，也一身正气。

从前也讲究朋友帮忙的，但从来不明当明讲，"要么侬帮我去做一记连裆模子"。

现在有人讲，哎，今朝我要去谈桩啥事体，侬跟我一道去，蹲了旁边帮我缭缭边也好嗰呀。随势得不得了，毫无违和感。

正如我以前写过的"堕落五部曲"那样，连裆，缭边，也从有罪恶感到没罪恶感，慢慢登堂入室，出剧本，定台词，定角色，进培训了。

最后，要来讲讲为啥这个词流传的书面方式几乎一直是"撬边模子"呢？

其实，"缭"这个字本身也有争议。据说，《说文解字》里，也就是汉朝辰光，缭的意思是"帛如绀色"的意思，读 zao（第三声）。

还有人讲，是缲边不是缭边。但《广韵》里讲，缲是抽丝的意思，读 sao（第一声）。

于是，有人考证，古人最早用来表示"缝"这个意思的字，其实是"削"。

然后，削，音近敲，再近拷，所以上海滩也多有写成"拷边”的。

后来，人工拷边也机械化了，还有“拷边机”呢。

小菜场旁边一摆，生意邪气不错。

但还是与“撬边”不搭界。认真讲，“撬”，上海人读桥音的。“头皮撬”“七撬八挒（裂）”“撬格棱敦”，都读桥音。

只剩下一种可能，那就是，率先手写“撬边模子”的人带有满满的法兰西浪漫风格。

这也不奇怪，比如英文 Elizabeth，翻成汉语，变成“伊丽莎白”。假使用拼音去读，是不是也蛮奇怪？

也只有一种可能，翻译这个词的人只能出于江南水乡吴语区。

顺便讲一句，在吴语里，黑与白，天与地，不但对仗，而且同韵。唉，不晓吴语，古诗哪能读法。

一定有人又想起我反复引用过的“Both will do”，我当然态度不变的。

晓得这个出处，侬还是要讲“撬边模子”么，我就是有一根三百六十吨重的撬棒，也撬侬不过来的呀。

翘辫子

前不久，吾友"老周望野眼"写文章时用到"屈死"这个上海话俗语，就问了我一声，曲与屈可否通解云云。

当然是可以的。字典里，屈的第一义就是弯曲。

记得当时，我自说自话、画蛇添足地说了一大通关于曲辫子和翘辫子的话。

其实，人的记忆是不可靠的。信口开河之际，我恰恰把曲辫子和翘辫子的出处记反了。

幸好吾友王光建先生挺身而出，指出了我的不对，并随手找出了两张老照片。

真所谓铁证如山。

这两天，因为换了一个新电脑，我顺势整理了一下文件夹，便把有曲辫子和翘辫子出处的文件翻了出来，正好来一个澄清，也凑出一篇小文来。

曲辫子，只是一种状态或动作，并没这种讲法。

清朝时，人人留辫子。种田人和城市里靠做生活谋生的人为了方便，做生活的时候便把辫子盘起来。从影视里我们也能看到，武打的时候，很多人也将辫子盘于脖子。

上海开埠之时，当然还是"我大清"，大家的辫子都还在。

不过，辫子与辫子不一样。有钱有闲的阶级，所谓体面人（包括大多数读书人）无须劳作，所以他们从不将辫子盘于脑后，永远是直的。

而手停口停的朋友就很无奈了，尤其是从外埠刚来上海打工的朋友，做生活只好盘头曲辫子。

有道是，生活条件决定生活习惯。本来，清朝人因为怕烦，一般一个月才洗一次辫子，整个冬天可能只洗一次辫子。生活一忙，就更没空洗了。

加上劳作，油腻汗渍，辫子容易板结。

因此，经常盘起辫子做生活的朋友即便生活做好了，把辫子放下来，它也不那么直了。

这就是曲辫子的由来。

上海滩一直是一个只看外表，只重衣衫的社会，眼光势利得紧。

于是一帮有钱又有闲的遗老遗少就看辫子识人，将经常盘头曲辫子的人叫做"阿曲（阿屈）"。

据说，久而久之，他们可以根据辫子的弯曲度来判断这个打工的人来上海的时间长短。另一方面，"阿曲"也慢慢演变成"阿曲死（阿屈死）""曲死（屈死、屈细、屈西）"等各种叫法。

却原来，老上海人骂别人"阿曲""曲死"或"阿曲死"，相当于骂别人"乡下人"啊。至于用来形容人的不开通、容易上当等，那是再后来的事情了。而且其意思与"乡下人""阿木林""瘟生"的引申义也都差不太多，只分流行之早晚。

顺便说一句，上海人看人穿衣也很势利，要分长打短打。
穿长衫的，一般被认为是体面的、斯文的；而穿短打的，就很可能是低端的了。

还记得1985年，吾友郑丽娟特会介绍我在北四川路买了一件皮夹克，220元。礼拜天我就穿到淮海路去见爷娘了。
谁知家父见了，一脸不高兴："迭种衣裳买伊做啥！"我问理由，甩过来一句："侬准备去拉黄包车啊？"我彻底掼瘪。

时值隆冬，没有皮袍子了，男人就是要穿派克大衣。
何况见爷娘也算出客。

至于翘辫子，光建兄上传的两张照片最具说服力，果然是有图有真相。
我保存的文件里也是这样记载：清朝处决犯人的时候，刽子手出于方便起见，叫人将死囚的辫子往相反方向拉直。

据记载，也有先将辫子一刀斩下的，可惜无图。

因此，上海人便将"翘辫子"作为死的别名，一直沿用下来。

须知"翘辫子"不是好死，而是横死，所以一开始，上海人讲啥人"翘辫子"，绝对带有诅咒之意。就像骂你"充军去啊"一样。

好好叫人家有人过世，是不作兴这么讲的。

阿拉宁波人有一句骂人话叫"死辟鬼"，也是咒人死于大辟之罪，亦即杀头。

所以，我曾写过文章，认为"娘希匹"其实也是"娘死辟"。一时间，多少人上来言之凿凿地说，"匹"肯定是女性生殖器官，我也只好掼瘰。

我们小时候听到大人讲此类咒语，都是咒人死。

"充军""杀头""死辟""喊魂""投胎"等等，都是。

在我看来，并非就有满满的恶意。尤其是爷娘骂自家小人亦如此。

其实无非在讲，你此生已太糟糕，毫无希望，请早点重投娘胎。就像电脑重启一样。去年，我们不都想说："2020能重启吗？"一个意思。

关于投胎，张爱玲讲得最有趣。

她对小伙伴说，既然能重新投胎，我干脆一记头先投个六七十胎，投到好的了，再活下去。

所以，后来上海有了电车。电车开到一半，很容易"翘辫子"。

大家讲到电车"翘辫子"，都百无禁忌。重新搭上就等于重启呀。

连电车的司机卖票员也毫无顾忌：

"CN，哪能又翘辫子了，今朝翘了好几趟了。"大家安之若素。

穷人先出世

这两天终于落雨了，气温也降下来了。

节气也到了寒露，终于有点秋天的样子了。

短袖子是有点挡弗牢了，外套，至少薄外套总归要披一件。

其实今年的天，已经算冷得晏了，农历已是九月。

老上海言话讲起来，叫做"二八月，乱穿衣"。啥意思，农历二月和八月，是换季的日子，马路上，穿什么样衣裳的人都有。

有道是"春捂秋冻"。

不过，春天，有欢喜捂的人，也有不欢喜捂的人，侬穿滑雪衫，我穿吊带衫。

秋天，有欢喜冻的人，也有不欢喜冻的人，侬穿香芸纱，我穿皮茄克。

一点也不瞎讲，如果这两天，有人真心请教我，早上出门穿啥个最时髦，我一定会得告诉伊，皮茄克，当然是短的薄的彩皮的。

啥个羊毛衫、卫衫，侪没皮茄克风头足。

这个就是的的刮刮的"上海腔调"。赶时髦，不好错过一个钟头。

在上海几十年，看得也真是太多了。

上海人就是这样的，往往天还没太冷的辰光，上海街头就可以见到很夸张的冬衣装扮，如皮茄克。哪怕中午太阳出来了，再脱忒，搭在手臂上。而有辰光，气温刚刚上到20℃，超短裙、热裤就出来了。哪怕等歇刮风了，再逃转去，调一条长裤。

春不捂，秋不冻，一般人家看不懂。

啥叫"赶时髦"？时髦么，就是要赶的呀，赶着半天算侬运道好，赶着一两个钟头也是好的。

啥叫"活在当下"？这就是。这才是。

诚然，这样做，免不了要被人说三道四。有些人不识相，还非要当面搭侬讲过明白唻。

一歇歇，"哎，侬今朝哪能着得阶风凉？"

一歇歇，"哎，侬今朝哪能穿皮茄克啦？"

跟这种人，实在没啥好解释，于是，上海人就有了这样一句自我调侃的言话，叫做"阿拉穷人先出世呀"。

"穷人先出世"，是一句歇后语，它的下半句是"独件头"（即独一件）。

意思是，阿拉屋里没倷屋里有铜钿，我只该一件皮茄克，而且还不算太挺括。我假使等到天真的冷了，跟牢大家一道穿，根本显不出我有皮茄克。

这两天，你们不敢穿，那对不起，我就提前出街了，回头率绝对高。

这就叫做"穷扎台型"。

当然，大人家也有落魄时。不过，乍贫难改富家风，一听秋风响，还是豪稍要拿"独一件"的皮茄克翻出来，穿出去兜兜风的。

于是，"穷人先出世"这句言话，后来基本上以自嘲为主了。

自嘲也是一种态度。

穷下来是没办法，不过看得出，这样做的人，还是邪气懂经的。

当然，不去跟这样的时髦也没啥错。

要点是，不管气温几花度数，穿少了，不要佝头缩颈，穿多了，也不必心烦气躁。两步路还是要走得挺括，这才叫上海人的"腔调"。

动不动"吓死宝宝了"，小家败气。

球戏里的老上海话

乒乓球

发球触网叫"阿隁"（again）；

擦边球叫"汤起"（touch）；

局末平分叫"求思魂"（deuce/one），后才知来自网球，本就是 table tennis 嘛！

连击叫"淘盘"（double），还要分"手淘盘"与"板淘盘"呢。

输了叫"该特"（get out）。

所以乒乓根本不是国球。

人不必因为学猪叫学得最像就自封猪八戒的。

康乐球

排子：两两对决，每人 8 子，盘沿中央 6 子，两角各一子，先将对手8子扫光者为赢。

刻子：类似足球的罚点球，受罚者在盘沿中央放一子，需一击入洞。

阻子：出现在击球区的敌子。击球时碰到要受罚。

两借弹：母球通过两连击，将前子打入洞内。三借弹、四借弹类推。

长借弹：母球离目标球很远的攻击。

削薄弹：因角度关系，母球只击目标球的薄边。

退沙弹：母球击打目标球后，自己往后退。

定胜弹：母球击打目标球后，占据原目标球位置不动。

跟跟弹：母球击打目标球后，继续向前滑行。

老板进洞：母球入洞。

扫台湾岛：击落放在盘角即洞后位置的子。

拉自洞（自拉洞）：母球猛击目标球，使撞一岸而折返进离母球出发时最近的洞。

一炮两响：一击而二子入洞。

前勿响后响：开球时，该进的球没进，不指望进的球却进了。

滑枪头：击杆没击中母球或只碰了一下边。

游马桶：目标球在洞口转悠了一圈或几圈却没入洞。

打说明：即指哪个打哪个。

比中：比谁离中心最近谁先开球。

这里特别要提一下"搅花福禄客"，因为比较复杂：

母球用力击打目标球的任意半边，让目标球先撞向一岸再弹回来落入对面的洞口。滚动过程中，母球和目标球在球台上画出一个漂亮的"十"字，有人说，像两把交叉叠放的叉子，故称为"cross forked"。

而"cross"即交叉形状在沪语中叫"大搅""大龇搅"或"搅花"。"forked"则记音为"福禄克"，"禄"为"r"之音。于是，"搅花"＋"福禄客"＝"搅花福禄客"！

足球

搞尔（goal）：有二义。做"goal门"是做守门员，守goal是守球门。

派斯米（pass me）：传球。本意是传给我，后来叫成"派界我""俫两家头派来派去"，还有"三角pass"。例：老早在人民广场踢野球的老球皮们经常讲："阿拉一直打三角pass啊。"

一脚球：直接任意球。

两脚球：间接任意球。

十二码：点球。

二十四码：好像是禁区里两脚球。

头攻：头球。

手淘盘（hand ball）：手球。这个乒乓里也有。

盘球：运球。例："侬先盘两记。"亦喻过人，例："盘忒伊。"

开大脚：守门员开高球。

大脚头：长传冲吊。

鹭鸶（loss）：漏球或漏踢。

"饶"字的老上海话

有时静下来默想想，这语言确实如江河一般，一路奔腾，一路更新。几十年一回头，简直面目全非。当然，水还是水。

不必悲观到谈什么方言的消亡和上海话的脆弱，所谓"普通话"的用词也更替了很多。即便国际最流行的英文也是如此。我四十年前学的那些英文，早就被称为"grandfather English"，连开口打个招呼都不一样了。

这么说吧，街舞流行能有多少年？最早的街舞也已经成为"old school"了。嘻哈（hip-hop）流行又能有多少年，元老级人物也已经被称为"OG"（老炮 original gangster）了呢。

从道理上讲，被自然淘汰的，又何足惜。不过，这当中还真有一些遗珠呢。

比如，上海话里的"饶"字。

我们小辰光还是几乎天天要讲这个"饶"字的，而现在，我们半年不讲也没啥感觉，于是乎，这个"饶"字就快要消失了。

小朋友之间是最容易起争执的。小打小闹是家常便饭。不过，也总归有人在一旁劝的："算了算了，吤小事体，饶饶伊算了。"还有，老早大家都认为"大欺小，现世报""男不跟女斗"，所以也只好"饶饶侬"，否则要被大家看不起的。

小孩子踢足球，敲碎了隔壁人家玻璃窗，要赔铜钿；或者被别人家大人告状了，爷娘免不了要请伊"吃生活"。也许是太穷，肉麻那几个铜钿；也许太要面子，坍不落台，有些爷娘落手也真狠，而小孩子也真犟，绝对是有种出种。这时，邻舍隔壁也会劝那小孩："好唻，快点讨饶呀，侬讨饶么伊拉好放手呀！"

无论如何，"恕道"是中国传统的读书人家千年传习的规矩。《论语·卫灵公》篇里，子贡问："有一言而可以终身行之者乎？"孔子答复："其恕乎。"饶恕饶恕，饶即是恕。

饶，还有让的意思。这在老早的日常生活中更是处处可见。

比方讲，着围棋，让三先，上海话叫"饶侬三步"；着象棋，让车马炮，叫"饶侬车马炮"；打牌，叫"饶侬大小怪"；打乒乓，叫"饶侬假手"；即便"排摔跤""配模子"，也可以"饶侬一只手一只脚"；

比啥人跑得快，则叫"饶侬三条横马路"。

而且说起这些来，口气邪气"老魁"。不管什么，要赢就是完胜，清清爽爽，要赢得侬服帖。

还有一些关于"饶"字的用法，当年已经不多，现在几乎绝迹了。比如"饶头"。一百年前，苏州人买物请益，叫"讨饶头"。这种说法没了，这种做法倒还在。比方讲，店里一客馄饨 10 只，我买生馄饨回去自己下，阿好畀我 11 只？那第 11 只馄饨就是"饶头"了。

冥冥之中，商家还是不自觉地在沿袭老祖宗那一套的。所以你看，现在侬去买小菜，行贩会送葱给你。这葱，实际上就是"饶头"了。

有些商家还会专门准备一些附送的小商品，老早就叫"饶头货"。现在叫"彩蛋"了，难听是真难听。

还有"饶头戏"呢，没听说过吧。旧小说《合欢图》第七十四回里有："两朵莲花开并蒂，双双搂定睡如泥。省（即醒）来又找饶头戏。"现在叫"你好会加戏啊"，难听是真难听。不过开心是真开心。

曾几何时，大家突然相互都不肯"饶"了。如果真要推敲出一个具体年份来，恐怕又是 1966 年。因为，饶过阶级敌人，就是残害贫下中农啊。再说，孔夫子已被打翻在地，除了"红宝书"，只有鲁迅可读。而鲁迅死也没想到，他的那篇《论"费厄泼赖"（fair play）应该缓行》会如此大红大紫。

从那时开始，半个世纪以来，无论大事小事，大家确实不再讲"费厄泼赖"（fair play），而把"以眼还眼，以牙还牙"学得无比精通。

吃顿饭，岂肯放过想斩我的服务员；买物事，岂肯放过不肯优惠的营业员；叫外卖，岂肯放过迟到的外卖员；叫快递，岂肯放过不肯上楼的快递员。做员工，岂肯放过抠门的老板；做老板，岂肯放过不肯加班的员工；做保安，岂肯放过小看我的访客；做垃圾分类志愿者，又岂肯放过不回答"侬是啥个垃圾"的住户。

啥个"大欺小，现世报"，我不欺小的还能欺负谁；啥个"男不跟女斗"，我不斗女的还能斗过谁。一切为了眼前的赢，赢得好看难看不管，别人服帖不服帖也不管。

如此不依不饶的结果，就是动不动恶语相向，刀刃相见。底线越来越低，矛盾越来越多，朋友越来越少，日脚也越来越难过，于是也就越来越不依不饶。

一个"饶"字不讲了，做人腔调也没了。

突然想到，这个"饶"字还真不是都不讲了。比如，网上很流行的一句话就是"苍天饶过谁"。虽然不是上海话。

苍天饶过谁？我不晓得。

但苍天一定不会饶过那些不饶人的人。

"日脚" 及其他

有些惯用语，确实有点年代久远了。还有一些，现在对它的理解和原来也早已不是一个样了。追根寻源，还是蛮有意思的。

日脚

吴语，今泛指日子，也指日期。

　　如："好日脚""坏日脚""日脚没到""日脚过忒了"，都是"日脚"。

　　夫妻吵相骂还有："日脚勿过了是哦？""侬再迭能下去，没侬唧日脚过了。"

　　何以日子叫"日脚"？

　　太阳高高在天，日脚就是太阳的脚么？其脚何在？

　　查杜甫《羌村》诗："日脚下平地。"注家以为，日脚，日光下垂也，亦即晷影。

　　唐《才调集》里也有"彤彤日脚烧火井"。

　　而清人胡文英则说，最早吴语里只是将去日之速的感慨说成"日脚快"而已，尚未泛用。

　　可见此词的泛用还是最近二百年的事。

嚇头

　　地球人都知道电视全靠广告，不看广告看什么电视。

　　但放就放呗，最讨厌主持人在放广告之前还要自鸣得意地掉一记枪花，来个"软着陆"。

　　大家都痛恨有人为权叮盘，其实，为钱叮盘亦不光彩啊。

　　"掉枪花"又叫"放嚇头"。

　　资深老上海告诉我，戳穿讲，嚇即血，放嚇即放血。

　　什么血？狗血也。

噱头，血之头，一点点。

一点点也还是狗血。

煸死

"煸死"，音"箆稀"。

老早常常听老阿姨们讲："小姑娘勒做啥，一家头闷声弗响？"

"覅去睬伊，伊勒煸死呀。"

今似已绝迹。

"煸死"，义近"作"。

窃以为，"作死"与"煸死"还是有区别的。

"作"是动，"煸"是静；

"作"起来武腔腔，"煸"起来静悄悄；

"作"是虐人，"煸"是自虐；

"作死作活"好拿一家门侪"作"煞，"煸死"只是钻牛角尖，自家跟自家过不去。

伉一桩

伉，作"伉俪"时音康，北音也。吴音其实为"行"（hang）。

伉，抵住也。

上海话把抵挡一阵叫做"伉一桩"。

例：迭桩事体再犯难，我也要伉一桩。

又：侬伉么就伉一桩咪。

伉，古通抗，有给出对等之力的意思。
伉俪者，是相称，也是对等。
惜今用者日稀。

穷性穷悟

沪语，喻人之不顾一切、不计后果地蛮干。
其短语为"穷撞"或"瞎来来"。

穷，极也；性，质也；悟，觉也，皆取其本义。
"穷性穷悟"则是：无论先天之质还是后天之觉，都爱走极端。
俗作"穷祸"，似不通。

小讨债鬼

上海人对自家小人的戏称，除了小瘪三、小鬼头、小赤佬、小棺材外，还有"小讨债"，即讨债鬼。
其实，瘪三赤佬俱会讨，鬼头棺材皆涉鬼，义一也。
小人一日到夜缠牢爷娘要这要那，爷娘被缠烦了便说，"前世里欠侬嗰啊"，今已杳闻。
此话所来有自，确实源于轮回之说，轮回说认为，为父母者前世确曾欠过别人钱，于是生儿育女，让孩子来索还。

所以沪上有句老谚叫做，"无冤不成夫妻，无债不成父子"。

死抢活夺

今已少有人用，过去亦不常见。

常与"做啥啦"连用，以表否定。

例句倒是俯拾皆是。

以前常见有人在公交上为了抢付几张车票钱，或在点心店为了抢付两碗小馄饨钱"死抢活夺"。

前不久的一个早晨，我在一面店吃面，隔壁一桌两个老男人在就着面浇头吃早老酒，菜不够了，加两块素鸡，于是两人又"死抢活夺"起来。

唉，迭眼小钞票，"死抢活夺做啥啦？"

候分掐数

掐，音克。喻恰到好处、浑然天成、像算过一样。

例如：伊总归候分掐数到，早一分钟也弗肯。

又：只写字台摆了沙发旁边正正好好，候分掐数嗒。

候，依也。

例如：弗好侪候牢小囡嗰（不要啥都依着孩子）。

又：样样候侬啊？

"候分掐数"出于何处？

我倾向于源自裁缝依照尺上一分一分来掐着数，尺的最小计量单位是分，候分，极言其精准也。

瞎拓八拓

沪上人家写毛笔字不讲"写"，而谦称"拓"。

例："侬字好，侬来拓忒两笔。"

"拜我瞎拓八拓个噢。"

俗作"塌"，似不确。

拓，本有依样画葫芦和涂抹意。

除碑拓之拓，民间还有"拓鞋样"。丁玲《母亲》中有句。

清人张南庄《何典》中，更有"讨个烂膏药拓了"及"拓花了面孔"装鬼的记载。

一说作"搨"，聊备一说。

一搨刮子

"总共"，上海话怎么讲？

最早叫"亨白冷打"，来自广东话；讲"和总来该"来自宁波话；讲"一搨刮子"，来自苏州话。这三种方言是上海话的主要构成元素。

若讲"角落山姆"则来自租界，即英语"all sum"的音译，以上四种都算上海话。

"一揩刮子"源于裁缝活。

以前裁缝摊的作板上总归有一小碟糨糊。

因那时做衣裳，领口袖口褶皱处都要先用糨糊粘住再缝针。

"刮子"即涂抹糨糊用的木片，又称刮浆刀。"揩"即涂抹，故应为动词。

当碟中糨糊将用尽，只够一刮子时，裁缝会对徒弟说："快去调糨糊！糨糊没了，侬看，一揩刮子侪勒嗨了。"

虾夹夹蟹钳钳

这也是一句老上海话，意为沾花惹草，今几不闻。

但是很生动，尤其借喻虾蟹，亦极具上海特色。

鸳鸯蝴蝶派作家朱瘦菊在《歇浦潮》第三十二回中写道：

"试看一班公馆中的太太小姐们，有几个没有外遇，何况我们堂子出身的人？也是我们自己不喜欢'虾夹夹蟹钳钳'罢了。"

我很想问一句，"花擦擦"典出何处？是"虾夹夹"的讹读么？

斜白眼打窝

上海话讲事体随便哪能也做弗成功，或者愿望没办法实现，哪能讲法？

上台面的讲法叫"要么太阳从西边出"。

"捏鼻头做梦"就只好后门口讲讲了。

至于"蟹也会得笑"要到麻将台上去讲了。

其实老底子还有一种讲法，叫"斜白眼打鸢"。

鸢，音吊，同鸟。是正字。

鸟字，上海话有时读吊，有时读袅。

还有两句沪谚，觉得也有些意思，一并录出。

又，"老虎追到脚跟头，还勒辨雌雄"，心态能再好点么？

再，"打哈欠割忒舌头"，本喻大惊小怪，未知竟言中当下治安境况。

"肉"字的老上海话

最近一次体检报告出来后，我又被医生"校路子"，叫我少吃肉。

一个"肉师傅"要忍痛割爱，我太难了。

哪能办？也只有做做自我心理建设了，比方讲，就算这次肉涨价涨得太结棍了，我吃不起了，总可以了吧。

这样的自我安慰，毕竟苍白无力，于是转而又想，我不吃肉，我可以来写肉啊，也算过过瘾头了。

讲起上海话里带肉字的俗语，最先能想到的，大概就是"肉痛"和"肉麻"了。

"肉痛"，是刻骨铭心的，一般性的伤害不能随随便便叫"肉痛"。

所以，就引出其他带肉字的俗语来。

比方讲，股票"割肉"了，当然"肉痛"；搓麻将坏到了"肉里分"（私房钱），当然"肉痛"。

至于"肉麻"，在上海话里，至少有两种意思。

一种是言词举止太过亲热，不避旁人，上海人要讲："哟，哪能吖肉麻嗰啦！"

比方讲，戏文里唱唱，像越剧《碧玉簪》里的老太婆，唱什么"手心肉、手背肉，手心手背都是肉"，还有"心肝肉、宝贝肉"，也就算了。戏剧毕竟是夸张的。

生活当中，大庭广众之间，大叫一声"心肝肉"就太"肉麻"了。据考证，江南地方最最肉麻的叫法，是"肉肉肝肝"。你听了是不是有点"肉飞肉跳"？不过，只要是背地里，随便你怎么叫，都不管我事。反之，做不出这种情状的，又叫我"肉麻不出"呀。

还有一种是不舍得的意思。

比方讲，今朝只卖一眼眼肉（一眼眼肉，又叫"苍蝇肉"，极言其少）么，是因为肉实在太贵了。"肉麻"两个铜钿呀。

还有，落雨天穿旧皮鞋出门，"肉麻这双新皮鞋呀"。

又比方讲："吶小小囡送得去'全托'，'肉麻'嗰呀。"

别人用手来碰碰你家小囡，你就去拦，也会被讲："哟，侬算肉麻煞了。"

从这个意义上讲，"肉麻"也有欢喜及宝贝（此处动词）的意思。

"肉痛""肉麻"，都是抽象的讲法与用法。当年是如何从具象引申到抽象的，比方讲，肉自己怎么个痛法，怎么个痒法？"肉麻"是不是起鸡皮疙瘩？已不可考。

不过，有一些用法还是可以看到引申的轨迹的。

比如"肉头厚"。它的本来意思很好理解。后来被引申为有实力、有铜钿，也是顺理成章的事。不过，上海人讲"侬肉头厚呀"，多半是歇后语，下半句是"经（得起）斩"。

又比如"肉膈气"。它的本来意思就是肉里有怪味。所以讲一个人有"肉膈气"，也是指他有点怪。

再比如"奶脯肉"。本来是固定部位，后来，凡是松扑扑的，都叫"奶脯肉"。比如："侬看伊一身奶脯肉。"想想也蛮吓人的。

又有"槽头肉"。专指肥胖之人头颈后头一棱一棱的赘肉。

　　还有"贴肉"。贴，就是到位。英文叫"to the point"。例："喏，侬这两句话讲得'贴肉'嗰。"反之，"一眼也弗贴肉"。

　　至于"肉骨头敲铜鼓，昏咚咚"，也可以算作是引申义。但它好像并无本意。

　　因为有"皮肉生意"的讲法，所以，很多时候，带肉的词语会被歪看歪想。比如"肉馒头"曾经被用来比作"胸器"。还有"咸肉庄"，则用来比作妓院，还特指为外国烂水手服务的那种。据说，因为广东话里，专为外国烂水手服务的，被叫做"咸水妹"。莫非因为海水咸？

　　严格地讲，"肉嘟嘟"不是吴语，是北语。老早吴语里倒是有"肉寨寨""肉巍巍"的讲法，多见于明清言情小说。

　　"肉眼"，也就是里脊肉，好像也是粤菜里的叫法。现在超市里也这么标。

　　"做肉""不做肉"，最早是宁波话，后来上海人也这样讲。不过现在流行"瘦成一道闪电"，你再骂她"侬这个人吃下去不做肉嗰"，她要开心煞忒了。

　　"老壮肉"现在也不大讲了。"80后""90后"小囡都讲"太肥了""我肥肉弗吃"了。"摇肉"现在也不大讲了，虽然这个词的历史本来就不长。不过，在上海人眼里，"摇肉"不是"肉酱"，是"肉糜"。"肉酱"是用濮刀斩出来的。

"肉痒"倒是地道的上海话。"我怕肉痒嗰",就是经不起"嚄痒兮兮"吧。

"肉百脚",是指皮肤创口缝针后的疤痕。老早讲一个人曾经剖腹产,就讲:"伊肚皮上有只'肉百脚'。"

"肉里眼"是一种长相,单眼皮,而且眼皮厚。有时并不难看。

最后来讲一句切口,叫"吃肉"。可能很多人没听过,但却是一句很老的切口。现在的讲法就是一个"爽"字。

我曾经问我一个插兄朋友,为啥小辰光蛮欢喜"打相打"?"捣皮蛋"(也就是请人家吃拳头,而且基本指打脸,因为只有打脸才会打出乌青块,状如"皮蛋")有啥开心啦。他神秘地告诉我,侬弗懂的,一拳揎上去,"吃肉"啊。

原来,释放恶,是有快感的。

向善者,不宜慎乎。

三字经式的老上海话

这篇文章，在网上有很多版本。

不仅有文字的，还有音频的。那些版本的共同点，就是不写作者的名字。

若问作者是谁？正是在下。

我写此文时，前面有一段讲大宁的，其他版本都不用。而且名词和形容词是分成两篇的，其他版本都把它合了起来。

言话还得从十多年前讲起。

那时，市北的大宁地区刚开发，开发商很愿意听听各方意见，我居然也成了被邀请对象之一。为自己家门口的重大项目说点想法，本来也是我很乐意做的事，于是便去见了一见。

那开发商是个香港女人，总有五六十岁的样子，喉咙哑哑的，看似疲惫，精气神十足。早年她参与过新天地的开发，很有些经验，今天大宁商圈的成功依然与她分不开。

其实，就是一场闲聊。闲聊中，我曾经问起，卢湾那个叫"新天地"，这里将来会叫个什么名字呢？

记得她告诉我，取名不归开发商主导，是当地政府的事。

后来的名字大家都知道了，叫"大宁"，后面"国际"两字彰显的是级别，就像各地的开发区，怎么地也要加上"国家级"的头衔，如能"国际"就更好了。

现在大宁商圈确实人气很足。但我一直不确定大家在口头

上是怎么称呼的？"到大宁去？""到大宁国际去？"还是别的
什么？

反正我是觉得有点不顺口，当时我也曾向那个开发商提出
来过，既然她无法主导，当然也只能不了了之。

作为一个老上海，我觉得上海人讲地名，最顺口的是"三
字经"。朗朗上口，又容易传播。事实上，留下来的老地名几
乎都是三个字的：

**曹家渡、静安寺、徐家汇、土山湾、大柏树、杨树浦、城
隍庙、杨家渡、王家沙、洋泾浜、泥城桥、八仙桥、小东门、
老西门，还有卢家湾、陆家嘴、朱家角。**

上海人不光讲地名欢喜"三字经"，讲辰光也欢喜用"三
字经"。

上午叫**"上半日"**，下午叫**"下半日"**；白天叫**"日里
向"**，中午叫**"中浪向"**，夜晚叫**"夜里向"**；清晨叫**"老清
早"**，黄昏叫**"傍夜快"**；从前叫**"老底子"**，将来叫**"朝后
去"**；开始叫**"头起头"**，接着叫**"后手来"**，还有上礼拜、下
礼拜、大年夜、年初一，如此等等，不一而足。

这真是，"从前的日色变得慢"，足够我们多讲一个字，足
够我们讲"三字经"。

我们上海人讲到自己住的地方，也欢喜用"三字经"。

一逮东西向的联排屋，东笃底叫**"东山头"**，西笃底叫
"西山头"；一排三个单元叫**"三间头"**，一排九个单元叫

S

"九间头"；单元里面再分前房间、后房间、前天井、后天井、东厢房、西厢房、三层阁、亭子间、灶披间、马桶间、后楼梯、后阳台。

连房间里摆的家什，也欢喜用"三字经"来称呼。

五斗橱、夜壶箱、八仙桌、写字台、长板凳、方矮凳，小矮凳、竹交椅、三泡台、梳妆台、玻璃橱、博古架。

住在一起就会有交往，见人首先要打招呼。打招呼里也有很多"三字经"。

老上海人讲"侬好"总归要拖一拖音，显得客气点，如"侬好呀——"

讲"再会"也要讲"三字经"。

弄堂里，日日低头不见抬头见的邻舍隔壁，一般讲"晏歇会"，就是过一会儿再见的意思。这种讲法实在是妥帖得很，邻舍隔壁嘛，刚刚大门口买小菜回来碰着，讲忒两句，如果一本正经"再会"，说不定隔忒一歇歇，后门口生煤球风炉又碰头了。只有"晏歇会"最恰如其分。

如果约好了下次的碰头辰光，那就"明朝会""后日会"，年前散伙则讲"明年会"或"开年会"（不是召开年终大会！）。

生活当中，吃不准的事情总归比吃得准的事情多得多，所以上海人还有一句万试万灵的"改日会"，改到哪一日？"大舞

484

台对过——天晓得"。

"改日会"还有一个功能，就是缓兵之计。头一天谈的事情谈不拢，也不想再谈下去，大可送客出门，道一声"改日会"，一点也不伤和气。

弄堂里的相互称谓中，也是"三字经"的多。

比如，小苏州、老山东、小皮匠、老裁缝、新嫂嫂、老爷叔、新倌人、新娘子、过房爷、过房娘、小懂经、老克勒、小诸葛、老娘舅。

小朋友之间起个绰号，也有"三字经"。

如：大块头、斜扁头、铲扁头、小眼睛、塌鼻头、大嘴巴、烂苹果。最好玩，眯起眼叫"睏弗醒"或者"天弗亮"。

至于上海的詈语中，"三字经"就更多了。

什么奥癟三、小赤佬、十三点、神经病、慧棺材、寿棺材、老不死、小菜皮、阿木林、馋痨坯、小敲乱、轻骨头，等等。

当然，任何事情都有例外。

正如英谚所说：Every rule has its exception.

比方讲，上海的地名里，人民广场和龙华从来不是"三字经"，上海人过年的问候语也一直是四个字："恭喜恭喜"，石库门房子里还有"前楼"，只有两个字，家什里还有"大橱""沙发"，也都是两个字而不是"三字经"。

上海人的形容词里，"三字经"也有很多很多。

今天，我也只能先从"ABB"和"AAB"型的一些来讲。

比如讲到颜色，就有：

血血红、蜡蜡黄、碧碧绿、雪雪白、墨墨黑；
红彤彤、黄哈哈、绿莹莹、白塌塌、灰扑扑、黑绰绰。

再比如讲到光亮的有：

锃锃亮、暗缀缀。

又比如讲到形状：

老老大、咪咪小、圆嘟嘟、方笃笃、尖削削、长么么、习
习薄、厚贰贰、贼贼粗、习习细；
胖墩墩、福年年、瘦刮刮、矮端端；
笔笔挺、糊哒哒、实别别、扑扑满。

讲到味道：

甜咪咪、咸兹兹、辣蓬蓬、酸叽叽、淡哒哒、苦叽叽、香
喷喷、臭嗖嗖、喷喷香、贼贼臭。

讲到触觉，那就更多了：

热哄哄、湿虱虱、哒哒滚、冰冰冷；

嗒嗒滴、粉粉干、滴滴滑、潮扭扭、黏嗒嗒、油叽叽、干
敷敷、湿嗒嗒；

硬邦邦、软虱虱、烂塌塌、僵嘠嘠、韧纠纠、老结结；

绸披披、毛刺刺。

讲状态的有：

急吼吼、慢慢叫、慢吞吞、笃悠悠、紧绷绷、蓬蓬松；
神抖抖、鬼戳戳、魁嗒嗒、瘪缩缩、皮塌塌、骷嗒嗒。

讲人的神情的：

痴嗒嗒、木嗾嗾、浑淘淘、昏咚咚、虚扑扑、懒拖拖；
显甲甲、野豁豁、骚叽叽、花嚓嚓、寿嚎嚎、憨嗒嗒、
嘲叽叽、醉醺醺、吓丝丝、吓咾咾。

还有很多，一时无法归类，一并列在后面吧。

直别别、硬支支、偷偷叫、迂迂叫；
碰碰响、色色清、老老远、眼眼调；
煞煞齐、碌碌乱、乱筷筷、别别跳、笃笃转、头头转；
一虱虱、一眼眼、一歇歇、两借借。

有一些很难归到形容词里去，就不收入我的形容词"三字

经"了。

比如：**貌估估、洋泡泡、痒分分、笑嘻嘻、蓬喙喙**等。

还有一些，其他方言里都有，没有很明显的沪语特色，也不列入其中。

如：**轻飘飘、灰溜溜、干巴巴**等。

其实还有 ABA 型。这个很少有人提到。随便举例，如**硬碰硬、横竖横、啥叫啥、明摆明、远做远、贵做贵**等，都属于 ABA 型。

不过，好像除了硬碰硬、横竖横这两个词组，现在还在普遍使用，后几种则几乎失传。

故留例句如下：

啥叫啥：啥叫啥侬勿晓得？

明摆明：明摆明是侬拿嗰嘛。

远做远：远做远也要跑一埭。

贵做贵：贵做贵（音"句租句"）也要去吃一顿。

还有 ABC 型呢。虽无叠字，但都是近义词，放在一起也很有色彩。

如"**末脚煞**"，就是同义重复，末就是脚，脚就是煞，煞就是末。

连在一起讲，有力道，有节奏，像音乐里的三连音，漂亮得勿得了。

ABC 型，还可以有两个：**哦哟哇，做啥啦**。

一笑。

这样的"三字经"，由于生动形象，不胫而走，恐怕是当下沪语中最活跃的一部分呢。

再活跃，也还是要记下来，否则也还是容易消散。

还有——哦哟哇，做啥啦?

三字经式讲毛病

我很早就发现，老底子上海人讲话老欢喜三个字。

好几年前，我就写过《上海话里的三字经》。后来不断补充，还写过《阿六头》《小辰光》《隔壁老王》等，总觉得快要被我写光了。

这次因为瘟病而困坐家中，百无聊赖，突然想到，老底子上海人讲起各种毛病来，也常常用三个字的。

比方讲，发烧、发热、发高烧都是后来的讲法。

阿拉老早只讲"**发寒热**"。这倒还讲得通，人是会同时发冷发热。

不过"**量寒热**"，"量出来有 39℃ 寒热"，现在想想就不通了。

口语就是这样，通不通从来不是首要的，更不是充要的。

咽喉炎么叫"**喉咙痛**"，感冒叫"**拖鼻涕**"，咳嗽咳不好叫"老枪"，也懵懵懂懂地乱叫"**百日咳**"。

还记得 1970 年代末，我顶替家母进厂，第一次有了劳保，第一次医务室允许我转到中山医院去看毛病——哦，不对，老早要叫"**看医生**"的，阿拉宁波人还要叫"**看先生**"呢。相比之下，讲"看毛病"确实有点粗拉拉。

中山医院的医生果然不凡，在我的病历卡上赫然写道"上感"。

我刚从乡下插队回来，看不懂，就问医生，这是啥毛病。

医生朝我翻白眼，意思是，这也不懂啊。口中轻轻吐出六个字："上呼吸道感染。"

看到那么正式的名字，我顿时对自己肃然起敬，我竟然还能得这么高大上的毛病！比评上了中科院院士、年纪轻轻做了研究所所长还要开心啊，走路也有点神抖抖起来。

之所以有这种感觉，是因为至少在我三十岁之前，我听到的都是上海人对各种毛病的口语化表述。

在我父母一辈的嘴里：

高血压叫"**血压高**"，糖尿病叫"**糖水病**"；

疟疾叫"**冷热病**"，贫血叫"**坏血病**"；

麻疹叫"**出痧子**"，天花也叫"**出天花**""**烂麻皮**"；

荨麻疹叫"**风疹块**"，手口足病叫"**大嘴巴**"；

鼻塞叫"**齆鼻头**"，关节炎叫"**风湿痛**"；

癫痫叫"**羊癫疯**"，湿疣叫"**老鼠奶**"；

结膜炎叫"**红眼睛**"，麦粒肿叫"**偷针眼**"。

中风倒还是叫"中风"，不过偏瘫叫"**半肢疯**"。

牙齿里的毛病一律侪叫"**牙齿痛**"。

肝里的毛病一律侪叫"**黄疸病**"。

肾里的毛病一律侪叫"**腰子病**"，轻一点的叫"**腰子痛**"。

至于肠胃里的毛病，要么"**肚皮惹**"，要么"**肚皮痛**"。

肚皮痛里还可以分出"**胃气痛**"。

不过"胃气痛"好像只跟情绪有关，叫"侬气得我胃气痛"。

肺结核倒没啥三个字的叫法，老底子叫"痨病"或者"肺痨"，生此病的人叫"痨病壳子"。"壳"就是"垃三摸壳"的"壳"，"壳子"就是身体。

弄堂里经常可以听到"**老胃病**""**老肺病**""**老贫血**"这种讲法，都是三个字，紧跟在它们后面的就是"**药罐头**"三个字。

万万没想到，我自己活到今朝，也活成了"药罐头"，每天有大把药要吃。这个要降，那个也要降。

至于外科毛病，骨折倒还叫骨折，那就要"**打石膏**"或"**上石膏**"。但脱臼叫"**脱骱**"。动手术叫"**吃一刀**"或"**拉一刀**"。

"侬只老胃病，早晏点要拉一刀。"

1960 年代之前的上海人还很彪悍，男孩子不会打架根本没法混。

社会大哥会告诉侬，"捣皮蛋"打出"乌青块"，是存心给他留只"记认"，教训教训伊。

真正要请伊"吃生活"，也勿弄弄就"崩头"，让伊"**外出血**"，而要打到伊"**内出血**"，让"老派里"验不出伤。

"外出血""内出血"，专业否啊，不服不行。

皮肤病也分得很粗，不管是脚癣、湿疹、脉管炎还是静脉曲张，统统侪叫"**老烂脚**"。

有一种毛病，上海人讲起来特别有忌讳，不直接讲。

转弯抹角以后，还是三个字，叫"**恶毛病**"。

心脏病倒还是叫"心脏病"，不过心脏病也更多与情绪有关。

S

老底子上海人讲得最多的一句就是："心脏病也要被侬吓出来了。"

为了证明它是真理，上海人老底子还玩一种叫"心脏病"的扑克牌游戏。

参与者两个人到五六个人均可。

游戏规则极其简单。发牌既毕，大家先拿牌倒扣在自己身前，不需要看。然后一道翻牌，若无两人或多人牌点子相同，就过；若有，马上拍台子，指牢对方。

手慢者吃进。先脱手者为赢。

由于毫无技术含量，又蛮开心，因为拍台子时往往大家会哈哈大笑，所以我们那一代，很多人像我一样，三岁就学会了，比学会"抽乌龟"还早。

神经病也还是叫神经病，不过神经病这三个字也是引申义用得更多。

弄堂里女人吵相骂，开口第一句就是：

"要么侬神经病嗻！"

"要么侬自家神经病哦！"

真的看到有精神毛病的人，老上海人脱口而出的却是"疯子"两字。还要有心有想地拿他们细分为"**文疯子**""**武疯子**"和"**相思病**"。

至于，"鸡爪疯""人来疯"，那都不算病，专门用来骂人的。

大概从 1980 年代起吧，上海人对毛病的认知开始细分化，讲究精确度。群体文化程度提高后，大家都学会用术语直接来表述毛病了。

术语虽然精准，却很无趣。

而上面那些老上海人讲的各种毛病的三字经，虽然极不精准，却生动形象好白相。

这是语言（含方言）的生命力所在。

我晓得它们正在无可抵挡地走向消亡。

我也很无奈。

我只有将它们记录下来。

三字经式讲人体

很多人觉得，那篇《三字经惯用语》里罗列了二百多种"三字经"，真够多的。其实，还有很多上海言话的"三字经"没包括进去。比如，上海言话里称呼人体各部位的"三字经"。

先说带"头"的。

比方讲，有"**骷髅头**"（又作"**骷郎头**"），有"**额角头**"，有"**胸口头**"，有"**奶奶头**"，有"**指末头**"，有"**脚末头**"（又作"**手节头**""**脚节头**"），还有"**脚叩头**"（又作"**脚馒头**"），就是膝盖。

带"心"的也不少。

有"**太阳心**"（即太阳穴），有"**头顶心**"（小毛头尚未闭合的"**头顶心**"又叫"**子孔潭**"），还有就是"**手底心**""**脚底心**"。

还有带"骨"的："**头颈骨**""**肩胛骨**""**肋排骨**""**数子骨**"（即脊椎骨）。

说到骨头，其实还有胳膊肘呢。上海人哪能叫法？听说本地人叫"**大转弯**"，宁波人叫"**手撑柱（头）**"（撑音掌）。

"**手指甲**""**脚趾甲**"（甲音克），也马马虎虎归在这里吧。

头部还有许多。

后脑勺叫"**后脑扑**"，让我想到广东话"扑街"。

面孔叫"**面架子**"，又专指脸廓。比如"一只面架子倒生得蛮好看"。

"**骷郎头**"上，还有"三皮""两管""一块板"。

"**眼泡皮**""**耳朵皮**""**嘴唇皮**"；"**鼻头管**""**喉咙管**"；一块板是"**天花板**"。

当然，还可以有"喉咙口"。

另外，上海人拿眉毛叫做"眼眉毛"。

下半身，还有"肚脐眼"，有"小肚皮"，有"大脚胖"，有"小脚胖"。宁波人把"小脚胖"叫做"脚娘肚"，很多上海人也跟着这么叫。

何谓"娘肚"？孕妇的肚子，要做娘了的肚子。

不能漏了屁股。屁股的"三字经"叫做"圆台面"，或者"法兰盘"。

"法兰盘"还是洋泾浜呢，英文 flange，又译作"法兰"。

三字经式宁波话及其他

我既然写过上海话里的"三字经"，如今要写宁波话里的形容词三字经，必须先翻出旧文来看看。不看不知道，一看吓一跳。却原来，上海话里的形容词三字经里，有许多就是从宁波话里来的。

于是决定，大幅度甄选素材，只保留那些有着浓浓宁波味道的形容词三字经，其他统统割爱。

横砍竖砍，居然还剩下 36 个。真多。那就留下吧。

下面一个一个来举例讲。

关于吃的最多。

酸滋滋。例："罗卜腌得酸滋滋，盐欠摆多。"（盐放得不够。）

苦衣衣。例："蛳螺屁股吃进去有眼苦衣衣。"（衣，表面一眼眼。）

咸肤肤。例："这回买来的白鲞有眼咸肤肤，吃起来要驮眼醋来蘸蘸其。"（肤，浮表也。）

油蒿蒿。例："这根带鱼日子风嘞太多，吃起来有眼油蒿蒿。"（蒿，本为一种有特殊涩味的蔬菜，引申为蒿涩味。）

热勃勃（勃音拔）。例："辫碗哒哒滚嘓汤喝落去啦，身上有眼热勃勃嘞。"（勃，勃发，冒出来。）

冷刮刮。例："辫种冷刮刮东西有啥吃头？"（刮，亦指表面。）

厚氘氘。例："厚氘氘吤一大碗粥，其一歇歇就吃落去嘞。饿煞了啦。"

薄舀舀。例："薄舀舀吤一碗粥，吃倒咋好吃嘀啦。"

粉斋斋。例："辫红肠吃起来有眼粉斋斋。"

硬骨骨。例："这饭没咋煮熟，吃起来有眼硬骨骨嗬。"

韧纠纠。例："牛皮糖吃起来韧纠纠。"

软塌塌。例："辫爿咸鳓鱼咋有眼软塌塌？"

糊哒哒。例："一眼苹果没去吃其，会烂勒糊哒哒啦。"

糊其其。例："辫鱼有眼变质嘞，肉吃起来糊其其嗬。"

焦朴朴。例："今么大饼有眼焦朴朴。"

淡呵呵。例："辫只炝蟹淡呵呵交关好吃。"

挖痨痨。例："肚皮有眼挖痨痨，弄眼啥东西吃吃？"

关于颜色的我保留了三个。

绿映映。例："搿块玉有眼绿映映，交关好看。"

黄膨膨。例："搿照相黄膨膨咋介难看，有眼年数嘀嘞。"

青妭妭（音 ang）。例："哦哟，今么子牙须刮得青妭妭嘛，做人客去啊？"

其他大多与感觉有关。

潮扭扭。例："黄梅天衣裳晾弗干，总归有眼潮扭扭，明朝再晒晒其。"

燥麸麸（燥音骚）。例："被头太阳里晒过，是阶燥麸麸了啦。"

暗衬衬。例："天色还有眼暗衬衬。"（衬，陪衬，衬托，不主要。）

亮刮刮。例："还早嘞，再睏一晌哪，天色刚刚有眼亮刮刮。"

木肤肤。例："搿人咋会木肤肤，介眼道理也弄勿清爽。"（肤，表皮，引申为表皮麻木。）

懒拖拖。例："搿人做人一直是懒拖拖啦，讴其一百趟也没用场。"

矮鼓鼓。例："搿人有眼生得矮鼓鼓。"

方敦敦。例："方敦敦阶一张面孔。"

寿嗒嗒。例："人莫做唻寿嗒嗒啦。"

老唶唶。例："孲人生得有眼老唶唶嗬。"

蔫糟糟。例："孲本小书你看勒多少遍嘀啦，蔫糟糟呍还没看厌啊？"

秽勃勃。例："墙角落头秽勃勃咋腻腥嘀嘞。"

呆性性。例："孲张台子做勒呆性性嗬。"

滑哒哒。例："孲衣裳里滑哒哒咋介秽气，啥东西粘上去过嘞？"

黏膏膏。例："呍多日子没汏浴，身上已经黏膏膏嘞。"

实别别。例："孲担谷实别别，咋重嘀啦。"

讲宁波言话讲开了头，索性讲下去。

理论上讲，宁波言话属于吴方言区临海小区宁波片的方言。它通用的地域并不大，中心地区不到 5000 平方公里，大概包括宁波的海曙、江东、江北等老市区，鄞县、镇海、北仑、舟山、奉化和慈溪的东部。慈溪西部的方言更像绍兴话，虽然"宁绍不分家"，理论上还是得分一分。

不过，宁波话有三个特点。

一是渊源流长。春秋战国时的越语，就是现在宁波话的源头。

二是广传远播。宁波人经由上海而去往全国各地谋生的人数，如果包括他们的后裔，总数早已超过本土宁波人。世界各地也遍布宁波帮。宁波话的影响简直无远弗届。

三是形象生动。上海滑稽大家姚慕双、周柏春有只著名段子叫《宁波音乐家》，至今我还没听说有谁把其他方言比作音乐的。事实上，宁波话流传快而又广，正是因了她的有趣，她的形象生动，让人过耳不忘，争相效仿。这正是宁波话最有活力的所在。

例子太多了，举不胜举。就说宁波话里两个头字的形容词吧，个个生动又形象。

血红。例："犒老太婆穿件血红嗰连衫裙，交关时髦。"

碧绿。例："今么买来嗰草头啦，碧绿，交关嫩嘞。"

梗青（梗，音 guang）。例："犒两只苹果还梗青嘀嘞，吃弗来。"

松黄。例："侬阳台墙头浪咋揭得像庙里阶松黄啦？"

蜡黄。例："侬面孔咋会蜡黄啦？"

雪白（雪，音 suo）。例："一件军装啦，会界其装腔作势汏勒雪白啦。"

漆黑（漆，音 cuo 或 ca）。例："乡下头去勒两日，人会晒得哼哩漆黑啦。"类似的，还有"**漆乌**""**漆暗**"。例："哦哟，外头漆暗嗬，侬还是带盏手电筒去好嘞。"

锃亮。例："一觉睏转，天已经锃亮嘞。"

雪亮（雪，亦音 suo）。例："群众嗰眼睛和众雪亮嗬，侬赖也赖勿掉嘞。"

笔直（直，音 jie）。例："这埭马路咋会造勒笔直啦？稍便弧形眼多少好看啦。"

蜜甜。例："犒回买的蕃薯真好的嘞，吃起来蜜甜啦。"

石苦。例："这两日人着力嘀嘞，天亮爬起嘴巴石苦。"

（石，药石也。）

滴滑。例："雨刚刚落过，地上滴滑嗬，走路得是要当心眼。"

嫡糯。例："慈溪年糕吃起来嫡糯嗬。"（嫡，正宗也。）

呒清。例："鿆茶叶交关好，泡出来茶呒清嗬。"

火热。例："吃哪，㬳水潽蛋还火热哒哒滚嗬。"

滚圆。例："只肚皮吃得刮啦滚圆嗬。"

屁轻。例："侬人咋屁轻啦？"又称"屁搭烂屌轻"。

笔挺。例："裤脚管上鿆两埭筋倒是烫勒笔挺嗬。"

嫡亲。例："㬳是我嫡亲娘舅啦。"

石硬。例："饭咋会煮勒石硬啦？"

贼臭（臭，音 qiu）。例："啥（sou）人放屁？鿆电梯里贼臭啦。"

"贼"字带头的形容词还有**"贼牢""贼粗""贼土""贼笨""贼旧"**等，东北话里有"贼"，是很后来的事了吧。

为了强调这些两个头字的形容词，宁波人会得在两个字当中，再加进去两个字。一个基本上就是"斯"字，或者读"斯"音的助词，居后。前面一个字，须根据第一个字的字音随机应变。音乐性，就是这么来的呢。

常用的有以下这些：

血嚸斯红、碧嚸斯绿、笔得斯直、屁得使轻；

冰刮斯冷、铤刮斯亮、的角斯方、笔笃斯挺；

石石吶苦、簌刮啦新。

"商量北寺塔"及其他

那天夜里，男篮输球。

输球很平常，实力摆煞了，我也没啥懊恼。我只是有点心疼姚明。但电视里的讲球，我实在有点听不下去了。

这毕竟是世界杯。我们能走多远？本来就是"床底下放鹞子"，大高不高，大远不远的，偏偏要穷吹，"吊死鬼拍粉——死要面子"，手下就这么几个人，打过两天 NBA 又哪能？人家也都有，还要"猢狲弗赊宝——稀奇弗煞，卖样弗煞"。

这让我想起一句苏州老话，也是吴语老话，叫"商量北寺塔"。老底子大家的印象，苏州人生活富足，有钱有闲，欢喜空谈。所谓"苏空头，杭铁头"就是这个意思。空谈还要摆海外，要谈得越大越风凉，还要谈得像煞有介事。比方讲，拿北寺塔买下来。后来，苏州人看到别人一本正经在"讲张"，就讲，伊拉在"商量北寺塔"。

现在一眼望去，再这么讲，就冤枉苏州人了。各到各处皆然，北京尤甚。走进咖啡馆，听到的都是在谈上亿的项目；赴个饭局，都在谈买矿；送个不逢五逢十的生日礼物，也是玛莎拉蒂；吃个早饭，也是油条加咖啡，杂粮饼嵌秃黄油。连老头老太聚会也觉得"商量北寺塔"太土，都在商量埃菲尔铁塔了。久而久之，真会让人误以为"厉害了，我的哥"。

电视解说自然也是如此。别的领域先按下不表，就说这次的男篮解说吧。本来，能不能进八强，实在像煞了"直升飞机吊蟹——悬空八只脚"，偏偏还觉得是"三只节头捏田螺——稳捉稳拿"。所以，一场比赛还没打，就开始"商量北寺塔"。什么进前三啊，什么献厚礼啊，真是"肉骨头敲铜鼓——昏（荤）咚咚"。

第一场小胜，打得并不好。电视解说又开始"商量北寺塔"，三战全胜，小组第一哪能办？第二阶段会碰啥人？唉，就算是"顺风船，篷也勿撑得忒足"呀！

第二场是"乌龟掼石板——硬碰硬"。这帮人一向心理素质有问题，结果攻不进，守不牢，边线球也开不来了。关键时刻，一个个都是"手铳壳子"（手铳＝撸，壳子＝身体），硬不起来了。电视解说还在"商量北寺塔"，讨论第二阶段碰阿根廷还是俄罗斯，真是有空。

更有甚者，还号召我们大家什么"输，一起扛"？明明你教练一面孔"陆稿荐里的货色"，老早就"鬼摸大蒜头——神之巫之"了，还讲什么"没人想输球"。明明是你们"手拿丫杈头，钻在叉袋里，从头错到底"，还求什么原谅？有道是，"龙门要跳，狗洞要钻"，这才是君子风度（君子的反义词是小人）。

人）。

S

这副腔调，我就晓得大事不妙，第三场要输。果然，一帮人像"掐丬头的苍蝇——乱飞一泡"，被人"揿在甏里"，"摆在砧墩板上"穷斩，惨不忍睹。第二节前五分钟只得了一分，偶然"瞎猫碰着死老虫"进了个三分，电视解说就说，打出了小高潮。G点在哪里你都不知道，怎么给人高潮。

小组都没出线，总该太平点了吧？电视解说继续"商量北寺塔"。真是的，第17名有什么好争的，我坐在家里什么都不做，都稳拿第三！最要命的是还要拼命展望明年的奥运会。真是"天下老卵死不光"。

东道主，上上签，主场哨，结果呢？"刘备哭灵牌——白跑（袍）一趟"，真是"买了炮仗界别人家放"。先别说什么对不起我们，你又怎么对得起组委会和裁判组，"买块豆腐撞撞煞"拉倒。

真的谢谢侬，拜拜侬，就别再"商量北寺塔"了，还是当心点，"捧着卵子过桥"吧。

上只角

不知道为了什么，进入21世纪，上海滩的很多久未提及的老名词、老概念再次沉渣泛起，貌似很时髦地又流行起来。
比如，上只角、老克勒等等。

关于老克勒，我会写专文来谈，今天只讲讲"上只角"。

首先，据我了解，"上只角"是一句江湖切口，最早流传于1966年的江湖，而广泛进入市民社会，已是1970年代末。

江湖对切口的处置就是这样，阿姨妈妈都会讲了，江湖上就不再讲。怕跌身价。

反之，真正住在"上只角"的人，一开始肯定不知道自己住的地方居然叫"上只角"。后来知道了，也绝不会以此自诩。

而一口一个"上只角"的人，基本不可能是所谓"上只角"的原住民，否则，他会知道，天天将"上只角"挂在嘴边，是一件极不上台面的事情。

由此推断，"上只角"一词的出现，只能是"下只角"人仰望的结果。

"阿拉屋里住在'上只角'"这句话，基本只可能是后来移民到"上只角"的人的卖样弗煞。原住民决不会这么说。

另外，关于所谓"上只角"的范围，现在也传得太"野豁豁"。

最近有一篇文章说，老上海的"上只角"，是除了南市、闸北、杨浦、普陀以外的所有原来的老市区。

还有的则说，原租界都是"上只角"。

恕我直言，所谓的"上只角"从来没有这么大过。

记得五六年前，我与吾友"陆家掌门"先生，曾经颇为认真地总结过一番上海滩所谓的"上只角"，并共同编成顺口溜。

如果我没记错，顺口溜是这样的："卢湾北，静安南，长宁两条线，徐汇一大片"（不止双押，三押哦）。

长宁的主要在愚园路和新华路。而所谓"徐汇一大片"，也只限于新乐、湖南、天平三个街道，且还不是这三个街道的全部。

最想讲一讲的，只有两点。

首先，黄浦区从来不是所谓的"上只角"。

说点我个人见闻。

四十年前，我还在厂里做生活。车间里一位姑娘谈恋爱了，小姐妹们纷纷问她，男友住哪里。那时，地段确实重要到成了择偶标准之一。她说在黄浦区呀。大家马上劝她，黄浦区么，名声好听呀，大楼房子，里厢墨墨暗的呀。老大一个层面，只有两头两个厕所，屋里还是要用马桶的呀。

注意，这可不是少数人的见解，而是一种共识哦。而且当年诋毁大黄浦的，往往还是不住在所谓"上只角"的徐汇人。

其次，徐家汇也从来不是所谓"上只角"。非但不是，徐家汇还只是城乡接合部。

一位住在徐镇老街的姑娘嫁给了一个住在淮海路的小子。那小子其貌不扬，当年也没什么钱。小姐妹们纷纷问她为点啥。那姑娘语出惊人：世世代代这样，该调调味道，改良改良品种了。

个中意味，自己去品。

不可否认，所谓的"上只角"，是有硬件标准的。用当年的话来讲，就是煤卫齐全（小夫妻独用基本是梦想，至少要与一大家子自己人合用），钢窗打蜡地板。这后一条，连很多新式里弄也会被排除在外，比如延安路的四明邨，那里是木窗（静安别墅和愚谷邨好像也是木窗？）。其实，四明邨以及其他很多新式里弄还是算"上只角"的。

当然，各个区都会星星点点地有些符合或接近上述硬件标准的房子，连老城厢也有，如大东门的金坛路21弄（集贤邨）。但不成片，充其量只好算"上只点"，成不了"角"。

不过，所谓"上只角"也有软件标准。至少夏天男人不赤膊，女人不外出乘风凉，睡衣拖鞋不上街，衣衫不整不出门，讲话不仅不哇啦哇啦，而且好言话不讲两遍，一般言话也只讲半句，所以邻里基本不相骂。

其实，在这些表象背后，是老上海人的做人方式。识相、低调与精致这三大特点，只有在所谓的"上只角"才能得到最多的证明。至于邻里间那种意在言外的潇洒谈吐，和确认眼神的会心一笑，只可意会不可言传的默契，没在所谓的"上只角"深耕过的人，是很难发现和体会的。

难怪徐家汇的小姑娘要调调味道了。

当然，所有这些软件标准，只截止到1967年初的"抢房风"之前。

有一个例子，现在来讲，有特别的意思。

1930 年代，鲁迅先生与曹聚仁先生曾经在《申报》上有过一次笔战。主题是，走在路上，刚买来的活鸡活鸭该不该脚被绑起来，头朝下倒过来拎回家。

鲁迅先生是正方，他觉得，正国难当头，人命尚且如蚁，讨论什么鸡鸭被虐待。太做作了。现在的说法叫"装"或"装×"。

曹聚仁先生则是反方。他认为还是不要虐待小动物嘛。不光要爱猫爱狗，也要怜悯鸡鸭。

活到现在的人们可想而知，当年租界里的洋人大概率会站在反方吧，就像当下的你们也很容易站在保护小动物不受虐待的一方。

我想说的是，在所谓的"上只角"以外的地方，很难发生这样的争论吧。

从 1967 年"抢房风"以后，我真的目睹了所谓"上只角"一落千丈式的"塌方"。

没几年工夫，等我插队落户回来探亲，所谓"上只角"，已经与老南市没多少差别了。

街坊邻里，相骂之声，真是"大吵三六九，小吵日日有"。拖鞋上街，比比皆是；一开口，总归爷在前头，娘在后头。非如此，话也讲不下去。

我从那时起，就隐隐觉得，这种情势，怕是不可逆转的吧。

所以，最近那篇文章不无嘲讽地指出：现如今，你们老上海津津乐道的"上只角"，已经转移了。去了古北、陆家嘴以及别的什么高档小区。还洋洋得意地说，那里的房主，一多半是新来的各地精英哦。

从硬件上讲，当年的煤卫双全（且完全独用），钢窗打蜡地板，已经从当年的"顶配"堕落成了经济适用房乃至廉租屋的"标配"。

可怜的是，连你的"标配"也依然以当年的标准为标准，一点创新也没有。真让人瞧不起。有本事你"创新"出一个新世纪住房的"标配"来，比如"三卫三卧"？

上海人至今有装修好新房请朋友来参观的习惯。我也因此看到了不少房型，包括独幢头的郊外别墅。坦率讲，从人文角度看，绝大多数还真都没有超过上海 1930 年代和 1940 年代造的房子。所以，我一听说什么房型得了很高的设计奖，我就想到庙里去烧香。

而从软件上讲，现在，连普通小区都独门独户，大家关紧大门，老死不相往来，怕是很难形成什么高级到令人羡慕的社区文化的吧。

我只说两个 bug。

一是，小区不管高档低档，一提到业委会换届，一提到物业更替，一百个业主能有一百零一种立场，神仙也难撮合。另一个是，小区里碰到让车，多半先是白板对峙，继而喇叭狂鸣，最后下车互怼吧。

这恐怕不是什么个别现象吧。

所以，想听真话么？我以为，所谓"上只角"是没法转移的，她只会消亡。

若真有人要问，现在，上海滩的所谓的"上只角"到底在哪里？

我只有一个答案，那就是：

魔都再无"上只角"。

武康路什么路，已经无多住户。没有人，也就没有多少值得标榜的社区文化可言。岁月静好，要的是宁静、幽静，而非站几个保安、下班跑光的那种死寂。

尤其是出了人造落叶这样的丑闻，那是一件连当年的"下只角"的人也不敢做的蠢事啊。

这根最后的稻草活活压死了那只叫"上只角"的骆驼。

这甚至是一个落幕性的标志，相信清醒的新老上海人都不会再提什么所谓的"上只角"了。

既然如此，如开头所说，为什么还有那么多人津津乐道于什么所谓的"上只角"呢？

我想，道理也不难。不外乎如此：多年媳妇终于熬成了婆。

这也是最近宫斗剧大行其道的缘故。

一切都是很"甄嬛"的、很"如懿"的、很"璎珞"的：

在北蛮皇帝面前，我是奴才；但在你面前，我也要抖抖主子的威风。

当年你们看不起我们，老子现在有钱（或有×）了，老子说哪里是"上只角"，哪里就是"上只角"。

三十年风水轮流转，也该轮到我们来鄙视一下你们了。

哼，连鄙视也不得不借用别人的概念，又让别人如何尊重你。

讲真，在"让一部分人先富起来"转向"共富"的时代，我们其实根本不再需要什么"上只角"来做"顶配"的标杆了。

我们只需要大家先来消灭"标配"以下的陋习，包括那些后宫嫔妃式的思维定势。

到那时，我们再来细谈"上只角"，究竟"上"在哪里。

神抖抖

有句老上海话，叫"神抖抖"。

用起来，好像既可以褒，也可以贬。

不过，恰如绝大多数老上海话，总是贬多于褒的，多少都有点嘲讽的意思。

"侬看呀，伊一副样子老'神抖抖'嗰喏。"

其实，哪怕近年来被莫名其妙捧到天上去的"腔调"和"模子"二词，讲到底，也还是贬多于褒的，多少都有点嘲讽的意思。

上海人天生一百样看不惯，"侬真的就吭好啊"，样样侪要嘲忒两句。

有些评弹老听客，听到后来，不听内容，不听流派，专门在下面捉说书先生的字眼。散场出来，就是谈资。在评弹界被尊称为"老耳朵"。

我现在写文章，也终于领教了。留言诸公中，专业捉字眼的也绝非个别。

"神抖抖"这样写法，我也来捉捉字眼。

神，本来是灵光，是高妙，是常人不可及，大家高山仰止。他已经这么神了，为啥还要像小流氓那样抖呢？

莫非"神抖抖"一词，老早是"白相人"想出来并写下来的？

一日到夜，弄堂口么隑隑，香烟么呼呼，脚么抖抖。想表示自家很神气，其实不像神，倒像鬼一样。

所以，我怀疑会不会是"神兜兜"。

"兜兜"啥意思么，绕场一周呀。好像也不对，生而为神，有那么轻骨头么？

这么一讲，就讲到正题上来了。

谁也没见过神，我们人类只是揣摩神的模样，妄下定义。

最早是图腾，后来的神好像都有了人的模样，东方西方，概莫能外。

最近这些年来，神更加接地气了。连我们最普通的打工人身边，也突然多出来很多男神女神和大神级人物。

弄到末脚煞，小姑娘为了拿车子临时停在人家小区里，开口就喊人家保安一声"男神"。

上公共厕所买张草纸，也喊人家阿姨一声"美女"。

我一直认为，不管男人女人，长相美是极其难得的，十万个也未必挑得出一个。平常人，不通过外力，要长到五官端正已是极难。

啥地方来的那么多男神女神。审美标准一降再降也不可能。

另外，每个行业要做到出类拔萃，也非易事。现在动不动就是"大神"，"领军人物"比比皆是，听上去就像小辰光每个弄堂里都有一个"一只鼎"一样。

这七十年来，各级各种表彰多到无孔不入。大家都拿到过奖状吧。

假使有个小姑娘写一张征婚启事，诚招一名没有任何奖状者为夫，怕是要青灯黄卷，孤老终身了吧。

有道是，来得快，去得也快。

钞票如此，神亦如此。

一旦媒体爆料，男神女神便一分钟成为渣男、绿茶，阿里爸爸也一夜成为万恶的资本家。

这神来神去，倒也堪称神速。

所以，还是印度谚语讲得好："除了神，没有人能崇拜神。"

有哲人进一步解释道："人要自己是神，才看得见神。"所以，一般人根本看不见神，所谓"非神不识神"。

却原来，我们见到的神，很可能根本不是神。

只要我们自己做不到、想不到的，不管这个"我们"多么普通，泯然众人，我们都自信地认为，我们碰到神了。

有人算命看星座看得准，不神么？有人杠开自摸摸得准，也很神啊。更有人托人办事办得成，再多钞票也送得出去，就更神了。

美国的神话学大师坎伯（Campbell）说过一句大胆亵渎的话："耶和华的问题，乃是忘记了自己是个隐喻，他认为自己是个事实。"

晓得"非神不识神"这个道理，做人就要当心了。

我们常常听到谁谁"演技炸裂"，其实，自己一点演技也无，恐怕也很难识得别人好到炸裂的演技的吧。

所以，我们大多数人恐怕只能看懂"燃""炸""飒"，以及"blingbling"这些吧。

毕竟我们小辰光在弄堂口看到过"炒米花——响喽"，也放过几只"老太婆拆水"的呢。

有人讲，我不知袘知，我不能袘能。我就认为袘是神，有什么不可以呢。

当然可以。不过印度人还讲过另外一句话，叫做"神大神小"。

不要说，如上述这样理解神，已是"神小"。

即便是宗教上的神，只要你觉得，你为善必取悦袘，你为恶则必招怒袘，也还是"神小"。

一位哲人说："其实《旧约》里的神，有时也帮小坏蛋欺侮老实人。"这叫"天道报应不爽"。另外，你看陶渊明名满天下，但他的五个儿子都"不好纸笔"，这叫"天道渺茫"。

这才是"神大"的地方呢。

《易经》里说，"阴阳不测之谓神"。

神大神小，正是神的两面。

竭尽溜须拍马之能事的而未见受宠，动足坏脑筋弄虚作假做坑人买卖的而未见发财，终日无所事事守株待兔的而未见中六合彩，天天鳌着背在马路上寻寻觅觅而未捡到皮夹子，固然很容易被理解为是神的安排。

还是神小。

其实，为善一辈子而未得什么明显好报，努力工作经常996的而未有很快的加薪提拔，有貌有才正当年的而未遇什么如意郎君，真心尽孝实心尊老的而未得长辈欢心，谁说就不是神的安排呢？

坏人亦高寿，贪官多在逃，亦是神大啊。

天网恢恢，疏而不漏，当然是神。天地渺茫，父母不仁，阴阳不测，亦是神啊。

知阴阳之不测，人才会真正看见神，并对神明、对天地万物生出心底的敬畏来。

有人会问，既然不测阴阳，人的努力还有何用？

其实，人就是要努力去顺其自然，不作妄想的。而且，不作妄想，顺其自然，反而需要最多的努力才能做到的呢。

结果大可不必去想，因为结果是一样的。

而不想结果也需要最大的努力啊。

上面提到了陶渊明和他的五个儿子。

他自己写的《责子》里就有，全诗如下：

> 白发被两鬓，肌肤不复实。
>
> 虽有五男儿，总不好纸笔。
>
> 阿舒已二八，懒惰故无匹。
>
> 阿宣行志学，而不爱文术。
>
> 雍端年十三，不识六与七。
>
> 通子垂九龄，但觅梨与栗。
>
> 天运苟如此，且进杯中物。

陶渊明想得蛮开的，诗写写，老酒吃吃。他晓得，这天底下，并非只有他们陶家天道渺茫，还有别人家。他还写过：

> 积善云有报，夷叔在西山。
>
> 善恶苟不应，何事空立言！

对呀，伯夷叔齐还采薇而食，饿死首阳山呢，是他们德行不够么？

那我们还有什么好"神抖抖"的呢。

"势"字的老上海话

上海言话里，带有"势"字的词语不多，不过用途广泛，几乎人人侪讲，不讲难过的。

先声明一点，各地通用的带"势"字的词语不在本文讨论范围，随便伊优势劣势强势弱势装腔作势虚张声势国内形势国际形势，一概不论。只讲有上海特色的。

第一类是最最"正当正势"的，比如"**头势**"。

"哦哟，今朝一只头势瞎清爽嘛，哪能啊？吃喜酒去啊？"

其实，与人的身体有关的，还有"**手势**""**眼势**"。

手势一词，虽然各地也侪用的，不过老早上海人讲"手势""眼势"，多数用来表示"豁翎子"的意思。

比方讲，"侬看我'手势'呀"，其实是指暗示。"眼势"现在不大讲了。老早也表暗示。现在讲，"我眼梢一蠡么，侬就懂了呀"。

上海是城市，向来不是"熟人社会"，而是"陌生人社会"。为安全起见，不被别人动不动就揎两只大头耳光，样样言话只好讲半句，另外半句要猜的。所以看懂暗示邪气要紧。

"手势"还有一种意思，是指手艺。侬看，大菜司务，"手势"灵光，生活肯定也灵光。不过，上海言话的特点，用用意思就会得翻转来。啥人菜烧得弗灵光，结绒线结不来，高尔夫打得蹩脚，言话就出来了："'手势'倒蛮像腔嗰嘛。"变成"摆花架子"的意思了。

还有一句，用得蛮多的，叫做"**落场势**"。

"好咪，差不多么就算咪，侬迭能再硬撑下去，到辰光一眼'落场势'也没了。"

见好就收，低调生活，也是在上海做人过日脚的要义。

据说，"落场势"一词出自梨园。唱戏人落场也要带一股气势。那么就有人要问了，有没有"上场势"呢？好像没听见过。不过，唱戏人上场一定也要有气势，叫"上场风"。带风而来，风头十足，气势也十足。一只亮相，台下就是一阵喝彩，这叫"碰头彩"。

接下来讲讲"吼势"。其实，上海人不大讲"吼"，声调也不对。我以为，写成"**鲎势**"或"**鮈势**"比较合适。

天气不适意，有点闷，叫"鲎势"。

"鲎"是一种海洋生物，历史比恐龙还要长。其背壳拱起。所以讲一个人不挺括，叫"鲎背"。另外，自古以来，雨后彩虹也一直被称为"鲎"。徐光启《农政全书》和李时珍《本草纲目》里都有提到。江南民谚也有"东鲎晴，西鲎雨"的说法。

现在普陀山的农家乐里可能还有鲎卖。我吃过，肉质不灵。不吃也罢。

另外一种"鮈势"，是指人生气，闷气。这个随便啥汉语词典里都可以查到的。

现在叫"胸闷"。老底子，至少1980年代初之前，大家侪讲，"迭桩事体我老鮈咽""我鮈煞了"。本地人还要讲成"鮈去鮈来"。

由此引出另外一个常用词"**寻鮈势**"。"寻鮈势"么就是找气生。当然被寻着的人也要生气，也要騪煞。

不管哪能，以上这些带"势"的上海言话还只好算土特产，下面几个带"势"的就侪是"洋泾浜"了。

比方讲，"**坍招势**"。翻译是翻译得很道地，信达雅侪有了。不过，究其根本，原来是"退 juice"。

"juice"在英文里，有"油水、钱财"的意思。原来是指上海滩上各种霸头流氓斗不过人家，只好退还原本敲诈得来的油水（juice）。这样做，当然很没面子。后来在沪语中就引申为"没面子"的意思。

还有就是"**腔势**"，恐怕是用得最多的。"腔势浓""腔势足""混腔势""看腔势""畀腔势"，不一而足。

其实，"腔势"就是英文"chance"。最早来自弹子房。斯诺克（snooker），上海人叫"打落袋"（"打落弹"似不确）。"打落袋"的地方叫弹子房。

据说最兴旺的辰光，淮海路从茂名路到瑞金路，短短几百米，就有四五家弹子房，而且全部朝南开。有案可稽的，一家在国泰楼上，一家在国泰隔壁弄堂里，一家在双子别墅花园里，还有一家和平弹子房在爱司公寓隔壁。

打落袋，最要紧就是不给对手留出任何机会，要做煞忒伊。所以，轮到自家打的辰光，先要"**看腔势**"，寻机会。如果对手上一枪打得不好，伊也会得讲："喏，拨侬一只腔势，侬打得进弗啦。"

现在讲"看腔势",与"看山水""格山水"的意思类似。

至于"**混腔势**",则是后来的引申义,与"打落袋"好像没啥关系了。事关做人。上海言话讲法,混勒人堆里寻出头的机会呀。

在上海人心里,"混腔势"没啥"坍招势"。杜月笙杜先生没出道辰光,也不是在十六铺卖水果"混腔势"的嘛。

后来,"混腔势"渐渐被"淘浆糊"所替代。

最好玩的是"**吞头势**"。

"侬迭个人哪能迭副'吞头势'嗰啦?"换句言话就是"啥腔调"。

其实,"吞头势"也是英文,"tendency"。

"tendency"本来的意思是倾向,趋势。或者指一个人讲言话、写文章的旨趣、意向、性情、癖好。乃末要死,到了上海言话里全变了。

只有在某些场化还能寻到一点它的原意。

比方讲:"侬看伊迭副'吞头势'呀。"

伊在打瞌充,那就倾向于睏着?伊在做坏事体,那就倾向于变坏人?伊空麻袋背着米了,那就倾向于要发财?

阿拉小老百姓就不去管唝许多了。为啥?未来五年十年的最大最要紧的"吞头势",也没人弄得清爽。省省了吧。

也不晓得哪能,上海人从"吞头势"还衍生出来了什么

"吃头势""睏头势""讲头势""烦头势"，这后面几个与英语"tendency"又有何干？

狠是侬狠。

"tendency"翻过来是"趋势"。要死快了，东西融合，莫过于此。

收骨头

今朝礼拜日，明朝礼拜一，上海的中小学要开学了。

一开学，有人要上学，有人要送上学，马路上就要闹猛起来了。马路上一闹猛，这个年就算真正过完了，一切恢复原样。

老实讲，我也没想到，做了一辈子的消息灵通人士，到头来，有人问我，啥辰光开学，我会得莫知莫觉。

当然，首先是因为我不需要送隔代的小囡上学。这算是福气，还是不够福气呢？好像都讲得通。

且不说我们这一代，就是"80后""90后"，自家上学好像还在眼前，转眼变成要早起送小囡上学的人了。

值此开学之际，不晓得我们还有没有空，回想起自己小辰光开学的情景。

寒假作业做好了否啊？

新书包好了否啊？书包理好了否啊？

开学好像是开心的事体，又可以跟小伙伴们一道疯了。

又好像不是开心的事体，总归有一个大人的声音在耳边："小鬼啊，要开学了哦，好收收骨头了！"

这样讲，算是客气的。也极其传统。

我天朝的办事习惯，都是先自查，再公查。

年终述职，也要自家先写，老板再评级。

捉进去了，也要自家先交代，阿 sir 再问的。偷税漏税、融资理财、八项规定、作风建设，无一例外。

道理很简单，侬不收自家的骨头，别人就要来收你的骨头了。

"收骨头"啥意思？

收是"收作"的简化版，有收拾、整理之意。

在这里，收的反义词不是放，而是摊。

大人经常讲的一句话就是：侬看侬，白相物事只晓得摊，总归要我来帮侬收作。

而骨头，则是"懒骨头"之简化。

江南地方称懒人为"懒骨头"。英语里也有"lazybones"。

所以，"收骨头"实在是要"收作侬迭副懒骨头"啊。

"收作"一词，不但上海人讲，其实江南各地都讲。

我怎么一直觉得它源自苏州话，出处倒记不确了。

湖州人讲它是湖州话，宁波人还讲它是宁波话呢。

宁波人的理由好像还很充分，讲，宁波人不但讲"收作"，还讲"纠作"。

不管收作，还是纠作，都是既对物，又对人的。对人，就有了整治、管束之意。

对物，多半就是收作房间，拿物事归归拢。而对人，那就是要收作人了，而且是要拿侬的骨头归归拢了，侬吓否啊?

上海女人最欢喜收作房间了。

而且，啥人房间收作得清爽，啥人就顶 jia（犍），是会广受好评的。

我看见过很多上海女人，结婚之前并不特别爱清爽，结了婚就爱上了收作房间。到四十岁出头，就已经变成超级洁癖了。

洁癖也就算了。怕就怕爱屋及乌，开始欢喜"收作"人了，而且欢喜大人小人统统"收作。"

老早的上海女人好像不这样。

比如我的嬷嬷，不管我的表兄弟哪能皮，总归只有这样一句话："哼，看倷爷回来哪能收作侬。"

恶人交给男人去做，自家才能做稳了慈母。

讲到底，"收作"也好，"收骨头"也罢，其实就是"吃生活"。

而且，大多数上海人家的大人收起小囡骨头来，都是夹头夹脑的，从来不跟侬打招呼。

不像阿拉隔壁苏州人，爷老头子收小囡骨头之前，还要笃悠悠地先问忒一声："只小鬼，阿要我弄点生活畀倷吃。"

断命还有商有量，分尖团音呢。哪能啊，伊不同意，骨头就不收了？

苏州人这种五讲四美的好作风深深地影响了好几代上海人。弄堂里两家人家眼看就要打起来了，嘴巴里还是讲："侬再讲一遍，当心我请侬吃生活。"

又是当心又是请，外埠人还当"生活"是生的活的海鲜呢。

事实上，上海人家的"收骨头"的手段哪有这么温文尔雅，而是桩桩件件触及皮肉，深入骨髓的呢。

最简单的也要"立壁角"，立到侬脚骨痛；要么"吃头塌""敲毛栗子"，伤及头盖骨。

S

　　"吃巴掌""打屁股"，虽然对我们的骨头伤害性不大，打的人却觉得打得自家骨头痛，于是就有了"吃鞋皮"，用拖鞋打；还有"竹笋烤肉"，用竹头的扫帚柄打，那就侮辱性极强了。

　　还有一条，饿肚皮。当日夜饭没得吃。
　　一顿不吃，饿是饿不死的。挡不住家里房子小，人家吃着，你看着。同样是伤害性不大，侮辱性极强的啊。

　　认真讲起来，"收骨头"这句话的意思，除了上面说到的，至少还有两种其他的意思。
　　一种是，收废品里有一项就是收骨头。

　　收牛骨、收猪骨，这个行当到现在还有。
　　据说收去的牛骨猪骨会被磨成粉，做到保健品里去，蛮吓人的。

　　小辰光还有专门收墨鱼骨头的呢。
　　阿拉宁波人最欢喜吃乌贼鱼了，墨鱼大烤、乌贼鱼烤肉，还有乌贼鱼炒咸菜。那年头，好多人家鱿鱼是不进门的。

　　因为一次买乌贼鱼并不多，所以拆出来的乌贼骨先晒在窗台上，等积得多了，再去卖给废品回收站。
　　窗台上与乌贼骨作伴的，是橘子皮。

526

还有一种，是真的收人的骨头。

老早穷人买不起坟地，只好将先人的棺材厝起来。也就是，两只板凳架起来，就将棺材搁在庙里或庙外、村中空屋里，甚至田埂上。

杜月笙先生发迹前，他先人的棺材也是被暂时厝起来的。

厝是待葬。一旦有钱买好坟地了，还是要让先人入土为安的。

怕就怕一直穷，最后，先人只剩骨殖了。风吹雨打，棺材板也裂开了。

后人若于心不安，按习俗，就要在冬至那一日，去将先人骨殖收到一个坛子里，然后悄悄埋在某棵树下。这样占地小，也不需要钱。

杜月笙先生后来当然时来运转，做五十大寿时，他的弟子也趁机为他先人做坟并入土为安。

同理， 1980 年代，温州人富起来以后，第一桩事体是造房子，第二桩事体就是修祖坟。

温州人当年修坟的豪华程度，是惊动了央媒的。

舆论滔滔，大有要收修坟的温州人的骨头之势啊。

收骨头，收骨头，最后都要被老天爷收得去。

我能做的，无非收去之前，骨头不要太贱。

S

"四时八节"及其他

现在，过节突然越来越受重视，不管它是本土的，还是外来的。据说这与频繁使用社交软件有关系。

有很多人巴不得天天都是节，可以每天发不同的表情包和祝福语，既刷了自己的存在感，也联络了情感。

其实，我们本土的节日都跟吃有关系。那就从"四时八节"开始讲起。

四时八节

何谓"四时八节"？

立春、立夏、立秋、冬至为四时；

元宵、清明、端午、乞巧、中秋、重阳、腊八、除夕为八节。

上海人经常讲，平时就算了，"四时八节"总要买点给爷娘吃吃。

中国人过节就图吃和闹猛。

上海人立春吃春卷，立夏吃咸蛋，立秋抢秋膘，冬至大进补。

八节分别是：

元宵吃汤圆，清明吃青团，端午吃粽子，乞巧吃巧果，中秋吃月饼，重阳吃重糕，腊八吃香粥，除夕吃年糕。

相比之下，外国那种两个两个躲在角落里"咪哩嘛啦"的情人节也太不像节了。

开条斧与发条头

"开条斧"也与节日有关。

因为据说它最早出于四马路勾栏之地。老早的规矩，平时并不每次结账，逢三节（好像是春节、端午和中秋）才结总账。客人开销了些什么，开销了多少，只有窑姐知道。

于是，到了节日，她们就先要开出"条斧"来。当然，也顺带加讨些礼物。

现在讲"开条斧"，意思是讲条件。谈婚论嫁了，女方家庭就会开出"条斧"来。

老早不是。老早硬劲讨钞票叫"敲竹杠"；

设局骗钞票叫"缚（音 bo）颈头"，下套嘛；

远兜远转问侬借钞票，叫"着棋"，如今之"下一盘很大的棋"。

弄熟人的钞票钱才叫"开条斧"。因为"斩熟"不能硬来，所以要"掉枪花"。

这才是"开条斧"的本意。恰如窑姐逢三节所做的。

S

"发条头"又是啥意思？曰支使人，曰生气，曰上峰发话，似皆不确。

条头即条文。

官军进城，城头布告约法六章，加之老早文字直排版，更似"条头"。

故"发条头"原指一本正经做大报告，义近"像煞有介事"。

做报告者要具资格，故嘲笑别人"发条头"，先笑他不够资格。如涉内容，则叫"滥发条头"。

而"开条斧"偏于内容。例："看伊开点啥条斧。"

打汇票

今多作"打回票"。

举凡求见被挡、求情不理、应聘不中、高考不第、求婚被拒，都叫"打回票"。

其实最早的江南习语是"打汇票"，意思也与今之"打回票"不尽相同。

老早"打汇票"，特指男子有机会推倒性侣时，却不举或早泄。

所谓"刚要做亲，卵子转筋"，只好嘴巴老老说："明朝要你好看！"悻悻而去。

如果到百货公司去买物事忘记带现钞，也只好打张汇票，讲明早一定就到。

小开

富二代，老上海话叫什么？叫"小开"。

"小开"即少东家，须是儿子。"小开"的父亲叫"老开"，不叫老板。

有人说，"小开"之开是"吃得开"的意思。又有人说，"小开"之开是开厂开店的意思，"小开厂的""小开店的"。姑妄听之。

"小开""老开"，其实还是洋泾浜语系。

"开"即 K，king 的缩写。有说源自扑克牌里的老 K。上海话 K 读作"开"。

所以老早上海滩，真是"不知几人称帝，几人称王"。

后来，"小开"一词也沦为调侃，若"烟纸店小开""酱油店小开"，就弗大灵光了。

灶披间

《七十二家房客》，是一出滑稽戏的名字。

其实最早也是一句如假包换的沪上俚语，形容上海租界时期的住房紧张。

一幢再大的三层楼石库门，也住不下七十二家人家。七十二，当然不是实数，极言其多也。

这么多住家都要生煤炉烧饭，厨房不够用了。大家就在屋外搭"披"。

"披"就是斜顶的窝棚。沿墙搭个披，下面放灶头（后来才放煤炉乃至煤气灶），就成"灶披"。

最早的"灶披"只有顶，无墙亦无门。后来渐渐有墙有门，成了间了，所以叫"灶披间"。

正当正势的厨房叫"灶间"或"灶头间"。后来也混叫成"灶披间"了。

年夜岁边

过了腊月二十，直到除夕，沪人将这段时日统称为"年夜岁边"。

边，尽头也。

"边"用来表时日，则指那些"仿佛而未可定其日也"。所以是漫指。

查此"边"字，极为古老。

《春秋公羊传》和《僖公十六年》的注解里均已有记载。

据说老早上海人便称朔（初一）以后为月初边，望（十五）前后为月半边，晦（月末）前为月尽边。

今已不闻。

"塑料铅桶"及其他

有些上海言话，听上去特别怪。仔细想想呢，又蛮有道理。

比方讲：塑料铅桶。铅桶本应铅皮做，到 1960 年代，改用塑料了。原料易改口难改，哪能办？只好叫"塑料铅桶"。想必大家侪听过也都讲过："阿二头啊，只塑料铅桶搭我拿过来！"

再比如：搪瓷痰盂罐。因为老早痰盂罐是铜做的，后来改用搪瓷了，也是原料易改口难改。"只搪瓷痰盂罐今朝要好好叫擦擦伊，已经有老垢了。"

当然还有"搪瓷饭碗"，自古以来，饭碗是瓷器，极尽精巧。后来，随便啥人讲单位，侪会发到两只粗拉拉的"搪瓷饭碗"，一大一小，碗沿还印着厂名和工号。饭点一到，小青工们一面用调羹敲着"搪瓷饭碗"，一面唱着山歌，向食堂进发。老师傅迷信，有辰光就要咕两句。"一帮小鬼，也弗怕触自家霉头。"年纪轻嘛，姜太公在此，百无禁忌。管它与"敲忒饭碗头"有啥搭界。

严格讲，钢精镬子也要算进去。因为老早乡下头的镬子侪是铁打出来的，烧饭（或蒸饭）烧菜侪用铁镬子。钢精，亦即铝，是后来再有的。"烧咸酸饭（即咸肉菜饭），钢精镬子烧来没铁镬子香。"

讲来讲去，皆因上海开埠不到二百年，恰逢科技大发展，新材料层出不穷。语言总是滞后的，赤脚也跟不上啊。比如现在，大家去日本旅游，侪会买陶瓷菜刀。

上海言话里，除了原料易改口难改，还有用途改了口难改。

最好白相的例子就是，家家人家侪有"汰脚面盆"。顾名思义，面盆应该用来揩面或汰面。后来大家越来越讲卫生了，揩面汰脚的盆要分开，于是乎，就有了"汰面面盆"和"汰脚面盆"。"小鬼，晓得否啊，汰面面盆要叠勒汰脚面盆高头，弗好倒过来，汰脚面盆叠了汰面面盆高头。"赛过绕口令。

当年下乡插队，女生基本上侪带两只面盆，上下分明。阿拉男生则没那么多讲究，一只面盆打天下。反正面孔脚爪侪是自家的，有啥好嫌避的呢。

还记得有一年过年，阿拉宁波人家又要浸水笋，又要浸糯米，又要浸年糕，一浸侪是十几斤乃至几十斤，屋里坛坛罐罐全出动也不够。家母就讲，唉，恨不得拿"汰脚面盆砂粉擦一擦也拿来派用场"！

上海人也一点都不推扳。他们发明出了"牛角木梳"与"鸭绒棉鞋"。错也不错。最早梳子皆由木头做，换了牛角，还叫木梳。至于"鸭绒棉鞋"，应该到1980年代才有吧。

还有两句骂人的自相矛盾的言话。

一句叫"洋钉木匠"。老早的木匠，不管大木小木圆木，造房子做家什箍水桶，一律用榫头竹筋，绝对不可用铁器。一个木匠，被人称为"洋钉木匠"，说明伊生活推扳，榫头也开不好装不进。"硬装榫头"总归还在装榫头，"洋钉木匠"比"硬装榫头"还要整脚。

还有一句是"女裁缝"。老早阿拉外婆，伊看到啥人衣裳做得不舒整，七歪八畸，就会得讲，辞裁缝生活推扳，哪能像"女裁缝"做出来的啦。盖因最早"奉帮裁缝"清一色侪是男的。

后来为生活计，男女裁缝侪有，这句带有性别歧视的言话就不流行了。到现在，多少美女名模，老了侪改当设计师，创出自家品牌，啥人还敢骂伊拉"女裁缝"啊。

最后顺便讲两个宁波言话的段子。当年在上海流行得很。估计很多人侪听到过，甚至会得讲。

第一段也很白相矛盾：

"一个大大嘅小顽（男孩），坐勒高高嘅矮凳浪，手里拿（音 dou）把厚厚嘅薄刀（其实是'濮刀'），来切石石硬嘅馁糕（类似宁波人的'块'）。用火热热嘅冷饭，勒喂黑黑的黄狗。"

宁波人随便啥狗侪叫黄狗。

第二段则极具音乐性和画面感。

"一个黑黑嘅夜到，风咣咣吤来该吹啦，我人刮刮吤来该抖来，听见有人笃笃吤来该敲门，我扶梯高头促促吤奔下去，门啊啊吤开开来，一个小娘莘莘吤走近来，其看见我眯眯吤笑笑，我心别别吤来该跳啦。"

见好就收，再会。

算盘里的老上海话

不负责任，上海人一般讲"黄牛肩胛"。还有一种比较文绉绉的讲法，叫做"一推六二五"。

还记得，多年前，有位主持人朋友要写稿子，曾问过我，到底是"一推二六五"还是"一推六二五"，她吃不准。

当然是"一推六二五"了。因为这本来是一句珠算口诀。

而那口诀本身是"一退六二五"，当俚语讲，就变成"一推六二五"了。

我们读小学是有珠算课的。家里的算盘，木档上穿一根细麻绳，背到学校去。记得"80后"小女读小学时，好像还有过珠算课。家里老算盘找不到了，只好买一个新的。

那好像是1993年。BB机已经有中文机的，可以留言，也可以看股票。不过手机和电脑还没进入家庭。

学珠算，就要背珠算口诀。那是不同于九九乘法表的另外一套。

不过，前面说的"一退六二五"，在学校里还学不到。因为小学珠算一般只教加减乘，除法不怎么教。

而且"一退六二五"之类珠算口诀，是因为老底子我们实行"十六两制"才有的。上海开埠后，十进制和十六进制又并存了很长一段时间，需要换算。在珠算里，叫做"斤秤流法"。

具体讲，就是 10 除以 16 怎么办？在算盘上，前档退"一"，后档添上"六二五"。等于 0.625 呗。

因为此类换算几乎天天要碰到无数次，所以有人就总结了一套，让大家背下来。连算盘都不用打。叫做：

一（"退"字不出声，下同）六二五、二一二五、三一八七五、四二五、五三一二五、六三七五、七四三七五、八五、九五六二五。

什么，11 除以 16？ 6.25+0.625 啊，直接做加法，不做除法了。当然也有"足本"的：十一六八七五、十二七五、十三八一二五、十四八七五、十五九三七五。也可以选择背，连加法也不做。

以前做店堂做伙计的，尤其是金店、米店，都是张口就来。我外公以及家父也一向是倒背如流。

我小时候受到的教育是，男人家，一手毛笔字，一手好算盘，学算俱佳，走到哪里都饿不死人。

于是，我就加倍苦练，很快就成了学校里的珠算比赛冠军。

还记得那天一回到家里，就"显甲甲"告诉了家父。问："比的什么？""打百子啊（即从 1 加到 100）。"

"那跟我再来一盘。"

于是父子俩就拉开阵势比将起来。我还没加到 777，家父已到了 1050（1 加到 100 的总和）。

他也不多言语，只说："再来一盘，我用左手。"

伊饶我左手!

　　自然又输了，而且输得更惨。因为老底子的人学记账，一开始就是左手打算盘右手写账簿的，左手比右手还熟练。这就叫，上当都不知是上在哪里。

　　当然我并没有灰心。后来在江西插队，我的毛笔字和算盘都派上了不小的用场。我做过大队记分员，专门记大家工分的。反正不管是用算盘记工分还是用毛笔写宣传标语写文章，总比在大田里干活要轻松啊。

　　当年因为算盘流行，所以很多关于珠算口诀的口头语，大家不但耳熟能详，而且运用自如。连不识字的农民也会。

　　比如前面提到的那句"一退六二五"。

　　本来是在算盘上"退位"计数，据说和杭州人把"退位"意会成了"推诿"有关。从此，一个人不负责任，就会讲他**"一推六二五"**。

　　当然不止这一句。

　　还有**"二一添作五"**，比喻对半平分。如："这包香烟阿拉两家头二一添作五分分忒拉倒。"后来也叫"南北开"。

　　如果三个人平分，也是一句珠算口诀，叫**"三一三十一"**。

　　还有**"三下五除二"**，比喻做事要干净利索，不拖泥带水。

　　当然还有**"九九归一"**。

　　另外，"半斤八两"虽不是珠算口诀，也是十六进制年代留下的产物，极为流行。经常用于评价人的能力，多含贬义。如："哦哟，伊拉两家头啊，半斤八两。"

其实，算盘本身也产生了不少俚语呢。

啥人精于算计，叫做"老会得打小算盘的"；更有甚者，则称之为"铁算盘"。反过来，被人讲"木知木觉"，也可以讲："别人肚皮里小九九，我哪能晓得？"

还有更加笨的，上海人就讲"像算盘子一样，拨一拨，动一动"。

上海人更欢喜将事体推向极致，讲"伊只算盘啊，廿六档（一般算盘仅十三档），侬算得过伊啊"，甚至还有"伊只算盘九十六档"我也听到过。倒也很有海派色彩。

一个人老是背后算计别人，则叫做"打鬼算盘"。

另外，"盘算"一词，应该也是来自算盘的吧。有道是"吃不穷，穿不穷，不会盘算一世穷"。

只可惜，算盘没有了，算盘俚语乃至算盘文化迅速边缘化，几近消失。再拿出来讲，小朋友听起来，像碰着 pm2.5/500+ 的天气，要浑淘淘了。

乙

台面

说起上海言话里带"台面"的俚语，第一个会跳出来的恐怕就是"弗上台面"了。

小辰光跟着大人去"做人客"，去拜年，总归要被反复关照，要会叫人，大人讲言话小人勿插嘴，走路手勿插了裤子袋袋里，吃饭勿落饭米糁，筷子捏捏牢，勿落了地板上，如此等等，不一而足。一言以蔽之，勿做出任何"弗上台面"的举动来。

可见，上弗上台面，在大人心中的分量。

照道理，该是先有"上台面"再有"弗上台面"的，而且，最初上弗上台面的物事应该与在台面上吃物事有关。

事实确实如此。此话最早是在议论如何请客时出现的。

请人吃饭，老早无论如何是桩大事体，菜肴总要特别准备，具备一定的档次。说到底，台面就是请客的档次，"上台面"就是要上档次。

那么家里请客要上到哪能的档次才好呢？君不见，老早人家大请客，一定会请亲戚朋友或邻居中在饭店或食堂里当厨师的或者公认很会烧菜的能人来掌勺，平常屋里天天烧菜的女主人是没份的。

家什也要升级，一般煤球炉当然不行，一把鸡毛菜放到油锅里连"嚓"的一声响也没有，人也界伊急煞。总要借只像烘大饼的大炉子来，而且不用煤饼用煤球，炉门要开得大，让火

⁊

"叭叭叭叭"往上蹿。一般煤气灶也不大行，最好借一只64头（即有64个冒火口）的来壮壮声威。

有辰光灶披间太局促，还会在弄堂里搭只油布棚呢，排场大来兮。

不用说，菜式也要升级，一般家常菜是拿不出手的。

举个例子吧，过年时请客，连水笋笃肉这样人见人爱的菜都觉得拿不出手，据说只是因为这菜摆不出样子。

非要等到客人们都干了门前酒，一个个都给盛了饭，三鲜砂锅也上来了，新炒的冬笋塌窠菜也上来了，这个时候，女主人才会再次走到桌边，颇带几分不确定地问：

"侬有啥人想吃吃我烧的水笋笃肉否啊？"

当然一片欢呼声："老早好拿出来了！"

"不来讪的，这是我昨日烧的呀，"女主人总归要趁机发一记"糯米嗲"，因为隔夜菜也是弗上台面的一个理由，"侬欢喜么，我去盛一碗出来热一热。"其实当然已经热好了。

不过，三十年风水轮流转，有些以前"弗上台面"的菜，现在也荣登大雅之堂。比如阿拉宁波人的黄泥螺，老早是随便哪能也不好拿出来的，那是过过早饭涮涮小酒的。

还记得小辰光在南市，弄堂里会有象山小贩一路喊进来："黄泥螺——蟹酱——"，外婆就会拿出一只小碟子，再给一毛钱，叫我去买来给外公过小酒。

反之，有些以前大上其台面的，现在又"弗上台面"了。

543

比如 1980 年代，家家人家请客，侪会切一盆红肠；饭店里的冷盆单上，也侪有红肠，还有方腿。现在的"80 后"，当年的小小囡，最好这一口了。往往大人还没坐齐，一盆红肠就畀几个小鬼"揎光"。

现在只有东北菜馆还有。屋里请客若再照此办理，总归有点作孽相。

还有，三十年前，在酒桌上"豁拳"是"上台面"的，现在呢，低头刷屏好像也没啥"弗上台面"。

"弗上台面"一语也一样，从菜式的档次引申到了做人的行为举止。这行为举止，先是做人客的规矩以及吃请的规矩（table manner，如本文开头所说），后来延伸到其他各个方面。

比如，领导作报告，要先将手指头放入口中弄湿，再去翻页；

比如，好好叫的名牌领带荡在 V 字领绒线衫外头招摇过市；

比如，冬天衬衫束在棉毛裤（me more cool）里厢，西裤皮带上头，看得出棉毛裤裤腰和衬裤裤腰，俗称"三层楼"；

比如，吃碗薄粥烫着一记，嘴巴里"哈丝哈丝"弄得整只店堂间侪听见；

比如，像电视《老娘舅》里的阿庆阿德那样，讲言话拿手指头戳到人家眼门前；

再比如，激动也好，悲伤也好，大庭广众（包括电视上）

"穷哭阿二头"，眼泪鼻涕"吸沥豁落"。

　　总之，现在是"上台面"的机会与"弗上台面"的行为一样多的时代。

　　顺便提醒一句，在"互联网＋"的当下，任何"弗上台面"的举止都有可能很快就会上了互联网这个台面的哦。

　　上海言话里的"台面"，大可以大到"世面""市面"和"场面"。

　　"上台面"的最高境界恐怕是：看得懂"世面"、拎得清"市面"，而且上得了"场面"。

　　"台面"也可以小到"圆台面"，如前文所说。

　　其实，上海言话里的"摆台面"或"摆圆台面"，除了请客吃饭的意思，还有一种拉场子做和事佬的意思。

　　朋友之间误会了，请出老阿哥或者老娘舅摆一桌，圆台面拉开来，小菜摆上来，老酒渑起来，啥个弗开心侪好忘记，啥事体侪好解决。这有点像老底子的"吃讲茶"，也有点像吾辈在"文革"年代，为朋友"拉和"以后发一圈香烟。

　　比"圆台面"还要小的"台面"是赌台的"台面"。

　　上海言话里的"抢台面""拗台面""撸台面"，侪是发生在麻将台子或牌桌等"赌台"上的。

　　这三种说法，其实说的是差不多的意思。无非赌到一半，有人拔出家什，逼退众人，将台面上的赌资一抢而空，辣手点的，袋袋里的也要摸出来。

我总觉得"抢台面"不确。

因为出现上述状况时，动作还是比较平和的，只是气氛有点紧张而已，谈不上"死抢活夺"。公共汽车上亲友之间"我来我来"抢买车票的场面也要比之激烈几十倍呢。

另外，我记得"抢台面"好像指的另一种场景。"文革"中，一派人马在会场里开大会喊口号，另外一派人马杀到，不由分说冲上主席台，将别人驱赶走后，自己再开张，这才叫"抢台面"呢。

"拗台面"好像也是更后来的说法。

上海的中小学附近的小弄堂里，高年级学生"拗"低年级学生的"分"这种现象出现时，好像已经是 1980 年代的中后期了吧。"拗台面"很可能由"拗分"而来。

反正我年少时听到的就是"撸台面"，我还亲眼看见过"撸台面"，尽管"台面"很小，几十块钱。

另外，"撸"字也比较贴切。"撸台面"又不是啥光彩的事体，何必"劲拎拱弄"，台面上多半也侪是"癞头分"（零钱），撸忒好咪，用弗着"哇啦哇啦"。上海滩上行事，处处低调，"撸台面"也不例外。

"撸台面"也分两种。一种是"外撸"，即外头冲进去撸；还有一种是"内撸"，即局中人立起来撸。

七

"撸台面"的社会背景当然是全面禁赌，像现在"小来来"不算啥，神经病才会冲到居民屋里甚至棋牌室里去撸呢。

"文革"期间，赌是重罪。于是一帮瘪三麻子手头紧了，就瞄准机会打好样，大白天直接冲"窑堂"（可以赌钱的人家）去撸。多半是"杀熟"，因为生人侬不晓得伊武艺是否高强，万一吃只"倒蓬头"不合算。

也有类似"仙人跳"的，即赌局中有内应。

更多的"撸台面"是"内撸"。有很多瘪三麻子本来就是白相不起的脚色，于是事先盘算好，带好家什。今朝夜里，赢，就算了，输光的说话，拔出刀子就立起来，拿台面统统撸清爽。

其他人也不抵抗，只是心里告诉自家，今后覅再搭这种人赌钞票。

但是，赌瘾难忍啊。不跟这个赌，不跟那个赌，就没得赌了呀。怎么办？

船到桥头自会直。很快上海滩上就产生了新的赌钞票的规矩，以便尽可能地避免"撸台面"。上海人样样讲规矩。

这第一条就是，侬要"撸台面"，我就"留台面"。赢来的大钞票当然依旧装进袋袋，"癞头分"统统留在台子上。

牌局一结束，赢家要做的第一个动作就是将自家门前的"癞头分"往前一推，要讲的第一句言话就是"台面上就算了"。若用筹码，不管是自来火梗子还是扑克牌，哪怕堆得山高，也不再兑现。

趁几个输家瓜分这些"癞头分"的辰光，别转屁股就溜。

还有一条也很重要，那就是赢家不要太张扬，不要刺激输家。

我有一个朋友，牌品实在有点那个。伊赢了钞票也不放在桌上，而是摊开来捏在左手。新局开始，伊右手每补一张牌，就重重地拍到左手赢来的钞票上，嘴巴里还恶狠狠地反复念叨："册那，接点财气，变好牌！册那，接点财气，变好牌！"

烦也界伊烦煞了。这种人不被"撸台面"，算伊祖上坟头冒烟！

最精彩的，要属"送温暖"的绝招了。

万一今朝夜里运道太好，自家也挡不牢，来了一个"一捉三"即"三输独赢"哪能办？人家眼乌珠也已经宕出来了，就等拔刀子了。

我亲眼看到过我的朋友是这样做的。

牌局一结束，伊先立起来（占据气场），从一叠钞票里抽出一张"黄鱼头"（5元大钞），递给看上去最容易"撸台面"的那位：

"喏，好了好了，拿去拿去，我晓得侬只瘪三是'脱底棺材'，麵明朝饭也没吃，哭出呜啦，五块洋钿拿去，关照侬，明朝一早到厂里就去买饭菜票，吃到下个号头（月）发工钿辰光么也差不多了。"

听到这么贴心的言话，捏紧刀子的手也会松忒。

那边厢还要锦上添花咪："够否啦？弗够讲言话。台面上还有点了，俦大家分分，伊拉两家头多分点，侬么少分点。"

俨然年终岁末的工会主席啊。

据说这么一来兴，"内撸"现象真的少了很多。

做人，还是要低调点啊。

若有人问，上海言话里的"台面"，还有比赌台更小的么？

答曰：当然有的。

年龄在五十岁以上的上海人应该还记得， 1970 年代，"台面"曾是屁股的"切口"呢。

老早公共汽车上有双人座。好不容易终点站上来抢着一只位子，碰着里隔壁是个大块头，只好长叹一声："今朝倒霉，碰着介大一只台面！我坐也坐弗牢。"

顺便补充一句，屁股的另一个"切口"叫"法兰盘"。

公共汽车轧不上去，大家吊了嗨。女卖票员只好喊："喂！辞个啥人，侬只法兰盘稍许动一动呀！"

淘浆糊

我终于要来写写"淘浆糊"了。

说"终于"，一是因为一直想写却一直没敢动笔，二是一直也等不到高人来诠释这句流行语。

说"写写",则是因为"淘浆糊"实在太难"写"了,我虽鼓足勇气,也还是只能"写写"而不敢说"写"的。

我又必须来写写"淘浆糊"。

因为"淘浆糊"一词从当年的恣肆流行到今天的渐行渐远,我都在。总觉得,它似乎不该像其他有些切口或流行语,已经在上海滩流行了上百年,以至于如今追根寻源起来,颇费周折。

另一个原因则是,"淘浆糊"几乎是当下流行的上海话里的最后一个极具活力的流行语。

"淘浆糊"以后,我不记得还有另外一个什么上海话的流行词能那么广泛地流传,能有那么多假借义引申义,适用范围简直无远弗届。

而"淘浆糊"之前,上海话里的新流行语一直层出不穷,更新速度极快,以至于客居外省的老上海三年不回上海,就有点听不懂,跟不上了,那真是上海话的黄金时代。

比如说"好",从"灵光"到"瞎嗲"到"唔没言话了"到"一级了"到"顶忒了"再到"勤忒……",拢共不到十年!

但是,"淘浆糊"的出现,几乎成了上海话的一个拐点,这门方言的活力似乎不再,以至于此后在这个城市风靡一时的流行语都是外来的，不再是自创的。而且都是经由电视传播的，当然后来都经由网络传播，只能用普通话说才会产生戏剧效果的。

在我的记忆里，"淘浆糊"成为流行语是在1970年代末到1980年代初，它出现的语境与当时的形势很契合。

"文革"是结束了，但改革开放还刚刚开始，社会的总氛围是消极观望的，干多干少一个样，"36元万岁"（当时年轻职工的统一月薪标准），大多数人处于能混则混的状态。

因此，"淘浆糊"出现之前的同义替代流行语就是"混"或"混混"，它几乎成了约定俗成的问候语。

亲戚朋友街头邂逅，第一句就是："最近哪能啦？""啥哪能啦，混混呀。"男女都讲。相当于"How do you do"和"Fine"。

很快就演变成，"最近混得哪能啦？""随便瞎混混。"

再后来，"混"成了臧否人物的关键词。

"伊混得不错。"

"伊混得不灵。"

"伊混到公司（局）里去了。"

"伊混法混法混到市里去了。"

"侬再瞎混八混好唻，再混下去要混到提篮桥（上海市监狱所在地）去了。"

"混"字流行的登峰造极，就是上海滑稽剧团排演了一部《阿混新传》，严顺开主演，后来还翻拍成电影。

当然那已经是 1984 年了，文艺创作总是滞后于世俗社会流行的。正当"混"字登堂入室、风光无限时，它在世俗社会里已经悄然被"淘浆糊"所替代。

因此，"淘浆糊"这句流行语的首义，也就是最早的意思，就是"混"，或是"不一本正经地做事或做人"。

一时间，街头寒暄迅速变成：

"最近哪能啦?""没啥，淘淘浆糊。"

褒贬他人也迅速变成，"伊浆糊也淘不来。"

"伊浆糊淘得瞎好，淘法淘法畀伊淘到区里去了。"

很快，"淘浆糊"就有了很多的引申义和假借义，这正是上海话流行语的活力所在。

如牵线搭桥。"侬在当中帮伊拉两家人家淘淘浆糊嘛。"

如从中说和。"老娘舅当中淘淘浆糊么，两家人家又好了呀。"

如敷衍上司或长辈。"我帮伊忒两句浆糊就没事体了。"

如做说客。"侬帮我去淘淘浆糊咪。"

如不正宗。"伊只文凭是淘浆糊的。"

如找借口。"甮搭伊多讲，搭伊淘淘浆糊就是了。"

如打马虎眼。"侬搭我淘浆糊是哦?"

如不期然而然。"这两张电影票是畀我淘浆糊淘得来的。"

如做事不牢靠。"伊嗰生活不灵，老浆糊嗰。"

ㄟ

如产品次服务差。"这家饭店的菜式侪是淘浆糊,服务员也浆糊得一塌糊涂。"

如不认真谈恋爱。"我搭伊淘淘浆糊呀。"

还可以举出很多很多。

最近十年来,为了追根寻源,我几乎是一有机会就向旁人请教,这"淘浆糊"究竟是从哪里钻出来的。

很多人告诉我,说它来自裁缝摊。以前,裁缝做生活是离不开浆糊的,衣缝都是先用浆糊粘起来再用线缝的。于是,这浆糊要淘得匀,要不稀不稠恰恰好。

而淘浆糊的往往是裁缝师傅的下手,学生意的孩子,所以,经常可以听到师傅呵斥学徒:"真没用,你哪能浆糊也淘不好?"

久而久之,"淘浆糊"就成了"做生活"的代名词云云。

虽然, 1970年代末,沪上人家请裁缝到家里来做冬衣的习俗依然很盛,但总觉得这样的诠释有那么一点牵强。

另一方面,有老上海告诉我,其实"淘浆糊"也是民国年代的一句江湖切口,在沉寂了五十年后突然死灰复燃,改头换面出现在了上海人的世俗社会里。

我第一次听到那个出处时,很不相信。

从此,我开始四方求证,只要有人提到那个出处,就问他从何听来。

最近这四五年,先后问过的老人不下四五十个,有好几次,我还特地跑到苏州去问呢。

問来问去，竟然问不出第二个版本，我只好相信它是真的了。

却原来，"淘浆糊"一语出自民国年代的勾栏间。

其原意为，嫖客一时无力满足窑姐，只好用手指糊弄了之。

果然与"不一本正经地干事或做人"的首义很相近。

这个版本也解决了另一场纷争，就是"淘浆糊"的"淘"，究竟是"捣"呢还是"掏"呢还是"淘"。

恕不详释。其实，另外两个，吴语里读音也不对头，何必再争。

最近，我终于看到了另一个版本。不过还是出自民国年代的勾栏间。

在一本1930年代出版的书上，有过这么一段描写。

一位朋友吃饱夜饭没事体，就去了四马路找他的老相好。上楼时，正好碰着做好生活的客人下楼，顿时味道缺缺。那窑姐倒是一如既往地热情，未及多谈，便邀他共赴巫山，他只好说，"今朝我弗想淘浆糊"。

这两种说法，哪个更确，或更早，或并存，已无可稽考。

"淘浆糊"不流行已经多年，取而代之的是东北方言"忽悠"。

这倒不碍。

我痛惜的是，上海话从此再也没有生发出新的流行语来。

这也再次证明，任何一种方言要保持活力，只有这个地方最具活力的年龄层都来习说这种方言，智慧的相互碰撞，才能迸出火花来。

光靠一群老年人无力地"淘淘浆糊"，是万万不行的。

提手旁的老上海话动词

老上海话里有不少提手旁的动词。

捞

捞，音孬，后亦音涝。

沪上人家待客，桌上放几碟果馔。

道地一点的做法，水果削忔皮、糖剥忔纸头，直接递到手里；

一般就讲，甮客气，倷自家"捞"，而不讲拿。

捞一把瓜子，捞两节长生果，捞几粒牛轧糖，统统自家捞。

米缸里捞米，篮头里捞菜，夜点心捞到房间里来吃。

还有捞工资、捞奖金、捞外快。

顺手牵羊"捞了跑"，见人有份"捞横档"，急促无赖"捞稻草"。

杀人灭口则叫做"捞伊做忒"。

一说，此即"拿"字，不过古音读"孥"而已。

挄

挄，音列。

查字典，只说其义同扭。

其实上海话的"挄"是指：捏紧而旋转之，使其痛而叫也。

老底子弄堂里厢吵相骂，长庄听得到辖句言话嗰：

"侬再狠，侬有种再讲一遍，我挄忒侬只骷榔头嗻。"

又："侬啊是一定要吃顿割割挄挄嗰生活？"又割又挄，均关乎脑袋。

另沪上称某人不服帖，谓"七撬八挄"。

抲

抲，沪语表示打人脸。

请伊吃耳光，俚俗一点就叫，"抲"伊两只大头耳光。今多写成"揎"。

《吴下方言考》云："《广雅》： 抲，击也。吴中凡掌人颊曰拘。"

　另,《集韵·去声三十二霰》:"拘,《博雅》:击也。"

　后来"拘"字用途更广,不单指批颊。

　如: 拘伊出去。

　拘煞忒伊。

　我畀伊拉拘出来了。

摌

　摌,音肖,义近"揭"。

　住过校的都摌过别人家被头洞吧?

　老早吃牛奶先要摌忒瓶上的蜡纸头;

　伤口好了,摌忒纱布橡皮膏;

　妈妈常说,冷天价勿老去摌镬盖。

　查"摌"最早义近捣或掏。

　张平子《西京赋》:"摌鲲鲕,殄水族。"

　鲲鲕皆小鱼,以竿搅其巢窟而令之出曰摌。

　也对,鱼穴也是洞,被头也是洞,遂由此转义?

捯

　"请吃饭,捯拜寿"是沪谚,亦是沪俗。

　捯,音"斡(wo)",不请自来之意。

如"依自家挜上来""硬挜"。还有"挜本钱""挜死空"。

"请吃饭，挜拜寿"意为：
一般饭局要有别人请的，不请自来很没面子。
但拜寿则无须人请，应主动为之，"硬劲挜上去"。
因为拜寿，既酬福于人，亦沾喜于己，挜上去邪气合算。

抔

"抔"，音 be。
其同义字为"趸"。
与"挜"同，"抔"也很生动。

曾记否：早上起床叫抔起来；夏天雨后蹚积水叫"撩大水"，也叫"抔大水"；放牛要抔了牛背上；石头缝里抔出一条老百脚；
还有"乌龟抔门槛"，喻艰难；
宁波谚语还有"大懒差小懒，小懒四脚抔"。

撮掐

撮，即用手指扭；掐，即用指甲掐。
皆上不得台面之小动作，过去的女子往往只好在台底下、闺房里或无人处做出。
刁蛮尖酸，并有十足的故意。令人疼痛且不爽，人恒恨之。

故举凡"撮掐心思撮掐人"，常人避之犹恐不及也。

今多作"促狭"。然查多部明清小说，均无此写法，而是分别写作促掐、促恰和撮掐。

窃以为"撮掐"最形象到位，亦最接近本意。

童谣

整理了 33 首上海弄堂童谣出来，以飨曾经是儿童的人们。

因为现在的儿童大致已经不知道如下为何物了。

小三子，拉车子，
一拉拉到陆家嘴。
拾着一包香瓜子，
炒炒一镬子，
吃吃一肚子，
哧哧一裤子，
到黄浦江边解裤子，
畀拉红头阿三看见仔，
拖到巡捕房里罚角子。

小弟弟小妹妹跑开点，
敲碎玻璃么老价钿。

乀

蜜蜂叮瘌痢，

瘌痢背洋枪，

洋枪打老虎，

老虎吃小人，

小人抱公鸡，

公鸡啄蜜蜂……

山里有只庙，

庙里有只缸，

缸里有只碗，

碗里有只蛋，

蛋里有个小和尚，

嗯啊嗯啊要吃绿豆汤。

从前有只庙，

庙里有个老和尚，

老和尚来搭小和尚讲故事：

从前有只庙——

（周而复始以至无穷）

从前有座山，叫做黄坤山；

山浪有条路，叫叽哩咕噜；

路边有只庙，叫莫名其妙；

庙里有只缸，叫四大金刚；

身浪有把剑，叫做看勿见；

来了两个官，一个叫笔套管，一个叫痰盂罐。

山浪有只老虎，
老虎要吃人，
拿伊关了笼子里。
笼子坏忒，老虎逃忒，
逃到南京，买包糖精，
摆了水里浸一浸，
美国赤佬拉胡琴。
昂里昂里昂……

唧唧唧，骑马到松江，
摇摇摇，摇到外婆桥。
外婆看见
叫我好宝宝。
糖一包，果一包，
外婆买条鱼来烧。
头勿熟，尾巴焦，
盛了碗里吱吱叫，
吃了肚里发虎跳。
跳啊跳，
一跳跳到卖鱼桥，
宝宝乐得哈哈笑。

一箩麦，两箩麦，

乙

三箩开花拍大麦，
劈劈拍，劈劈拍。

大头大头，下雨不愁。
人家有伞，我有大头。
（宜用苏北方言念）

本来要打千千万万记，
现在辰光来不及，
马马虎虎打十记，
一、二、三、四……

笃笃笃，卖糖粥，
三斤胡桃四斤壳。
吃侬个肉，还侬个壳，
张家老伯伯，
问侬讨只小花狗。

从前有个老伯伯，
年纪活到八十八，
跑到八仙桥，
买碗八宝饭，
洋钿用忒八百八十八块八角八分八厘八毫八。

落地开花二十一，

562

七

二五六，二五七，
二八二九三十一；
三五六，三五七，
三八三九四十一
……
九五六，九五七，
九八九九一百一。

一歇哭，一歇笑，
两只眼睛开大炮。
一开开到城隍庙，
城隍老爷哈哈笑。

赖学精，白相精，
书包掼了屋头顶，
看见先生啊要难为情！

三三三，
阿拉侪是木头人，
勿许哭来勿许笑，
还有一个勿许动。

汤司令到，
热水瓶爆，
机关枪扫，

癞蛤蟆跳。

弟弟疲倦了，眼睛小；
眼睛小，要睡觉。
妈妈坐在篮边摇啊摇。
盎盎——
我的小宝宝，
安安稳稳睡一觉。
今天睡得好，
明天起得早，
花园里面去采紫葡萄。

我的一个臭屁，震动了大地。
大地的人民，拿起了武器，
赶走了美帝，驱散了臭屁。
（宜用普通话念）

同志们，捉牢伊，
投机倒把贩卖烂山芋。

屁是人身之气，
哪有不放之理，
伊经过肛门提炼，
散放出玫瑰香气。
放嘓人扬眉吐气，

564

听咽人惊天动地，
闻咽人心旷神怡，
吃咽人津津有味。

侬姓啥？我姓黄；
啥个黄？草头黄；
啥个草？青草；
啥个青？碧绿青；
啥个笔？毛笔；
啥个毛？三毛；
啥个山？高山；
啥个糕？年糕；
啥个年？
19××年，倷姆妈养了个小癞痢。

索拉索拉多拉多，
倷个阿爸开汽车，
轧煞一个老太婆，
罪过罪过真罪过。

炒，炒，炒黄豆，
炒好黄豆翻跟斗。

冬瓜皮，西瓜皮，
小姑娘赤膊老面皮。

乙

哎哟哇啦——
做啥啦？
蚊子叮我呀——
快点上来呀！

学人家样，烂肚肠。
花花剪刀剪肚肠。

今朝礼拜三，
我去买阳伞，
落忒三角三，
打只电话三零三，
回去做瘪三。

嗲妹妹嗲妹妹嗲得来，
嗲妹妹要吃好小菜，
嗲妹妹啦姆妈烧弗来，
嗲妹妹只好吃白饭。

落雨喽，打烊喽，
小八腊子开会喽！
大头娃娃跳舞喽！

新剃头，要打头，
弗打三记触霉头。

乙

"头"字的老上海话

头头是道，作为成语，本来自佛家，意为一旦开悟，一言一语，一举一动，无不暗合道妙。后来被引申为说话很有条理的意思。

而我说上海言话"头头是道"，是说上海言话里有太多以"头"字结尾的词，以至于，无"头"不成言。

找了很多这样的词。就如此这般地罗列出来，哪怕分门别类，还是觉得味道缺缺。

干脆，一不做二不休，把这些以"头"字结尾的词都编到一个段子里去。编完一数，竟有 64 个之多。

遂取名《叫侬一声阿六头》，为录出。

叫侬一声阿六头，

何必对我掼浪头。

晓得侬从小跑码头，

会轧苗头识人头。

摆摊头，搬砖头，

绕山头，抓粒头，（绕山头，忽悠）

三斧头（咾）有蹿头，

生意做得起蓬头。

本来有点额角头，

侬当自家亨榔头。

有了苗头出风头，
翻行头，掼派头，
乘差头，游码头，
日里睏扁头，
夜里砌墙头。

掇了甜头侬转念头，（掇，音嗒）
拆骨头侬要吮轻头。
老酒吃到开听头，（开听头，即开架橱门）
再开车子相鼻头。
卡拉 OK 过瘾头，（瘾，音拟）
半夜唱到出日头。
最弗像样轧妍头，
人人背后嚼舌头。

侬掉枪头，转风头，
硬装榫头戤牌头，
借仔因头挂名头，
开始起花头，
开始摆噱头，
谈斤头（咾）讨虚头，
吊鲜头（咾）加浇头，
常庄卖卖野人头。

学会发条头，

学会耍滑头，

不肯放马头，

不肯找零头，

小滑头还要买拳头。

只想叫抽头，（抽头，即回扣）

只想拆份头，（份头，即分红）

人人侪当洋葱头，

自家人也要斩冲头。

为别苗头脱抢头，

弄到最后垫刀头。

再想避风头，

已经跌跟头。

再弗收骨头，

侬有得触霉头。

再弗贼进魂灵头，

当心敲忒饭碗头。

不要以为上海言话里的末尾带"头"字的俗语就这样被我用尽了，还有很多！

请看：

摊被头、看云头、捉扳头、吃轧头、吃排头；

扳叉头、拉山头、轧扁头、刮鼻头、捂被头；

光榔头、小老头、老老头、爷老头、二婚头；

呆木头、老实头、书蠹头、药罐头、芋芳头；

轻骨头、懒骨头、贼骨头、贱骨头、大舌头；

痫痫头、乌龟头、死对头、老瘾头、好户头；

好笔头、懒笔头、懒脚头、被横头、床横头；

毒日头、阴凉头、呒搅头、呒话头、呒搭头；

一哄头、一记头、一口头、一榔头、一脚头；

一家头、三吓头、有缠头、倒莲头、陌生头；

睏梦头、早发头、硬出头……

还有二字诀：

肉头、药头、奔头、套头、兴头、来头；

台头、多头、寿头、盼头、望头、嫩头；

搭头、拖头、艮头、香头、垃头、推头……

投五投六

有交关上海言话，加上相连的数字，突然变得生动起来。

如题所示，一个"投"字，既可以讲"投三投四"，也可以讲"投五投六"，还可以讲"投七投八"。

我的印象里，小辰光，被大人骂"投"，大多是"投三投四""投七投八"。到 1970 年代末，"投五投六"用的频率高了起来，而"投三投四""投七投八"好像就用得少了。啥道

ㇱ

理？弗清爽。

想想这个"投"字，也蛮滑稽，可以有诸多组合。除了以上三种，还有一种呢，叫"投三仙"。本来意思差不多，但"投"而成仙，境界高了许多。

而其他上海言话就没有那么好的运道。

比方讲，"瞎三话四"就是"瞎三话四"，没有"瞎五话六"或"瞎七话八"。

"瞎七搭八"就是"瞎七搭八"，没有"瞎五搭六"或"瞎三搭四"。

"搞七搞八"虽然后来也曾演变成"搞五搞六"，但好像没有"搞三搞四"。

"不三不四"虽然又可以讲成"不二不三"，但好像也不能无限延伸，讲成"不五不六"或"不七不八"吧。

只有"投"字，也只有"投"字，可以有如此宽泛的组合。

有人把它写成"头五头六"，窃以为不通。

我觉得，这里的"投"，大致是投奔、投靠的意思吧。

有句成语叫做"走投无路"。在现在的职场语境下，"走"就是辞职，就是退；"投"则是应聘，是进。辞职与应聘都无法让自己摆脱困境之日，便是进退两难、走投无路之时。

"投五投六"的"投"，似乎应该就是"走投无路"的"投"。

尽管我们小辰光被大人骂"投"，并非因为什么工作。不

571

过其神态，其状态，颇类似。东也投投，西也投投，跌跌撞撞，永远没有着落。

另一种说法，"投人生"的"投"。你这么"投"，是不是对此生不满意，想重投人生啊？重投人生，也要先过一趟奈何桥。所以。骂我们"投"，原来就是"寻死"的意思啊。

走笔至此，我又发现，阿拉上海话与相连的数字作组合的时候，像极了江南人家做熏鱼。只要中段，不要头尾。

三四、五六、七八居多，一二、九十极少。

想来想去，一二组合里，好像只有"一清二爽""挨一挨二"。而且"一清二爽"亦非上海言话或吴语所专有。只有"挨一挨二"好像来自苏州话。例如："队排排好，挨一挨二来，弗要乱。"

同样"十拿九稳""十室九空"亦非上海言话或吴语所专有。

查成语词典，关于五六的组合似乎最多。

有"人五人六""五石六鹢""五积六受""五冬六夏""五合六聚""五角六张""五脊六兽""五雀六燕""五音六律""五虚六耗"等，皆非常用词。阿拉上海人平常生活里几乎不用。

成语里还有"五亲六眷"。上海言话或吴语里多讲"三亲四眷"。

"五抢六夺"也不大讲，而是讲"死抢活夺"。

只有"五颜六色"和"五脏六腑"倒是用得蛮多。

例如："侬面孔上哪能五颜六色啯啦,像只'野狐脸'。"

又例如:"迭条马路也太推扳了,车子开得来我五脏六腑也要颠出来了。"而且上海人往往把"五脏六腑"讲成"五脏六肺"。

还有一句,叫"五黄六月"或"五荒六月"。上海人讲得不少。

本来,"五荒六月"是指当年早稻籼米最早也要到七月才能收割上来,去年陈粮倒已吃光,日脚难过的意思,完全来自农耕社会。

没承想,这句话后来用到了零售业上来,还拓展成三句头。叫做"五荒六月,七死八活,九兴十旺"。意思是,每年五六月份的时候,动销得很慢,七月份也不大灵光,要到八月才活泛起来,而进入九月就大量动销,并于"十一"前后形成高潮。若这高潮延续得久,可以连接下一个高潮,那就是圣诞季乃至新年春节。

天朝人的老习惯一直没变。农村么年底分红,城市里么年底发红包,总归要到那时,袋袋里才多几张"花纸头"。

老实讲,"九兴十旺"也与消费习惯有关系。上海人会得做人家,上半年主要是赚,是积累。消费那一头卡得蛮紧的。到了第三季度末,才觉得钞票用忒点也勿紧,因为已经可以看得到今年总收入的大致架势。放心了。

七八组合里,成语"七嘴八舌""七零八落",上海人也经常讲。不过"七嘴八舌"往往讲成"七嘴八搭"。就像"横七竖八"，上海人更欢喜讲"歪七畸八"。

还有"杂七杂八"，讲得也不少。但成语词典里好像不收。

至于三四组合里，也有被误读的。比如"三清四绿"。

例如："哦哟，今朝哪能啊，做人客还是吃喜酒啊，穿得来'三清四绿'。"

其实，恐怕应该是"山青水绿"吧。

现在是互联网时代了。老规矩不适用了。

比方讲零售业，只要是"网红"，哪怕一杯奶茶、一碗馄饨、一只葱油饼，也可以一年四季天天排长队，根本不管它什么"五荒六月，七死八活，九兴十旺"。

还有，"投五投六"也远远不够用了。

每个大学生，临到毕业，第一桩事体就是跟着学哥学姐学做各种花哨的简历，做个一两百份实在是稀松平常，然后真的是到处去"投"啊。

这哪里是什么"投三投四投五投六投七投八"，简直是"投百投千"。"投百投千"也未必"投"到一份好工作，最后只好"投"入"全民创业"。作孽啊。

"推扳"及其他

各地方言，各有各的精彩，精彩就精彩在她的地方特色。

τ

上海地处江南水乡，很多精彩的词语也都有很明显的江南地方特色，当地人欢喜讲，于是，口口相传，千年不败。

有的习俗已经消逝，但从中孕育出的词语却依然在流传。

推扳

以前的江南水网纵横，家家有船只，人人会摇橹。一百年前，交通还是以水路为主。走走亲眷也乘船，跑外码头也乘船。到苏州去白相也乘船。夕发朝至，还省下了栈房铜钿。所以，后来夜里睏觉睏着了，也叫"到苏州去"。"侬看伊呀，刚刚还在'发虎跳'，一歇歇苏州也到了。"

家父曾告诉我，当年，那么多宁波人到上海来学生意，根本不舍得乘火车，哪怕只是"棚车"（闷罐车）。

一般都乘小火轮。乘船也不舍得乘到十六铺大达码头，从芦潮港进来，停在大团。

所以老早大团是重镇，非常闹猛的地方。

到大团改乘小船，咿嗞吤嗞，咿嗞吤嗞，一直摇到周浦。

再乘小火车到周家渡。所以老早周浦也是闹猛地方，人称"小上海"。到周家渡摆渡过黄浦江，再叫部黄包车到老城厢。

我问，为啥前头那么做人家，最后要乘黄包车？家父讲，乡下人要进城了呀，不好被人看轻，所以要坐黄包车。

上海人也是这种做派，要面子不要夹里。

有乘船的人，就有摇船的人。摇船也叫摇橹。

摇橹，无非两个动作，推艄与扳艄。

然而，就是这简单的一推一扳，用力必须恰到好处，船才会得动，会向前行。所以“搿生活一眼眼也推扳勿起”。

后来就有了引申义。

表示“相差”。例：“猪肉价钿，下半年搭仔上半年比，要推扳交关咪。”

或表示“差一点”。例：“推扳眼掼忒一跤。”

于是再引申为“差劲”。例：“搿人老推扳嘅。”“迭家人家的货色推扳。”

有时也表示“马马虎虎”。例：“推扳就推扳点了。”

搅轧

这也是一句老上海言话了，意为麻烦。

例：“侬先去，有啥搅轧，打只电话回来。”

又：“小鬼吤晏没转来，路上覅有啥搅轧哦。”

上海人欢喜讲“搅轧”，据说也是因为江南的家庭纺织业，在宋末元初时期就很发达。黄道婆墓，至今仍在上海华泾。家家人家都有纺纱机、织布机， 1980 年代到郊区，还看得到。现在怕是丢光了。

勤劳点的农妇日里种田，夜里纺纱织布，一直要织到天亮呢。一只手摇啊摇，一只梭子穿来穿去，辰光长了，手也酸煞，眼睛也花了。纺纱也好，织布也好，尤其是纺纱，顶顶怕的就是搅牢轧牢，顶顶讨惹厌了。据说，搅轧搅轧，就是这样来的。

孵豆芽

"孵豆芽"原来是指一个人冬天赖床。比如："一日到夜孵了被头洞里，豆芽也孵出来了。"后来，又引申为无业在家。比如："我出道的辰光，侬还在孵豆芽呢。"

这也是正宗的老上海话。因为老早上海人家要吃豆芽，舍不得买来吃，都自己来孵。一直到1970年代，我还看见过南市人家自己孵豆芽呢。

白家孵豆芽，孵的辰光要垫稻草的。而老早穷人家往往只有盖被没有垫被，下面也垫稻草，所以，取其相似之处，将"孵被头洞"喻为"孵豆芽"。现在的人既没看见过孵豆芽，亦没看见过床板上铺稻草，便无法想象了。

我最后一次在上海市区人家看见稻草垫床在1979年。以后再也未之见。

那么，老底子上海人家哪能在屋里孵豆芽呢？老早人家侪用饭甑，铁锅子隔水蒸饭吃。在饭甑里的镂空搁板上铺些稻草，上面铺放浸过的黄豆。稻草既可防黄豆直接碰着搁板不利出芽，又给豆芽伸展空间。不时浇温水，并盖上。

"孵豆芽"一般都在夏天。如果有的人家过年也想吃豆芽哪能办？只好将饭甑放入草制饭窠，外裹小被头。像极了穷人家冬天赖床的下垫稻草上盖被。

为啥那么不怕麻烦？因为本帮菜里有一只"黄豆芽油豆腐"也算名菜了，是上得了年夜饭的台面的。因为黄豆芽形似"如意"，所以这只菜又叫"如意菜"，只为讨个好口彩。

顺便说一句，家里自己做酒酿也是这么捂的。"捂酒酿"后来也有了引申义。

例："天还没冷，穿得哈厚做啥，'捂酒酿'啊？"

需要特别说明的一点是，一般的孵被头洞，严格说，还不能算"孵豆芽"，必须是裸睡，才算正宗的"孵豆芽"。

以前穷人家没钱，全家男人只有一条裤子，讨饭也只能一人穿着裤子出门去讨，其余出不了门的都只好在家里"孵豆芽"。

1970年代，我在江西插队时，还碰到过这样的情形。一位新来的大队书记，要开大会传达上面重要精神，要求全员到齐，至少男劳力要到齐。

某家只来了一个儿子，兄弟和父亲都迟迟不到。

大队书记大光其火，狠狠批评。那儿子也不作答，大家也不作声。

心里都在说，哼，你这个新来的，人家家里只有一条裤子呀。最高指示，没有调查没有发言权啊。

ㄟ

"暾"与"汆"

上海人形容人或者车子走得太慢叫"暾法暾法"。暾，音吞。

《吴下方言考》里有记载：

《楚辞》曰：暾将出兮东方。暾，日渐出貌。吴中谑人缓行渐至曰暾。

又作"嫩"。《广韵·上平声二十三魂》：嫩，《诗》云，大车嫩嫩，嫩嫩，重迟貌。

到 1980 年代，上海的路开始堵，公交车开不动，叫"有得嫩了，嫩到屋里弗晓得啥辰光"。

有人将人缓车慢写作"慢吞吞"之吞，似不确。

也有人作"汆"。

将食物放入油锅叫"油汆"。如"油汆果肉"。油汆时，食物几乎在原地打转。

又如"汆江浮尸"，亦几乎就是在作原地打转状。

故"汆"，是所有形式的移动中最缓慢、最似动非动的一种。

引申义皆由此出。

儿子不愿从命去父亲跟前听训。如："叫侬过来侬汆法汆法。做啥？怕我拿侬吃忒啊？"

踏脚踏车、踏黄鱼车时突然两脚不动，叫"汆汆伊""汆到啊哩是啊哩""伲到伲弗动再讲"。

车是在动的，但脚不动。

拖、多、破、磨、露

上海话有不少字，会讲不会写。

于是，就有了各色各样的记音字，杂乱无章。

也有人找出些古字来，好像也不合适。

举个平常大家都会碰到的例子。

"鼻涕流出来了"，上海话怎么讲?

曰："ta 鼻涕"。

这个"ta"字哪能写呢? 塌潵獭拓沓，好像都不像。

其实就是"拖"。

"拖鼻涕"是正解。

和别的语言或方言一样，上海话也有多音字。

"拖"，既读"tu"，又读"ta"。

除了"拖鼻涕"，还有"涕涕拖拖"（形容邋遢）、"涕沥
拖拉"、"拖来拖去"、"拖到东拖到西"，里面的"拖"都读
"ta"。

上海话里还有一个词，叫"拖头"。

"拖头"指一班爱贪小便宜，走哪都要顺点东西且到处打秋风的人。

顺手牵羊叫拖，蹭吃蹭喝叫拖，逃单也叫拖。

请看例子：

例1：伊到东到西侪要拖点物事回来。

例2：阿拉吃饭又没叫侬，侬哪能又拖得来了啦。

例3：吃饭么来得起劲，到埋单辰光就拖了人家后头去了。

吴语中读"tu"的拖，与读"ta"的拖，从组词上分，似有主动被动（active & passive）之别。

拖地板、拖沙发、面拖黄鱼，似皆主动。

而拖鼻涕、裤带拖出来、袖子管拖了菜汤里，似皆被动。

唯"拖头"的"拖"，顺手牵羊、蹭吃蹭喝与逃单，似皆主动，却读"ta"，故特识之。

上海话里的"多"字，也是多音字。

除了读"du"，还可读作"da"。

请看例子：

例1：今朝出去用忒仔多（da）钿哉。

例2：伊带仔多（da）个人来咖。

例3：隔壁人家接新娘子来仔多（da）部小汽车。

例4：为仔一眼小事体，我到此地跑仔多（da）埭了（跑了好几趟）。

有时为了极言其多，常作修饰，说成"好多（da）两钿""好多（da）两个"等。

为了让读"da"的多字的色彩以及背后的情绪表露殆尽，小说作者往往将读"da"的多字记作"哆"或"歹"，以示区别。

比如，《九尾龟》第十回就有："现在外势才晓得耐刘大少用仔歹格洋钱拨倪哉！"（现在外面都知道你刘大少爷在我身上用了不少钱呢！）

这就是所谓记音字，其实正字似仍应为"多"。

仔细再想想，沪语多音字里既可读"u"音又可读"a"音的，似乎又不仅仅"拖""多"二字。

比如上海人形容物事质量不好，会说："侬辫件衣裳哪能吖pa嗰啦。"

形容衰败，也会说："辫地方老pa相嗰嗒。"

如果沪语多音字里既可读"u"音的又可读"a"音是一种习惯乃至规律，那么，这个字就是"破"了。

"破"就是正字，用不着再去找什么古字了。

还有，上海人形容走路缓慢，叫"ma法ma法"。

俗记"迈"，似不确。

依上述推理，可能不可能就是"磨"字呢？

再来一个，小孩无法自控地流口水，上海人叫 "la 馋"。
"馋"是沪语"馋吐水"的缩写，易得理解。
但那个"la"呢，俗记"拉""赖"，似皆不确。
再依上律，是不是"露"呢。

哦，别忘了，大小的"大"（音杜），也可以读作"大"（音达），如浦东人称祖父为"大大"。

脱忒链条嘅猢狲

有位小朋友吓丝丝地问我：我出门在外怎么会不怎么想我的男朋友的呢？我并没有爱上别的男子，我应该想他的啊，不过为什么我哪怕出国十好几天也还是没想他呢？我是不是有问题？她一脸内疚。

这有啥啦！这样的人很多，我就是一个。我十六岁出的远门，好像从来没有真正地想家。若只是在心中寻找某种依赖，那只是有了孤单的感觉，我不愿称之为想家。怕亵渎了美好的物事。

在乡下确实有时会想到母亲，细究起来，恐怕更想让她寄点钞票来给我用用。后来回沪成家了，出差时好像也不怎么想老婆。孩子小的时候想孩子倒是有过的，但也没有要辗转反侧，更没有要思归心切。从小受的教育是不能"英雄气短，儿女情长"。

另外，我一直极嫌鄙任何太做作的想法和做法，自己的和别人的。

没心没肺吗？好像也不是。说我情感丰富、情感细腻的大有人在。舍此，心里也流不出那么多美好的字句来。

当然，我以前也纳闷过，我也悄悄调查过，终于发现我周围这样的男女很多很多。大家只是不说穿而已。如果身边人硬要问，得到的回答当然是很想很想的了。

出门在外为了什么？还不是为了艳遇。不必一开始就想歪了。艳遇者，遇见各种美好的、艳丽的风物人情。准足点，应分开，写成风、物、人、情。

身边人再好看，日长世久，也会有审美疲劳。出外嘛，正好调节一下，看看别样的艳。否则出去做啥。

废话！两夫妻一道出去，遭遇别样的艳，照样要忍不住看上几看的，甚至评论几句的嘛。更何况，很多好看的女人告诉我，她们看到好看的女人也忍不住要多看几眼。遑论帅哥。

一点也不用担心，这艳遇，就像弯着腰盯牢马路路面寻皮夹子一样，能拾得到的几率还是实在太低了。首先，要别人是不是也有"看看别样的艳"的动机和心情，而且要伊正好"眼乌珠戳瞎"，把你错看成"别样的艳"。从这个意义上说，从艳遇到偷情，比艳遇本身的几率还要低，好比拾得一只皮夹子，里面竟还装满巨款。所以，即便一门心思想着艳遇，也还是十分安全的。

说到底，出外有艳遇，往往只是一个旖旎的梦。然而带着这个梦还是不带，行旅的心情会大不一样。那干吗不让自己的心情好一点呢。

不必否认，在外有在外的寂寞，而且需要即时排遣，无法带回来的。排遣寂寞有各种方法，比如喝酒，比如狂欢，也有很多人选择银货两讫的交易。当然也有很多人不喜欢没有爱的性，我好像也是。

其实，聊聊天要聊得开心，已很难得，尤其是有一个可助谈兴的人，还是异性的。在这一方面，女人的情况我不知道。作为男人，我对男性谈伴的素质要求会很高，因为男人要谈政治，论天下，纵横裨阖，没有足够的学识不行。而对女性的谈伴，则只有一个要求，那就是知趣，现在的说法，至少叫"接得住梗"，即有一定的幽默感。

如果是集体出外，或旅游，或开会，我会主动去物色谈伴的，何必隐瞒。人一上了汽车或火车，甚或还在机场排队 check in，寻找就开始了。这不是急吼吼。因为我心里知道，到头来，大家熟了，总要三两成伴的，抢得先机，选择余地会大些。

这样的时候，外表就变得很重要了。当然， beauty 是千载难逢的， beautiful 也多半是梦想，但至少要 pretty。实在没有的话， good looking 也行，我的底线是 pleasant。表情夸张、叽叽喳喳的绝对不会入我的法眼。至于知不知趣，那是只要三两个回合交谈就可得知的。

这样的交谈总是有益，心情大爽。所谓旅途上容易交朋友，大概就是这样的情形吧。如此这般，很多临时谈伴分手后反而成了很好的朋友，有的甚至在旅次的最后几天，就会成为小团体茶余饭后的绯闻。那也很不错，至少虚荣心会感到很满足，当伊真的，就戆忒了。

话说回来，如此充实的旅次生活，哪里还有什么空去想家呢。我以为，真爱你的人，如父母，如夫妻，如恋人，是真心希望你旅途愉快的，没有寂寞的。为这点小事而大吃其醋，就未免太小家败气了。当然，出外的一方拿来炫耀，也未免太小家败气了。

老上海有档次的女人对待这种事情很是四海，派头大来兮。我从小听惯了这样的灶披间对话：

"倷先生呢，迭两天弗大看见嘛？"
"伊啊，又出差去了呀。"
"伊长庄出差啯嘛。"
"是啦啯。"

ᒉ

"哦哟，耪侬倒放心嗰啊？"

"耪有啥啦，男人嘛，弗好一直链条锁勒屋里厢嗰呀，也要放放生。"

"耪侬迭能一来兴，伊弗是要变成一只脱忒链条嗰猢狲了啊，哈哈哈哈——"

"男人嘛，侪是脱忒链条嗰猢狲呀，哈哈哈哈——"

"哈哈哈哈——"

现在的女人也常出外，又何尝不是呢。

无事不登三宝地

老早上海人去"做人客"，往往会讲这样一句口头禅："无事不登三宝殿。"这是客套，也是事实。哪有每趟去"做人客"都是海阔天空吹牛皮，有辰光确是有求于人的。

求人者往往也不是开门见山就说。而主人虽然知道来者"无事不登三宝殿"，也不说穿，除非极其熟识。

当然，一番兜兜转转以后，终究要和盘托出。这时，求人者就会先填一句："其实我今朝是'无事不登三宝殿'的——"

大家都这么说，也都这么写，竟没有人去详加追究，这"无事不登三宝殿"的"三宝"是哪三宝，这"殿"又是哪座殿。

先问，"三宝"是哪三宝？恐怕就有人很难答上来。

佛家三宝是有的。曰佛宝曰法宝曰僧宝。

"佛宝"，一般是指一切佛陀，亦指各种佛像。也有说，"佛宝"即佛界七宝。分别是黄金、白银、水晶、琉璃、珊瑚、琥珀、砗磲。

不过，阿拉上海的七宝好像不是指的这佛界七宝。上海七宝，以寺得名。据记载，五代十国时，当地只有一座"陆宝庵"，后来吴越王钱镠送来一卷莲花经，是由他的妃子花五年时间，用金粉正楷抄就的。他说："此乃一宝也。"由此，六宝加一宝，"陆宝庵"改名七宝寺。

这是插曲。

再来看"法宝"。"法宝"就是佛教心法、规则、智慧和修行解脱法门。因为它无垢清净、稀有难得、不可思议,是智慧的结晶,故称为"法宝"。

此外,僧人的用物如衣钵、锡杖之类,后来亦称法宝。再后来,演变成了神话传说中能降妖伏魔的宝贝。我们小辰光骑马打仗,手里都要拿几样"法宝"的。

至于"僧宝",高僧圆寂后的舍利子,当然被称为"僧宝"。不过,一般来讲,"僧宝"是指僧团,也就是泛指继承、宣扬佛教教义的僧众。唐朝杜甫有诗为证:"地灵步步雪山草,僧宝人人沧海珠。"宋朝有《禅林僧宝传》,记录了禅门五宗八十一位僧人的事迹。

讲清楚了"三宝",这个"殿"字好像就有问题了。

放"佛宝",也就是供佛像做佛事在大雄宝殿,说得通。

放"法宝",也就是藏法典经书在藏经楼或法殿,也还说得通。

但"僧宝"们的燕息之地,即所谓"宁静禅房",却实难称之为殿吧。

近来读了些清人笔记,方知"无事不登三宝殿"一语,很可能出自吴地民谚"无事不登三宝地"。吴语中,"殿""地"几乎同音,也许就这样以讹传讹,化"地"为"殿"了。

若真是"三宝地",就比较好解释了。供佛像之地,藏法典之地，僧燕息之地。

也还有些问题。

人家供着佛像，做着佛事，你若无事硬闯，自是失礼；人家藏着法典，存着经书，你若无事擅入，亦是不妥；唯独这僧家燕息之地，讲句欠恭敬的话，如同今之"职工宿舍"，何以也无事莫登呢？

清人王有光写得最有趣：

"盖僧家贤愚不等，其寂静禅房，为藏奸纳垢之处，乘其无事，冲破机关，势不两立，祸即至矣。"

据传，清朝顺治年间，有一秀才，曾与某僧交好，偶有闲暇往访而不见，自恃熟稔，击磬求之。忽有美姝从禅房窜出而走。

秀才大惊而逃，未知其僧友跟至，责其擅入："弗杀汝身，不灭汝口，但念素好，与汝一壶一味，以送汝终。"

那秀才只能佯装服罪，乘隙以壶击僧致死而逸。

据说，那秀才不是他人，正是清朝大书法家沈荃（1624—1684），汉族，是华亭（亦今上海松江）人。顺治九年（1652）的探花，授编修，累官至翰林院侍读学士、礼部侍郎。他的书法宗米芾、董其昌，是康熙年间最重要的书法家之一。

所以，无事还真的莫登三宝地，尤其是僧地。

顺带便说一句，据说现在当老板的，都欢喜拿"写字间"（即办公室）当阳台，热衷于请示汇报的人们要当心了。虽然未必会有杀身之祸，弄得不好，饭碗头还是会敲忒的呢。

其实，老上海都知道，"进写字间"从来不是好事体。"坐写字间"才算风光嘛。

鲜格格

"鲜格格"，曾经是一句风靡上海滩的流行语，几乎没有人没讲过。而且有很多人几乎天天要讲"鲜格格"，甚至每天要讲几十遍"鲜格格"。好像不讲这么多遍"鲜格格"，就会得"鲜格格"，侬讲伊"鲜格格"否啊。

上海流行语向来有这样的特点，那就是：它的意思可以无限泛化，替代别的形容词。一时间，好像只要有一句最流行的话语，比如"鲜格格"，就可打遍天下无敌手，连"十三点"也不讲了。

凡说了或做了激动、兴奋、亢奋、欢跃、好奇、自说自话、与众不同、不合时宜等等的事情，都可以称之为"鲜格格"。

如："听到一点啥物事，侬又'鲜格格'了。人家侪没啥，只有侬一家头，'鲜格格'得不得了。"

更有甚者，后来"鲜格格"还用于自谦（现在叫自黑），又可以替代懵懂、呆傻、冲动、考虑不周全等意思。如："我是会得寻到伊拉屋里去嗰，侬讲我阿是有眼'鲜格格'。"

"鲜格格"，大多数人迭能讲，迭能写，长久以来，也没人出来发声音，大家就这么沿用下去。

我也知道，"鲜格格"多半是记音，也许会有更接近真实的写法，但也从来没看到或听到过相关的信息。

几年前，因为写博客，我认得了一帮苏州博友。

其中有一位，在此暂称之为吉兄吧，也很喜欢研究吴语典故。

有一次餐叙，他就说，现在市面上流传的"鲜格格"，写法像煞不大对头。

他认为，首先，"鲜格格"本来就是一句老苏州话，那么，按苏州话的原意，似应写作"显甲甲"。

因为，好像只有苏州人才把鸡翅膀称之为"鸡甲"。

至少，上海本地人、宁波人、苏北人好像都不这么讲。

吉兄说，"甲"，原来是指外骨骼动物的硬壳，比如乌龟的壳就叫龟甲。

后来慢慢引申为套在外面的保护层，比如古代打仗用的盔甲。

"马甲"，据说最早也是套在马身上的保护物，后来有写作"马夹"的，意思就不容易猜了。

吉兄告诉我，如果称赞一个人体格强壮，老苏州就会讲："迭个人甲甲壮壮，盔甲老大。"

就算伊有道理吧。不过，鸡并非外骨骼动物，不管哪能，外面还有一张满是疙瘩的鸡皮呢。

为啥苏州人要把鸡翅膀称为"鸡甲"呢？吉兄解释道，却原来，"显甲甲"是苏州人对乳臭未干者不自量力的一种讽刺。

鸡，与人同，也是天生好斗的。

而且，据说当伊毛还没长齐，还是赤膊鸡的辰光，就开始好斗了。

所以，老苏州人最早要说某人"显甲甲"，还要有前文呢。

比方讲："侬鸡甲浪嗰毛也朆干，显甲甲点啥！"

你看，毛是湿的，紧贴着翅膀，显出的便是翅膀，亦即鸡甲，那就是"显甲甲"。

无论如何，这是我听到的唯一可以自洽的说法。

另外，将"显甲甲"最初的意思定为"对乳臭未干者不自量力的一种讽刺"，还是蛮贴切的。

至于后来用法泛化，词义引申到不晓得哪里去了，那都是后来的事情。

当然了，晓得这个出处以后，侬依然要写成"鲜格格"，也没啥不可以。

阿拉英文老师曾经讲过，"Both will do"。

我硬劲要拿侬扳转来，我岂不显得有点"显甲甲"了。

"香蕉苹果马铃铛"及其他

儿时的很多游戏里，也有很多约定俗成的词语。现在想想真是特别好玩。

在玩这些游戏时，我们讲的都是上海话。

何况，这些游戏在上海已经存在一百来年了。里面不免有很多"洋泾浜"词语。

更好玩的是，百年来孩子们口口相传，有的竟然"copy 大走样"，比如那个"香蕉苹果马铃铛"的游戏，原文竟是"London bridge falling down"！真是匪夷所思。

先来讲讲其他的儿童游戏。

吃弹簧屁股

还记得"吃弹簧屁股"么？

少儿游戏中对输者及赖皮者的常用惩罚。

两人或多人将其仰面四肢抬起并重重砸到地上，如是者十数次方肯罢手。

因屁股歇歇着地，歇歇不着地，故称"请伊吃弹簧屁股"。

更早叫"排三合（音无）土"，取其动作像"打夯"。

三合土即混凝土，"排"有拉扯意。

老底子沪上称"摔跤"为"排摔跤"。

泻泻扶梯

"泻泻扶梯"几乎人人儿时都玩过，而且几乎没有不喜欢的。玩起来往往是刚滑下来反转身来又爬上去，根本停不下来。家长拉也拉不走。

但是，你还记得上海话怎么叫吗？不叫滑滑梯，而叫"泻泻扶梯"。

"我要白相泻泻扶梯！"

泻，音吓。

人像瀑布一样泻下来，爽！

或谓：正字应是《康熙字典》里的那个字，"厂"字头，下面一个"鳥"字，意为倾。

或可聊备一说。

但滑滑梯是1922年由一个法国人发明的。我国古人先发明一个字在那等着，似不妥。

香蕉苹果马铃铛

上海老底子有个儿童游戏叫"香蕉苹果马铃铛"。

据说这是学自当年沪上外国小朋友的游戏：两个小孩拉手撑起如门，其他孩子鱼贯穿过，手放下扣住门内孩子。

一边钻，一边嘴里还要唱呢。

有趣的是，我们玩时，唱的歌词已讹传为"香蕉苹果马铃铛"。

调如"56 54/34 5/23 4/34 5/56 54/34 5/2 5/31 1/"。一直不明白这三样东西放在一起是什么意思。

后学英文，才知原歌应是"London bridge falling down， my fair lady"！

这才叫"神翻译"。

小辰光的老上海话

纯粹罗列一些老上海话，似乎也没啥意思。干脆把它们都编到一只关于小辰光的山歌里去。一共用了 50 句。

春天里么百花香，
吃饱饭，唔没事体东趋西趋瞎趋趋。
趋法趋法就想起了阿拉小辰光。

伊辰光，
屋里厢么螺蛳壳里做道场，

X

大人正勒忙，

侬再投五投六投三仙，

勿识相，要吃辣伙酱。

快点跑到外头去，

去阿哩?

脚踏西瓜皮，滑到阿里是阿里。

假使袋袋里厢有铜钿，

犟么肯定头颈极细，独想触祭。

反正猢狲弗赅宝，

弗用忒，反倒讨惹厌。

哪怕碰着七十二个大头鬼，

今朝也要用光伊。

一碗烂煳面，

刚刚端到眼门前，

已经眼睛像霍显，筷子像雨点，

牙齿像轧钳，喉咙像拉纤。

穷叫鲜是鲜得来，眉毛侪落光。

打仔耳光也弗肯放。

横竖横，拆牛棚，

吃光当光弗生疮。

万一强盗碰着贼爷爷，

反而买了炮仗畀别人家放。

真是聪明面孔笨肚肠。

有排人，就是三等白相人，独吃自己人，

虽然本事好像猪头肉（咾）三勿精，

不过专门三六九，捞现钞，拗小分，捞横档，

烧香赶脱老和尚。

不如吃了肚皮里，有道是，

嫖是挜空，赌是白弄，着是威风，吃是真功；

有吃弗吃猪头三，

吃得着，就是额角头碰着天花板。

假使袋袋里厢瘪缩缩，

门槛就要精到九十六。

做人弗好脚花乱，

香烟屁股也要讨来吃。

辬就叫

朋友轧得深，香烟屁股吃到根。

香烟屁股烫手，还好猛吸三口。

有道是

死要面子活受罪，

何必打肿面孔充胖子。

穷极无聊望野眼，

作兴碰着小垃三。

虽然是眠床底下放鹞子，

也要瞓梦头里笑转来。

我本是万宝全书缺只角，

牛皮吹到野豁豁。

明晓得直升飞机吊蟹，悬空八只脚，

照样像阎罗王差小鬼，跑得来得快。

只要弗是湿手搭面粉，掼也掼勿忒，

我就要叫伊眼睛一眨，老母鸡变鸭。

啥人晓得马屁拍勒马脚浪，

新买马桶三日香。

花好稻好样样好，

弄到末脚勿入港。

半夜三更回转去，

一眼唔没落场势。

吃素碰着月大，南瓜生勒鬆里，

明明唔没啥花头，还要装得像煞有介事。

这真是寒露开花不结子，

自家有病自家知。

"蟹"字的老上海话

阴历十月底再来写蟹，是不是有点晚？

其实，一点也不晚。

按老底子的规矩，现在才是吃蟹的最好时光。

因为老底子没听好的养蟹的条件，再不吃，蟹要冻死了。再想吃，要"明年请早"了。

这两年，蟹在上海，其实是不大有市面的。价钿也上不去。大家吃得忒多，就不稀奇了。吃了蟹还要讲，还要晒，反倒有点小家败气了。

这两年，在朋友圈里晒吃蟹的，倒是北方朋友多，因为也许他们还觉得新鲜。

其实，北方朋友也不必觉得"坍招势"，吃蟹本来就是一种时髦。

老实讲一句，这三四十年来的所谓"大煠蟹热"，也不是上海人炒出来的，也不是阳澄湖人民乃至苏州人民炒出来的，而是香港人炒出来的。

三十年前，我因为工作的关系，天天可以看到香港的报纸。

我现在告诉大家，当年香港《东方日报》娱乐版有这样的标题：《谭咏麟今年吃蟹已超百只》，你会笑吗？张学友后来居上，吃蟹也超过了百只，仍然可以成为新闻。你作何感想？

而在当年上海卖蟹的大本营宁海路、胶州路，你去问问那些第一代蟹贩，赚的钞票哪一个不是来自香港"冤大头"？香港有明星欢喜吃，开的价钿高，上海人就高价卖给他们。很合理啊。

X

所以，从这个意义上讲，从 1980 年代起，上海人就很难吃到正宗的阳澄湖大煤蟹了。

权威统计数字表明，至少 2000 年之前， 90% 的阳澄湖大煤蟹都是直接空运香港的。

没过几年，就有贩子直接杀到巴城、正仪，贩蟹到香港。上海个体户也吃瘪。不过，苏州没机场，蟹还是要经上海空运，上海还是赚得到钞票。

所以，时髦这样物事，最好是不跟。因为你跟不动。你看大煤蟹，从香港流行，到江浙沪土豪流行，再到江浙沪平民流行，再到现在的北方土豪流行，你跟得吃力吗？明年，我们是不是要看迪丽热巴带领西北人民晒吃大煤蟹呢。

我算是吃到过正宗阳澄湖大煤蟹的人，最近这十几年，好像也没有吃到过一只。懂经的朋友都知道，就一条，你的指甲是可以掐碎阳澄湖大煤蟹的大腿外壳的。背壳更不谈。现在你掐掐看。你指甲没掐断，就算你家祖坟冒烟。

因为，阳澄湖里有一种竹节草，是其他水域所没有的。蟹吃了这种草，一是肉头香，二是会得"骨骼疏松症"，壳没法梆梆硬。

所以，就生存环境分，蟹有湖蟹、江蟹、浜蟹、塘蟹、坑蟹之分。

阳澄湖大煤蟹是湖蟹中之极品。太湖蟹（含上海淀山湖蟹）次之；洪泽湖蟹、巢湖蟹再次之；崇明蟹再次之；辽蟹再

次之。巢湖蟹又称徽蟹。

顺便说一句，蟹肚要白，湖底要有白沙。这个只有太湖蟹可以做到，连淀山湖也不行。而坑蟹，因其生长环境，蟹肚不但不白，还呈暗红色，上海人又叫"铁锈蟹"。

其实，以前太湖蟹也分得很细。据《清嘉录》记载：太湖蟹统称"湖蟹"。然出吴江汾湖者，叫"紫须蟹"；出昆山蔚州村者，叫"蔚迟蟹"；出常熟潭塘者，叫"潭塘蟹"，又叫"金爪蟹"。这些"湖蟹"，都有一个特点："壳软"。但《清嘉录》里并无阳澄湖蟹的特别记载。

现在大家都知道，阳澄湖有"汏浴蟹""插队蟹"。泥沙俱下，鱼龙混杂。一般人再也分不清什么是"湖蟹"，什么是"徽蟹"了。近年来那些北方朋友晒出的阳澄湖大煤蟹，恐怕十有八九都是到阳澄湖"插队落户"过的"知青"。反正现在"知青"吃香。

2003年，我曾有幸参加苏州昆山的巴城蟹文化节。晚宴我坐主桌。我的左手边就是这个活动的主人巴城镇负责同志。

上蟹以后，我便趁机问："×镇长，这个是不是正宗的阳澄湖大煤蟹？"

镇长确实见多识广，并不正面回答我，而是转过脸去，对他的一个属下说："你别说，味道可以啊。这一两个礼拜没白蹲啊。"

"哈哈哈哈——"

然后才回过头来对我说："侬吃吃看，侬吃吃看，味道差

607

不多的。"

却原来，这蟹文化，实在是博大精深啊。

无论如何，大煠蟹是上海人餐桌上的一大美食。不特如此，还因此而产生了许多带"蟹"字的上海俚语呢。

如，**"西风响，蟹脚痒"**。听到过吧。但你多半没见过，西北风一刮，大煠蟹的脚痒到爬进你屋子里，甚至爬进你帐子里的风景。那你至少要拜崇明人为师了。

"直升飞机吊蟹，悬空八只脚"。不过，1980年代，谭咏麟、张学友吃的大煠蟹倒都是空运的呢。

"叫花子吃死蟹，只只好。" 就不用解释了。

字写得不好，叫**"蟹爬"**；胆子小，叫**"软脚蟹"**；没力气，叫**"撑脚蟹"**；狗腿子，叫**"蟹脚"**；熟女，叫**"老蟹"**；没办法想，叫**"死蟹一只"**。

八仙过海，各显神通，叫**"蛇有蛇路，蟹有蟹路"**。

到处招蜂惹蝶，叫**"虾夹夹蟹钳钳"**。

一代不如一代，叫**"一蟹不如一蟹"**。

还有棋牌室里，常常会听到："侬迭副牌也会得和，**蟹也会得笑**。"

"蟹壳黄" 是一种点心，不是蟹；**"独脚蟹"** 是发芽豆，也不是蟹。

最最好白相，崇明人。崇明蟹又叫**"乌小蟹"**。"乌小蟹"还是骂人言话："侬只乌小蟹。"

这还不算。崇明人讲"啥"就是讲"蟹"。一般人弄不清爽要吃苦头的。

滑稽大家姚慕双周柏春的段子《崇明人请客》，最经典
了。百听不厌，笑痛肚皮。

"寻"字的老上海话

讲起上海言话中带"寻"字的俚语，头一个跳出来的就是
"寻开心"。

上海人生活当中讲"寻开心"这句话也蛮有意思的。

真的出去兜兜马路、逛逛公园、买买物事、吃吃咖啡，不
大讲"阿拉出去'寻开心'"的。

偏生你在烧饭烧菜，伊从后面抱牢你；你化妆伊搅打你；
你发微信伊一把头抢忒你手机，你会讲："覅寻开心！"

这又一次印证了我的判断，上海人好好叫的言话大多偏生
要反过来讲才适意。

比如，这"寻开心"的例句，脱口而出的都是："寻啥开
心""寻啥断命开心啦""寻侬嗰死忒开心啊""覅一日到夜没
事体穷寻开心"。听上去一点也不开心嘛。

"寻人"也是。

两个人约好在 shopping mall 碰头，地铁刚刚出来，就打手
机问，人在啥地方。

"侬立了覅动，我来寻侬。"

"覅，侬木来兮嗰，还是我来寻侬。"

"做啥啦，侬让我寻寻看好唻"。

X

结果，寻来寻去叫啥寻不着。到末脚煞，导航也用起来。可惜，断命的导航只显示前后左右，不显示上下的。结果一个在 B1，一个在铺面，就是碰不着。等到好不容易碰头了么，第一句必然是："侬死到啥地方去啦，害我东寻西寻穷寻八寻寻煞快？"

"寻钞票" 也有讲究。

买油条，不肯十块头兑开来，乃末一只手上上下下拼命摸袋袋。做啥？寻零头角子"铅陀螺"呀。

顺便讲一句，"铅陀螺"据说是本地话。老早很多人没事转角子玩，转起来倒是蛮像陀螺的。

不过听老一辈讲，派头大，就是要让行贩兑钞票找铜钱。挖法挖法、丁零当啷、弄到候分掐数，反而不灵光。用钞票就要永远用整票，零头角子么，回到屋里乱进储蓄罐呀，这才是正道。

一百多年前，上海滩上就有过这样一句谚语，叫做"只有寻铜钱的手，没有搁铜钱的斗"。讲的大概就是这个意思。

不过，上海言话里的这个"寻"字，倒是常常用在要紧关子上。

就如刚刚讲到的，寻人、寻钞票，人和钞票自然顶要紧了。

做生活，谋生，叫**"寻饭碗头"**；

建立友谊，叫**"寻淘伴"**；

谈婚论嫁，叫**"寻老婆""寻娘子"**；

不晓得有没有"寻只男人嫁嫁忒拉倒"的讲法，倒是经常听到讲"阶好男人侬啥地方去寻啊"。

天热了，要拿席子竹榻电风扇寻出来；天冷了，又要拿鸭绒被头电热毯取暖器寻出来。这也算一家人家的"大（du）兴（jing）轰（gong）"了，不是小事体。别说，寻起来还蛮烦的呢，揩啊弄啊，涉及的揩布就有三五六种。

平常日脚，心情好么，有得方向**"寻方向"**。没方向么**"寻搭子"**，搓麻将。输到"立正"了，只好满地上**"寻皮夹子"**了。

心情不好么，要**"寻觎势"**了。又叫**"寻事体"**。

弄得不好就**"寻相骂"**。老早真的还有过**"寻相打"**的讲法，现在失传了。真的**"寻相打"**，先要**"寻家什"**。

还有，老早公馆人家的女人还嫌避**"寻吼势"**三个字讲出来太粗相，不肯出口，而是讲**"寻声讨事""寻生作闹"**的。

不过，假使一旦发觉自家男人外头有花头，在**"寻（那种）方向""寻野食"**，那就没阶许多讲究了，定坚要**"寻着侬"**，哪怕**"寻死赖活"**。碰着这种家主婆么，这个男人真的是在**"寻棺材瞓"**了。

讲到"寻死"，我不禁想起老早有只滑稽戏，好像叫"出色的答卷"？

周柏春老先生扮演一个造反派小头头，带了一帮小赤佬到一个工程师屋里去"抄家",要寻啥个图纸。结果穷翻阿二头,啥也没寻到。

乃末手下头来报告伊,讲,寻过了,寻不着。

全场静场片刻,周柏春开口讲:"猾傺还等了迭搭哩寻死啊?滚!"

这样一来兴,偌大的舞台只剩周柏春一个人站在台角。这种情形,真的叫"下不来台"。阿拉大家么,看闹猛不怕事体大,就等了看伊哪能办。

只看见老先生稍等片刻,轻轻乱出一句:"我等了迭搭哩寻死啊。"转身就下场了。

满堂轰笑。

据周正行告诉我,这句台词是老先生自己加出来的。唉,一代名家,名不虚传啊。

好了,我也"寻"得差不多了。再寻下去,我也是——

眼睛地牌式

今朝 5 月 20 号，亦即 520。

520 这个词，存在于网络，大概快二十年了吧。

第一次知道 520 代表"我爱你"，讲老实话，我是眼睛地牌式的。

有必要先来解释一下"眼睛地牌式"这句老上海话。

地牌源自牌九，一种比麻将还老的游戏。

不过，在我小辰光，仍然常见于弄堂。

记得 1985 年，我临时客串"地陪"兼翻译，陪两个英国赤佬游老城隍庙。

有两个细节至今难忘。

一个是，头上叉满楼上人家的晾衣裳竹竿，不但万国旗、钻裤裆，断命还是刚刚晾出来，涕哩沓啦还在滴仙水呢。我只好拉着他们先逃开两步。

另一个就是，楼下人家大门洞开，摆张骨牌凳，老太太坐在竹交椅上玩牌九解闷。

英国赤佬岂肯轻易放过我，给了小费的，便问， What's this?

老实讲，我翻不出。我到现在也翻不出。

刚刚查了查引擎，现在翻成"paijiu"。一句解释倒蛮漂
亮： a kind of Chinese dominos。

还记得，我当年的解释是， something like Majong。
也总算混过去了。

言归正传。
牌九里分文牌武牌，文牌里又分天牌地牌人牌。
两个六点是天牌，两个四点是人牌，两个一点就是地牌。

眼睛地牌式，大概就是北方人讲大眼瞪小眼的意思。
小辰光老是被大人教训，勤读了两日书就"老耵三千"，
人家稍许问得深一点，侬眼睛就地牌式了。

又因为一点在牌九里是红的（在骰子里亦然），用来比喻
眼睛，就有红眼睛的意思，眼红、眼热的意思。
如，伊马路上一看到漂亮小姑娘，就眼睛地牌式了。

眼睛地牌式的另一种讲法叫眼睛定漾漾。
这个漾字是真好，有小流动的感觉，也有不能自拔的
味道。

我第一次晓得520等于我爱你，就是这副腔调。
后来，我也有点妥协了，因为人家毕竟是有出典的。

《红楼梦》第二十回里，史湘云看到宝黛二人，便叫"二哥哥，林姐姐"。但湘云是金陵人，把"二哥哥"叫成了"爱哥哥"。

黛玉当然当场吃醋，指她存心讲话咬舌头，嘲人。

无论如何，三个字，总算有一个字有了出处。

而且，从将"2"读作"爱"，大致也可以悟出"5"和"我"的关系。无非浓浓的法兰西风情。唯独那个"0"，我依然详不出。

当然，作为一个腰部前浪，应该学会宽容地接受新事物。

事实上，520只是开了个头，后来又有了"神马""炒鸡""蜜汁"等等。

原来以为只是"新新人类"的小打小闹，不成气候。

没想到新世纪才过了二十年，新文字运动风起云涌，已经比比皆是了。

连"80后"这样的腰部后浪也惊叹：字都认得，啥意思不晓得。我也只有再一次眼睛地牌式了。

先来看商家的，下面这一段最近非常走红：

一会我们去align一下，复盘一下此次的campaign，**对焦**一下意见，**拉齐水位**，讨论下今年的业务打法，下季度营销玩法，并把规则**通晒**一下，打通一下**链路**。眼光要放长远，要维护**多维矩阵闭环**内容，为品牌形象**赋能**。出现问题及时表态，连接用户**心智**，增添用户**黏性**，分层营销抓住**头部**用户，为品牌增添温度。

再来看看科学家的：

想必很多人看到了最早流到网上的那段专家解释虎门大桥抖动的文字。我就不抄了，也抄不明白。

我只担心，这不是个例，高校里汗牛充栋的论文大致都是这样的吧。

文艺界的新文字不提也罢。

除了飒、燃、炸，就是小姐姐。与李佳琦的"买它买它买它"有得一拼。懂是看懂了听懂了，好像还是觉得太俗气。

马未都在谈论方言时说过，其实都是"择字"。

意思是，汉字的字库里永远是这些字，各个地方的人都会去选择自己欢喜的字来组词，来沟通交流。

比方形容小姑娘长得好，上海人叫漂亮，苏州人叫标致，宁波人叫挂书，苏北人叫好看，山东人叫俊俏。

择字就是审美。

无论如何，迄今为止，各地方言给人们的印象大致是形象生动有活力，也才只是口口相传也传得下来。

现在的人写文章、演戏，仍然欢喜用一些地方方言来增加色彩，说明还有审美的共鸣。

各个地方如此，各个时代亦如此。

互联网时代以来，人们突然津津乐道于创造各种老祖宗不曾有过的段子，各种梗。

汉字的字库几乎没有什么增量，但"你们拥有了我们曾经梦寐以求的权利，选择的权利"。

重点不在权利，而在于选择了什么，留下了什么审美印记。

反正我觉得有点越走越偏。直到如今，字都认得，意思不懂。于是大家呼吁，请说人话。

正好应了那句话，雪崩时，没有一片雪花是无辜的。

一定有人会说，那是你们前浪out了，我们觉得挺好啊。

那些口口声声"一代不如一代"的人应该看看我们，满怀羡慕啊。

我倒觉得，没什么好羡慕。

因为你我处境一样。正所谓狠人自有狠人磨。

那些头部前浪"00后"的选择更绝，直接用拼音字母。

来猜几个如何？

cvy、 xswl、 gnps、 oxlxs、 djll、 bhs、 nmsl……

还有用阿拉伯数目字的： 290、 271……

你看完是不是有点眼睛地牌式？有点 ssfd？还不快点给我一个 mz！

眼眼调

网上一群喜欢研究上海话的朋友在议论：通常上海人讲的用来形容"碰巧"的意思的，究竟是"眼眼调"还是"眼眼叫"？

据老叟考察，"眼眼调"似更讲得通。当然也有说"眼眼叫""眼眼教"或者"眼眼掉"的。

据信，"眼眼调"这句老上海话至少有一百年历史了。

先来说"眼眼"。

老上海人称洞叫"洞洞眼"，是洞必有眼，连煤气灶也分单眼灶、两眼灶和五眼灶。

但比"洞洞眼"小的却不称"小洞洞眼"，而直接叫"眼子"。

以前木匠用扯钻打个榫洞，就叫"打只眼子"。

裁缝为纽扣洞锁边，叫"锁眼子"。

一种牌戏叫"搏眼子"，亦指牌张之大小往往在毫厘之间。

比"眼子"更小的呢，也不叫"小眼子"，而叫"眼眼子"。

"一眼眼"，也是极少极小的意思。再小，上海话叫"真真一眼眼"。

可惜今已鲜有人如是说。

再来说"调"。

调，音刁。意为瞄着打。

比如小辰光打弹子。"咗远我也调得着侬。"

再如打乒乓。

观战者常常在一旁急叫："调伊左手！""调伊右手！""调伊左右角！"

撬掐点还要"调伊矮子球"（即放网前短球）咪。

因此，"眼眼"与"调"摆在一道，其实有点倒装的味道。

照意思讲，应该是"调眼眼"，但传下来的，却是"眼眼调"。

也是老底子的人对天地有敬畏之心，总觉得，在老老远的地方瞄着老老小的"眼眼子"打，还能打进（如高尔夫），多数非人力而是天意了，所以叫做"'眼眼调'碰了'眼眼调'浪向"。

这也是"眼眼调"不但用来表示碰巧，也常用来表示有缘分的缘故。

汪仲贤老先生在他的《上海俗语图说》一书中曾回忆他从无线电里听到的说书先生是哪能来解释"眼眼调"——也就是"缘分"的：

说书先生讲，"结发夫妻须五百年缘分；姘头搭角要两百五十年缘分；咸肉庄一炮要两百年缘分；相好打个 kiss 要一百五十年缘分；雇人陪酒要一百年缘分；路遇美人丢个媚眼畀侬也要五十年缘分。否则侬没哠巧，眼眼调伊做媚眼个辰光，侬齐巧走过伊眼前，而且眼眼调伊个媚眼会丢了侬眼睛里厢，侪靠前世缘分啊。"

聊供一粲。

洋泾浜

上海洋泾浜英语，向来令人喷饭。

先说三个比较老的例子，大概发生在八九十年前。

有一个管家陪主人逛城隍庙，主人指着炮仗，问这是何物。

管家不知炮仗的英文名，便拆开来说：

"Outside paper, gun power, make fire."接着又加了"嘭嘭嘭砰砰砰"六个字，主人竟然也明白了。

有一个厨师报告主人，厨房里老鼠太多，而猫抓老鼠的过程中，打碎了好多杯碟。他是这样说的：

"吱吱 too much，咪咪 run run，扑落打碎 cup。"

最要命的是一位第一次来见工的男厨子，他想把自己对工钱和食宿的要求告诉女主人。

他的要求是，月薪 20 元，吃东家的，住东家的。他是这么说的：

"Twenty dollar one month， eat you， sleep you."

女主人的面孔也红了起来。

用品方面的洋泾浜更多。

锁么就叫"司必灵"（spring）；

电线插座叫"扑落"或"插扑"（plug）；

无线电的开关里面有个电位器，叫"司答脱"（start）。

还有，揩脚踏车用的棉纱叫"回丝"（waste），一开始还以为是回收利用的丝呢。

装潢方面也有一些。

比如，家具都要涂"泡力水"（polish）再上"腊克"（lacquer），其实就是香蕉水和清漆；

阳伞柄么要上"克罗米"（chromium）的；

马桶间么当然要铺"马赛克"（mosaic），怎么也料想不到，几十年后，竟铺到人的身上和脸上去了；

大门外的踏步么要铺"水门汀"（cement）。

吃的方面最多。

众所周知的就忽略不计。

还记得小时候家里总归要买"牛轧糖"（nugget）和"求是糖"（juice），后者其实就是水果糖。

穿的方面，我一直知道很多面料的名称都是译音。

比如"派力司"（palace），是一种制夏装用的薄花呢。

"雪纺"（chiffon）就是一种绸而已。

至于"开司米"（cashmere），知道的人多些，就是羊绒。

但是，万没想到的是，竟然还有很多是我不知道出处的。

我一直以为它们是纯粹的"老上海话"。

而且一联想起来，还特别搞笑呢。

比如，开发票要写个"台头"吧，竟是 title!

"肮三"，愿意很差劲，竟是 on sale，要大贱卖的货色啊?

听话听音，叫做"接翎子"，竟是 leads，人家让你怎么理解就怎么理解的意思?

轧朋友的轧，是 get!

还有更发噱的呢。

"发嗲"的"嗲"，竟从 dear 过来，装亲爱的?

聊大天叫"嘎讪无"，竟是 gossip!

最绝的是"发格",就是发脾气的意思。

你猜从哪里来?

Fuck!

我要"发格"了!原来是急得要骂娘啊。

上海洋泾浜的翻译,往往叠床架屋。

beer 本是酒,偏作啤酒;

cigar 本是烟,偏作雪茄烟;

sardine 本是鱼,偏作沙丁鱼;

omelet 本是蛋,偏作杏力蛋;

jacket 本是衫,偏作茄克衫;

chiffon 本是绸,偏作雪纺绸。

还有司必灵锁(spring)、高尔夫球(golf)、华尔兹舞
(waltz)等等。

洋泾浜的宁波小调

从小就听说有一个洋泾浜的宁波小调,在上海滩传播
很广。

似乎谁都能哼得出几句,却谁都哼不全。

我外婆只会四句:

　　来叫"康姆"去叫"谷"，

　　对是"也司"错是"糯"，

　　江洋轮船"司汀巴"，

　　买办先生"讲白驮"。

　　外婆还特会解释了一下最后一句："搿洋行里厢唝买办先生啦，生活好姗（音坟）做啦，讲讲白白驮驮（驮，即拿，指白白拿工钿）啦，交关写意。"

　　当年的概念，只有工人农民的实实在在的体力劳动付出，才算真正意义上的"做生活"，其他人都是不劳而获、耍嘴皮子的"滑头"。

　　家父好像记得多些，有十几句。

　　他的版本是：

　　来叫"康姆"去叫"谷"，

　　对是"也司"错是"糯"，

　　江洋轮船"司汀巴"，

　　买办先生"讲白驮"。

　　廿四唝钟头"吞的福"，

　　一块洋钿"混淘箩"，

　　"翘梯翘梯"请吃茶，

　　"雪堂雪堂"请侬坐。

　　打屁股叫"班蒲曲"，

　　混账东西"蛋风炉"。

爹是"发荼"娘"卖荼",

丈人阿伯"发音落"。

因为好玩，我很快就学会了，并到处去讲给别人听。

直到 1990 年代，我还在一些小型聚会上把它当段子说。

不过，我还是无法得见《宁波洋泾浜小调》的全璧。

记得是 2000 年吧，上海书店出版社出了一套《民国史料笔记丛刊》，我当即全套买进。其中有汪仲贤老先生的《上海俗语图说》。

那《宁波洋泾浜小调》赫然刊于书中第一篇文章《拿摩温》的最后。

总共是 22 句。如下：

来是"康姆"去是"谷"，

廿四个钟头"吞的福"，

是叫"也司"勿叫"诺"，

如此如此"沙咸鱼沙"，

真斩实货"佛立谷"，

靴叫"蒲脱"鞋叫"靴"，

洋行买办"江摆渡"，

小火轮叫"司汀巴"，

"翘梯翘梯"请吃茶，

"雪堂雪堂"请侬坐，

烘山芋叫"扑铁秃"，

东洋车子"力克靴",

打屁股叫"班蒲曲",

混账王八"蛋凤炉",

"那摩温"先生是阿大,

跑街先生"杀老夫",

"麦克麦克"钞票多,

"毕的生司"当票多,

红头阿三"开波度",

自家兄弟"勃拉茶",

爹要"发茶"娘"卖茶",

丈人阿伯"发音落"……

作者态度很诚恳。他是用省略号做结尾的,说明自己未必收齐。

比如家父说的那句"一块洋钿'混淘箩'"就未见踪影。

去年9月,此书被谁"主编"了一下,重新出版,那《宁波洋泾浜小调》结尾的省略号便变成了句号。

这还只是一个小问题。

大问题是,这些"洋泾浜"词所对应的英文都是些什么呢?一百年前的有些英文单词,现在早就不用了。恐怕水平再高的英语学者也很难说全吧?再说,当年宁波话的记音字,今天的老宁波也已很难详出。

那就求助于伟大的互联网吧。

热心翻译者倒是不少，至少有几十种版本。

不过，几乎所有的翻译者都耍了一些小滑头，凡是翻不出来的，不是留白，而是删掉。于是，有的 20 句，有的 18 句，有的 16 句。

我是只有来做"拼图游戏"的。

拼图也不易。比如那个"跑街先生'杀老夫'"，真是害煞老夫也。

好不容易总算凑齐 22 句，岂敢独吞，赶紧拿出来分享。

来是"康姆"（come）去是"谷"（go），

廿四个钟头"吞的福"（twenty-four），

是叫"也司"（yes）勿叫"诺"（no），

如此如此"沙咸鱼沙"（so and so），

真崭实货"佛立谷"（very good），

靴叫"蒲脱"（boot）鞋叫"靴"（shoe），

洋行买办"江摆渡"（comprador），

小火轮叫"司汀巴"（steam-boat），

"翘梯翘梯"（chow tea）请吃茶，

"雪堂雪堂"（sit down）请侬坐，

烘山芋叫"扑铁秃"（potato），

东洋车子"力克靴"（rickshaw），

打屁股叫"班蒲曲"（bamboo chop），

混账王八"蛋风炉"（damn fool），

"那摩温"（number one）先生是阿大，

跑街先生"杀老夫"(shroff),

"麦克麦克"(much)钞票多,

"毕的生司"(petty cents)当票多,

红头阿三"开波度"(keep door),

自家兄弟"勃拉茶"(brother),

爹要"发茶"(father)娘"卖茶"(mother),

丈人阿伯"发音落"(father-in-law)……

其实,这还只是一种文字游戏。本不必认真的。

同样是游戏,当年的汪仲贤老先生的态度和现在的主编以及翻译志愿者的态度还是有所不同,发人深思。

洋盘

老上海人都知道,"洋盘"就是"瘟生""阿木林"的意思。

"畀人'洋盘'捉进",就是"'阿木林'关进",也就是"当侬'瘟生'"。

后来上海俚语"冲头"也有这个意思。

但"冲头"有主动的意味,所谓"冲头冲头,冲勒前头",言下之意,你不凡事冲在前头,未必会被"斩冲头"。

而"洋盘""阿木林"与"瘟生",不管冲没冲在前头,是一律会被"捉进""关进"或"斩进"的。

要说清"洋盘"的原意，先要弄清爽"盘"的意思。

现在很好解释了，因为股民太多，大家都知道什么叫"开盘"，什么叫"收盘"。

记得在改革开放之初，也就是1970年代末和1980年代初，我也给人讲解过"洋盘"的意思。那简直太费劲了，很多人以为"开盘"是为新娘子绞掉面孔上的汗毛，"收盘"是餐厅服务员的活儿呢。

不过知道了股市"开盘"和"收盘"的意思还是远远不够的。

一百年前的上海，不光各种交易所（那时就已有股市）开门打烊叫做"开盘"和"收盘"，一般商店开门打烊也叫"开盘"和"收盘"。

为什么？

汪仲贤（《上海俗语图说》作者）老先生认为："旧式商店每晨开了排门以后的第一件大事，就是举起算盘来，呖呖呖的摇上几摇，这就表示'开盘'了；每晚结账完毕，也要摇摇算盘，就是表示收盘。"

信不信由你。

其实"盘点"这个词现在也还一直有人在用，月末盘点，年终盘点。也有叫"盘账""盘货"的，其实都是一个意思。无非是要店里的账物一致，货色要一样一样点过来，账面要一笔一笔对过来，当年对账，无疑要用到算盘。

现在还可以听到上海人家里这么说话："笨头势啊，吤小

630

两笔账也盘弗清爽。"

慢慢地就有了引申义和假借义。

比如，商店大减价，当年也叫"大放盘"。"盘"字有了价格的意思。

再后来，"盘"字还有了"总价"的意思。决定进货或出货的总金额，叫做"定盘子"。

这话现在还在用呢。

小到一间公司，问今年年会准备在哪里开？回答多半是："那要先看领导定多大的盘子了。"

不过，老底子的商店里是没有明码标价的，卖物事全靠营业员眼头活络，看人落样。

顾客进门，先攀谈几句，一听不是本地口音，价钱就会稍稍抬高。

现在虽然明码标价，情形也还是一样，斩生客几乎就是商业的潜规则。男人去买小菜，菜贩子也会得抬价。

当年，生客就被行内称为"客盘"。

顾名思义，生客叫"客盘"，洋人就叫"洋盘"。隔洋过海而来，更不知道当地行情。

捉"洋盘"从来不偷偷摸摸，而是"明当明"的。一百年前，上海戏院的戏单上都公开标明"洋人加倍"。

现在依然如此。

1980年代，我当翻译，陪外宾到城隍庙湖心亭吃茶。会钞时，服务员就"明当明"告诉我，外国人吃茶要收"兑换券"，而且价钿跟别人不一样的噢，侬懂唔。

价钿虽非"翻只跟斗"，庶几近焉。

到傍晚，店家结账，隔壁阿二走过来搭讪，问："老板，今朝生意哪能啦？"

"今朝灵光，"忍不住地笑，"今朝畀我捉着好几只'洋盘'唻！"

侪是加倍生意，哪能勿发。

反之，本地人被斩进，也叫"'洋盘'畀人捉进"。

小辰光帮家里去排队买年货，家母总要关照一句："价钿问问清爽，当心畀人家'洋盘'捉进。"

到后来，"洋盘"成了一切外行、什么也不懂的代名词，根本不分土人洋人本地人外地人，只要谁"花了瘟生钱，还做阿木林"，谁就是举世公认的"洋盘"。

现在出国方便，吾国人终于也可以扬眉吐气地大做一把"洋盘"了。

先引进，再消化，最后输出，很创新嘛。

"洋"字的老上海话

还记得五十多年前，人们刚刚走出"三年不自然的灾害"，平常日子刚刚有点好过，就来了一场运动，叫做"移风易俗，兴无灭资"。

其中最震撼人心的"移风易俗"，就是不许睏棺材了，埋回老家去也不行，一律实行火葬。上了年纪的人私下说起来，简直是一片哀鸿。

"铁板新村"等词，就是那时发明并流传开来的。

还有一条，事关"兴无灭资"的，就是不许再提"洋"字。既往不咎，谁再提谁就是"崇洋媚外"，想做"帝国主义的走狗"。

因为所有带"洋"字的词语，都是租界时代留下来的。

不过，上海言话里，带"洋"字的词语太多了，一时还真没法完全改口。别说我们的祖辈父辈了，就是我们，当年十岁出头的孩子，也喊惯了。因此，大家尽管小心翼翼（事关政治正确），还是会不时地漏出来。

五十多年过去，今天倒是可以平心静气地来盘点一番上海言话里带"洋"字的词语了。

食品里就有不少。

土豆马铃薯，上海人叫"洋山芋"。长长的白萝卜不叫白萝卜，叫"洋花萝卜"。当然还有洋葱、洋姜（学名菊芋）。

至于家里用得到的家什，那就更多。

"钢镔镬子"，最早就叫"洋铁镬子"，连宁波乡下也这么叫。如："阿拉屋里孵只洋铁镬子还是上回俫阿爸到上海淮海路去买来啯啦。"

搪瓷面盆搪瓷碗，叫"洋盆"和"洋铁饭碗"。老早到工厂里上班，都有发；不过离厂了，还得交还（我就交还过）。阿拉小年轻去食堂吃饭，欢喜一路敲着饭盆前进，老工人就会讲："洋铁饭碗莫敲啦，像讨饭家子一样，再敲要烂洞眼啯啦。"

有"洋铁饭碗"，就还有"洋铁调羹"。后来分别叫"钢镣调羹"或"不锈钢调羹"了。

上世纪六七十年代，大上海停电是家常便饭。

没有了电，首先想到点"洋蜡烛"。点"洋蜡烛"还要用"洋火"，即"自来火""火柴"。常听大人如是说："今朝孵电灯咋勿会亮啦，快点支洋蜡烛哪。洋火来该架橱抽屉里。"

"洋火"皮（划）一根，不光可以"点洋蜡烛"，还可以点煤油灯，老底子叫"洋油灯"。而且，由于上海滩上的煤油最早由美孚石油公司供应，所以又叫做"美孚灯"。外婆常常会说："美孚灯（洋油灯）点一盏起来呐，暗洞洞啯，看也看弗见。"

有时不巧，家里的煤油用光了。煤油又叫"洋油"。那怎么办？"快点到弄堂口小店里去拷眼来。"

"洋油"也是液体，与酱油黄酒米醋一样，讲"拷"的。

"洋油"拷来，不光用于"洋油灯"，还可以用于"洋风炉"，即"煤油炉子"。宁波人花头透，又把"洋风炉"叫做

"五更鸡"。如："夜班回来，洋风炉里放（煮）眼饭汤（泡饭），吃了交关乐胃。"赛过五更天吃着一只鸡。

天井角落头还有"洋铁铅桶"，门背后还有"洋铁畚箕"。

房间里还有"洋机"，即缝纫机，又称"铁车"。踏"洋机"没有"洋线团"还不行。当年"洋线团"还要凭票供应，那票叫做"民用线券"。

落雨出门别忘记带"洋伞"。

过"六一"儿童节了，别忘了为孩子买"洋泡泡"（气球）、"洋喇叭"和"洋囡囡"（洋娃娃，又叫布娃娃）。

隔壁小孩长得高鼻头大眼睛，邻居都会夸说"嗰小囡长得好看唻，像只洋囡囡嗻"。

那个年代，流行"自力更生"。能够自己做的事情，绝不求人。

平整院子或天井，当然也是自己动手，最多问隔壁厂里老师傅借把"洋镐"（十字镐）来撬撬石头，铲泥沙的铁锹也叫"洋撬"。

江南雨多，木门容易烂，下半扇包块"洋铁皮"；从院子门到房门，虽然短短一段路，落雨天黏滞疙瘩交关滑，趁天好铺成"洋灰"（水泥）路；

有辰光想在水龙头旁边再搭一块水泥板，那就要先拗一只钢筋架子，钢筋老早叫"洋圆"。如："嗰洋灰里头有洋圆撑的，格勒（所以）介牢，人也好立上去。"

ㄚ

房顶上，那种七八寸见方的瓦爿叫"本瓦"，黑灰色的，很轻。而那种 40 公分长、20 公分宽，有棱条的黄色瓦爿（也有灰色的）则叫"洋瓦"，很沉。

房间里的地板若用的进口松木，就叫"洋松地板"。家什漆的合成漆，而非传统中国漆，叫涂了"洋漆"。不过老年人觉得："洋漆做来勿牢靠，还是本漆好。"本漆就是中国漆。

当然还有"洋钉"。老早木匠都是鲁班的弟子，不管造房子（又叫"大木"），还是做家什（又叫"小木"），连接一律用榫头，不许用"洋钉"。木匠生活蹩脚，众人就会在背后讲，"伊啊，洋钉木匠啦"。

出得家门，走到街上，还是可以看到很多带"洋"字的物事。

所有非中国式传统建筑，都叫"洋房"。石库门其实也是中西合璧，但却从未被称为"洋房"，此乃一大冤案。

路边的消防水龙头，则叫做"洋龙"。

外资企业叫"洋行"。吃"洋行"饭，要会得"洋文"。读"洋文"顶好要进"洋学堂"。否则讲出来的就是"洋泾浜"，那就"出洋相"了。老早上海那么多教会学堂，都是"洋学堂"。

本来这些"洋学堂"，百年之后都应该是保护建筑，可惜现在照拆不误，包括市三女中，以前的"圣玛利亚女校"。

老底子在洋行干活很风光。一家门本来都可以跟着"发洋财""做洋梦"的。哪晓得老头子吃洋行饭，养出来儿子去吃

636

鸦片了，落魄了，将来孙子要去拉"洋车"了。"洋车"即"黄包车"。再这样下去，要到弄堂里去"哇啦哇啦"收"洋瓶碎玻璃"（即收废品）了。

真真是"富不过三代"。

有了点钱，家里再也不肯吃其实是泰国来的"洋籼米"。桀苹果也要用"小洋刀"。还要常常出去坐坐咖啡馆西餐厅，哪怕"洋人""洋骚臭"，也要"开开洋荤"。出门穿一套蹩脚西装，还要"卖洋三千"。实际上是"洋装瘪三"。洋文菜单看不懂，点菜还要"洋里洋腔"，最后被人家"洋盘"捉进。

布店一般都叫"洋布店"，因为机织布叫"洋布"，区别于家庭自制的土布。工业革命发生在人家那里，没办法。

"洋布店"里的营业员叫"洋布店倌"。当年也是蛮吃香的行当。尤其是卖呢绒的"洋布店倌"，只认衣衫不认人。据说永安公司老板曾经教导他手下的"洋布店倌"："客人是不好赶了跑的，不过太低档的可以劝其跑开，否则其他客人不敢来。"

所以，那些"洋布店倌"也是有"工作台本"的。看到衣衫不整、东张西望的顾客，一看就是买不起呢绒的。便一律回头伊拉："买卡其布，勒浪对过。"永安对过是先施，也算是顺便损了一把竞争对手。

买"洋布"当然要用"洋钿"了。

岂但"洋布"，君不闻，"栀子花，白兰花，五分洋钿买一朵"。

看"西洋景",又称"拉洋片",最早的幻灯片吧,没有洋钿照样看不成。

说起来,这"移风易俗"加上后来的"十年"也真厉害,那些带"洋"字的上海言话绝大部分被整没了。

整没了也没用,戴在上海人头上的那顶"崇洋媚外"的帽子依然无法脱去。

要死快了

很多年来,"要死快了"一直是上海人的口头禅之一。

"乃末要死"是它的另一个版本,"要死"则是它的简缩版。

随便举几个例子。

"哦哟,肉里厢酱油摆忒多了,要死快了。"

"乃末要死,我皮夹子不见忒了。"

"要死,辰光吤快啊,一歇歇六点钟了嗨。"

因为大家都讲,所以一点也没觉得是"触霉头"。

据说"要死快了"是从宁波话里传过来的。

宁波人讲起"要死快了"是更狠,也更毫无忌惮的。

我奶奶晚年弱视,到后来只剩光感,只知昼夜。

ㄚ

乡下人不管弱视的原因，一律叫做"瞎子"。我奶奶就被叫做"瞎眼老太婆"。

记得她好像要隔好几年才来上海一次。
进门坐下，第一桩事体就是要一个一个地摸孙子，因为她看不见。
都好几年了，我们兄弟几个还不长高许多。

她摸我大哥根本就够不着头顶，我大哥就蹲下来给她摸。
摸完以后，她开心得不得了，脱口而出就是一句：
"哦哟，辔大号头（大孙子）咋蛮长蛮大啦，要死快的了！"
家父家母便在一旁大笑，毫无违和感。

多年后，家母说起这情节，依然能笑出眼泪来。
她告诉我，在宁波乡下，老人都这么说："辔小顽蛮长蛮大，要死快的了！"若按鲁迅的解释，也算是真理了。

这也是因为，不管是孩子真的长大了，红烧肉真的烧咸了，皮夹子真的没了，还是天真的黑了，都还不会真的"要死快了"。
真的要死快了，倒要忌讳起来，用别的词代替。

最著名最生动的替代词，是一句在上海人中间也极其流行的苏北俗谚："乖乖弄滴咚"。

上海人跟着学跟着讲的时候，多半已经不用它的原意，而是用它的引申义了。

而"乖乖弄滴咚"的引申义，就是"要死快了"。

有一年夏天，我住在南市外婆家。

某日早上，有邻居来告诉外婆，说弄堂口的小皮匠死了。

还说，他清晨起来如厕，只说了一句"乖乖弄滴咚"，就倒下了，再也没起来。现在我们知道，多半是心梗。

我问外婆，他何以临终要说"乖乖弄滴咚"呢。

外婆说，苏北人都这样。

多年以后，我才知道，滴是喇叭声，咚是鼓声，"弄滴咚"特指乡间办白喜事的吹吹打打声。

"乖乖"在这里是语气词。苏北人常说"我的乖乖"，相当于"哎哟喂"。也作"我的妈妈"。

所以，"乖乖弄滴咚"有时又作"乖乖没得命"，穿帮了，还真的是快要死了的意思。

说到"乖乖弄滴咚"，又让我想起另一句沪上俚语，那就是"呜哩吗哩"。

"呜哩吗哩"的首义为含混不清。

例：伊一家头"呜哩吗哩"不晓得勒讲点啥。

何以首义为含混不清？

一说"呜哩"是芦笙声，"吗哩"是唢呐声。

和"滴咚"一样，"呜哩吗哩"也来自民间艺人在乡间办白喜事的吹吹打打声。

因民间艺人大多不专业，吹得含混，吹得马虎，为了要主人多加钱还经常缠绕不清。

"呜哩吗哩"一群中也有高手奇人，赵本山即一例。

"呜哩吗哩"后亦作马马虎虎。例："呜哩吗哩"么算了。

还作稀里糊涂。例：中国队最后"呜哩吗哩"进了只球伊讲！

又作缠绕不清。例：辫小姑娘一日到夜"呜哩吗哩"，像牛皮糖一样缠头势啊，钞票又畀伊花得去了。

简言之，"呜哩吗哩"的词义本身也蛮"呜哩吗哩"的。

爷叔

我终于也到了被人家到处叫"爷叔"的年纪了。

平常生活中有，我的微信公众号的留言里也有。已经很习惯了。

不过，不知为何，有时我总觉得有点怪。

倒不是怕被叫老了。

实际上，叫我"爷叔"，我应该骨头轻，夜里眍弗着，半夜里就请人家吃阳春面。毕竟已是"老浜瓜"一只了。

而且，我也晓得，现在的很多生活场景里，弄堂交际中，确实是这么叫的。

最明显的就是商贩。你去买小菜或其他物事，他们开口就是"爷叔，阿姨，要点啥啦"。

我以前写过，其实，上海人对陌生人的"叫口"，至少要叫大一辈。所以，叫我"爷叔"的商贩，年龄至少要有貌五十岁。本该喊我"阿哥"，叫大一辈，"爷叔"。

再年轻点的，应该叫我"老伯伯"。

需要说明的是，上海"叫口"里的"老伯伯"，已经不局限于"父亲的阿哥"的意思了，还可以泛指爷爷辈乃至更年长者。亦即最高称呼。再老也是"老伯伯"。至少我没听说过，上海人对着陌生的老人喊"阿爷""大大"的。

另外，上海人的"叫口"是分层次的：陌生人、面熟陌生的点头朋友邻舍隔壁、至亲好友，都不一样。而且，原则上是远亲近疏。越是不认得的，越是叫得客气，越是认得，越是随便。

所以，在小菜场、在超市，大家不大认得，才可以"阿姨""爷叔"这样直别地叫。有点像现在普遍流行的北方乡村习俗，"哥啊姐啊"。商贩们确实是想"套近乎"，上海人叫"凑热络"。他们要赚钞票嘛。正所谓"天下熙熙，皆为利来；天下攘攘，皆为利往"。

至于弄堂里低头不见抬头见的面熟陌生的邻舍隔壁，上海人是要叫得稍微有点距离感的。比方讲，我老早写过的"张家姆妈"，这是最具海派特色、最有分寸感的上海人的"叫口"。

其实，叫"爷叔""阿姨"也应该有前缀。如"王家爷叔""李家阿姨"。

除了姓氏，还可以是方位和籍贯。比如，"3号里外婆""楼上爷叔""亭子间嫂嫂""后弄堂娘舅""苏州好婆""宁波阿娘"等等。

这一些，都是为了加上一层朦胧的距离感。

真正到了至亲层面，其实也不直呼"爷叔"，而是要分"大爷叔""二爷叔""小爷叔"的。否则要畀爷娘"吃生活"的。

只有一种例外，那就是两家人家有"通家之好"，或者是世交。那才以他家同辈人的"叫口"为"叫口"。

当年我有几个好朋友，我去他们家玩，进门直接叫"阿爸姆妈"，从来不加前缀。他们也直呼我小名。朋友本人不巧出去了，我照样可以跟他爷娘一边聊天一边等他。到饭点了，直接留下来吃饭。

不过，这样的世交挚友总是不多的，最多三五家。大多数情况下，在上海滩上叫人，还是有点距离感的好。

距离感就是安全感。不会动不动吵相骂。大家留面子嘛。

因为，如果没有前缀，只有"爷叔"二字，有时也可用作嘲讽。

　　应该听到过这样一句老上海话吧，叫做："哦哟，我要喊侬爷叔咪。"

　　该做的生活做弗清爽，该办成的事体办弗成功，那是一定要被别人尊一声，"哦哟，我要喊侬爷叔咪"。

　　而且，讲这句话的人，一般年纪还要比你大呢。比你小就没分量了。

　　这种说法，很可能受了阿拉宁波人的影响。

　　宁波人还要辣手。我们小时候把玩具摊了一地，吃饭了也不收起来，只管先去吃饭。外婆就会一边帮我们收作，一边讲："唉，我要呕侬阿爸咪。"

　　还有一句，"阿爹勒娘咪"。

　　其实北方话里也有，"你真是亲爹呀"。小品里很多。

　　自家人之间这么说说，姜太公在此，百无禁忌。大家都知道只是戏说而已。

　　假使不是自家人，那你就要想一想了：外婆的阿爸，阿爹的娘，比侬年纪还要大的人的爷叔，你得有多老。那些话的意思，简直跟"要死快了""比死人多口气"差不多了。

　　其中寓意，大家自己去详，我就不讲穿了。

　　还有一种情况，就是后头要跟难听言话出来了，先来一句直别别的"叫口"。

　　比方讲，马路上，"爷叔，看看清爽，现在是红灯"。

棋牌室里，"兄弟啊，多拟啥拟头啦，侬张牌好打下来唻"。

弄堂里，"阿姨啊，晾衣裳么，先绞绞干呀，滴得来一天世界"。

单位里也有。"阿哥啊，两只电话还没打好啊。"

这些"叫口"，相当于"我摊明仔讲""我弗客气了哦""我言话讲弗来嗰噢""我瞎讲了噢""阿拉大老粗噢"之类。早已没有了一丝温情。

假使碰着对过也是卖门脚色，定头货，打相打也打得起来。

也正因为如此，先拿你当亲眷那样叫一声。

你看，直呼"爷叔"之类，要么太"油腻"，就像现在很多社交场合，认也不认得，就什么"坚哥""宽姐"，完全乡村化了，隔夜饭也呕得出。要么太"辣手"，隔手就界侬"吃辣伙酱"。到阎罗王那里去报到也并非没有可能。

那怎么办？

放心。上海话是最不缺层次的。毕竟上海的现代城市文明已经发展了一百七十多年。

"爷叔"不好乱叫，可以正式点，叫"叔叔"。

"叔叔"也是上海话。沪剧《庵堂相会》里，一句"问叔叔"，糯是糯得来。从女人嘴巴里讲出来，喊出来，唱出来，既热络，又没啥骨头轻，邪气得体。

在上海西区，我们小时候听到的，更多的是"阿叔"。一字之改，软了不少，也好像有了缓冲带。"爷叔"么，倷爷和倷爷叔的爷是一个人，走得太近了。"阿叔"么，辈分分明，老祖宗却不是同一个人。

想要再增加一点点距离感，还可以叫，"迭（这）位阿叔"。这么一叫，连辈分也淡化了，只剩下年龄的差别。

尤其现代化的小姑娘叫起来，还可以为自家留足余地。万一你欢喜，隔手就可以拿"迭位阿叔""壁咚"，甚至"扑倒"。

哦哟，无轨电车开得太远了。"阿爹勒娘"，乃末你们真的要喊我"爷叔"了。

野鸡

问及上海话里的"野鸡"是啥意思，恐怕都会答之以"妓女"。

这也难怪，"家鸡没有野鸡香"这样的话至今还在流传。

事实上，"野鸡"只是"站妓"的代名词，"野鸡"一词本身也还有别的词义。

老底子上海滩的妓女，分情形有多种名称：校书、长三、幺二、小先生、咸水妹、台基、淌排、韩庄、咸肉和花烟间等等，不一而足。

档次不同，主顾也不同。

而"野鸡"特指海上三等娼妓，没有固定堂子，四处觅食，行止靡定。

从傍晚到深夜更是徜徉路边，伺机拉客。其行为与在山间野地之天然野鸡很像，故名之。

八九十年前，上海"站妓"最猖獗的地方是，英美租界的劳合路（今六合路）、贵州路、浙江路、大马路（今南京路）先施公司后面（今天津路）、三马路中法药房门口（今汉口路西藏路），以及法租界的东新桥（今浙江南路）、东自来火行街、西自来火行街、八里桥街（今云南南路、广西南路和永寿街）和八仙桥、诸家桥（今桃源路、普安路、柳林路）一带。

一到夜里，"野鸡"们只要看到男子独行，不论老少美丑，一律上来拉扯。

如遇不愿被拉者，她们立刻会召集四五个人蜂拥而上，据说再力大如牛也无法摆脱。

若意志坚决，打死也不愿销魂，起码也要拿出小洋二毛钱，才能脱身。

"野鸡"们称此举为"接财神"。

有辰光"财神"实在难接，"野鸡"们日里向也会拉人。

除了"固定哨"，"野鸡"还有"流动哨"，叫做"包车野鸡"。

"包车野鸡"一般穿着入时，事先包下一辆黄包车，在南京路一带靠路边缓缓而行。

车夫自然也就临时兼业"拉皮条"，贼忒兮兮地用苏白招呼路人："阿要到倷屋里去坐坐？"

一旦有人点头，立马请上车直接拉到"野鸡巢"里去。

据记载，当年"包车野鸡"的"野鸡巢"大本营就在白克路（今凤阳路）一带。

上海人把这类妓女叫做"野鸡"，除了因为她们居无定所、四处觅食而外，也有点嫌她们不如"长三""幺二"那么正宗的意思。

也正因为如此，"野鸡"有了别的引申义。

比如，有一种包车叫"野鸡包车"。

"野鸡包车"并非专门做"包车野鸡"生意的。

其实就是现在的所谓"黑车"。

它既不是私家黄包车，也不是捐了大小照会可以明当明做生意的黄包车，而是自己置车自己兜生意，不交税么价格总归便宜一点。

老早买物事买着蹩脚货或假货了，邻舍隔壁就会得讲：

"迭种物事么到大公司去买呀，到野鸡地方么只会买着迭种野鸡货色。"

从这种意义上看来，"野鸡"相当于现在的"山寨"。

事实上，民间多有"野鸡木匠""野鸡裁缝"等说法。

工余时间做私生活捞外快，也叫"打野鸡"。

上海人到国外去留学，也始于一百多年前。

有的是想学真本事，也有的只想镀金。

相当数量的人，像钱钟书笔下《围城》里的方鸿渐一样，混了一张洋文凭就回来了。

邻舍隔壁也会背后议论：

"二楼西厢房的三少爷没啥花露水嗰，啥嗰留学生，出去读了只野鸡大学呀。"

关于"野鸡"一词的用法，我儿时印象最深的是白相打弹子（玻璃弹子）辰光。

有种人功架么邪气好，瞄了半日天，打出来的弹子不晓得歪到哪里去了。

以后大家就叫伊"野鸡眼火"。

小姑娘穿针线穿不过去，也叫"野鸡眼火"。

转眼百年。

山里的真的野鸡倒快要绝种了，而城市里的各种"野鸡"却丝毫没有要绝种的意思。

一瞀不瞀，先浸笋干

不知不觉，已经是腊月廿一了。

老法讲，过了腊月二十，就叫"年夜卅边"了。就像过了三十，就叫"奔四"一样。

摆在老早，屋里已经很忙了。买年货备年货啊，要磨要浸要切要弄。

如此千头万绪，到底先做啥呢？喏，一句苏州老话点醒梦中人："一乱弗乱，先浸笋干。"

因为笋干有得浸了，最好浸三个礼拜，第二个礼拜调水，第三个礼拜切得动了，切好了再浸。这样的水笋，用来烧肉才好吃。

好的笋干，一斤可以浸七斤。也就是，一斤笋干可以浸成七斤水笋。关键是要让笋干吃透水呀。

也巧，去年底，我回了一趟江西。别的都没买，就买了一斤笋干回来，现在正浸着呢，只有十天，还切不动。

万事不管先浸笋，道理一点不错。只是，这句苏州话"一乱弗乱，先浸笋干"里的"乱"，我是一直有点怀疑的。

备年货，灶头间确实有点乱。不过也用不着直别别讲出来的呀。

我总觉得，这个"乱"字哪里不对，似乎"孿"字更讲得通。

苏州人老早讲"孿睬他"，叫做"孿孿伊"。

上海人后来也都是这样讲的。

被人无视，现在叫"侬当我透明人啊"，老早叫"伊孿也不孿我"。

因此，首先在字义上，大家都误以为"孿"就是理睬的意思。

更有甚者，"矕"，音乱。

很多人都误听为是另外一个字，是龌龊言话，吓得女子根本不敢跟着说。

传到后来，就更加"豁边"了。许多人在表示轻蔑的时候，把"我矕也不矕伊"一度衍化成"我卵也不朝伊撒水（撒尿）"。要死快了。

其实苏州话里的这个"矕"字，下面是个"目"，是看或者瞥的意思。

"不矕"，就是眼乌珠也不转过去的样子。

我能查到的，在明清话本里的最早用法，是"眼光不矕矕"。

后来"眼光"两字不见了，只剩下这个被误听误读的"矕"字了。

所以讲，苏州话"一乱弗乱，先浸笋干"，写成"一矕弗矕，先浸笋干"更好。它的意思，也更可能是：别的年货，再多，再要弄，眼乌珠也用不着转过去，先拿出笋干来浸好伊。

顺便再讲几个与冬天、与吃有关的字。

龘

ㄚ

冬天价因冻伤而致手脚坼裂，学名似为皲裂，吴语叫
"皸"，音春。

例：两个小鬼冻得来手脚侪皸开了。

此字不是龟的繁体字。而且此字古已有之，有两千多年
历史。

《庄子·逍遥游》："宋人有善为不皸手之药者。"

清人胡文英曰：吴中以冻坼手为"皸"。

原来专指手坼裂，今通指手脚。

瘃

天冷了，手脚耳朵容易生冻疮。

上海人弗叫冻疮，叫"冻瘃"。

瘃，音作。

生冻瘃老难过嗰，又痛又痒，而且卖相还邪气难看。

记得张爱玲曾经描写过一个生了冻瘃还穿开口拖鞋的人：
"前头卖姜，后头卖鸭蛋。"

䘪

䘪，音荒，就是上海人平常讲的蟹黄、蛋黄的"黄"。

例："迭个人雄蟹只吃膏，雌蟹只吃䘪。吃蟹钳蟹腿没耐
心，肚皮肉也是嚼嚼糊，吐吐忒。外加，伊水潽蛋也要吃流䘪
个，煎荷包蛋也要流䘪个，就是要吃伊嫩呀。"

好了，闲话勿多，快点回转去"一豁弗豁，先浸笋干"吧。

有数

严格地讲，"有数"不能只算是上海话，各地都在说。最明显的例子就是，至今，网络用语中，"药店碧莲"和"没点 B 数"依然大行其道。

而且，字典里认为，"心中有数"是成语。它的出处来自遥远的《庄子·天道》："不徐不疾，得之于手而应于心，口不能言，有数存焉于其间。"

而我的印象里，有一段时间，尤其在上世纪的七八十年代，"有数"是我们上海人的常用语，每天都会讲好几遍。而且"有数"还有很多引申义。

最多的用于人与人之间的交代事情。家长对孩子，师傅对徒弟，上司对下属，总是先把要求讲一遍，然后说："乃侬有数了否啊？"应者则说："侬放心好了，我有数了。"

或者直接这么关照："侬自家有数哦。""有数有数。"

"有数"，还有别的两种表述方法。

一种是，"有数目"或者"有数有目"。不过这个"目"从来是读"麦"音的。啥道理？我也查不出。大概是语音的异化吧。语音能异化，也说明这句话历史不短。

还有一种叫"有数账"。账上确实都是数字。有人说，会不会是"有数张"？我想大概不会。阿拉宁波人有一句"呒数没账"。账，宁波人读"将"音，记账算账对账，所以是不大会弄错的。

后来，"有数"除了明白、了解的意思，还有了别的意思。

比方讲，两个人"老有数"的，是指两个人要好。最高级的讲法，"伊拉两家头么，顶顶有数有目唻"。当年听到讲自己与别人"有数"，还有一句标配的回头话，叫做"弗谈唻"。"弗谈唻"甚至于可以直接代替"有数"，直接讲："伊拉两家头啊，弗谈唻。"

当然，也要小心，"弗谈唻"还有好得不得了或者差得不得了的意思呢。比如："嗰家伙啊，弗谈唻。"

上海话就是这么奥妙无穷，全靠领会。

"有数"还可以表示默契。

一对新朋友，没多久混得烂熟。旁人就会讲："哎，倷两家人哪能介有数啦。"

有人当众秀"基情"，也会被讲："啧啧，倷两家头算有数煞了。"

不过用得最多的，还是"明白"这个意思。同事朋友分手时谈兴仍浓，"好了，不多讲了，侬有数就可以了。""有数有数。"竟可以截断任何话题。

讲起来，上海人吆欢喜讲"有数"，也不无道理。"有数"本来就有"尽在不言中"的意思，而上海人又向来讲究"好言话只讲半句"，讲究"格山水""接翎子"，便用一句"有数"代替所有啰唆。

不知道什么原因，上海人渐渐地不讲"有数"了。到 1990 年代末，就已经听大不见了。

那时，我正在东视做一个舆论监督的节目，叫《东视广角》。一位老记者的口头禅是"侬——懂我意思否啊"，不管是向领导汇报，还是向同事交代情况，每隔两三句，就要来一句"侬——懂我意思否啊"。一时成为笑谈。

其实，很多上海人现在都这样讲。前两天，我去见一个新朋友，他的口头禅也是"侬懂否啊"。与别人交流时，也是每隔两三句就要来一句"侬懂否啊"。

实话实说，这无论如何是不够雅的。

与此同时，上海当年涌进很多台湾人，他们喜欢讲"了解"，现在好像还是。民工潮一来，更是五花八门。反正，新的统一的表述方法还未形成，上海人的"有数"先被冲得无影无踪。这也是语言融合的一种趋势，挡是挡不住的。

还有，很多英语非其母语的国家来的外国人，在用英语与我们交流时，常用"understand"来表示"有数"、明白。口语中甚至可以用"you understand?"来问别人明白不明白。这也是"侬懂否啊"呢。可见，语言的粗鄙化，各国皆然。

我记得我学英语时，老师教我们的是，"Have I made myself understood？"我一听到这句，就想起老上海弄堂里少奶奶都这么说："哦哟，讲仔半天，我也弗晓得我讲清爽了否啊。"都求之于言者而非听者，有异曲同工之妙。当年，她们是连"有数"也嫌粗，不肯说出口的。

当然，我们也学口语表述方法，"you（'ve）got it？"却只被允许用于对熟人或下属晚辈。现在好像一个"get"，就全部通吃了？

另外，在"重要事情说三遍"的年代，早就没有了"尽在不言中"的意境。那种意在言外的"有数"，自然没了生存的土壤。君不见，我们的电视剧可以拍得那么长，都是将原来的"潜台词"变成了"显台词"呗。

竟还被誉为"通俗易懂""接地气"，呜呼！

无论如何，我记得，直到1980年代末，"有数"这个词依然在上海流行。因为当年有一个流播很广的段子，就跟"有数"有关。

说的是一位为市领导开车的上海司机，有一次要倒车。因为平常相熟，习惯了，他就对后座的首长讲："我倒车，侬帮我后头看勒嗨哦。"首长一口答应："有shu。"于是，他就吃进倒档，准备倒车。想想不放心，再关照一句："侬帮我看好噢。"还是很冷静地回答："有shu。"

于是他放心地开始倒车。没想到马上就是"咣"一响，车尾撞在了行道树上。虽然是大领导，这个上海司机还是没忍住，咕了一声："我不是叫侬看好的嘛。"

首长就是首长，依然不动声色，说道："我不是跟你说了两遍了嘛，有树，有树。"

乃侬有数了否啊。

远开八只脚

我写"悬空八只脚"，有人提及"远开八只脚"。

这个不叫"'七'里缠到'八'里"，而是"'八'里缠到'八'里"了。

这两句话的意思，一个是讲，没有着落；一个是讲浑身不搭界。也真的是推扳到"远开八只脚"。

有人硬要讲，这两句话，好像都有点"八字还没一撇"的意思，所以像了。

我看还是有点"硬装斧头柄"。

人家明明都有一个"八"字，有撇有捺啊。这是玩笑话。

另外，"悬空八只脚"是歇后语的后半句，而"远开八只脚"就是主句本句。

那今朝就来谈谈"远开八只脚"。

"远开八只脚"里包含着最古早的计量单位，那就是"一只脚"。

八只脚就是八个一只脚的距离。

一只脚有多长？有人算过，按 40 码鞋子计，是 25 公分（厘米）。

所以，八只脚大约是 2 米。

问题来了。

2 米只够现在瘟病期间的安全社交距离啊。碰着肺活量好的朋友，一只喷嚏打过来，2 米恐怕也不保险的呢。怎么就可以轻言"远开"呢？

我查了，有两种讲法。

第一种讲法是，老早造房子，墙角是要埋一块碑的，上面刻家族姓氏，如"李界""张界"。我们现在逛古镇，还可以看到古老的界石。

因此，镇上有两家人家房子墙贴墙造，两家人家的界石就几乎并排在一起，这就叫"搭界"。

如果两家人家的房子和界石空开了一点距离，那就叫"不搭界"。如果空开 2 米，则叫"远开八只脚"，浑身不搭界了。

老镇上，2米的夹弄就算是阔的了。

哪怕只有1米，踏脚踏车还可以会车呢。这一点，老早欢喜穿小弄堂的朋友侪有数有目的。

最窄的夹弄，古人欢喜叫伊"摸奶弄"。上海南市、台湾鹿港，据说还有金山枫泾，都有"摸奶弄"，枫泾的改叫"莫乃弄"了。

摸奶弄一般只有60公分（厘米）阔，否则哪能摸得着。

还有一种讲法，2米实在不好算"远开"。一定是记错了，应该是"远开百只脚"。而且，据说这个讲法是外国传进来的，并非我们的土特产。

因此，这一只脚也不按40码鞋子算，要按外国人的算法来算。

英国人将脚叫成 foot，又可以解释为英尺。所以，"远开百只脚"的意思就是远开100英尺。

一英尺就是30.48公分（厘米）了，远远大于25公分（厘米）。100英尺就是30米还要多，比南京路从永安公司到先施公司还要远，这才叫"远开"。

姑且都聊备一说吧。

争它个三日三夜也争不明白的。

倒是要来讲讲"一只脚"这样的很古早的计量单位。

古人在还没有计量单位的辰光，是用手和脚来丈量距离的。

不过，有了计量单位，人们还是保留了用手和脚来丈量距离的习惯。

这个习惯，居然又保留了一两千年。直到上个世纪 60 年代，也就是我们这一代人小时候，还用过，也还记得脚跟敲脚尖这样一步一步数着走的情景。

在古早的计量单位里，"一只脚"，既不是最小的，也不是最大的。

最小的叫"一虎口"，从拇指尖到食指尖的距离。民间讲法，啥人的"一虎口"大，啥人最合适弹钢琴，因为伊虎口松，音阶跨得多。

不过，当年大多数小朋友弹不起钢琴，我们的"一虎口"基本上都用在了打弹子上面了。事先不量好，自家的弹子要滚到老 B 洞里去的。

假使是从拇指尖量到小指尖，那就不好叫"一虎口"了，否则就是"赖脚皮"。

我们小辰光叫伊"一巴口"或者"一哈口"。

最大的也不是"一只脚"，而是"一大步"。

小辰光弄堂里踢野球，两头用书包搭好了 goal 门，啥地方开球呢？派一个小伙伴从 goal 门一大步一大步量到对面 goal 门，再取中点。

这种古早的计量方法，确实不是只有我们中土人士才有的。

就像电影《地道战》里的经典台词所说，各庄都有各庄的高招啊。

古埃及用人的前臂当尺，从手腕到肘尖为一尺，又称"一腕尺"。

古英伦人则将拇指两个关节之间的长度作为一英寸。

古撒克逊人将自己的手臂向前伸直，鼻尖到指尖的距离为"一码"。

原来，"放侬一码"，是要放到自己指尖碰不着的地方。省得手撩起来还是刮得着。

张家姆妈叫一声

在上海的弄堂里生活过的人，从小到大都有一门必修课：叫人。

这门功课至少要分成两个 degree，先是叫不叫，再是哪能叫。

世俗的判断，死活不肯叫的小囡最不讨人欢喜，自家不肯主动叫大人关照了再勉强叫的小囡堪堪及格，叫是叫的总归叫得不大情愿的小囡马马虎虎，主动叫还笑嘻嘻且叫得刮啦松脆的小囡顶讨人欢喜。

我叫人从小就是上品，亲眷淘里邻舍隔壁侪讲我乖。其实，我那时也还不懂势利，也还不明事理，只是有点贱罢了，觉得叫叫人家蛮好白相的。

哪能叫，里面的讲究就多了。

从小到大，也是有层次有变化的。

一开始是不分自家人人家人的，同辈的一律叫哥哥姐姐，大一辈的一律叫叔叔阿姨，再大一辈的一律叫阿爷阿娘外公外婆。

稍大，就要分了。自家人里，除了同辈的依然不分，大一辈的不但要分出伯伯娘娘舅舅婶婶姑父姨父，还要分大小，如小娘舅、二娘娘，当然还有大姨妈。

到此为止，上海弄堂的叫品与各地农村并无差异，与一千年前乃至更早的中国人叫品亦无多差别。

这是因为农村与城市的区别、农耕文明与工商文明的区别就在于一个是熟人社会，一个是陌生人社会。

弄堂里的小囡是要从熟人社会慢慢走向陌生人社会的，而村里的孩子尤其是一千年前村里的孩子很可能一辈子活在熟人社会里。

因此，上海弄堂里的小囡再大一点，叫人就要更加细分化了。

一种是跟着大人叫。这种叫品仅限于父辈比较熟悉的邻友之间。

比如，父亲叫他月笙哥，你就叫他月笙爷叔（或月笙阿叔）。母亲叫她桂生姐，你就叫她桂生阿姨（或桂生嬷嬷）。

一种是跟着小人叫。这种叫法就更普遍了，而且不论辈分，你这么叫，你父母也这么叫，你外公外婆也是这么叫的。当然，还是在互有来往、歇弗歇要打交道的邻里之间。

比如，大头阿爸大头姆妈、军军外公军军外婆。

需要说明的是，这种叫品中间最早是有个"勒"（的）字在的，若：大头勒阿爸。慢慢地就被省略掉了，竟也不产生歧义。

至于萍水相逢，见了这次未必有下次的陌生人，叫品自然不同。

弄堂里对陌生人的叫品大致分三种：一种与住处有关，一种与籍贯有关，一种与姓氏有关。

与住处有关的有：九间头爷叔、皋兰路阿姨、三层楼老太、烟纸店老爹、弄堂口小皮匠等。

后来，有石库门作平台，再经上海独脚戏演绎，还有了客堂间阿奶、西厢房娘舅、亭子间嫂嫂、三层阁好婆等等。

与籍贯有关的有：卖花生的么叫声老山东、做裁缝的么叫声小绍兴、喉咙咣咣响的么叫声老宁波、卖栀子花的么叫声小苏州、剃头店的么叫声小苏北。

有趣的是，其中的有些陌生人渐渐变成了熟人，上面两种叫品却始终不变。

为啥？

"叫惯了呀。"

还有一种叫品是直接与姓氏有关的。这种叫品涵盖一切陌生人，也最具有距离感。

比如：张家姆妈、李家伯伯。

当然，上海滩上还有所谓更上"档次"的叫品。

比较西式的叫先生、女士、小姐、太太。

比较传统的则叫张公、李老、王兄；上辈人马叫老太爷、老太太，呼儿辈则为公子小姐。

"文革"中，我去闵行看望家父，同宿舍的叔叔们都这么招呼："三公子来了啊！"

传统的也有叫先生的，一般只对看病的和教书的。

我外公生前在弄堂里被很罕见地叫做"金先生",就因为他以前在宁波乡下当过小学校长。

这么多叫品里面,我以为最上海的,也是最具现代城市文明的还是那一声"张家姆妈"。

当一个人被扔进陌生人社会,无异是缺乏安全感的。于是,在叫品上沿用原来农村熟人社会那一套,如哥啊姐的,叔啊姨的。一个是未脱依赖感,独立性尚未达成;一个是未脱恐惧感,坚韧性尚待塑造。

但你毕竟最终还是要融入这个陌生人社会的。所以,"套近乎"的叫品看似是一种亲近,其实是一种抵触。

而且,在陌生人社会里,交浅言深无疑是社交之大忌。

情绪好时,被叫做哥姐叔姨都无妨;情绪差时,心里难免要骂一声:"谁是你的哥!"

上海滩有一句俚语,叫做"好(么)好过头,打(么)打开头"。就是对这种融合的总结。

我们这一代人刚踏上社会时,父母都会有这样的交代:

"讲得拢多讲两句,讲弗拢少讲两句。对随便啥人侪要好,也勿忒好。勿到辰光好(么)好过头,打(么)打开头。"

那年头,闺蜜死党都是不作兴的事体。

大家都知道,知己难求。因此到处吹嘘自己朋友多的人是要被看不起的。

无独有偶，西方人也是很讲距离的。

那个关于豪猪的故事很有名。

鲁迅曾经在自己的杂文《一点比喻》中，引用过叔本华的一段话：

有一群豪猪，在冬天想用了大家的身体的温度来御寒冷，紧靠起来了，但它们相互即刻又感觉刺的疼痛，于是乎又脱离。

然而温暖的必要，再使它们靠近时，却又吃了照样的苦。

但它们在这两种困难中，终于发现了相互之间的适宜的间隔，以这距离，它们能够过得最平安。

人们由于社交的要求，聚在一处，又由于各有可厌的许多性子以及尴尬的缺陷，再使他们分离。

他们最后所发现的距离，——使他们得以聚在一处的中庸的距离，就是"礼让"以及"上流的风习"。

有不守这距离的，在英国就如许叫，"Keep your distance！"

西方的现代城市文明比我们发育得早，因此他们先碰到了豪猪式的尴尬。

在中国，上海无疑是现代城市文明发育得最早的地方，也是最早遭遇文化冲突（Cultural conflict）、最早开始文化融合的地方。

就叫品来说，各种传统的、西方的、天南海北的一下子聚集到弄堂这方小小的天地里，也产生过激烈的碰撞，产生去粗取精、优胜劣汰的磨合，最后，那些过时的、带有地域色彩的、过于洋派的叫品都取代不了别的叫品，有的逐渐边缘化。

只有"张家姆妈"这样很有距离感又不乏亲切的中性叫品越来越被认同，到1960年代，这种"上流的风习"几乎要脱颖而出。

可惜的是，天不假时。尽管上海最早发育现代城市文明，毕竟只有一百多年。弄堂叫品的自然融合过程来不及完成甚至来不及成型就很快被粗暴打断。

上海话的命运亦如此，也没来得及完成融合甚至成型。

回到叫品。

1970年代以叫"同志"为时髦，1980年代以叫"师傅"为时髦，1990年代以叫"老板"为时髦，21世纪以叫"老师"为时髦。

作为对标准叫品的抗争，在民间再度活跃起来的竟然又是农耕时代熟人社会的那一套，哥啊姐的，叔啊姨的，甜得发腻。

这样的时候，我多么希望当我拐进一条幸存的石库门弄堂的时候，能从后门灶披间里传出一声邪气有味道的"张家姆妈"啊。

"赵"与"嘲"

上海人常讲,"阿拉嘲嘲侬呀""伊讲言话哪能吶嘲叽叽啦",还有更直截了当的:"侬嘲我嘛。"当年,与之同义的还有:"侬车我嘛。"

这么多年思来想去,终觉这"嘲"字并不确切。

近翻旧书,发觉竟然是那个"赵"字更确切些呢。

赵,同造,作动词乃杜撰编造之意。作形容词则有放肆或没正经之意。

旧小说里,胡说叫"赵口",胡说八道叫"赵七赵八"。

有意思的是,经常胡说者被人称为"赵谈春""赵一花"等。

如《山歌》第九卷里有:"并弗是羹碗里鱼头拨拨转,支花野味赵谈春。"("支花野味",亦海阔天空乱说一气之谓也。)

又如《报恩缘》里有:"弗要听俚,是有名勾,教赵一花,乱说一泡勾。"("勾"似语气词,似常州话。"教"或为"叫"之讹。)

总有人觉得,赵是姓氏用字,怎么可能有那么多别的意思。

《笑府》里就有：一童子读百家姓首句，求师讲解。师曰："赵，是精赵的赵字。"（百家姓首句乃"赵钱孙李"无误。）

这句话下面正好还有一条原注，照抄如下："苏语谓放肆曰赵。"苏语，苏州话也。

《缀白裘》里还有一段描写当时人随随便便就结婚的：

"剩一篮鱼拿去干煎煎，当仔夜饭菜。还有三个白铜钱啦哩，拿去打壶白酒烫烫，吃一盅，赵一谈，就做仔花烛哉。"

由此联想到"侬车我嘛""侬老会车人嗰哦"等流行语，则很可能是"侬嘲我嘛"的翻新。应该出现在 1960 年代前后。

上海一度制造业极其发达，号称 500 万产业工人。

而制造业中，车钳刨铣样样都会的钳工最吃香。

其意相当于当下最流行的"老司机"。

连社会上称某扒手偷技高超，亦称其为"八级钳工"。

那个年代，样样物事皆可在车床上车出来，从无到有，亦含无中生有之意。

故"侬车我嘛"有"你凭空编造出一个我来嘛"的意思。

聊备一说。

"猪五杂六"及其他

下面几句，不知道归到哪里为好。就放在一起吧。

猪五杂六

它的下半句是乱七八糟，不成体统。

很多人写成"指五拾六"，也许因为不知下面这个故事吧。

上海开埠之初，外来肉贩以次充好，每天杀猪五匹，即并杀杂畜六匹。肉块混放，以猪肉价出售牟利。

故"猪五杂六"一开始有挂羊头卖狗肉之喻。

后转喻各种不正宗、混腔势。

又转喻场面乱七八糟，今又用来指人之吃相难看，离本意远矣。

三礼拜六点钟

它的下半句是"吃醋"。

此乃拆字格。

三个礼拜为廿一日，合成个昔字；下午六点钟，酉时也。

上海百多年来一直五方杂处，典型陌生人社会。

如果说话也像在农村里那样直来直去，必然弄弄碰僵，生意难成人难堪。

所以上海人欢喜"好言话只讲半句"，万一苗头不对，尚有退路。

如想说谁谁吃醋，便幽幽地说："伊么，不就是三礼拜六点钟那点事。"

板板六十四

它的下半句是"动也弗动"，喻死板、僵硬、一本正经，常有贬义。

例1：老板娘只面孔一日到夜"板板六十四"。

例2：阿拉车间主任做事体，一向"板板六十四"。

老早铸造铜钱即铜板需用黏土制模，每套模版为两半爿，每半爿各32个钱眼，共64孔，对合起来一次只能铸铜钱32文。所以又称"版版六十四"。

后讹传成每次铸钱64文，故俚俗称小偷为"六十五"，取多余一文必为偷铸之意。

好么好过头，打么打开头

它的下半句是"不长远"。

老底子屋里小人出道了，踏上社会了，大人侪会关照，到外头轧道要当心，要大家客客气气，勿一记头搭人家走得忒近，勿"好起来么好过头，打起来么打开头"，这样的朋友是轧不长远的。

家家人家都这样启蒙。

上海人家规矩，一向弗赞成小人结什么死党，做什么闺蜜的。

现在的世道变忒了。

逐落羹

"逐落羹"原本是杭州宁波一带的说法，而浙东的主妇向来是全国最会勤俭持家的。

一百多年来，随着大量浙商的来沪，勤俭之风又严重影响上海，几乎一手造就了所谓的上海式"精明"。

原来，浙东当地风俗，即便是大户人家，一年四季也都吃得简单。

那一年中的几个节，如清明、立夏、端午、中秋（冬至除外），也只是时令食品加果馔而已，如青团、咸蛋、粽子、月饼、芋艿毛豆和鸭子。

一般并无大鱼大肉，也不开宴请客，只是一家人乃至街坊间的乐事。

冬至夜的菜肴要好些，有些鱼肉，那都是因为有着"有吃的吃一冬，没吃的冻一冬"的说法。

想来，很多人家乃是为了不被邻居目为"受冻的穷人"，硬着头皮吃一顿的吧。

一年里头，真正的大吃大喝、设宴请客，是在过年，也只在过年。

都是真心地请，出手大方得很。

就说冷盆菜，不论鸡块鸭块熏鱼肚片，一律只取中段，切得四四方方、整整齐齐。

那些不成形状的边角料是一律不能上桌的，比现在的大多数饭店还要讲究呢。

那多下来的不成形状的边角料怎么办？

勤俭出了名的浙东主妇们自然不会丢了它。

为防日久变质，先将这些悉数放入锅里，包括客人吃剩的尚算干净的冷菜，放盐加水煮它一过，腌存到正月里宴罢客散尽之后，自家人再慢慢享用。

用起来往往如此：舀一碗那锅里剩的荤菜，加些蔬菜和粉丝，煮热了就端上来，不再添其他菜碟了。

我们从小年年都吃过，您别说，由于个中鸡鸭鱼肉都有，味道还挺鲜美的呢。

无以名之，就叫做"逐落羹"。

盖因都是些从宴席上逐落的剩菜。

记得小时候，初五之后经常听得到这样的大人与小孩间的对话：

"妈，今天吃什么菜？"

"什么菜，'逐落羹'啦！"

"又是'逐落羹'啊。"

有时候，那"逐落羹"是可以吃上十天半个月的呢。

其实，不独浙东地区如此。

在蜀中，就有"夫妻肺片"。

这"肺片"据说原作"废片"，亦即"不成形状的边角料"之谓也。以当地习俗，放入辣子腌存。

在沪渎，就有"糟钵斗"或"醉八鲜"。

不过是将"不成形状的边角料"及剩菜放入酒糟里腌存而已。

在昆山，就有"奥灶面""奥灶鸭"以及很多别的"奥灶×"。

所谓"奥灶"的露或汤，其实就是"逐落羹"里的汤，用来下面条，竟成一绝！

如今，那些原本说起来有些心酸的、"无心插柳柳成荫"的做法，都华丽转身而成了各地名菜，大模大样地登堂入室了。

唯一的改变是，那"夫妻肺片""糟钵斗""醉八鲜"和"奥灶×"里面，不再用"不成形状的边角料"，而是齐整四方、有模有样的原料了。

还可以举出些例子，来证明各地菜式中，有许多都源自温饱的无奈，是节俭的急智。

转弯分大小

每每乘差头回家，司机总归要问一声：大宁路左拐右拐？

哪怕本地司机也要用普通语问，据说这是服务规范，否则要吃投诉的，马虎不得。

本来我坐在车子里想心思，倒也蛮落胃。往往被司机这么一问，会得一记头报不出回门。

因为我想心思，脑子里肯定是上海话思维，拦陌生头一句国语开讨来，真的会弄僵。

正因为在上海话思维中，如果脱口而出，我肯定跳出来的是"大转弯""小转弯"。刚想冲出口，又怕司机听不懂。因为他们的脑子里，只有左右，没有大小。为了转个弯，还要进行换算，这也太搅脑子了。

真要讲起来，"转弯"已经是改良版上海话了，基本上是读过书的人用上海腔来读书本上的"转弯"两个字的结果。

我们小辰光听大人讲起来，都是讲"打弯转"的。所以"大转弯"叫"大打弯"，"小转弯"叫"小打弯"。

最明显的例子，小囡自家做游戏，嘴巴里都这么说："当当当，电车打弯喽！"

上海乃至全国最早有汽车，在 1901 年。一个叫李恩时的匈牙利人将两辆美国生产的奥兹莫比尔汽车从香港运到上海。

此前当然有独轮车、脚踏车、黄包车。从当年留下的图片和电影资料来看，那些车基本都是在马路上瞎来来的，"打弯转"还分什么大小。

据我观察，"大打弯""小打弯"能流行开来，最早也要在 1929 年以后。

彼其时也，北伐刚刚胜利，蒋介石也刚刚娶了宋美龄，很有些"小乔初嫁了，雄姿英发"的意思呢。

国民政府发动了一场"新生活运动"，其内容很像 1980 年代上海的提倡"七不"。

比如，蒋介石就曾亲力亲为，亲自下令"人、车都要靠右行"。

因为据说以前的上海，法租界的车子靠右行，英租界的车子靠左行，杨浦美国人的车子靠右行，虹口日本人的车子又靠左行，乱得一天世界。

于是，我就在猜测，当年是哪一位有识之士，为了尽快落实蒋委员长的最高指示，让人车都靠右行，竟然在当年车辆最多的上海率先想出了比"左右"更为直观的"大小"来，一下子就在上海人的心里扎下了根，并流传开来。

之所以我认为这两件事有关联，是因为，只有靠右行，右转弯才小，左转弯才大啊。

不过，这样一来，也造成了很多上海人长期左右不分。

尤其是没有上过新式学堂，或者上过新式学堂却没有上过西式体育课。

我读小学一年级已经是 1958 年。其实距离 1929 年也不过才三十年。

我们上的第一节体育课，依然还是先教我们分清左右。

体育老师先教我们分清自己的左右手。然后说"左"，我们就用左手拍拍左腿的裤线，再说"右"，我们再用右手拍拍右腿的裤线。

一点也不夸张，当年上体育课就这么弱智。

饶是这样的热身准备，操练起来还是错误百出。

老师说"起步走"，第一步跨右腿的同学还是不在少数。

要命的是，不少同学根本就没觉得自己迈错了腿，走得正起劲呢。

至于到老师喊"向左转""向右转"的口令时，出错的人就更多了，弄弄要上演"香鼻头"呢。

总要两三个月以后，才会统统过关。

到了 1980 年代，当年的小学生"50 后"开始学跳交谊舞了，依然不忘当年做过的功课。

我就在舞厅里亲眼看见过，很多"50后"学舞者为了第一步不弄错，先跟着音乐前奏习惯性地拍几记自己左腿的裤线呢。

　　说起来，上海人好像不至于有那么笨，其实，上海乃至江南的方言里，几千年来根本就没有什么左右的概念，只有"顺手""假手"。

　　人类一多半是右利的，所以，拿右手干活就很顺；反之，右利的人拿左手干活就如同在指挥一只不听使唤的"假手"。

　　1960年代初，当乒乓热兴起时，高年级同学不屑与我们为伍，总是这样讲：

　　"饶侬假手。"

　　还可以举出一些例子来。

　　比如，右转弯又叫"顺手呱啦嗒"，听上去也适意相。

　　还有呢，打扑克发牌的时候，上海人至今还有不说从左发起还是从右发起，而是说"顺手""假手"。顺时针和逆时针，已经是很后来的演变，没读过几天书是说不出来的。但依然没有左右。

　　至于"顺手畀伊一记耳光"，以及"顺带便"拿点啥物事转来，即"顺手牵羊"，大概率用的都是右手吧。

　　从大小到左右，曾经的艰难，几乎在一夜之间就杳如黄鹤，且不值一提了。

由于新式教育的普及，现如今上海人民已不再有分不清左右之虞了，但"小转弯""大转弯"的说法在上海依然没有绝迹，现在是大小左右夹杂着用。尽管一些外埠来的司机会听不明白。

有时候，大小转弯依然比左右转弯更直白。

君不见，有些司机左转弯时抄近路，碰到别人或别的车了，上海人就会说：

"肯定是侬不对，侬大弯小转了嘛！"

在这里，如果讲"侬左弯右转了"，啥人听得懂呢。

做人十大窍坎

我写上海俚语，不下数十篇。也曾不止一次说过，上海俚语的字眼，大多含有贬义，至少也有几分"钝钝侬"的意思。即便近年来死灰复燃的"腔调""模子"等，似乎突然高大上起来，老上海仍能一望而知，至少它们的出身并不怎样。

所以要写上海人的做人窍坎，就发现，理不屈而词略穷。毕竟要一些貌似正面的字眼来撑市面，绷场面。一番搜肠刮肚，冥思苦想，总算想出来了八九个。再一看，还真的个个顶用，用上海话来读，还有点押韵呢。

于是，就有了上海人的做人窍坎"九个要"。曰：

要识相、要敦样、要弹硬；

要来讪、要落槛、要海外；

要拎清、要摆平、要懂经。

至于"一个勒"，等歇再讲。先听我将"九个要"一一道来。

一曰"识相"。

相者，人面也。识相即识人面。杜先生曾经曰过，做人，要吃好人面、情面、场面三碗面，人面就是第一碗。又有云，相由心生。故识相亦即识人心。有道是，苗头不轧，苦头吃煞。识人识面又识心，就是最要紧的轧苗头，而非一般的见风使舵。上海人识相非为别的，重点先要保护好自己，留得青山在，不怕没柴烧。

二曰敦样。

敦是勉励，敦是推崇。样即人样，样即到位。敦敦样样做人，用宁波话来讲，就是"像人呣做牵来"。做人像人，看似简单，其实不易。须时时敦促自己，非礼勿视，非礼勿听，非礼勿言，非礼勿动。敦又是古代食器，有三足。喻稳重。敦还是宽厚，是笃实。用英文讲，即 honest & sincere。沪人亦常以敦样喻人相貌端庄。须知相貌端庄的背后是气质端庄。

三曰弹硬。

上海人从来不缩（怂），也从来不是好欺负的。做人要弹硬，是各色沪上人家的家训。弹硬不是硬上弓，而是请侬吃弹皮弓。弹硬者，侬若碰上来，可以硬得让侬弹转去。弹硬者，从不东惹惹西惹惹，而是不惹事，不怕事。打铁先要自身硬。做人识相，做人敦样，不硬也硬。硬是有理，弹是有节。

四曰来讪。

沪人赞人有本事，曰来讪，亦曰来事。吴语之讪，非谤也，能说会道也。来讪来事，一文一武，本自具足，方可立世为人。沪上人家皆殷实人家，凭本事吃饭。只会"翻樱桃"者，人皆轻之。近来世风日下，谄媚逢迎作公关，呼风唤雨当情商，不讲真才实学，不会真刀真枪。沪人只好叹之曰：迭能下去，哪能来讪。

五曰落槛。

落槛即到位。到位，用英文讲更准足：to the point。落门落槛，原系浦东木匠造房规矩，架门框，上门楣，最后还要落门槛，要样样舒齐，再算完工。门槛不落到位，歪的，不光有碍观瞻，还容易绊跤。做人更要落门落槛。凡侬已经手，无须再添手。一事当前，先分责任，能躲就躲，先已不落槛了。

六曰海外。

做人要海外，又叫：做人要四海。海外是得体大方。待客之道，贵在心诚。有则倾囊而出，没亦不必苛求。台型无须瞎扎，派头何必乱掼，无非是要对得起人面，留得住情面，绷得牢场面。向来唯有得体者得场面、得情面、得人面。切记：海外不可过头，过了头，就变成别人口里的"海外大奇谈"了。

七曰拎清。

做人顶顶要紧要拎得清。拎不清侬都不好意思讲自己是上海人。拎清，不是血清、蛋清、门前清，重在拎字。拎即提点，即暗示。上海人最讲“接翎子”。赤膊翎子豁过来，侬也接不牢，夫复何言。有道是，自悟自觉，那是最好。一拎就清，孺子可教。拎而不清，可气可恼，买块豆腐撞撞煞拉倒。

八曰摆平。

做人最好样样摆平。屋里厢，上摆平老的，下摆平小的；单位里，上摆平顶头上司，下摆平出窠兄弟。社会上，逢山开路，遇河搭桥，八面玲珑，万事好商量。摆平人家，先要摆平自家。名利摆两旁，真诚摆中央。如此，方能摆平人面，摆平情面，摆平场面。千万不可八只瓶七只盖，驼背睏棺材。摆平极难。人生往往别人没摆平，事体没摆平，自己已摆得煞煞平了。

九曰懂经。

懂字容易懂，经字费猜详。上海是百年商埠，除了生意经，还有什么经？生意经就是商业规则。上海人最讲规则，而且万事先讲规则。侬不讲规则，一句话丢过来：“不是生意经嘛！”懂经，不光是懂规则，还要懂天下大势，懂事物规律，懂人情世故，甚至于懂女人（男人）心思。懂经，实在是提升自我生命质量的不二法宝。

讲了“九个要”，还有“一个勠”。那就是“勠哇啦哇啦"。

金宇澄写《繁华》，写了一千多个"不响"，可算是得了真谛。弄堂里，不响或不大响出来的，都是好人家。"哇啦哇啦"朋友，容易误发地域歧视。

有人会讲，响响么有啥啦。现在不是流行有爱就要喊出来，有苦就要吐出来么？哪怕上电视上抖音上热搜亦在所不惜。重点是，响了有何用。除了自己口燥唇干，大概都没什么用。一瓶矿泉水两块钱，人民币不是橘子皮。

眼前，我们都正受着某种委屈。不响的，是智者。"哇啦哇啦"朋友，敬而远之可也。

"做生活"与"吃生活"

"生活"一词，在上海言话里，既不是 life，也不是 living，既不像一团麻，也不像一杯酒。而且它的读音也与普通语相差甚远，读作"桑滑"。

一百多年前，我朝还处于农业和手工业阶段，"生活"大致的意思近乎手艺。

不管是插秧插得快，篮头编得好，箍桶箍得紧，砌墙砌得平，还是剃头剃得灵，炒菜炒得赞，哪怕杀猪猡，一刀下去就摆平，侪会得到人家的一声赞许："生活灵光。"

"生活"作"手艺"解时，也有叫"生活经"的。

如："隔壁弄堂口小皮匠嘅'生活经'，也忒弗灵光了。"

进入 21 世纪，"生活经弗灵光"又被称为"生活粗糙"。

但是"做生活"，却从来不是手艺人的专用名词。到田里拔拔草，到厂里看看门，都叫去"做生活"。到近现代，"做生活"等同于上班。

弄堂里常常可以听到外公外婆在哄外孙：

"囡囡覅哭，囡囡覅吵，姆妈去做生活了，赚来钞票畀囡囡买'白相倌'。"

假使旁边正好有个邻居多嘴多舌问一声："伊拉姆妈做啥个生活啦？"这个"生活"就不再是手艺，而是工种了。

"哦，伊是做会计嘅呀。"

当然了，百乐门里做舞女，电车上做"三只手"，也是"生活"。

"生活"既指工种，也指工作量。

我在厂里"做生活"的辰光，老是听到身边小年轻不无厌烦地问老师傅："唉，这生活哪能做来做去做弗光（做不完）嗰啦。"

老师傅就会回答："生活生活么，会得生出来嗰呀。"

"做生活"一词，直到现在还在大量应用。

一群白领，中午一道吃商务套餐，餐后再叫杯咖啡，牛皮一吹，无轨电车一开，就不记得辰光了。总归有巴结朋友会提醒：

"好了，刹车刹车，一点半了，回去做生活了。"

"真生活"也是一句老上海言话，多指比较吃重、比较难伨的"生活"。

如：液化气一口气扛到六层楼，坏沙发一记头拖到弄堂口，侪是"真生活"。

普通工薪家庭要让儿女体面结婚，为伊买房买车，更加是几十年也做弗清爽的"真生活"。

当然，先要有儿女，再好谈婚嫁。所以，讲来讲去，还是先要"吭哧吭哧"做好那个"真生活里嗰真生活"。

除了"真生活"，还有"老生活"。

"老生活"不但"难触祭"，而且有一定的危险性。

比方打群架，侬以为侬带了大砍刀，对过"拦陌生头"拔出一把枪来，侬只好暗暗叫苦，今朝碰着"老生活"了。

再比方，去搓搓麻将，结果人家是"连档模子"，三捉一，又没明显证据，只好吃进。出门大叹一声：碰着"老生活"咪！

"老生活"，意思与"老举三""定头货"相近。

还有"吃生活"。那就是挨打的意思。

老早弄堂人家吵相骂，弄弄就是这么一句：

"侬嘴巴再老三老四，当心吃生活！"

据说，"吃生活"一语源自苏州。姑苏人家，爷打儿子，明明怒火中烧，讲出来言话还是有商有量：

"小鬼阿是要我弄顿生活畀侬吃吃？"

难怪上海人讲，宁可听苏州人吵相骂，也覅听宁波人讲言话。

后来，不光挨打，举凡倒霉之事，都叫"吃生活"。

打篮球被盖帽，踢足球被破门，也叫"吃生活"。

赤刮新的车子被碰擦，更是"吃生活"。

古有"棍棒出孝子"之说，所以吃起生活来往往随手"撩家什"的，所以又叫"吃家什"。

用家什，吃着的"生活"基本都是"真生活"。

北方话里有"人在江湖飘，哪能不挨刀"之说。

因此，想要不"吃生活"，不碰着"老生活"，只有自家做人老老实实。日里做好日里的"生活"，夜里做好夜里的"生活"，侬还想哪能啊？

上海话惯用语检索表

A

a

阿爹 7，171，644

阿爹勒娘 644，646

阿隑 461

阿公 7

阿糊兮兮 7

阿舅 5

阿唅唅 7

阿拉 4，6-8，10，15，17，
　33，35，70，71，74，88，
　93，94，101，116，122，
　156，157，159，160，167，
　168，171，178-182，184，
　188，190，191，195，196，
　206，222，230，231，234，
　235，248，254，256，257，
　263，272，291，293，296，
　298，306，310，329，330，
　332，336，337，364，371，
　373，382，383，385，387，
　398，404，408，409，429，
　439，449，457，460，463，
　489，490，505，521，525，
　526，534，535，538，543，
　563，572，581，590，598，
　601，609，612，618，634，
　644，645，654，670，673

阿妈娘 7

阿猫阿狗 4

阿木林 7，48，283，456，
　485，629

阿木林关进 629

阿囡 7

阿婆 3，4，249，284

阿跷 102

阿曲 455，456

阿曲死 7，48，455，456

阿屈死 455

阿嫂 7，372

阿太 7

阿土生 48

阿王炒年糕 吃力不讨好 2

阿乡 7

阿姨 5，6，58，60，65，75，
　208，382，471，505，513，
　642，643，645，664-666

阿诈里 246

阿侄 7

ai

挨得着 122

挨弗该 122

挨弗着 122

挨琴 123

捱捱伊 139

獃想想 46，242，322，466

矮冬瓜 103

矮端端 486

矮鼓鼓 498

獃徒 48

an

暗衬衬　498

ang

肮三　623

ao

凹面冲额骨　361

拗分　546

拗台面　545，546

拗小分　603

拗造型　35

B

ba

八级钳工　671

巴结　135，204，686

把家　67，264，303

把水把污　310

罢弗得　202

罢哉　201

bai

白面孔　355

白相　3，14－19，27，32，
　172，235，241，312，318，
　326，358，393，425，523，
　547，563，575，600，649

白相大世界　16

白相弗来　19，393

白相弗起　19

白相官　10，13

白相倌　686

白相人　14，17－19，48，512

白相人嫂嫂　17，48

白相堂子　16

白相我　19

白相相　13，15，16，64，393

百搭　53，150－152，154，
　257，297

百日咳　490

百有份　297

摆 wise　30－32

摆飙劲　31

摆拆字摊　31，33

摆臭面孔　31

摆葱姜摊　33

摆豆腐架子　31，32

摆渡　35，36，575

摆渡船　35

摆堆老　31，35，157，158

摆饭　31，34

摆功架　31

摆海外　31，34，35，502

摆花斑　240，241

摆花瓣　31，32

摆花露水　31，32

摆华尔兹　31，32

摆华容道　30－32

摆架子　31，32

摆酒　31，34

摆句言话出来　31

摆魁劲　31，35

摆篮头　31，35

摆卖相　30，31
摆门面　31，34
摆门头　31，34
摆面孔　31，32
摆炮　31，34
摆平　81，124，319，385，682，
　　684，685
摆平了　166，319，386
摆煞　502
摆松香架子　31，32
摆台面　31，34，545
摆摊头　31－33，412，567
摆噱头　30，31，568
摆圆台面　31，34，545
摆在砧墩板上　504
摆造型　31，35
摆砖头　31，35
拜拜了　166
拜大王　413

ban

扳会　36－40
扳伊蟹脚　261
班蒲曲　625，627，628
搬砖头　243，567
板板六十四　355，360，
　　439，673
板面孔　355
半半六十日　291，295，392
半斤八两　538，539
半肢疯　491
扮跌相　21

bang

梆硬笔直　166，218
浜瓜　41，43－46
傍夜快　259，483

bao

包饭作　187，188，411
包公面孔　354
薄咠咠　497
宝货　49，349
抱娘舅　388
爆开西瓜　42，44

bei

背娘舅　158
被头铺盖　276

beng

崩瓜　41，43
崩头　492
绷场面　34，119，237，681

bi

鼻头管　495
比死人多口气　215，324，644
比中　462
笔笔挺　486
笔笔直了　166
笔得斯直　501
笔笃斯挺　501
笔挺　501
笔直　114，500
毕的生司　627，629
畀腔势　520

罞伊急煞　542

碧嘀斯绿　501

碧绿　486，500，565

B拆开　53，161，256

bian

煸死　471

扁头　101，102，485，569

变成灰了　166

便当　4，6，126，178，223

便饭　34，466，634

bie

别苗头　569

蹩脚　68，140，157，159，
　245，　246，　518，　535，
　636，637

蹩脚货　49，244，260，284，
　349，648

瘪三　21，22，53，58，450，
　472，548，566

瘪三麻子　547

瘪三码子　365

瘪三腔　388，440

bing

冰刮斯冷　501

摒不牢　161

摒牢　25，73

bo

拨一拨　动一动　49，539

勃拉茶　627，629

博古架　484

搏眼子　82，619

bu

不点不亮　49

不二不三　361，571

不来仙　35，83，408，439，543

不领盆　22

不三不四　361，571

不煞渴　40，75，269，294－297

不上路　53，157，262

不识好粮　46

不像腔　178，287

不作兴　25，330，457，667

不做肉　479

C

cao

槽头肉　478

ce

册那　6，159，161，196，197，
　548

册伊拉起来　161

cha

插队蟹　607

插扑　622

差头　214，428，568，677

差头司机　266，387

chai

拆白党　48

拆家当　69

拆墙脚　262

侪有脾气　161

柴爿　103

chan

馋痨坯　485

缠弗明白　338

缠弗清　338

缠绕弗清　338

chang

厂笆　436，437

厂篱笆　437，438

唱山歌　286

唱双簧　355

长脚　103

长脚鹭鸶　103

长借弹　462

长三　16，51，63，172，349，
646，648

长幺幺　486

长一迈大一迈　180

长庄　200，429，556，586

chao

抄腰花　66，308

朝后去　483

朝南面孔　355，356

朝阳码子　365

嘲嘲侬　670

嘲叽叽　46，318，348，390，
450，487，670

嘲人　616

潮扭扭　487，498

吵相骂　66 - 68，70，98，
140，200，224，250，308，
337，342，371，376，407，
430，470，493，556，643，
687，688

炒冷饭　186

che

车垃三　61 - 64，282

车人　62，671

撤烂污　217

撤屁豆　361，375

撤水老爷　324

撤污面孔　355，357，359

chen

辰光　34，35，42，46，59，
70，71，84，85，88，114，
145，161，179，180，182，
195，227，245，260，272 -
275，289，299，322，329，
338，340，341，361，374，
383，386，388，406，407，
438，449，450，452，459，
483，484，518，520，521，
533，543，548，562，576，
577，581，590，598，601，
621，635，638，647，649，
660，667，686

cheng

撑家当　67，68
撑脚蟹　608
撑市面　681
城隍老　255，324，563
乘11路　135
乘89路到底　258
乘风凉　119，205，218，307，
　351，384，507

chi

吃巴掌　526
吃把势饭　321
吃别人家的出汗　71
吃弹簧屁股　599
吃弹皮弓　683
吃嗲功　164，240
吃斗码子　365
吃斗榫子　22
吃豆腐　73－76，379
吃豆腐羹饭　76
吃饭饭榔头　做生活嫩骨头　184
吃饭家生　69，70，185
吃饭深山挖雪　做生活老鼠咬
　铁　184
吃光当光弗生疮　602
吃花功　164，240
吃花素　77
吃火腿　92
吃家饭　撒野污　184
吃家什　688
吃家生　70
吃价　232，233
吃价钿　233

吃讲茶　385，545
吃精码子　365
吃开口饭　185，393
吃苦头　608
吃辣伙酱　602，645
吃老米饭　186
吃力　2，44，126，131，182，
　295，341，394，606
吃萝卜干饭　185
吃皮榔头　422
吃肉　365，476，480
吃生活　121，250，422，467，
　492，525，643，685，687，
　688
吃死人豆腐　76
吃素碰着月大　76－78，604
吃头势　522
吃头塌　525
吃卫生丸　158
吃我豆腐　75
吃污朋友　162
吃现成饭　185
吃相难看　89，266，672
吃香　141，205，230，232－
　234，258，259，308，529，
　607，637，671
吃鞋皮　526
吃洋籼米发啥个糯米嗲　164
吃爷的饭　服爷的管　184
吃一刀　492
痴子　48
赤膊翎子　340，377，684
赤脚大仙　264
赤佬　22，47，327，358，472，

561，614

赤佬面孔　358

chong

冲头　629

充军　230，231，382，432，457

充军杀头　230，231

崇明人啦阿爹　52

铳手　53

chou

抽头　569

抽乌龟　493

丑八怪　47

臭瘪三　485

臭发鲜　50

臭脚头　398

臭要死　35，362

chu

出铳　40

出道　18，78－82，316，365，
521，577，673

出鬼　221

出窠娘　191

出窠兄弟　684

出客　68，456

出痧子　491

出天花　491

出洋相　636

畜生　49

触祭　87－89

触霉头　20，136，364，566，
569，638

chuan

穿帮　58，225，244，262，297，
640

穿绷　450

穿弄堂　152

chuang

床底下放鹞子　502

chui

吹横箫　140，141

吹洋泡泡　425

chuo

戳壁脚　262

戳火　388

戳冷枪　337

戳那　95，161

戳枪头　337

惙气　156，157，159－161

ci

雌孵雄　47

雌老虎　51

cong

聪明面孔笨肚肠　362，603

cou

凑热络　642

cu

粗拉拉　391，447，490，533

促揢　559

促恰 559

簇刮啦新 501

cuan

蹿头 567

cui

催命鬼 219

cuo

搓落搓落 53

撮揞 17，223，358，558，
　559，620

撮揞人 559

撮揞心思 559

D

da

耷铃 65

哒哒滚 2，487，497，501

搭厂篱笆 438

搭弗够 287

搭伙费 290

搭架子 32

搭角 227，621

搭脉 339

搭阎罗王报到去了 166

嗒嗒味道 272，379

打打样 168

打到侬南天门 148

打底 146，147

打佮伙 291

打鬼算盘 539

打哈欠割忒舌头 476

打横 106－110

打回票 530

打汇票 530

打开水 66

打瞌充 135，521

打冷枪 337

打落袋 520，521

打屁股 526，625，627，628

打石膏 492

打说明 462

打弯转 677，678

打相打 90，188，263，310，
　337，365，413，420，480，
　645

打野鸡 648

打仔耳光弗肯放 602

打只眼子 619

打肿面孔充胖子 603

打桩码子 365

打桩模子 120

大蹄尸 128，129

大搭 66

大打弯 677，678

大大不大大 110，114，115

大放盘 631

大怪路子 151－154，410

大脚风 262

大脚娘姨 263

大脚胖 496

大脚头　463

大脚装小脚　263

大咖　283，287

大块头　47，99，103，128，
　129，485，549

大喇叭　49

大老粗　645

大老官　10

大老先生　21

大老爷　107，324，325

大路货　349

大模子　128，366，416，417

大热倒灶　337

大弯小转　681

大先生　51

大相公　52

大新货　349

大兴　282－285，288

大兴轰　119，120，384，386

大烟鬼　219

大约摸　168

大转弯　327，495，677，681

大嘴巴　485，491

汏脚面盆　534

汏面面盆　534

汏清爽　20

汏衣裳　84，205，223－225

汏浴　235，339，341，499

汏浴蟹　607

dai

呆噔噔木嗒嗒　324

呆性性　499

dan

单档　149，153

淡呵呵　497

淡老三　166

弹硌路　384

弹硬　682，683

弹子房　520

蛋风炉　625，627，628

dang

当补药吃　390

当侬瘟生　629

当伊娘家跑　387

当伊娘舅屋里跑　386，387

挡弗牢　458

宕账　237，241，334

荡了嗨　388

荡马路　64

荡头　68

dao

捣侬底　148

捣侬两只清皮蛋　421

捣侬皮蛋　421

捣侬屁眼　148

捣皮蛋　421，422，480，492

到苏州去了　124，125

到西宝兴路报道　258

倒老爷　324

倒蓬头　547，570

倒贴户头　50

di

地脚名　262

deng

等席子　127
等一歇　342，343

di

滴滑　487，501
嫡糯　501
嫡亲　501
底脚　145
底老　147
底楼　145
底牌　145，146，154
底下人　145
底子　146
的的刮刮　149，351，394，410，
　459
的角斯方　501

dia

嗲　65，100，144，164，566，
　623
嗲弗煞忒侬　164
嗲了勿是一眼眼　164
嗲妹妹　100，566
嗲煞了　164
嗲啥末事嗲　164
嗲勿煞　164

dian

战分量　113，339
点点戳戳　98
电车路　135
电线木头　49，56，57
电线木头隑隑　206
垫刀头　136，137，569
垫脚货　260

diao

吊八斤　138，139，141
吊煞鬼　354，358
吊煞鬼面孔　357，358
吊神势　270
吊死鬼　218
吊死鬼拍粉　30，502
吊鲜头　568
调羹　188，215，533，634
掉花枪　240
掉枪花　470，529
掉枪头　568

die

爹头娘脚　262
跌角四方　272
迭能　138，162，199，200，232，
　264，274，306，373，390，470，
　518，587，596，683
迭排事体　116
迭歇　121，216

ding

顶倒　144
顶缸　144，393

顶老　147
顶门　144
顶悸意　20
顶忒了　144，550
顶债　144
定胜弹　462
定头货　50，645，687

　　　　dong
东山头　483
东寻西寻　610
东洋货　284
懂经　19，318，387，460，
　485，606，682，684
动手动脚　65，97，98，263
冻瘃　101，652
洞洞眼　333，619

　　　　du
独脚蟹　261，608
独句头　385，386
独吞　167，170，400，628
笃法笃法　407

笃姗姗　94
笃悠悠　400，406，487，525
肚皮惹　491
肚脐眼　356，496

　　　　duan
断命　82，182，216，235，407，
　435，525，609，610，614
断（短）命小鬼　219

　　　　dui
堆老　35，156－160
对百筋　139，140，270，271

　　　　dun
敦样　348－350，682，683
骏鸡　176，177
炖水　116
钝钝侬　681

　　　　duo
多手脚　260
掇甜头　568

E

　　　　e
鹅头　111
额角头碰着棺材板　217
额角头　135，144，271，495，567
额角头高　58
额角头碰着天花板　603
额角头皮蛋色　30，362
恶形恶状　359，442

　　　　er
耳朵皮　495
二婚头　53，570
二十四码　463
二爷　106，323，325，326，643
二一添作五　538

F

fa

发茶　626，627，629
发嗲　164，440，623
发格　624
发工钿　68，548
发寒热　489
发虎跳　561，575
发米　61
发糯米嗲　164
发啥断命嗲　164
发啥断命死忒嗲　164
发啥个嗲　164
发条头　182，529，530，569
发洋财　636
发音落　626，627，629
罚角子　559
法兰盘　496，549

fan

翻翻嘴唇皮　239，424
翻矛枪　17，24
翻势　65
翻势足　65
翻行头　568
翻樱桃　424，683
翻只跟斗　632
烦煞　135，430，548
烦头势　522
犯关　168 – 170，173
饭塴头　174，175，186
饭吃饱了　183

饭吃过了否　177，178，180 – 182
饭单　188
饭钿菜账　188
饭格子　187，188
饭镬　188
饭脚水　188
饭局　77，146，275，502，558
饭榔头　185
饭米糁　188，378，542
饭泡粥　186，187
饭樔　188
饭司务　188，189
饭桶　184
饭碗头　185，388，593
饭乌龟　50
饭甑　577，578
饭滞　188

fang

方笃笃　486
方敦敦　498
放白鸽　19，238
放冷箭　337
放侬一码　661
放软档　273
放噱头　470
放野火　59

fei

肺痨　491

fen

分挺　61

粉庯庯　497

feng

风湿痛　491

风疹块　491

峰挺　348

膈多老娘钿　189，190，192

膈烦唻　190

fiao

勫面孔　66，354

勫忒……　144，550

勫忒嗲哦　164

勫吓人　250

勫寻开心　609

fu

孵被头洞　577，578

孵豆芽　139，271，577，578

孵太阳　20

弗罢　199 - 202

弗出铜钿看白戏　15

弗搭界　453，658

弗好意思　82，371，373

弗来讪　388

弗灵光　7，518，686

弗入调　441，442

弗杀头　20

弗上台面　542 - 545

弗谈唻　654

弗止　199，200

佛立谷　626，628

浮尸　48，215

福奁奁　13，486

缚颈头　529

G

ga

嘎讪无　58，123，623

轧出醪酿有饭吃　228

轧出老娘有饭吃　226，228

轧坏道　95，283

轧牢　84，94，179，187，577

轧苗头　245，567，682

轧朋友　15，65，443，623

轧姘头　568

轧煞老娘有饭吃　226 - 228

轧淘伴　205

轧一脚　260

轧着头班车　135

gai

该特　461

隑隑　204，206，207，512

改日会　484，485

尴尬头里　161

gan

干挑　175

gang

刚要做亲　卵子转筋　530

钢镖镀子　90，179，337，533，
　633

杠子　21，22

戆弗啦　391

戆戆　112

戆棺材　50，485

戆嗨嗨　310

戆进弗戆出　111，112

戆来兮　137

戆腔　439

戆朊　48

戆朊面孔　357，360

戆忒　320，586

戆徒　48，111，123，325，388

gao

搞尔（goal）　400，463

搞七搞八　295，571

搞七廿三　295

搞五搞六　295，571

ge

搁牢　22，85，181，306

搁血　21，22

割割揬揬　556

割肉　477

佮伙　291

格党码子　365

格山水　267，340，521，655

葛潦丝白　360

隔壁张木匠　53

隔手　330，428，645，646

隔夜饭　186

隔夜饭呕得出　361，645

隔夜面孔　357，358

gen

跟跟弹　462

geng

梗青　500

gong

工钿　80，81，255，259，449，
　625

公共灶披间　116

gou

佝背　120

佝头缩颈　461

狗皮倒灶　426

狗腿子　49，261，608

gu

咕　121，214，334，533，
　560，657

刮啦松脆　177，664

骨头里出蛆　25，28

骨头轻　86，211，213，641，645

骨头唔没四两重　211，213

gua

刮过浆糊　360

刮啦松脆　177

刮老面皮　423

刮皮　230－232，423，424

刮三　58，220，260，262，393
刮讪　58，59
刮讪面孔　357，360
刮鱼鳞　33，260
寡妇腔　440

guai

乖乖没得命　381，640
乖乖弄滴咚　381，639，640
怪腔　439

guan

关公面孔　354
关忒　95
官老爷　324
棺材　127，213－217，440，527
棺材板　217，527
掼瘪　456，457
掼家生　67，70
掼浪头　283，287，330，567
掼侬三条横马路　295
掼派头　568

guang

咣咣响　666

咣清　501
光榔头　102，570

gui

鬼面孔　218
鬼摸大蒜头　26，29，221，503
鬼祟祟　343，358
鬼头棺材　472
鬼头鬼脑　218
柜台猢狲　51
贵做贵　488
跪搓板　222－225

gun

滚侬娘啯蛋　162
滚侬娘只五香茶叶蛋　162
滚圆　102，501

guo

啯啯嘴巴　86
过目脚　254，286，308，309，519
过瘾头　94，141，476，568

H

ha

哈巴狗　49
哈夫模　366

hai

海外　79，142，412，434，682，683

han

喊魂　230，234，457
喊魂灵头　235
喊侬爷叔　644

hao

豪稍 407，460

好白相 6，19，26，35，121，
135，146，147，162，240，
494，534，608，664

好多两钿 582

好多两个 582

好记性不如懒笔头 127

好么好过头，打么打开头 673

好日脚 470

好言话不讲两遍 24，123，507

好言话只讲半句 24，123，655，
673

he

合算 43，96，112，113，
371，449，547，558

和总来该 474

hen

狠三狠四 141，266，362，413

heng

亨白冷打 474

亨榔头 568

横堵里 109

横横动 109

横记横记 109

横七竖八 574

横竖横 拆牛棚 602

横竖横 296，488，602

hong

红面孔 354，355

红头阿三 193 – 195，198，
559，627，629

红眼睛 491，615

hou

齁去齁来 519

齁煞 519，520

齁势 519

喉咙管 495

喉咙口 496

喉咙痛 490

猴急相 72

吼势 519，611

后脑扑 495

后手来 263，428，483

厚瓦瓦 486，497

候 13，18，38，41，42，72，
90，94 – 96，107，109，
112，134 – 137，147，151，
187，191，193，209 – 211，
215，218 – 220，224，225，
233，235，238，240，242，
265，275，278，284，286，
301，309，313，328，333，
335，339，344，366，371，
378，399，417，418，429，
434，443，448，449，451，
454，456，457，473，474，
479，485，537，543，551，
572，573，584，586，616，
623，640，644，645，651，
660，669，676，680，681

候分掐数 473，610

候牢 473

鲎背　120，440，519
鲎势　519

hu

潝浴　235，236，238
胡调　376，441，442
胡天野地　422
猢狲弗赅宝　25，28，502，
　602
猢狲精　214，359
猢狲面孔　354，355，357，
　359
猢狲屁股　261
糊哒哒　486，497
糊其其　497

hua

花斑斑　241
花嚓嚓　487
花痴　48，241
花簇簇　241
花好稻好样样好　239，604
花好稻花　239
花花伊　240
花脚蚊子　241
花了瘟生钱　还做阿木林　27，
　29，632
花里扒啦　240
花脸　241
花娘　241
花七花八　240
花神铺　241
花天花地　240
花头　73，185，241，242，
364，370，451，568，611
花头经　56，241
花头经透　7
花头透　242，634
花烟间　241，646
花样经透　240
花衣　238
花油　238
花账　241
花纸头　573
花嘴花脸　240
花嘴花舌　240
华侨　102
滑哒哒　499
滑脚　242，244，245，261，
　420
滑枪头　462
滑头　24，242－245，625
滑头货　242，244
滑头模子　244，245
滑头生意　243，244
话搭头　177

huai

坏分　27，330
坏料　50
坏侬分　330
坏日脚　470
坏忒了　166，274
坏血病　491

huang

黄伯伯　52，245－247
黄疸病　491

706

黄翻　156
黄坤山　560
黄牛　247，365
黄牛伯伯　247
黄牛肩胛　52，247，536
黄膨膨　498
黄三河阵　21
黄忒　246
黄鱼头　22，56，57，548

hui
回丝　33，622
回汤豆腐干　91
会钞　16，330，631
秽勃勃　499

hun
浑身不搭界　152，153，157，
　657，658
魂灵贼出　234
魂灵贼进　234

混格拉斯　314
混江湖　421
混腔势　520，521，672
混淘箩　625，627

huo
豁边　114，277，651
豁翎子　518
豁胖　283，287，288
豁只彩色翎子
活鬼　219
火热　198，336，501，535
火头军　291
伙舱　291
伙头军　291
蠡显　292
霍闪　292
霍显　292
霍献　292
曤睒　292
镬焦　188

J

ji
机关枪打棉花毯　254
机关枪子弹　446
鸡爪疯　494
急绷绷　37，386
急吼吼　89，181，187，230，
　399，487，585
急煞九更天　296
急煞人　78，210，438
集束手榴弹　446

几钿　130，146，287，303，331
几花　130，131，146，310，
　354，461
几花铜钿　130，131
记认　492

jia
家当　36，38，68，69，171，
　398
家什　4，144，147，299，

300, 303, 331, 381, 394,
484, 485, 503, 534, 542,
545, 547, 633, 636, 688
家生 12, 68–71, 289
家主婆 67, 202, 611
甲乙丙 255
架榴 68, 273, 634

jian

尖先生 51, 248
尖削削 486
肩胛骨 495
贱骨头 50, 264, 570
贱坯 47

jiang

江摆渡 626, 628
江北腔 440
僵尸鬼 218
讲白驮 625
讲得拢 667
讲弗拢 667
讲斤头 447
讲头势 522
酱油店小开 531

jiao

交关 30, 199, 202, 260,
445, 497, 498, 500, 501,
570, 625, 635
焦朴朴 497
角落山姆 327, 474
脚寸 262
脚打后脑勺 264

脚底心 495
脚钿 262
脚高脚低 262
脚花 261
脚花乱 261, 603
脚脚进 262
脚脚头 264
脚节头 259, 495
脚筋好 260
脚叩头 495
脚馒头 259, 387, 388, 495
脚末头 495
脚碰脚 263
脚翘黄天霸 262, 263
脚色 264, 547, 645
脚踏车 33, 39, 62, 94,
119, 182, 205, 259, 302,
420, 579, 622, 659, 678
脚踏莲花生 264
脚踏两头船 260
脚汤水 262
脚头紧 261, 262
脚头散 261
脚头硬 261
脚写字 261
脚痒 261, 608
脚也掮起来 264
搅花福禄 447
搅花福禄客 462, 463
搅鸡脚 260
搅脚筋 260
搅七廿三 447
搅轧 576, 577
撹 557

擤被头洞　557
擤镬盖　86，557
擤蜡纸头　557
擤橡皮膏　557

jie

接翎子　623，655，684
姐百丽　129，130
姐妹对　151，153，154
吤好啥体　359
借方向　265
借侬只大腿派派用场　158
借忒一眼　162
借一借　265－268

jin

金边碗盏象牙筷　90
筋搭错　269，270
筋搭牢　269，270
紧绷绷　487

进棺材　166
进老派　59，408
进庙　59
劲劲拱拱　119
劲拎拱弄　546

jing

精光滴滑　45

jiu

纠作　524
九九归一　356，538
九兴十旺　573，574
旧年　294

juan

卷铺盖　275，298

jiao

嚼舌头　53，568

K

kai

开波度　627，629
开大脚　463
开大咖　283
开大兴　282，283，285，288
开簧腔　133，286
开荤　78
开火仓　289－291
开伙舱　289－292
开架橱门　273，274，568
开年　294，484

开年会　277，484
开年礼拜九　293，294
开盘　630
开司米　623
开条斧　21，529，530
开洋荤　78，637
开夜车　135

kan

看勒嗨　656
看腔势　520，521

看医生　490

kang

扛木梢　144

扛头扛脚扛出去　273，275

伉一桩　471，472

kao

拷浜　298－301

拷浜斗　300

拷浜头　300

ke

瞌充鬼　219

壳子　29，491，503

克拉斯　313，314

克勒　313，314

克罗米　62，622

刻子　462

客盘　631

keng

坑三姑　255

kong

空心大老倌　52

kou

口眼不闭　124

ku

骷榔头　495

哭出呜啦　548

骷髅头　495

苦衣衣　497

kun

睏扁头　568

睏不醒　358

睏弗着　390，439，641

睏棺材　214，633

睏觉　102，123－127，219，575

睏梦头里笑转来　604

睏湿铺　16

睏头势　522

L

la

垃圾瘪三　53，63

垃圾货　49，349

垃三　17，53，61－63，66，67，206，603

垃三摸壳　491

拉场子　413，419，420，545

拉皮条　165，426，648

拉线开关　53，256，257，297

拉洋片　638

拉一刀　492

拉自洞　462

邋遢鬼　219

邋遢货　349

喇叭　49，53，195，266，381，509，640

喇叭花　51

腊克　622

蜡黄　486，500

蜡烛　29，49，89

蜡烛不点不亮　288

瘌光芋艿头　102

辣手　160，296，298，338，
　361，545，644，645

lai

来咽辫埭路里去了　166

来煞弗及　89，250

来汕　297，318，389，682，
　683

来事　683

赖被头洞　25

赖脚皮　264，266，425，660

癞头分　57，546－548

lan

拦陌生头　96，677，687

拦止　380，428

懒骨头　50，523，524，570

懒棺材　50

懒拖拖　487，498

烂荡货　51，349

烂浮尸　48

烂煺面　602

烂煺三鲜汤　93

烂货　49

烂货色　244，349

烂料　50

烂麻皮　491

烂泥一滩　274

烂苹果　101，485

烂熟菠萝蜜　91

烂污货　244

lang

郎中　52，69，379

榔头翻势　65

誏里誏声　121

浪荡鬼　219

浪头蛮大　浪花没噎　288

lao

捞　2，45，91，226，236，
　555，648

捞稻草　556

捞横档　556，603

捞了跑　556

捞伊做试　556

劳碌命　135，165

痨病　47，491

痨病鬼　47，50

痨病壳子　491

老板进洞　462

老浜　45

老浜瓜　45，46，642

老不死　51，485

老菜皮　51，75，213，331

老辰光　331

老吃老做　220，331，414

老搭子　331

老弹簧　331

老的客　317

老底子　15，17，22，30，33，
　36，42，88，92，111，123，

126，144，145，159，174，
200，211，247，259，272，
324，335，373，381，384，
393，429，449，476，483，
489，491，493，502，519，
536，538，545，556，577，
600，601，605，620，631，
634，636，646，673

老掉了　166

老懂经　96，318，331

老豆腐　73，76

老耳朵　512

老法师　331

老饭店　184，186，288

老肺病　491

老浮尸　331

老刮皮　424

老刮皮啦娘舅　52

老棺材　51，216，332

老鬼　215，220

老鬼三　51，220，331

老鬼失脱　135

老虎窗　307，308

老虎窗里掼炸弹　306，307，
309

老虎追到脚跟头　还勒辨雌雄
476

老户头　331

老滑头　242，330

老黄牛　332

老货　51

老货色　349

老甲鱼　51，331

老价钿　331，408，559

老浆糊　332，552

老骷三千　297，615

老酒涠涠　302

老酒彭　331

老举三　51，158，220，274，
687

老开　531

老克勒　56，63，96，153，
205，286，311－319，328－
330，362，485，504，505

老啃啃　499

老魁　467

老来俏　331

老烂脚　492

老老大　486

老卵　297，400

老卵三千　297

老麻将　39

老门槛　51，331

老米饭　185，186

老米饭捏煞不成团　185

老面皮　24，122，180，331，
423，565

老木刻　330

老娘舅　189，318，331，384，
385，485，544，545，552

老派　414

老派里　492

老屁眼　51，238，331，338

老贫血　491

老枪　51，490

老茄茄　332

老清早　483

老球皮　398，400，401，463

老朊 161，321，322

老三老四 687

老生活 220，687，688

老十三 331

老鼠会 36

老鼠奶 491

老司机 213，215，671

老太婆拆水 515

老坦克 321，331

老套头 332

老头浜 45，46

老胃病 491，492

老乌龟 331

老侠客 317

老相公 52，331

老蟹 51，608

老 爷 106，107，236，237，323－326

老爷车 323，331

老爷式气 324

老爷叔 233，263，273，294，318，430，485

老叶客 317，318

老逸客 317－319，326，329

老砚 533

老油条 332

老有数 654

老壮肉 479

le

勒架子 32

lei

肋排骨 495

leng

冷饭箪箕 186，336，337

冷刮刮 332，497

冷灰爆出热栗 334

冷镬子里热栗子 334

冷勒风里 穷勒债里 333

冷气冰生 334

冷切切 332

冷秋秋 332

冷拳头 90，337

冷热病 491

冷热货 334

冷洒洒 332

冷森森 332

冷煞了 332

冷势势 322，332

冷疏疏 332

冷水浇朊 338

冷水盘门 334

冷丝丝 332

冷天工 332

冷天价 332，557

冷天冷气 334

冷天式 332

冷天势 332

冷信 334

冷账冷债 334

冷粥冷饭 335

li

李老师 52

力克靴 627，628

立壁角 525

lia

俩佮俩　154

lian

连档模子　50，448，450 –
　452，687

连档码子　365

liang

两家头穿一条裤子　450

两脚球　239，438，463

两脚一伸　124，166

两借弹　462

两眼一闭　124

两只眼睛开大炮　563

亮刮刮　498

量寒热　489

liao

撩大水　558

撩家什　688

lie

挄　556

挄忒骷榔头　556

lin

拎得清　338，340，342，545，
　684

拎弗清　338 – 342

拎清　682，684

临时抱佛脚　262

ling

灵咽　83

灵　光　73，239，240，262，
　264，323，324，382，437，
　512，518，531，550，573，
　610，632，685

零号砂皮　423

零碎老伯　52

零头角子　68，610

另有一张弓　27，29

liu

刘备哭灵牌　504

留台面　547

流氓腔　95 – 98，120，440，441

六缸水浑　306，307，309，310

long

龙门要跳　狗洞要钻　28，29，503

lu

撸台面　545 – 548

路道粗　6，296

鹭鸶　463

露馋　583

露底　145

露马脚　145，262

luan

卵泡水　109

乱话三千　297

乱讲八讲　297

乱讲一泡　297

luo

螺丝壳里做道场 601
落脚货 260，349
落槛 682，683
落帽风 342－346
落门落槛 21，22，683
落桥 53
落水鬼 218

落场势 518，519
落雨 114，132，292，299，
　458，477，566，635

lü

绿帽风 342，343
绿映映 498

M

ma

马浪荡 17，49
马屁拍勒马脚浪 604
马屁拍在马脚上 297
马赛克 622
马桶间 70，404，484，622
骂山门朋友 133

慢吞吞 266，487，579

mao

猫面 358
毛估估 168
毛货料作 136
毛脚女婿 263，446
貌估估 168，488

mai

买块豆腐撞撞煞 504，684
买了炮仗界别人家放 504，
　602
麦克麦克 627，629
卖茶 626，627，629
卖门 15，645
卖面孔 354
卖相好 31，348，349
卖洋弗煞 28，92，434
卖洋三千 21，637

mei

没了 63，116，118，132，
　145，166，179，181，185，
　243，279，338，341，467，
　469，475，519，638，639，
　656
没落场势 604
没啥花头 604
煤饼 53，542
美孚灯 634

man

蛮娘面孔 357，359
蛮爷面孔 359

men

门槛精到九十六 296
闷皮 421

mi

咪哩嘛啦　446，529

咪咪小　486

眯起眼　99，358，485

眯忒一歇　123，124

米多　61

渳老酒　335

蜜甜　500

mian

眠床底下放鹞子　603

棉花店死老板　277

面架子　495

面孔　12，31，32，96，98，
158，194，218，295，335，
348，354－362，367，379，
408，424，440，474，495，
498，500，503，534，573，
622，630，673

面孔地牌式　362

面孔唬起之　360

面孔嫩得掐得出水　348

面孔铁板　447

面皮老老　肚皮饱饱　423

ming

明摆明　488

明朝会　484

明当明　377，452，631，632，
648

mo

摸底　145

模子　22，31，62，128，129，
318，362，365－367，418，
450，512，681

磨法磨法　582

末脚煞　131，264，488，610

莫知莫觉　522

墨墨暗　506

墨墨黑　486

mu

木肤肤　498

木知木觉　95，539

N

na

拿弗出手　372－374

哪能　4，23，26，31，33－
37，45，69，76，81，83，
88，89，92，98，107，111，
116，138，139，144，146，
151，152，157，161，162，
167，174，177，179，185，
187，199，200，202，205，
206，222，235，237，242，
254，261，264，269，272，
273，288，290，292，297，
303，307，310，312，314，
317，318，323，325，338，
341，342，348，350，354，
357，358，366，373－375，

379，387，391，406，409，
412，424，425，428，431 -
433，436 - 438，440，450，
453，458，460，475 - 477，
495，502，503，518，520，
521，525，533，535，539，
542，543，548，551 - 553，
573，574，577，578，580 -
582，598，612，621，632，
654，659，664，670，683，
686，688

那摩温　627，628

nai

乃末　14，20，27，116，119，
135，181，186，201，220，
247，307，308，373，374，
394，610，612，646

乃末贾死　393，521，638

奶奶头　495

奶脯肉　478

㑋娘大头菜　382

nan

男小囡　10

男小顽　180，181，378，449

南北开　90，91

南瓜生在鬏里　299，604

难般　16，297，381

难触祭　687

难难般般　297

nao

脑子畀枪打过　342

脑子抽筋　269

脑子坏忒了　342

闹猛　11，36，119，278，
311，334，430，444，522，
528，575，612

nei

内出血　492

nen

嫩豆腐　73，75，76

nian

蔫糟糟　499

年夜岁边　205，532

捻得开　254

捻弗开　61，254，255，370 -
372，386

黏膏膏　499

黏滞疙瘩　635

niang

娘冬菜　380 - 383

娘囡唔　367

娘娘腔　440

娘死僻　382，457

娘希匹　380，382，383，457

nie

捏鼻头做梦　476

niu

牛角木梳　534

牛轧糖　555，623

nong

侬车我嘛　62，670，671
侬懂否啊　655，656
侬勤吤老魁　161
侬讲得好　88，372，388－390
侬只鬼　215
弄白相　392，393
弄笔头　393
弄到末脚煞　61，264，288，513
弄到末脚勿入港　604
弄弗过侬　395
弄弗过伊　393
弄弗落　393
弄弗清爽　393
弄缸髭　393
弄乖　393
弄猢狲　393
弄坏忒　392
弄僵　6，20，82，83，114，
　　373，392，677

弄空头　393
弄弄大　283，287，393
弄弄喇叭腔　393
弄手脚　393
弄忩　392
弄堂口隑隑　56，57，205，
　　430
弄忒　394，395
弄头颈　393
弄虚头　393
弄嘴头　393

nuo

糯米嗲　543

nü

女百搭　257
女裁缝　535
女坏　96

P

pa

趴手趴脚　262

pai

拍粉　158，354
排场大　187，543
排门板　140
排三合土　600
排摔角　467，600
排子　461
派力司　623

派斯米　398－402，463

pan

盘东盘西　404
盘房小姐　63，411
盘球　463
盘迓猫猫　403，405，406
盘账　630
盘子　131，539，631

pang

乒乓响　443

胖墩墩　13，486

pao

跑　406，409，411

跑表　409

跑单　409

跑单帮　409

跑蛋　411

跑当铺　386

跑到阴间里去　408

跑二马　410

跑狗场　410

跑江湖　410

跑街先生　411，412，627－629

跑开点　20，408，559

跑了空堂　79

跑龙套　409

跑路　303，406，407

跑马厅　410

跑码头　290，410，567

跑末马　410

跑娘家　409

跑弄堂　411，412

跑气　409

跑三马　410

跑堂　10，409

跑头马　410

跑腿　409

跑新闻　409

跑一逮　410

跑仔多堁　581

跑早青　410

泡力水　622

pei

配模子　365，366，413，416－
　420，467

peng

朋友轧得深　香烟屁股吃到根　603

棚车　284，575

捧了卵子过桥　504

碰顶　147，148

碰僵　673

碰哭精　101

碰头熟　53，257

碰着赤佬　296

碰着鬼　221，296

碰着七十二个大头鬼　221，602

碰着天花板　148

pi

劈硬柴　91

噼里啪啦　390

皮　420－422，425，426

皮得拆天拆地　421

皮风瘙痒骨头轻　423

皮榔头　422

皮肉生意　479

皮笤箕　425

皮松骨痒　423

皮子　65，625

皮子挺　65

屁得使轻　501

屁轻　501

屁爪筋　271

719

pian

骗骗三岁小毛头　42

po

破相　582

pu

扑落　257，622

扑扑满　120，486

扑铁秃　626，628

蒲脱　626，628

Q

qi

七搭八搭　257，297

七里缠到八里　657

七零八落　573

七撬八掯　361，453，556

七撬八裂　361，453

七十二只大头鬼　296

七死八活　573，574

七歪八畸　361，380，535

七嘴八搭　199，573

七嘴八舌　573

漆黑　500

齐大　325

齐大老爷　325

齐徒　325

起浪花　278

起蓬头　567

砌墙头　568

qia

掐试头的苍蝇　504

qian

千穿帮万穿帮　马屁不穿帮　297

千错万错　马屁不错　297

千年难般　297

千做万做　蚀本生意不做　297

牵丝攀藤　270

铅陀螺　57，610

前后脚　262

前客堂　284

前世　89，219－221，429－
431，433，472，621

前世认得侬

前凸后翘　348

前勿响后响　462

欠伊多还伊少　355，357

椠苹果　422，637

椠头皮　87

椠爷娘头皮　87，422

qiang

腔调　31，47，95，182，200，
243，302，318，412，439，
450，459，461，469，504，
512，521，615，681

腔势浓　520

腔势足　520

强盗碰着贼爷爷　602

墙角隑隑　181

墙篱笆　434

抢羹饭　89，187

抢台面　545，546

qiao

敲定　443－447
敲昏侬只枯榔头　372
敲毛栗子　525
敲忒饭碗头　185，533，569
敲竹杠　33，529
缲边　365，448－452
缲边模子　50，448，450，451
缲粒头　448，449
跷脚　102
窍坎　224，681
翘辫子　166，325，454，456－458
翘老三　166
翘梯　625，626，628
撬边模子　448，452，453
撬怡㧟敦　453

qie

切口　18，56－61，64－66，243，282，283，313，317，318，362，421，428，450，451，480，505，549，550，553

qin

揿在甏里　504

qing

青皮　60，421
青蚾蚾　498
轻骨头　211－213，485，512，570
请侬吃拳头　421

qiong

穷白相　19
穷瘪三　197
穷喊八喊　235
穷祸　4，247，432，472
穷哭阿二头　545
穷皮八皮　421
穷人先出世　458，460
穷性穷悟　472
穷寻八寻　610
穷撞　472
穷做穷屋里还有四两铜　146

qiu

邱六桥　53
惏货色　349
惏料　50
求是糖　623
求思魂　461

qu

曲死　455，456
屈死　454，455
屈西　455
屈细　455
去了　31，40，59，74，75，79，96，116，124－127，134，140，157，166，195，204，206，208，262，269，291，317，330，344，377，385，387，410，429，435，

502，509，523，551，552，
554，581，586，598，615，
622，641，643，649

R

rao

饶侬车马炮　467
饶侬大小怪　467
饶侬假手　467，680
饶侬三步　467
饶侬三条横马路　467
饶侬一只手一只脚　467
饶饶伊　466
饶头　467，468
饶头戏　468
饶饶侬　466
绕山头　567
绕头货　468

re

惹气　161
热勃勃　497
热面孔敷冷屁股　335

ren

人搀不走　鬼搀滥奔　26，29
人弗做做鬼　221
人来疯　494
人民币不是橘子皮　426，685
韧纠纠　487，497

quan

蜷毛　100

ri

日脚　21，68，139，244，
249，259，270，386，409，
442，469，470，573，611
日里向　483，647

rou

肉百脚　480
肉膈气　359，478
肉骨头敲铜鼓　479，503
肉裹裹　479
肉里分　477
肉里眼　480
肉麻　467，476－478
肉糜　479
肉师傅　476
肉痛　330，476－478
肉头厚　478
肉巍巍　479
肉眼　479

ru

如意菜　578

ruan

软脚蟹　261，608
软塌塌　497

S

sa
洒香水　158

sai
赛过　11，40，87，177，181，
236，254，264，289，307，
308，351，360，448，534，
635

san
三层阁　57，411，484，666
三等白相人　独吃自己人　603
三弗罢四弗休　200，202
三斧头　567
三个白兰花　21
三光码子　365
三急六难　38
三脚猫　53，262
三礼拜六点钟　672，673
三六九　捞现钞　603
三年萝卜干饭　80
三亲四眷　572
三十六点烂麻皮　425
三鲜汤　152
三一三十一　538
三只节头捏田螺　503
三只手　53，428，686

sao
扫台湾岛　462

se
塞缚　120
塞塞缚缚　121
色色清　92，196，352，487

sha
杀老夫　627－629
杀坏　47，129，325
杀熟　29，547
杀头　20，27，29，137，218，
230，231，382，432，457
沙咸鱼沙　626，628
煞渴　35，240，382
煞辣斯光　45
煞死　407
啥反光　82，90，178，181，
259，293，300，381，522，
579
啥叫啥　273，322，384，388，
391，488
啥体啦　308，341，355，358

shan
山东人吃麦冬　一懂也不懂　2
山青水绿　67，249，350，574

shang
商量北寺塔　502－504
上半日　483
上场风　519
上横头　107，208，227

上克拉斯　314

上礼拜　483

上枪　16

上手　39，386，428

上台面　107，221，476，505，
542，544，545

上下四句　209，211

上下眼皮打相打　124

上只角　154，504－511

shao

烧冷灶　337

烧香赶脱老和尚　603

she

蛇有蛇路　蟹有蟹路　608

舍姆娘　191

shen

神兜兜　512

神抖抖　297，358，487，490，
511，512，517

神经病　101，206，391，441，
485，493，547

神之巫之　29，503

sheng

生活　14，16，33，44，46，
62，69，79，80，86，87，
100，103，141，179，181，
184，185，201，206，208，
219，246，254，270，314，
322，323，327，337，339，
351，364，384，393，406，
412，442，449，455，467，
477，484，502，518，519，
525，535，552，554，556，
572，576，586，609，625，
636，641，642，648，664，
678，685－688

生活粗糙　263，361

生活弗灵光　361

生活弗清爽　644

生活经　268，686

生活没做清爽　361

生活挺括　449

生活推扳　535

省铜钿　45

shi

湿手搭面粉　掼也掼勿忒　604

十八个画师也画不像　295

十二码　463

十三点　53，54，161，256，
257，441，443，485，596

十只老克勒九只虾　96，120

石骨铁硬　166

石苦　500

石石吓苦　501

石硬　501，535

识人头　567

识时务　340

识相　224，288，407，460，
507，682，683

实别别　486，499

拾菜皮　260

拾米　61

拾皮夹子　425，426

势利鬼 219

事体 4，6，7，27，32，33，
　　35，47，58，59，63，75，
　　108－110，114，121－124，
　　126，128，135，137，144，
　　156，159，160，173，183，
　　185，200，221，241，247，
　　249，251，262，263，269，
　　272，299－301，303，307，
　　319，322，335，338，342，
　　354，360，363，370，384，
　　386，389，398，406，408，
　　425，430，440，445，452，
　　466，471，475，519，521，
　　523，527，539，542，545，
　　546，552，554，574，581，
　　593，601，609，611，612，
　　639，644，667，673，684

是地就要到处依三层底 232

shou

收道 81，82

收骨头 522－527，569

收作 523－525，644

手铳壳子 29，503

手底心 495

手脚冻飖 652

手脚清爽 260

手节头 495

手拿丫杈头　钻在叉袋里 503

手势 193，370，518

手淘盘 461，463

寿嗒嗒 499

寿棺材 50，485

寿头 48，570

寿头码子 365

瘦刮刮 486

shu

书蠹头 51，111，112，570

书鹅 112

数电线木头 64

数子骨 495

shua

耍滑头 243，569

shuang

双档 149，153

双脚跳 262

shui

水门汀 622

水潽蛋 501，652

shun

顺带便 411，593，680

顺风船 26，28，503

顺手呱啦嗒 680

shuo

说说罢了 200－202

si

司必灵 323，622，624

司答脱 622

司汀巴 625，626，628

死弗死活弗活 324

725

死弗忒　122，215

死鬼　219

死货色　49，244，349

死开　392

死开点　408

死考究　176

死了笔笔直　114

死了跑　408

死辟　382，457

死腔　355，439－441

死抢活夺　473，546，572

死人看不牢棺材板　217

死人面孔　217，357，360，439

死蟹　608

死蟹一只　608

死要面孔　354

死要面子活受罪　603

四海　586，683

四时八节　241，528

四眼　99

song

松黄　500

送伊到开山王府　158

su

苏北腔　440，441

塑料铅桶　533

suan

酸滋滋　497

算侬吃价　318

算盘九十六档　539

suo

缩货　49，157，244，349

缩卵　82

锁眼子　619

T

ta

揩便宜　74，75

踏瘟忒咽夜壶　361

tai

台面　228，440，542，543，545－547，549，558，578

台头　570，623

抬老三　325

太阳心　495

汰鼻涕　103

tan

坍台　134

坍招势　61，520，521，605

摊明仔讲　645

谈斤头　568

谈敲定　443

tang

汤起　461

汤汤滴　199，239

唐伯虎　52，289

唐娘娘　245，247

堂 子　16，31，33，34，51，
　63，172，247，261，349，
　475，647
搪瓷饭碗　533
糖水病　490

tao

淘浆糊　145，157，449，521，
　549－555
淘盘　461
讨饭　185，578
讨饭家子　185，345，634
讨饶头　467
讨惹厌　187，577，602
讨生活吃　178，179
讨债鬼　47，219，220，355，
　472
讨债面孔　355，357

te

特特会会　15

teng

藤格篮　187

ti

涕哩沓啦　614
涕沥拖拉　580
涕涕拖拖　207，580

tian

天不亮　358
天花板　148，217，495
天落水　309

天下老卵死不光　504
天下瘟生死勿光　236
天晓得　115－119，485
天一半地一半　43，91

tiao

挑侬上山　451
条干　65
条干挺　65，348
条令　21
条子　57，144

tie

贴肉　479
铁板新村去　166，258
铁车　635
铁镬子　533
铁算盘　539

ting

听壁脚　262
亭子间　204，284，384，484，
　643，666
挺 括　43，348，460，461，
　519
挺讲不动气　254
挺尸　124

tong

铜钿　17，30，58，67，114，
　126，130，144，185，232，
　239，254，310，319，333，
　371，386，387，460，466，
　467，477，478，575，602

727

铜铫　116

tou

偷冷饭　89，90，336，337
偷针眼　491
头浜　45
头顶心　144，495
头攻　400，463
头鬼伯伯　52
头颈骨　495
头颈极细　独想触祭　88，
　　89，602
头皮撬　273，453
头起头　428，483
头势　260，318，431，518，
　　630，641
头汤面　175，176
头重脚轻　262
投错娘胎　230，431
投七投八　141，295，432，
　　570，574
投三投四　141，295，432，
　　570，574
投三仙　571
投胎　230，231，295，429，
　　431－433，457，458
投胎去了　166
投五投六投三仙　602

tui

推扳　49，74，157，159，
　　171，172，178，247，436，

437，534，573－576，657
推扳货　244
推扳交关　576
推扳勿起　576
推扳眼　576
退 juice　520
退沙弹　462

tun

吞的福　625，626，628
吞头势　521
暾法暾法　579
汆江浮尸　48，215，579
汆汆伊　579

tuo

托着黄伯伯　246
拖鼻涕　490，580，581
拖到东拖到西　580
拖对　152，153
拖来拖去　580
拖头　570，581
拖拖伊　139
拖鞋皮　321，425
脱班　133，135，407
脱底棺材　50，145，217，
　　365，548
脱骱　492
脱忒链条啯猢狲　583，587
驮石碑　158
驼背睏棺材　684

W

wa

挖痨痧 498

蛙割卵子筋 271

瓦老爷 324

哇啦哇啦 193－199，235，
418，445，507，546，637，
685

wai

歪割卵子筋 271

歪皮洞宫 359

歪七畸八 574

外出血 492

外国火腿 91，92

外国人 37，92，100，177，327，
364，435，632，655，659

外国人面孔 360

wan

完结 201

碗脚头 264

万宝全书缺只角 298，604

万国旗 614

万金油 297

wang

王八蛋 49，171

望野眼 205，388，454，603

wei

胃气痛 491

wen

瘟 生 48，52，236，238，
456，629

文疯子 493

weng

齆鼻头 491

wo

龌龊扒拉 358

龌龊言话 159，651

wu

乌龟 48，117，118，171，
558，570，597

乌龟栅石板 29，503

乌龟王八蛋 117

乌青块 421，480，492

乌小蟹 608

污搞百叶结 92

呜哩吗哩 640，641

无轨电车 133，410，646，
686

无轨电车乱开 135

无厘头 158，375

无事不登三宝地 590，591

无头鬼 218

无冤不成夫妻 无债不成父子
473

呒介事 223

呒轻头 568

唔没言话了　144，550
五颮六肿　361
五荒六月　573，574
五黄六月　573
五斤狠六斤　138，141，142
五斤哼六斤　141
五斤吼六斤　141
五六七保密厂　257
五颜六色　572，573
五脏六肺　573
武疯子　493
勿识相　602
捂酒酿　578

X

xi

西宝兴路去了　166
西风响　蟹脚痒　608
西山头　483
西厢房　284，484，649，666
西洋镜　638
吸沥豁落　545
稀奇弗煞　卖样弗煞　502
嬉皮塌脸　423
习习薄　486
习习细　486
细巧　351

xia

虾夹夹蟹钳钳　475，608
瞎扯讪　88，94
瞎趤趤　601
瞎嗲　144，164，550
瞎花八花　240
瞎混八混　551
瞎讲有啥讲头啦　199
瞎来来　472，678
瞎猫碰着死老虫　504
瞎皮　421
瞎七搭八　199，571
瞎三话四　571
瞎拓八拓　474
下巴托托牢　111
下半日　260，483
下横头　107，108，227
下脚货　260
下礼拜　483
下头人　145
下只角　505，510
下作坯　47
吓得煞人　249
吓弗煞人　249
吓侬啊　250
吓 人　40，159，160，218，248－251，478，526
吓人倒怪　70，189，249
吓煞坏人　249
吓煞了　250
吓势势　322，350
吓丝丝　487，583
吓吓野人头　225

xian

仙人跳　547

鲜得来　眉毛侪落光　602

鲜格格　596－598

咸菜皮　60

咸肤肤　497

咸肉庄　479，621

咸酸饭　188，533

嫌鄙　39，148，231，297，584

显甲甲　487，537，597－599

现世报　222，466，469

线戒　68

xiang

乡下人　30，42，43，383，456，575，639

相鼻头　568

相公　52，53，97

相思病　493

香鼻头　136，679

香伙赶出和尚　26，28

香蕉苹果马铃铛　599－601

香面孔　64，166，341

香香手　166

象牙肥皂　52

像剥壳鸡蛋　348

像腔　92，216，518

像煞有介事　283，318，502，604

像啥腔调　439

xiao

消夜　34

小矮子　103

小白脸　52，379

小辫子　102

小瘪三　472

小菜皮　485

小辰光　5，31，33，35，43，81，92，102，115，118，123，156，159，168，208，218，230，234，235，291，294，301，310，336，342，350，375，387，410，421，436－438，448，466，480，489，513，515，522，526，542，543，570，571，591，601，614，615，620，632，660，677

小赤佬　57，66，308，472，485，611

小搭　66

小打弯　677，678

小大先生　51

小刁码子　365

小刁模子　194

小肚皮　496

小官人　10

小棺材　216，472

小鬼头　215，219，472

小滑头　242，569，628

小家败气　352，461，586，605

小江北　103

小脚胖　496

小九九　539

小开　243，531

小来来　16，57，547

小狼狗　49

小六子　101，195

小喽啰　49，416

小模子　366

小囡　14，81，111，128，
231，234，235，307，310，
358，359，380，473，478，
479，522，525，544，635，
664，665，677

小宁波　103

小气　91，157，232，316，
423，424

小气鬼　219

小三子　559

小暑一声雷　倒转做黄梅　298

小苏州　103，485，666

小算盘　539

小讨债　355，472

小散乱　96，206，318，326，
328，329

小先生　51，248，646

小相公　52

小小人腔　440

小蟹　51

小洋刀　637

小爷叔　56，205，643

小转弯　267，677，681

xie

歇弗歇　665

邪气　76，86，200，239，
251，254，274，326，338，
340，343，388，434，453，
460，467，518，558，645，
649，652，669

斜白眼打窝　475，476

泻泻扶梯　600

谢谢倷一家门　298

谢谢侬拜拜侬　开年卖试
侬　380

懈嗒嗒　167

懈忒　167

懈问相　167

蟹脚　49，261，379，608

蟹壳黄　608

蟹爬　608

蟹也会得笑　476，608

xin

心想　20，59，298，382

新官人　10

新鬼　220

新郎官　10

新买马桶三日香　604

xing

兴兴轰轰　119，164，286

xiong

兄弟淘里　367

胸口头　495

xu

虚头　568

徐大老爷　324，325

徐家汇隑隑　206，207

xuan

悬空八只脚　657

掏　556，557
掏煞忒伊　557
掏伊出去　557

xue

削薄弹　462
嚯头　212，213，470，471
雪白　171，486，500
雪白粉嫩　348
雪纺　623，624
雪里蕻　411
雪亮　500
雪堂　625，626，628
血嘀斯红　501
血红　486，500
血压高　490

xun

熏拉丝　93

寻搭子　611
寻饭碗头　610
寻方向　611
寻棺材眠　179，611
寻躺势　519
寻家什　611
寻开心　609
寻娘子　611
寻皮夹子　584，611
寻煞快　610
寻生作闹　611
寻声讨事　611
寻事体　611
寻死赖活　611
寻淘伴　611
寻相打　611
寻相骂　392，611
寻野食　611
寻着侬　611

Y

ya

丫头坯　47，50
鸦片鬼　218
鸭绒棉鞋　534
牙齿娗娗齐　111
牙齿痛　491
牙齿像轧钳　喉咙像拉纤　602
迓迓叫　405，487
揶　558
揶拜寿　557，558
揶本钱　558
揶上来　558
揶上去　412，558
揶死空　558
呀呀呜　425

yan

烟纸店小开　531
阎罗王差小鬼　跑得来得快
　604
阎罗王叫得去了　166
眼花绿花　241
眼睛地牌式　362，614－616，
　619

眼睛定漾漾　615
眼睛像霍显　筷子像雨点　602
眼睛一眨　老母鸡变鸭　604
眼眉毛　496
眼泡皮　495
眼皮撑不开　124
眼皮搭牢　124
眼皮瞒充　124
眼皮在做窠　124
眼势　518
眼乌珠宕出来　548
眼乌珠定漾漾　362
眼眼调　487，619－621
眼眼调碰了眼眼调　620
眼眼掉　619
眼眼叫　619
眼眼教　619
眼眼子　620
眼子　59，619，620
晏歇会　484

　　　　　yang
羊癫疯　491
洋瓶碎玻璃　637
洋布　637
洋布店　637
洋布店倌　637
洋车　627，628，637
洋葱　633
洋葱头　569
洋钿　17，250，259，548，
　　562，625，627，637，638
洋钉　636
洋钉木匠　534，535，636

洋风炉　634，635
洋镐　635
洋花萝卜　633
洋灰　635
洋火　634
洋机　635
洋姜　633
洋泾浜　63，66，134，152，
　　155，173，292，365，398，
　　483，496，520，531，599，
　　621，622，624，626，627，
　　636
洋喇叭　635
洋蜡烛　634
洋里洋腔　637
洋龙　636
洋囡囡　635
洋盘　48，629－632
洋盘小开　21
洋盘捉进　629，632，637
洋泡泡　488，635
洋盆　634
洋漆　636
洋撬　635
洋伞　635
洋骚臭　637
洋山芋　328，633
洋松地板　636
洋铁畚箕　635
洋铁调羹　634
洋铁饭碗　634
洋铁镬子　633，634
洋铁皮　635
洋铁铅桶　635

洋娃娃　14，100，635
洋瓦　636
洋文　636，637，649
洋籼米　637
洋线团　635
洋行　324，625，626，628，636
洋学堂　636
洋油　634
洋油灯　634
洋圆　635
洋装瘪三　412，637
养生骨头　50

yao

幺二　16，646，648
幺二三　255
幺二贼角　361
妖形怪状　358
腰子病　491
腰子痛　491
窑堂　140，242，247，547
摇肉　479
药罐头　50，491，492，570
要紧要慢　386
要面子不要夹里　575
要死　337，381，383，384，
　393，437，638－640
要死快了　147，182，295，
　307，383，431，522，638－
　640，644，651
要谢　谢菩萨去　391
鹞子　21，22，190，193

ye

爷老头子　68，181，247，422，
　525
爷伲子　38，367
爷叔　3，227，284，296，
　379，380，385，641－646，
　665，666
野狐脸　241，358，573
野豁豁　119，317，428，487，
　505，604
野火米饭　176
野鸡　48，324，356，646－649
野鸡货色　648
野鸡眼火　649
野路子　416
野蛮小鬼　47，219
野人头　568
野小鬼　219
夜点心　34，64，555
夜壶箱　300，484
夜快头　17，181，205
夜里向　483

yi

一巴口　59，660
一百样侪不管　297
一百样侪搭界　297
一本三正经　295
一场唔结果　381
一搭一档　355
一大步　660，661
一哈口　59，660
一虎口　59，660
一花　131，239，670

一级了　144，372，550

一家头　112，407，471，570，
596，640

一家头穷吃阿二头　86

一家一当　68

一脚骙　177

一脚球　438，463

一脚去　30，45，166，264，
325

一句言话　94，147，180，269，
385，547

一楼一底　145

一码归一码　363

一轡弗轡　649

一泡污　159

一炮两响　462

一手一脚落　260

一揭刮子　474，475

一塌糊涂　89，230，240，
307，309，553

一天世界　240，307，309，
372，645，678

一推六二五　536，538

一歇歇　86，124，187，343，
383，460，484，487，497，
575，638

一蟹不如一蟹　608

一眼弗错　40，220

一眼眼　32，159，265，372，
377，477，487，497，576，
620

一张黄鱼头　21

一只顶　144

一只鼎　144，413－416，513

一只樱桃两面翻　243

伊拉　4，6，21，27，53，71，
90，101，102，144，146，
157，158，179，235，256，
274，340，407，424，451，
467，502，535，539，549，
552，557，596，637，
654，686

yin

阴间里去了　166

荫头　357

印子钱　38

ying

樱桃　18，21，239，424

瀴乱乱　487

赢葱姜铜钿　输大煤蟹钞票
40

硬骨骨　497

硬脚头　261

硬碰硬　29，488，503

硬腔腔　142

硬掰　558

硬装斧头柄　657

硬装榫头　535，568

yong

用得着火车头　用弗着一脚
头　255

用忒点　573

you

油蒿蒿　497

油腔　243，440

油头光棍　243

油汆　579

游马桶　462

有吃的吃一冬　没吃的冻一冬　675

有吃弗吃猪头三　28，603

有筋　270，271

有捞弗捞猪头三　319

有腔调　439

有数　653 – 657

有数有目　653，654，659

有数账　654

有铜钿人家　37，140，263

yu

余多　201

鱼腥虾蟹　92，93

芋艿头　102，410，570

yuan

圆嘟嘟　486

圆台面　446，496，545

远开八只脚　657，658

远开百只脚　659

远做远　488

yue

越大越风凉　286，502

Z

za

杂夹种　47，148，156

杂夹种面孔　357，360

杂七杂八　574

咋巴　53

咋巴三　53

zai

再会了　166

zao

早死早投胎　231，432

早晏点　492

灶披间　68，91，272，284，339，376，484，531，532，543，586，669

造粪机器　184

燥麸麸　498

zei

贼臭　486，501

贼骨头　50，145，343，410，570

贼进魂灵头　569

贼腔　439

贼忒兮兮　359，648

贼头狗脑　359，439

贼贼粗　486

zeng

锃刮斯亮　501

锃亮　216，486，500

zha

扎台型　39，61，460

炸药包　446

zhan

斩冲头　569

zhang

长法头里　139

zhao

赵口　670

赵七赵八　670

zhe

着棋　22，529

zhen

真来讪　372

真生活　687，688

真真一眼眼　620

zheng

争上游　151，154，410

zhi

支花野味　21，670

直别别　23，123，383，389，
　487，642，644，650

直升飞机吊蟹　悬空八只脚
　29，261，503，604，608

指末头　495

zhong

中怪路子　151

中浪　121

中浪向　483

种荷花　158

众牲　49，255

zhou

周策六　53

zhu

猪猡　29，49，129，685

猪头肉三勿精　603

猪头三　49，53，220，255，
　359

猪五杂六　361，672

竹管筒里烤黄膳　114

竹笋烤肉　91，526

逐落羹　674－676

zhua

抓粒头　567

zhuan

转念头　568

赚铜钿　69

赚头　437

zhuang

装野狐禅　288

zhuo

捉赚绩　259

zi

子孔潭　495

姊妹淘里　367

自搬石头自压脚　262

自拉洞　462

自来火　284，547，634，647

自来熟　257

zou

走了　32，166，211，417，
　564

走忒了　166

zu

阻子　462

zuan

钻被头洞　123

钻台底下　273，274

zui

嘴巴花　239

嘴唇皮　495

zuo

作孽　17，81，255，260，
　282，431，433，544，574

作死　47，178，179，471

作死作活　471

做堆生　165

做对　154，165

做对手　165

做弗光　686

做羹饭　88，89

做规矩　73，129，180，195，
　211，443

做脚　165

做劲道　165

做年　2，164

做坯　165

做七　165

做人　164，165，179，197，
　220，228，311，337，367，
　425，439，443，469，498，
　507，515，519，521，544，
　549，552，554，603，681－
　684，688

做人家　88，135，138，188，
　379，573，575

做人客　270，423，498，542，
　544，574，590

做肉　165，479

做生　34，164，169，188，
　349，412，437，449，648

做生活　67，69，82，91，
　185，188，260，291，322，
　393，423，454，455，506，
　553，610，625，685－687

做手脚　260

做头眠　165

做我弗着　165

做小　10，32，33，70，96，
　108，165，174，184，409

做眼　165

做洋梦　636

739